アジア地域統合講座
編集代表＝天児 慧

総合研究シリーズ 3

GIARI

歴史の中のアジア地域統合

Historicizig Asian Regional Integration

編著＝梅森 直之
　　　平川 幸子
　　　三牧 聖子

勁草書房

刊行にあたって

　21世紀に入り，紆余曲折した歴史の流れはあるものの，グローバリゼーションの波は世界を大きく変えてきた．アジアにおいても経済，社会，文化，情報などさまざまな分野で国境を越える活動が急速に拡大している．それにともない「デファクト」としての地域協力が目覚ましく進展した．経済分野では，多国籍企業が今や各国経済活動の中心となり，生産，販売，技術開発などの領域で国際分業が進み，利益の創出も一国を超えたものとなっている．社会・文化交流の面でも，アジア域内の留学をはじめとした人的交流，日本の漫画・アニメ，韓流ドラマなど国境を越えたダイナミックな動きを創り出している．経済・社会・文化の相互依存・融合の進展は外交，安全保障などの地域交流・協力にも波及している．さまざまな地域安全保障のダイアローグ，枠組みづくりが試みられている．このように国際化，グローバル化は確かに地域化を生み出し促進している．

　他方で，こうした動きに逆らうかのようにアジア域内での矛盾，摩擦も頻発している．アジア諸国内の歴史認識の相違が克服されておらず，領土問題とそれにつながる海洋主権をめぐる葛藤も深刻化してきた．同盟関係を超えた新たな安全保障レジームの形成は当面は難しい状況である．テロ，大量破壊兵器拡散，人権問題，食糧問題，環境・エネルギー問題，災害，感染症といった非伝統的安全保障分野での共通の問題を解決するためのしっかりした協力枠組みの構築も，まだ本格的な動きにはなっていない．

　しかし，問題にぶつかり前進と後退を繰り返しながらも，長いスパンでみれば地域協力・地域統合の流れは不可避であり，ますます大きな潮流になっていくことは否定できない．それゆえに，依然として流動的で不定型なままの変容ではあるが，現代を生きるわれわれには，次世代の日本，アジア，ひいては世界の平和で公平で安定し繁栄した社会を構築するにするために，どのような試みを共同して推進するかが問われているのである．

こうした中で，早稲田大学はアジア太平洋地域に関する専門研究・教育を重視する基本戦略を定めた．アジア太平洋地域における「知の共創の拠点」になるということである．その推進主体として大学院アジア太平洋研究科を1998年に設置したが，まさに早稲田大学におけるアジア研究とその人材育成を一挙に活発化した．2002年から5年間，文部科学省の21世紀COE（Center of Excellence）「現代アジア学の創生」プログラムが政治経済学術院とアジア太平洋研究科が軸になって推進された．2007年からはアジア太平洋研究科が軸となって，政治経済学術院，社会科学総合学術院，アジア研究機構などとの連携を図りながら，「アジア地域統合のための世界的人材育成拠点」（GIARI: Global Institute for Asian Regional Integration）プログラムを作り，文部科学省のグローバルCOE大型競争的助成資金を獲得した．それは先の21世紀COEプログラムを引き継ぐものであった．

　GIARIプログラムでは，政治，経済，社会のディシプリンの学問と，国際政治経済，国際社会文化，伝統的・非伝統的安全保障といったインターディシプリナリーな学問の連携・融合を試みながら，アジア地域統合学の研究に取り組んだ．同時にこうした研究・調査活動に，留学生を含む多くの大学院博士課程学生やポスドク生などを積極的に取り込み，各専門分野における高度人材育成に力を入れた．もちろんこのような試みは「行うは難し」で，数々の試行錯誤がともなった．しかし，この5年間に幾つかの画期的な成果をあげたことも確かである．「アジア地域統合」の志を抱きそれぞれの専門的知識を持った若き研究者たちが，このプログラムに関わり次々と博士学位を取得した．さらにその中で国内はもとより中国，韓国，東南アジアなどに戻り研究・教育活動を始めている者も少なくはない．したがってこうした中で出版のはこびとなった「アジア地域統合講座」は，シニアの研究者だけでなく中堅・若手の研究者たちが積極的に協力し，力を合わせて作り上げた重要な研究活動成果なのである．

　「アジア地域統合講座」は3つのシリーズから構成される．すなわち，インターディシプリナリーな研究の集大成である「総合研究シリーズ」，スペシャリストの英知を結集した「専門研究シリーズ」，次世代に知識を伝達する「テキストブック」である．GIARIプログラムの成果を紹介するために，「総合研究シリーズ」全4巻の概要を述べておきたい．

第 1 巻『アジア地域統合の展開』の目的は，多角的な視点から研究の最前線を開拓することである．この巻は，はじめに「秩序」という大きなテーマを論じた上で，理論的な視点から地域制度を分析する．続いて，経済や社会など，さまざまな分野における協力の試みを検討する．さらに，ヨーロッパとの比較を通じてアジア地域協力・統合への理解を深める．

　第 2 巻『グローバリゼーションとアジア地域統合』の狙いは，グローバル社会におけるマクロな動きを意識しながらアジア地域の動きを捉えることである．この巻はまず，「グローバル」「地域」といったテーマへの理論的なアプローチから，研究の土台を固める．続いて，経済や社会，安全保障といった分野において，グローバル社会とアジア地域がどのように関係しているのかを解明していく．

　第 3 巻『歴史の中のアジア地域統合』の目的は，地域統合の豊かな歴史を理解することである．この巻はまず，20 世紀の後半に発展した地域統合に焦点を絞る．続いて，20 世紀の前半にまで時代をさかのぼり，アジアが分裂していたようにみえる時代にも，連帯を模索する動きがあった史実に光を当てる．また，そのような時代に「アジア」という思想が着実に育まれていた歴史を明らかにする．

　第 4 巻『アジア地域統合学　総説と資料』は，研究ガイドとして位置づけられる．この巻の前半は，地域研究や国際関係論の視角からアジア地域協力・統合の研究において重要な論点を追究する，5 つの論文を掲載している．後半は，研究に役立つ資料として，年表や文献案内，経済データ，条約や宣言文のテキストなどを収録している．これは，「アジア地域統合講座」すべてのシリーズを読むのに役立つ一冊だといえよう．

　本プログラムを支援してくださった多くの方々に深く謝意を表するとともに，アジアの地域協力・統合に関心を寄せる多くの方々にとって本出版企画が有意義なものになり社会に貢献できることを願ってやまない．

2011 年秋

グローバル COE・GIARI 代表　天児　慧

目　次

刊行にあたって　　天児　慧

序章　アジア地域統合を歴史化する……梅森直之・平川幸子・三牧聖子　3

第1部　「経済アジア」の誕生

第1章　日本とアジア地域主義の50年……………………………寺田　貴　11
　　　──その指導力と3つの規範変遷──

1. はじめに　11
2. 地域と地域概念　15
3. 規範的変遷　17
　　3.1　政府の段階的関与　17
　　3.2　経済協力から貿易自由化へ　21
　　3.3　開かれたメンバーシップとアメリカ　27
4. おわりに　34

第2章　「アジア・アフリカ」，「アジア太平洋」から「アジア」へ…青山瑠妙　43
　　　──アジアにおける中国の多国間協力──

1. はじめに　43
2. 建国から改革開放まで：敵視から黙認へ　44
3. 全面参加へ：1978年〜冷戦終結まで　48
4. 全面協力へ：天安門事件以降　53
　　4.1　経済，安全保障の全面協力へ　53
　　4.2　地方政府主体のサブリージョナル協力　58
5. おわりに　60

第3章　冷戦期における韓国の地域主義 ………………… 李　鎔哲　66
　　　——朴正煕の「自由アジア太平洋」認識と ASPAC 外交——
1. はじめに　66
2. ASPAC 外交の思想的背景　68
   2.1　国家建設の2つの課題：安全保障と経済発展　68
   2.2　米日中心の東アジア認識　71
   2.3　ベトナム戦争と「自由アジア太平洋」認識　74
3. ASPAC の提唱と外交交渉　76
   3.1　地域協力の理念：「総合的地域協議」　76
   3.2　地域国家の構成：日本の参加　80
4. ASPAC の創設　82
   4.1　外交目標の再設定　82
   4.2　ASPAC 創立会議の成果と限界　84
5. おわりに　86

第4章　東南アジアの戦後 ……………………………… 平川幸子　91
　　　——バンドン・非同盟・ASEAN の源流と分岐点——
1. はじめに　91
2. 戦後の独立と「アジアの絆」の復活　92
3. 社会主義とアジア　98
4. 中国・インドの復活：バンドン会議から非同盟へ　101
5. 脱中国・インド：東南アジア地域主義への収斂　106
6. おわりに　112

第2部　「帝国」と「反帝国」のネットワーク

第5章　メコン河を挟んだ地域主義の試み ……………… 高橋勝幸　119
　　　——タイ・インドシナの「東南アジア連盟」——
1. はじめに　119
2. 「東南アジア連盟」設立の背景　121
   2.1　タイ人のナショナリズムを呼びおこした大タイ主義　121

2.2　大タイ主義に刺激されたラーオ人エリートの新しい運動　123
　2.3　自由タイ運動のインドシナ支援　125
3.「東南アジア連盟」の構想とその始動　128
　3.1　地域協力の構想　128
　3.2　「東南アジア連盟」の活動　130
4.「東南アジア連盟」の蹉跌　132
　4.1　連邦制と「東南アジア連盟」の可能性　133
　4.2　「東北タイ分離反乱」容疑をかけられたラオス独立支援　135
5. おわりに　137

第6章　国境を越えた国民統合の試み　　　　　　　鄭　　成　146
　　　　　――中国革命への華僑社会の参与――

1. はじめに　146
2. 東南アジアの華人社会の歴史　147
3. 民族意識に覚醒した華僑社会　148
　3.1　19世紀後半の華僑社会　148
　3.2　内外の変化から芽生えた民族意識　149
　3.3　東南アジアの国民党と共産党　152
4. 華僑社会の中国政治への参与　153
5. タイ出身の華僑・欧陽恵　155
　5.1　生い立ち：華僑2世　155
　5.2　共産党系の学校　156
　5.3　革命運動への献身　158
　5.4　抗日運動での活躍　160
　5.5　タイ脱出　161
6. おわりに　163

第7章　「東亜新秩序」をめぐる思想の交錯　　　　　河路絹代　170
　　　　　――東亜連盟論と東亜協同体論の比較から――

1. はじめに　170
2. 中国再認識と近衛声明　173

3. 東亜協同体論の登場　176
  4. 東亜連盟の起源　177
  5. 東亜連盟論と東亜協同体論の収斂　180
  6. 汪精衛の「悲劇」：超国家主義と民族主義のジレンマ　183
  7. おわりに　188

第8章　近代日本とアジア連帯 ……………………………… 三牧聖子　193
　　　──閉ざされた契機，閉ざした契機──
  1. はじめに　193
  2. 開国：欧米中心主義の世界との出会い　197
  3. 明治政府の「現実主義」外交：短期的成功　198
  4. 「現実主義」外交の揺らぎ：「人種」の壁　202
  5. 「現実主義」外交の行き詰まり：第一次世界大戦後　208
  6. おわりに：アジア連帯は「理想主義」でしかなかったか　211

第3部　アジアの同床異夢

第9章　裏声で歌え'共和国讃歌' ……………………………… 篠田　徹　219
　　　──トランス・パシフィック・サンディカリストという運動系譜──
  1. はじめに：太平洋統合史，太平洋左翼，トランス・パシフィック・サンディカリスト　219
  2. 太平洋1950年代の奇跡　222
    2.1　はじまりはごんべさんから　222
    2.2　左翼シェルターとしての日本　225
    2.3　アメリカ太平洋左翼難民とバンドン日本　229
    2.4　部落とブラック　233
  3. おわりに：トランス・パシフィック・サンディカリストは何処から来て何処へ行ったか　237

第10章　安重根の東アジア認識と地域協力構想 ……………… 李　鎔哲　244
  1. はじめに　244

2. 東アジア地域認識の知的基礎　246
 3. 東アジア地域認識の契機　248
   3.1　西洋文明の両面性　248
   3.2　西欧帝国主義とロシア　251
 4. 東アジアの地域アイデンティティ　253
   4.1　人種的同質性　253
   4.2　地政学的依存性　254
 5. 東アジア地域協力の原理　257
   5.1　地域主義とナショナリズムの結合による反覇権主義　257
   5.2　民衆主体の地域協力　260
 6. おわりに　262

第11章　インドによる想像のアジア…………………ブリジ・タンカ　269
　　　　　――植民地主義の諸カテゴリーへの抵抗――

 1. はじめに　269
 2. オーロビンド・ゴーシュ：アジアの民主主義の礎　272
 3. インドとアジア連帯　276
 4. インドとアジアと民衆　278
 5. ジャワーハルラール・ネルー：中心軸としてのインド　279
 6. アジアの支柱としてのインド　281
 7. おわりに　284

第12章　文明と反文明のあいだ………………………梅森直之　290
　　　　　――初期アジア主義者の思想と行動――

 1. はじめに：「アジア主義」の意味変容　290
 2. アジア主義の連続と断絶　293
 3. 「方法」としてのアジア再論　295
 4. アジア主義と帝国主義　298
 5. アジア主義の歴史的・空間的位相　301
 6. 文明論的アジア主義の帰結　304
 7. おわりに　308

索　引 …………………………………………………………… 313

アジア地域統合講座　総合研究シリーズ
第3巻

歴史の中のアジア地域統合
Historicizing Asian Regional Integration

序章

アジア地域統合を歴史化する

梅森直之・平川幸子・三牧聖子

　本書は，「アジア地域統合」を主題とする共同研究の成果であり，歴史的視座からアプローチした個別論文を収録したものである．書名に掲げられた「歴史化」とは何を意味するのだろうか．かつて哲学者の三木清は，歴史は単に「書き加えられる」のではなく「書き更えられる」，「単に今が昔になるばかりでなく，昔がまた今であるところに歴史はある」と述べた（三木1967: 11）．この言葉に合わせて言えば，現代に生きる私たちを「アジア地域統合」の「歴史」という問いに向かわせる要因は，「今」の変貌するアジア，つまり統合が意識され始めたアジアにある．そして，そのようなアジアの「今」を理解するためには，これまでのアジアの「歴史」も書き換えられなければならない．本書は，そのような新しい歴史認識の構築に向けた試みである．「アジア地域統合史」は一体いかに描くことができるだろうか．新しく編まれるアジアの歴史として，何が語られ，何が提供されるべきだろうか．

　日本におけるアジア研究の歴史は長く，多くの蓄積をもっている．あらゆる研究には，それが生み出された時代背景が刻印されるものであるが，とくに，大きな人的・物的資源が投入される共同研究の場合，それは顕著であろう．私たちの共同研究の前身ともいえるのは，シリーズ『東アジア共同体の構築』全4巻（2006年，岩波書店）という成果を生み出した早稲田大学21世紀COE「現代アジア学の創生」プロジェクトである．「現代」という言葉に託された同プロジェクトの問題意識は，それ以前のアジアに関する学際的な共同研究の代表的なものである『アジアから考える』全7巻（1993～94年，東京大学出版会）

と比較すると明瞭となる．2つの共同研究は，執筆者や研究主題，方法論などにおいて，対照的な構成を持つ．『アジアから考える』が，歴史学者や思想史研究者を中心に構成されているのに対し，「現代アジア学の創生」は経済学者，社会学者，国際関係論の専門家を中心にして組織されている．

　この違いには，20世紀から21世紀の変わり目に生じた，アジアに対する一般的な認識の変化が反映されている．1993年，世界銀行報告書『東アジアの奇跡―経済成長と政府の役割』は，日本・中国・韓国・タイ・インドネシア・マレーシア・シンガポール・台湾などの国や地域をあげて，「1965年から1990年までの期間，東アジアの23の経済体は，世界のあらゆる地域よりも急速な成長を経験した」と結論した（World Bank 2003）．「東アジア」が，一つの地域として世界から新しく認定された瞬間である．1990年代のアジア諸国は，開放的な市場経済に積極的に参入し，急速な経済成長を実現させた．一部の諸国では民主化が進展した．その過程で，アジア内部でのヒト・モノ・カネ・知識の加速的な移動，地域規模でのダイナミックなネットワークが生まれていった．

　このようなデファクトの地域化や地域形成の進展を背景に，アジアを語る際の基礎として，地理や文化，歴史といった要素よりも，急速な経済成長という共通の経験やプロセスが重要になっていった．仮に前者を「旧いアジア」，後者を「新しいアジア」と呼ぶならば，「現代アジア学の創生」とは，「旧いアジア」から「新しいアジア」への変動を実証的に裏づけることを主要な課題としたプロジェクトであったということができる．

　では，1990年代に進行した「旧いアジア」から「新しいアジア」への変化はどのような歴史的意義をもっていたのだろうか．近代以降の日本とアジアとの関係という，より長いスパンの歴史に照らして考えてみよう．1885年，近代国民国家として体裁を整えつつあった日本において，福沢諭吉は，「麻疹の流行」のごとく世界を席巻する「文明開化」を拒否するアジア隣国へのいら立ちと軽蔑を込めて，「脱亜論」を掲げた（福沢1981［1885］）．しかしながら実際のところ，近代日本は「脱亜」に成功することはなかった．国際関係における安全保障的関心と，資源・市場の確保という経済的関心が，日本がアジアから離れることを許さなかったからである．

日本にとって，「脱亜」がようやく可能となった契機は，1945年の敗戦による大日本帝国の解体であった．戦後の米ソ冷戦という国際環境の中で，アメリカの庇護下に置かれたことにより，戦後日本はアジアとの関係なくして存在しうるかのような条件を，歴史上初めて整えた．長い間，日本にとってアジアとは，日米関係を包摂する「アジア太平洋」であり，アメリカの了解なしに，主体的にアジアに接近することにはきわめて慎重であった．こうした姿勢の根底にあったのは，欧米列強を排除した「アジア主義」の実現を無謀にも追求し，破滅に追いやられた戦前日本の失敗に対する反省であった．他方で，欧米の植民地主義や大東亜共栄圏の桎梏から解放されたアジア諸国は，冷戦という新たな国際環境の中で，次々と独立を獲得し，国民国家と国民経済の建設に腐心した．1955年のバンドン会議には，日本も招へいされた．

　その後，日本とアジア諸国との関係回復は，戦後賠償の意味合いも込めた経済援助を中心に進められた．日本が西側陣営のアジア諸国を経済的に強化する役割を担うことは，アメリカの冷戦政策にかなっていた．日本は，1960年代に先進国のステイタスを得た後も，アジア諸国に対して政治的な主張を展開することや，イニシアチブをとることを控え，開発援助国の立場に徹して経済政策にまい進した．

　そのような日本が冷戦終焉後に目撃した光景は，東アジア諸国が一斉に急速な経済成長をする姿，すなわち，「停滞」から抜け出し，次々と「文明開化」を実現させ，「脱亜」する姿であった．1990年にマハティール・マレーシア首相（当時）が，「東アジア経済グループ」（EAEG: East Asia Economic Group）構想を提唱したとき，その「東アジア」には東南アジアに加えて，日中韓が含まれていた．アメリカの阻止により実現しなかったが，同構想は日本に対し，東アジアでの重要な役割とイニシアチブを期待するものだった．すなわち，ここで日本は，「新しいアジア」と向き合う機会をもった．アジア諸国は，一定の経済力を備える主権国家に成長し，日本と水平的な関係を結ぶ条件や水準を満たすに至った．今日議論される「東アジア共同体」とは，結局のところ，福沢諭吉の言葉を用いれば，「脱亜」の共同体ということができるだろう．

　では，「アジア地域統合史」を描く作業とは，第二次世界大戦後のアジアが経済成長を実現させ，今日の「脱亜」の共同体となるまでの歴史を叙述してい

くことと同義なのだろうか．これにイエスと答える立場もありうる．たとえば白石・ハウ（2009）によれば，現在の東アジアシステムとは，第二次世界大戦後，アメリカのヘゲモニーのもとで作り上げられ，それが1997～98年の経済危機を経て，市場の失敗に対処する地域的な制度の構築という政治的プロジェクトへと発展したものである．彼らは経済成長を目指して「生産性の政治」に従事する今日の「新しいアジア」と，進歩と発展から取り残され，「アジア主義の呪縛」に囚われていた過去の「旧いアジア」とは，無縁であるとする．

しかし，本当に今日のアジアにおいて，停滞や貧困のアジアは「旧い」ものとなっているのだろうか．むしろ，いよいよ「旧いアジア」を捨て去り，「新しいアジア」へ脱皮しようとしているときに，モグラ叩きのように「旧いアジア」が見えてきているというのが，今日のアジアの現状ではないか．だとすれば私たちは，「新しいアジア」と「旧いアジア」の交錯や重なりあいにこそ，目を向けるべきではないか．

21世紀は「アジアの世紀」と一般的にいわれている．しかし何らかの軌道修正をしなければ，21世紀にアジアが「終焉」する可能性もあると指摘する論者もいる．ミードによると，1990年代にアジア全域を飲み込んだ資本主義的な経済発展は，光とともに影をもっており，21世紀に入り，いよいよ影の側面が顕在化している．アジアの伝統的社会を飲み込んでいる文化的・社会的・政治的・経済的変化は，「興隆」という一言で括れるほど単純で恩恵的ではないとミードは言う（Mead 2000）．ミードの主張を裏づけるように，2007年の世界銀行報告書は，金融危機後も東アジアが順調な経済発展を遂げていることを称賛する一方で，格差の拡大や都市への人口集中という「新たな危機」が広まりつつあると指摘した（World Bank 2007）．

今日のアジアでは，経済発展をひたすら追求する「生産性の政治」は行き詰まり，新たな「政治」が求められている．このような文脈において，私たちは失われつつあるアジア地域の伝統的社会，つまり「旧いアジア」にも再度目を向けながら，アジアの未来を構想していく必要がある．ここに，「アジア地域統合」の起点を，1990年代以降あるいは第二次大戦後ではなく，さらに遡って近代に求め，長いスパンでの「歴史化」を試みた本書の問題意識がある．

さらに，アジア地域統合研究は，豊かな成果を生み出しているヨーロッパ地

域統合研究との対話の中で進められるべきだろう．『ヨーロッパ統合史』(2008) を編集した遠藤乾は，EU を単体として観察し，その超国家的な制度発展を善としながら追跡する類の研究に否定的な立場をとる．その代わりに，政治，経済，軍事，安全保障，規範，社会イメージの各領域にまたがる複合的なヨーロッパ国際体制を広く扱うアプローチをとるのである．同書は，時間軸に沿った通史の形式をとってはいるが，EU という制度的実体を最後の形態として扱うことを慎重に避けている．

　このような包括的アプローチは，アジア地域統合研究にもヒントを与えてくれる．そもそも，EU のような制度的実体をもたないアジアについて，そこに至るまでの「通史」を叙述することは困難である．しかし，全体性，複合性，重層性，多極性に着目すれば，アジアにも豊かな地域統合の歴史が見えてくる．そこには，アジア地域統合の「歴史」が，ヨーロッパ地域統合の「未来」に示唆を与える可能性すら見えてくるかもしれない．それは，竹内好の言葉を借りれば，ヨーロッパをアジアから「もう一度包み直す」ことであり，それを竹内は，「方法としてのアジア」と呼んだ（竹内 1993 [1961]）．ヨーロッパが深刻な経済危機を体験している今，ヨーロッパ統合研究とアジア統合研究の双方向の対話はますます重要になっていくだろう．

　本書は，このような問題意識と目的を背景に編集された．近代以降の歴史において，アジアというまとまりが，いつ，どこで，どのような意図において認識され，あるいは創られようとしたのか．それはどう続いているのか，あるいはどう終わったのか．本書の執筆者の専門分野は，国際政治経済学，国際関係学，地域研究，外交史，思想史と多岐にわたり，各章は，扱う地域も分野も異なる．各論説は，アジア地域統合の原点や起点，あるいは重要な画期を扱っているが，全体的には何もつながりがないような，個別論文の集まりのようにも見えるかもしれない．しかし逆にいえば，アジア地域統合史の本質の一つは，まさにそういった散発性にあるのではないだろうか．近代以降，アジア地域統合の試みは，さまざまな時代に，さまざまな場所で，さまざまなアクターによって，政策や運動，観念といったさまざまな形態で展開・発展し，後世にさまざまな遺産を残した．アジア地域統合史を描くこととは，このような多様な歴史の重なり合いを描き出すことにほかならないのではないだろうか．

本書は，アジア地域統合史という，新たな研究領域を切り拓くための第一歩にすぎない．切り口によって，多様な顔を見せるアジア地域統合史は，これから先，何度も「書き更えられる」だろうし，私たちもその挑戦を続けていくだろう．アジア地域統合史という挑戦がなければ，顔を合わすこともなかっただろうバラバラの執筆者たち．その全員に感謝するとともに，本巻作成にあたり，惜しみなく協力していただいた宮本詳三編集部長はじめ多くの方々に心からの謝意を表したい．

参考文献

遠藤乾（2008），『ヨーロッパ統合史』名古屋大学出版会．
白石隆，カロライン・ハウ（2009），「『アジア主義』の呪縛を超えて―東アジア共同体再考」『中央公論』124, 3, pp. 168-179.
竹内好（1993[1961]），「方法としてのアジア」竹内好『日本とアジア』筑摩書房，pp. 442-470.
福沢諭吉（1960[1885]），「脱亜論」『福沢諭吉全集』10, 岩波書店, pp. 238-240.
三木清（1967[1932]），「歴史哲学」『三木清全集』6, 岩波書店, pp. 3-287.
溝口雄三・濱下武志・平石直昭・宮嶋博史編（1993-1994），『アジアから考える』全7巻，東京大学出版会．
毛里和子編集代表（2006-2007），『東アジア共同体の構築』全4巻，岩波書店．
Mead, W. R. (2000), "The End of Asia? Redefining a Changing Continent," *Foreign Affairs*, 79, 6, pp. 156-161.
World Bank (1993), *The East Asian Miracle: Economic Growth and Public Policy*, http://www-wds.worldbank.org（最終アクセス 2012年12月30日）．
World Bank (2007), *East Asia and Pacific Regional Update: East Asia 10 Years After the Financial Crisis*, http://www-wds.worldbank.org（最終アクセス 2012年12月30日）．

第 1 部　「経済アジア」の誕生

第 1 章　日本とアジア地域主義の 50 年
　　　　——その指導力と 3 つの規範変遷——

第 2 章　「アジア・アフリカ」,「アジア太平洋」から「アジア」へ
　　　　——アジアにおける中国の多国間協力——

第 3 章　冷戦期における韓国の地域主義
　　　　——朴正熙の「自由アジア太平洋」認識と ASPAC 外交——

第 4 章　東南アジアの戦後
　　　　——バンドン・非同盟・ASEAN の源流と分岐点——

第 1 章

日本とアジア地域主義[1]の 50 年
―― その指導力と 3 つの規範変遷 ――

寺田　貴

1. はじめに

　現代の国際政治経済において，欧州連合（EU：European Union）に代表される地域主義の動向は，もはや無視できないものとなっている．というのも，EUのような地域組織は，国連や世界貿易機関（WTO：World Trade Organization）といった多国間組織において，アメリカの力に任せた覇権的行動に対抗できるような力を有するからである．地域主義は，3ヵ国以上の数の国家群が，特定の地理的範囲内において加盟国と非加盟国とを分け隔てる境界を明確にする地域概念を築くことで成立する．その目的は，域内で政策協力を履行し，共通の利益を追求することにある．地理的境界を規定する地域概念は，あらゆる地域的な集まりにおいて必要である．なぜなら，明確な境界がない限り，地域制度を構築するうえでの地域の範囲，つまり参加者と不参加者を画定することは難しいからである．
　ヨーロッパという地域概念をもつ EU，北米を軸とする北米自由貿易協定（NAFTA：North American Free Trade Agreement）のように，世界にはさまざまな地域概念に基づく地域制度が存在する．アジアの経済的地域主義の特徴は，表 1.1 にあるように，「ヨーロッパ」という単一の地域概念を中心に展開するヨーロッパの地域主義とは異なり，これまで「太平洋 I」（1960～70 年代），「太平洋 II」（1970～80 年代），「アジア太平洋」（1980, 90 年代），「東アジア」

表 1.1　アジアの地域概念および組織

地域概念	組織	政府関与と強制力	経済分野の主要目的
太平洋 I (1967～)	PAFTAD と PBEC	非政府	貿易や投資推進を含む地域協力に関する政策的研究の推進.
太平洋 II (1977～)	PECC	準政府（非拘束）	貿易や投資推進を含む地域協力に関する政策的研究の推進.
アジア太平洋 (1987～)	APEC	政府（非拘束性）	貿易・投資の自由化（無差別），貿易・投資の円滑化，経済技術協力の推進.
東アジア (1997～)	ASEAN+3	政府（拘束性）	金融協力，市場統合など.
拡大東アジア (2005～)	EAS	政府（非拘束性）	市場統合など.

(1990年代後半)，「拡大東アジア」(2005年)，「北東アジア」と，異なる地域概念をもつさまざまな地域組織で成り立ってきたことにある．ここで「太平洋 I」と「太平洋 II」と分ける理由は，政府が関与する程度の相違を示すためである．すなわち，「太平洋 I」を形成する太平洋貿易開発会議（PAFTAD：Pacific Trade and Development Conference）と太平洋経済委員会（PBEC：Pacific Basin Economic Council）は，それぞれエコノミストと財界リーダーが参加メンバーである非政府組織であるのに対し，「太平洋 II」の太平洋経済協力会議（PECC：Pacific Economic Cooperation Council）は，政府高官や閣僚が個人の資格で参加する準政府組織である．もちろん，「太平洋 I」の時代においても，とくに PAFTAD 創設に関わり「アジア太平洋圏構想」を唱えた三木武夫外相や，「太平洋自由貿易地域」を提唱した当時一橋大教授の小島清などは，政府関与の組織を当初から考えていた．しかしながら，後に論じるように，独立して間もない東南アジア諸国は大国の関与に警戒感を示し，アメリカも地域主義より世界規模での貿易自由化交渉に力を入れていたこともあり，政府組織を設立しようとする機運は高まらなかった．また「太平洋 II」時代の PECC 設立に中心的な役割を果たした日豪の官僚や学者たちも政府間組織の設立を想定していたが，これもマレーシアやフィリピンの反対に遭ったこともあり，準政府組織として設立された経緯がある．結局，政府間組織が設立されるのは上述の三木や小島が地域協力を唱え始めた構想から 25 年経った 1989 年，キャン

ベラで開かれるアジア太平洋経済協力（APEC : Asia-Pacific Economic Cooperation）まで待たねばならなかった[2]．

　1980年代後半，著しい成長を始めた東アジア経済と超大国のアメリカをつなぐ「アジア太平洋」という地域概念は，APEC発足を機に定着していった．それはそれまでPECCを中心に進められてきた「太平洋」という地域概念にとって代わり，アジアを中心に据えた新たな地域協力の可能性を象徴していた．しかしながら，この途上国の集まりである「アジア」とアメリカを象徴する「太平洋」の両地域概念を含んだ地域協力，とくに自由化促進は，先進国と途上国の思惑の違いが先鋭化し実現には至っておらず，具体的な協力案件を欠いた状態である．その理由としては，経済発展度の格差や自由化または保護を求める産業の併存，それに関わる国内政治制度の多様さなどがあげられる．

　とはいえ地域主義は，政府あるいは非政府関係者が地域の繁栄を促進するような共通目標を策定するうえで，情報，アイデア，意見を交換する場を提供してきた．とくにアジアでは，政府または政府以外のアクターがそれぞれ政策協力を進展させ，多層的な形態をつくり上げてきた．本章では，これらアジア地域主義の特徴がどのような意味合いをもつのかを制度や組織面においてではなく，長期的視点から論じる．カミレリ（Camirelli, J. A.）は「境界を設定し，アイデンティティを形成するような地域構築のアプローチは，時代の変遷を考慮しつつ……構造的変化を説明するため，進化論的な分析枠組みを用いる必要がある」と指摘し，長期的視野に立った地域主義分析の重要性を主張している（Camilleri 2003: 2）．

　上に述べたような地域組織では参加者が重複し，一人で複数の組織の会議に参加するケースもまれではない．さらにPAFTAD，PBEC，PECCの3つの非／準政府組織は，年次プログラムを政府組織のAPECのそれに合わせるなど，APECの活動を支える役割も担っている．これら4つの組織はいずれも域外国にも開かれた形で貿易と投資の自由化を図る「開かれた地域主義」を標榜するなど，互いに有機的なつながりをもっていたともいえる．しかし，大庭三枝は，このような見方をアジア太平洋地域主義の「正史」と認定するものの，直線的発展史観と批判し，アジア太平洋地域主義の特徴は「非連続性」や「同床異夢」にあると主張している（大庭2004）．これに対し本章のアプローチは，混

沌の中に，段階的な政府関与という規則性（大庭の言葉を用いるならば，直線性や連続性）を見出し，そのような視点からアジア太平洋地域主義の展開をとらえようとする．大庭のアプローチは，混沌性そのものをアジア太平洋地域主義の特徴としているが，このような非連続性はどの地域主義にも見られる一般的な現象であり，アジアの地域主義に限った話ではない．ヨーロッパ統合においても，たとえばイギリスのようにいまだユーロに参加しない参加国もあるし，ヨーロッパ大統領を規定するリスボン条約締結に至る過程で，フランスやデンマークの国民投票で否決を受けるなど，その展開過程は紆余曲折を経ており，参加メンバーの「同床異夢」が随所に見受けられる．ブッシュ政権が2005年の締結を目指した米州自由貿易地域（FTAA：Free Trade Area of the Americas）は，いまだ実現すらしていない．アジア太平洋地域主義の特殊性は，政府が関与する組織が25年も構築されなかったことにこそある．この特殊性についての問題意識が本章の出発点となる．

　長期的分析アプローチを用いることにより，他の地域に対するアジア地域主義の独自の特徴として，次の3つの規範の変遷が浮かび上がる．(1)非政府主義の政策対話中心のアプローチを通じて，まず地域協力の機運を醸成し，その後段階的に政府が関与し，法的拘束力をもつ協力制度を成立させてきたこと，(2)途上国が数多く存在するため，開発協力から出発し，後になって協力議題の焦点が貿易自由化へと移行したこと，すなわち，途上国型から先進国型の協力制度へと変化してきたこと，(3)アジア経済の重要性が高まるにつれ，そのさらなる成長を支えることが目的として徐々に明確になり，ASEAN（Association of South-East Asian Nations）＋3（日中韓）や東アジアサミット（EAS：East Asia Summit）のような，超大国のアメリカを省いた，あるいはその影響力が抑えられた地域制度の形成が促された点である[3]．

　ここで重要な点は，これらの特徴をもつアジア地域主義の発展に最も強い関心を示した国は，日本とオーストラリアのみであった点である．両国は，共同で地域組織の構築やそこで扱う協力プログラムをまとめて他国に普及させるとともに，各国に地域協力の意義を伝播し，その後，参加を促す交渉活動も行うなど，一貫して指導性を発揮してきた．本章はとくに，戦前よりアジア地域主義に関心を保持してきた日本に焦点を当て，地域情勢の変化に鑑みながら，新

たに打ち出されてきた地域概念とこれに連動する地域協力規範の成立を明らかにし，先に掲げた3つの規範の変化が，日本の関心と外交行動によることを示す．

2. 地域と地域概念

　一般的に，地域主義はその組織において明確な加盟基準を設ける．国家や企業などの組織を代表する個人が，ある特定の地域に属しているか否かは，それらの参加を決定する主要な基準の一つである．つまり，地域主義は協力することによって享受できる恩恵を参加者のみに与えるため，参加者と非参加者との境界を明確にしなければならない．ある地域に属していると認識されるかどうかは，単なる地理的な位置で決定される非政治的な問題ではない．参加／不参加は政治的利益／不利益をともなうため，それはきわめて政治的な問題であり，この点は近年の地域主義研究でかなり強く意識されている．たとえばカッツェンスタイン（Katzenstein, P. J.）は「地域とは……政治的な経験に基づく社会的，集合的構築物である」と述べている（Katzenstein 2002: 105）．さらにペンペル（Pempel, T. J.）は，「地域とは，物質的・哲学的・行動的な特性が流動的で複雑に混合したものであり，常に再生産され，再定義されるものである．それらは地域が直面する政策課題とともに多様化している」と，より踏み込んだ定義を地域に付している（Pempel 2005: 25）．

　しかしながら，同じ「地域」といっても，後述の東アジアにおけるオーストラリアのように，誰が入りまた誰が入らないのかについて，人や国によって異なる認識をもつ場合がある．つまり「外」と「内」を分け隔てる境界線が，人や国によって明確ではなく，その境界に対する認識は曖昧なものとなる．したがって，本章では分析上，そのような認識上の混乱を避けるため，地域組織という固有のものに設定される「地域概念」を使用したい．ここでは，「外」と「内」を隔てる境界は，地理的な位置ではなく，参加（加盟）と不参加（非加盟）という行為を通してのみ明らかになる．したがってすべての個人は明確にその境界線を認識しうる．たとえば，台湾は地理的に東アジア地域に位置するし，そのため自国民を含め東アジアの国としてのアイデンティティを有するで

あろうが，ASEAN＋3，EASといった東アジア地域組織のメンバーではないので，東アジアという地域概念には含まれない．その一方，台湾はAPECの正式メンバーであるため，アジア太平洋という地域概念には含まれることになる．

　かつてオーストラリアのエバンズ（Evans, G.）外務大臣が，オーストラリアの「アジア関与」政策を推進するため，オーストラリアは「東アジア圏」（East Asian Hemisphere）の一国であると主張したことがある（Evans 1995）．しかしながら，この主張は域内でほとんど支持されなかった．というのも，この主張が示す東アジアの「内」と「外」を隔てる「境界線」について域内で共通理解を得ることができなかったからである．オーストラリアの元駐日大使を務めたダリンプル（Dalrymple, R.）が述べたように，オーストラリアでは，地理的かつ文化的な相違ゆえに，東アジアに属するという考えは広く共有されてこなかった（Dalrymple 2003: 150）．しかしながら日本の小泉純一郎首相は2002年1月，シンガポールで東アジア共同体の構築を訴えた際，オーストラリアがその中核メンバーになるべきであると主張した（小泉 2002）．後述するように，小泉首相がオーストラリアを含めた東アジアという地域概念を提唱した背景には，東アジアにオーストラリアを参画させることにより，域内で影響力を増大させる中国に対応するという，政治的考慮があった．この日本の主張は，それから3年の月日を要したが，他の東アジア諸国がオーストラリアを受け入れ，2005年に設立されたEASにオーストラリアが参加する基盤を形成した．

　地域組織の規範が，その活動やプログラムのような機能の内実を規定するように，地域組織が掲げる地域概念は，地域主義の目的やルールと深く関わる．つまり，新たな地域組織設立に向けてイニシアチブがとられる際，新しい組織に誰が入り，また入らないのかについてある程度の想定が行われ，その結果，新しい組織の名称となるような地域概念が考案されるのである．以下の節では，さまざまな地域概念によって構成されてきたアジア経済地域主義の展開を，3つの規範の変遷と日本の役割に重点を置きながら見ていくことにする．

3. 規範的変遷

3.1 政府の段階的関与

　長期的視野からとらえたとき，アジア地域主義の第1の特徴は，政府関与が極めて慎重に，段階的に深まってきたことにあるといえる．ヨーロッパ，北米，中南米や東南アジアのように，地域協力機構の設立に政府が直接的に関与したのとは対称的に，アジアではまず非政府組織である PAFTAD や PBEC から始められている．さらに PECC という準政府組織の設立を経てから政府間組織の APEC が設立されるなど，政府間協力への慎重な姿勢が見受けられる．つまり国際協力が実際に参加国の政策に直接的な影響を与えるためには，国家が関与する必要があるが，アジアではそうはならなかった．この背景には，本書の他の章が詳説しているように，アジア固有の歴史と，近隣途上国，とりわけ東南アジアの意向を尊重する日本のリーダーシップ・スタイルと関係していた．

　東南アジアは，列強諸国により植民地として支配されてきた歴史的経緯があるため，自国の主権を侵害し，旧帝国主義時代の日本が行ったような，武力による強制的な地域圏形成には強く反対してきた．またマレーシアとインドネシアが非同盟政策を推進していたことも，自らの枠を超えた広域な政府間地域主義に ASEAN が消極的な姿勢を示す一因となった．その意味で，日本のイニシアチブでアジアに新たな地域機構を形成しようとした場合に，アジア諸国から，大東亜共栄圏の再来と批判があることは当然予測されることであった．三木外相が「アジア太洋圏構想」を進めていた 1967 年 4 月，フィリピン大統領のマルコス（Ferdinand Edralin Marcos）が「先進国の経済支配には断固反対する」と批判したことからわかるのは（『日本経済新聞』1967 年 4 月 26 日），途上国の発展支援という三木構想の目的が東南アジアでは理解されていなかったことである．この問題はその後 1980 年代になっても消えることはなかった．大平正芳首相の下に形成された環太平洋連帯研究グループで議長代理を務めた飯田経夫は，当時大平首相が唱えた環太平洋連帯構想について，「大東亜共栄圏の再来だとか，何か隠されたものがあると，よくアジアの人に言われた」と述懐し，同構想があまり具体的なものを追求せず，協力的な雰囲気の醸成をまず目指し

た理由がここにあることを示唆した．また1988年にAPEC構想をオーストラリアとともに進めた村岡茂夫元通産審議官は，「大東亜共栄圏の記憶がアジア太平洋地域に残っていた」と感じ，慎重に事を進める必要があると考え，「大東亜共栄圏の問題は根の深い問題だと思った」と述懐している（寺田2002: 82）．日本はこうした東南アジア諸国の意向に配慮を示し，途上国の関心と自らの関心とつなげ，地域主義に共通の利益を見出し，相手を説得する指導型リーダーシップ（directional leadership）を発揮するようになる．これはアメリカなどがとりがちな，自らの意向を弱小国に押しつける覇権型リーダーシップ（hegemonic leadership）とは異なり，相互利益の調整を鍵とするリーダーシップの形態であった（Terada 2001a）．

たとえば，当初予定されていた政府のPECC関与に対して東南アジア指導者の多くは反対であったが，その一方で当時マレーシアの副首相だったマハティール（Mahathir bin Mohamad）はPECCのような地域制度の機能について，「太平洋諸国の相互認識不足」を克服し，地域あるいは各国の政治経済情勢に通じることで，将来的に経済協力を推進するための下部構造を形成できると考えていた（Mahathir 1980）．実際この見解を，日豪指導者はPECC形成に取り入れることになる．1980年1月，メルボルンでの首脳会談において，大平首相とフレーザー（Fraser, J. M.）オーストラリア首相は，次の見解で一致を見せた．すなわち，自国の日常的な政治経済問題の対応に追われているASEAN諸国は，太平洋協力にエネルギーを仕向けるだけの余裕はなく，ASEANの協力基盤が整うまで地域制度の設立は難しいであろう，と．両首脳は，太平洋諸国間には，経済規模の大きさ，歴史，文化，そして経済発展の度合いなどにおいて差異と多様性が存在することを考慮し，諸問題を克服するうえで，時間をかけて相互理解を深めることが重要であると認識していた．そのため，非政府セミナーの開催を適切な手段とすることで合意し，第1回PECC会合となる「キャンベラ・セミナー」を政府間会議とはしなかった（フレーザー1994: 321）．その結果，セミナーの議長声明では，「太平洋諸国は，地域協力のための正式な政府間制度を新たに構築する前に，お互いをよりよく知る必要がある」ことが述べられ（Crawford and Seow 1981: 28），PECCにおいては，その後の政府間制度の設立に向けて域内コンセンサスを形成することが重要な目的となった．

1980年代，PECCでなされた政策議論は，法的拘束力を欠くものであったが，アジア経済が顕著な成長を見せ始めるなかにあって，東南アジア諸国に政府間地域組織の有用性を認識させる機会を徐々にではあるが提供し続けることとなり，1989年のAPEC開催の礎を築いていくこととなる（Terada 1999a）．

　そのAPECはキャンベラに外務大臣と貿易大臣を集め，初の政府間地域組織として誕生した．APEC設立に向けた意思表明は，1989年1月，ソウルを訪問中のホーク（Hawke, R.）オーストラリア首相によってなされた．しかし，これに先立ち，アジア太平洋地域における貿易担当閣僚会議の構想を温め，1987年頃から域内諸国にこの会議への参加を働きかけていたのは，日本の通産省であった．通産省の動きに対し，最も熱心に呼応したのがオーストラリアの外務貿易省であり，その後両省は緊密に連絡をとり合いながら，政府間機構の設立に向けた構想を練るために非公式会合を重ねた．ホーク演説の後，域内での合意形成に向け，先に根回しを行ったのは，日本の通産省が派遣したミッションであった．通産省のミッションは，ホーク提案に対する各国の意向を逐次オーストラリア側に伝えるなど，域内での協力関係を維持することにより，その1ヵ月後に行われたオーストラリアの根回し地域外交の露払い的役割を果たした．域内合意形成に向けて展開された日豪両国の外交は，ASEAN諸国から，その利益が損なわれないことを条件にAPEC参加への確約を得るなど，地域圏形成に対する東南アジアの懸念をかなりの程度軽減することに成功している（船橋 1995，Terada 1999a）．

　1960年代から80年代にかけて支配的な地域概念であった太平洋にアジアを加えた一因は，アジア諸国の持続的な成長にあった．日本の直接投資の増加がアジアの経済成長に好影響を与えていたこともあり，日本はASEAN諸国を新たな政府間協力組織へ入れることに関心を向けたのである．当時は，1985年に1ドル260円であったのが，1989年後半には1ドル140円を記録するなど，急激な円高が進み，日本で生産された労働集約型の製品を輸出するのが難しくなっていた．その結果，日本の輸出企業は海外に生産拠点をつくり，そこから輸出を行うことで，円高の影響によりアメリカ市場で製品価格が高騰するのを避けるようになった．このような背景のもと，日本の直接投資がASEANや新興工業経済地域（NIEs：Newly Industrializing Countries）の国々で拡大し，

部品や材料の供給量増加につながった．その結果，日本へのASEAN諸国・NIEs諸国からの輸入は，1985年には全輸出額の14.2％にすぎなかったのが，その3年後には20％を超えた．このように，アジア諸国は貿易や直接投資によって日本と緊密な経済関係を形成し，成長の礎を構築していった（渡辺1991）．同時に，ASEAN諸国を含んだ政府間地域協力を通じ，貿易や投資の障壁を取り除くことは，日本企業の利益を促進するうえでも重要となった．

しかしながら，政府間組織であるAPECが構築されても，西側諸国の地域制度と異なり，APECはメンバー間の取り決めに法的拘束力を付与することはなかった．たとえば，1994年に出されたAPECの「ボゴール宣言」には，2020年までにすべてのAPECメンバーが貿易投資の自由化を実現することが掲げられているが，この目標を達成するための法的拘束力をAPECは保持していない．したがってAPECの役割は，参加国政府に政策提言を行ってきたPECCのそれと本質的には異なってはいない．APECの合意形成方法には自主性の原則が貫かれている．それは必ずしも超大国のアメリカの意向によるものではなく，ASEAN諸国に配慮した結果APECを緩やかな制度にとどめる立場をとった日本の決断によるものであった．

東アジア地域が市場統合に向けた最初のステップとして法的拘束力をもつFTAを導入したのは，1990年代後半から2000年にかけてのことであった．FTAは，特恵的な法的拘束力により非加盟国に差別的待遇を与えるものである．これは，APECのような，これまでのアジア地域協力の原則であった，無差別で非拘束的な自由化方法とは決定的に異なる．アジアにおけるFTAの増加は，主にヨーロッパで発展してきた地域統合アプローチの踏襲によるものだった．それは後述するように，1998年に日本がメキシコ，韓国に，そして1999年にはシンガポールが日本にFTA締結を求めてきたことに端を発する．そしてこの政府の主導による，法的拘束力をもった通商制度へのアプローチは，アジア太平洋地域における2国間FTAの急速な発展により，各国の通商政策の重要な規範として定着していった．その後この規範は，ASEAN＋3やASEAN＋6（日中韓，インド，オーストラリア，ニュージーランド）といった東アジア統合案にも組み込まれた．その結果，これらの地域枠組みから排除されたアメリカは，正式メンバーとして加盟しているAPECにおいて東アジア同

様に差別的で法的拘束力をもつ地域統合規範を導入するため，アジア太平洋自由貿易協定（FTAAP：Free Trade Area of Asia-Pacific）の推進を試みることになった．これにより APEC の規範は，日本が長く掲げてきた「開かれた地域主義」から，欧米で標準となっている「閉じられた地域主義」へと変貌することになった（寺田 2011b）．後述するように，日本は FTAAP を 2020 年までに実現することを閣議決定し，さらに環太平洋戦略的経済連携協定（TPP：Trans-Pacific Strategic Economoc Partnership）交渉への参加を表明するなど，2 国間 FTA を東アジアに導入する役割をいまだ維持し続けているといえよう．

3.2 経済協力から貿易自由化へ

東アジアの地域協力は，その初期においては，域内発展途上国の経済成長を開発協力の推進によって支援することを主要な関心としていた．こうした傾向は 1960 年代から 1980 年代にかけて，日本の指導者たちが南北問題の解決にしばしば言及していたことに象徴されていた．しかし「南北問題」という言葉の使用頻度が激減するとともに，その軸は，他の地域主義と同様，徐々に貿易自由化へと移行していった．これがアジア地域主義の発展における第 2 の規範の変化であり，その過程では第 1 のそれに等しく，日本の意向が働いていた．

もちろん日本自身，発展途上国から先進国への仲間入りを戦後の重要な目標にしていた．しかし高度経済成長の波に乗った日本は，1964 年には経済協力開発機構（OECD：Organization for Economic Cooperation and Development）に加盟し，その下部団体である開発援助委員会（DAC：Development Cooperation Directorate）のメンバーになることによって，事実上先進国への仲間入りを果たした．翌年の 1965 年には，日本の国際収支は初めて黒字に転じ，援助増額を行う基盤が整えられ，援助受け入れ国から援助供給国へとその立場を変えた．（松井 1983：65）．1966 年 4 月には，東南アジア開発閣僚会議が東京で開催されたが，これは日本政府が戦後初めてイニシアチブをとった国際会議であった．また同年アジア開発銀行（ADB：Asian Development Bank）設立の際にも日本は積極的に関与し，アメリカと同額の 20 億ドルの支出を行ったが，この額は戦後初めて，アメリカが国際機関に拠出した金額に並ぶものであった（Jo 1968：789）．もちろんこうした日本の地域協力の動きは，ベトナム戦争へ

の関与を深めていたアメリカから，アジアの自由主義諸国への経済援助の促進を要請されたことにも起因する（山本 1984: 103）．しかしそれを後押した他の要因として，日本が高度経済成長を実現させ，アジアにおける指導国家としての意識を本格的に強めていったことがあげられよう（Yasutomo 1983: 56）．

　しかしながら，非政府組織で構成された「太平洋 I」の時代，PAFTAD や PBEC のような非政府地域協力の推進に寄与した小島，大来佐武郎，永野重雄のような日本の学界，財界の指導者たちは，概して域内貿易の拡大を推進するアプローチを志向した．このような志向は当時のアジア地域主義の現実とは必ずしも符合していなかった．アジアの発展途上国は域内貿易自由化に対しては消極的であったからである．アジア諸国の指導者たちの意見調査を行ったゴードン（Gordon, B.）によると，1960 年代半ばにおいてアジアの指導者たちは，貿易志向的な地域協力に魅力を感じておらず，むしろ当時の東南アジア諸国が取り組んでいた，開発計画の促進を介した経済成長の実現に関心を向けていた（Gordon 1966: 141-161）．つまり，アジアの発展途上国の関心は，域内貿易の振興を最重要課題に掲げる PAFTAD や PBEC の創設者たちに必ずしも共有されていなかったのである．PAFTAD や PBEC は，アメリカ，カナダ，オーストラリア，ニュージーランド，日本といった太平洋地域の先進諸国の参加者によって開始された経緯ゆえに，先進国の関心事項である自由化問題を議題の中心とすることになった．たとえば 1968 年に東京で開かれた第 1 回 PAFTAD では，小島の太平洋自由貿易地域（PAFTA : Pacific Free Trade Area）構想が主要な議題とされたが，これは，ここにあげた先進 5 ヵ国による市場統合案であった．シンガポールの独立が 1965 年にようやく成し遂げられるが，当時，多くの東南アジア諸国は独立を勝ち得てからそれほど時を経ておらず，国家形成の基礎固めに専念していた．そのような時代状況にあっては，国家間協力によって貿易自由化を促進することはもちろんのこと，議論することさえも，時期尚早であった．

　PECC が設立された「太平洋 II」の時代は，1978 年に日本の大平首相が環太平洋連帯構想を提唱したことで幕を開ける．この時代に緊密化し始めた経済的相互依存関係は，日本，そして 1970 年代に熱心に地域協力の可能性を探ったオーストラリアの指導者たちが，地域経済協力の重要性を訴えるための基盤

となった (Crawford and Okita 1976). この大平構想は，相互依存関係が深まるなか，経済協力制度を推進することがさらなる貿易投資を生み，また域内の相互依存関係を深化させるという考えに基づいていた．しかしながら，東南アジアの指導者たちはこの考えを共有するに至らず，太平洋という地域概念の中で経済協力を推進する必要性を強く認識していなかった．当時マレーシアの副首相であったマハティールは，「相互依存は貧困国にとってまったく現実的でない経済概念である」と述べた (Mahathir 1980). 彼は，重要なことは，経済依存関係の深化が先進国による途上国の利用や搾取につながらないことであると強調し，経済相互依存に対する日豪指導者との見方の違いを明確にした．

東南アジア諸国が自由化よりも経済・技術協力を強く志向する姿勢は，APEC が発足してからも続いた．1990年代半ば，インドネシアの官僚は，APEC において「弱小国家」が自由化問題に関与していくためにはいっそうの経済力をつける必要があり，そのためにも開発・技術協力が必要であると述べた (Soesastro 1996: 26). こうした東南アジアをはじめとする発展途上国の意見に理解を示したのは，先進国では日本だけであった．日本は APEC を，その設立当初から，協議を中心としたフォーラムとしてとらえていた．協議が重視された理由は，アジアにおいては，EU のように，自由化を追求し，域内市場統合を進めることよりも，「経済協力」という名前が示すとおり，多数を占める途上国が自分たちのペースで自由化を推進し成長を持続できるような政策環境を，域内協力を通して探ることが重要だと判断されたからであった．それは非拘束性といった行動規範への支持にもつながった．APEC では，具体的な数字や品目に関して「交渉する」のではなく，協力など共通の利益について「対話」を行うべきであるとの意見が途上国からよく聞かれた．そこで日本は，ASEAN などの途上国の意見をとり入れた形で，経済協力の案件を APEC のプログラムに反映させることが，日本の指導性を発揮する方策と考えるに至った．1988年，通産省で APEC 設立の礎を築いた豊田正和は，1995年の大阪会議の主催国として日本が果たすべき役割の一つとして，自由化推進に際し斬新的アプローチの重要性を他の先進国に訴えることをあげている．すなわち豊田は，途上国の立場を経験したことがないアメリカやオーストラリアが開発協力の重要性を軽視しがちあるのに対し，日本は自らの戦後発展の経験に基づき，この

アプローチの有用性を示すべきだと主張したのである（Terada 2001a: 201）．こうした意図をもって当時日本が推進しようとしていたのが，1994年のインドネシア会合で河野洋平外相が提唱した「前進のためのパートナー」（PFP: Partners for Progress）構想であった．「南南協力」と称される途上国間の経済協力や，先進国数カ国の連携による途上国協力など，2カ国間ではなくAPEC全体にその枠組みを広げ，貿易・投資の自由化や円滑化を側面から支えるのがその目的であった．河野外相は，このようなプログラムを通じて，APECで日本が「先進国と途上国の橋渡しの役割」を果たすことができると述べた（『毎日新聞』1994年11月13日）．

　アジアの途上国は概してPFP構想に肯定的であったが，この構想はその意図するところが明確ではなく，日本は自由化よりも東南アジアの経済発展を重視しているのだという批判も起こった（船橋1995: 289）．さらに，アジア途上国が望む経済技術協力を日本が支えるというアプローチについては，その実施によって最も利益を得るのは日本ではないかとの懐疑論もあった．実際1990年代にはすでに多くの日本企業が東南アジアを中心に生産拠点を確立し，東アジアには日本を中心とした事実上の貿易・投資圏がすでに形成されていた．このような背景のもと，APEC内においてルールに基づいた自由化を進めるよりも，PFPのような多国間開発協力で域内途上国の成長を助ける方が，域内に最も充実した生産拠点をもつ日本企業の利益につながると考えられたのである（Hatch and Yamamura 1996）．こうした見方がとられた背景には，日本が農産物の自由化に対し消極的な態度を示し続けてきたことがあった．

　PFPは実現しなかったが，日本はしばしば東南アジアの開発協力をアジアの多国間協力を通じて進めようとした．とはいえ，その試みの多くは失敗に終わった．上述した東南アジア開発閣僚会議は1975年に事実上解散した．小泉首相が2002年1月にシンガポールで唱えた東アジア開発イニシアチブも，その年に東京で閣僚会合を開いた後，発展せず立ち消えになった．これらの経緯は，一口に途上国といっても社会・経済情勢はさまざまで，各国が望む開発プログラムもそれぞれ異なるため，開発・技術協力における多国間アプローチには難しい面があることを物語っている．結局，豊田の主張に見られるような，自由化一辺倒ではなく，同時に人材育成を含む経済・技術協力を強化し国内産

業の競争力を上げることが，アジアにおいて自由化を促進する有効な手法であるという日本の意向は，他の先進メンバーには共有されず，そうした方向でのAPECの経済・技術協力機能の充実は達成されなかった．1990年代，APECのメンバーは，チリやペルーなどの南米諸国，ヨーロッパと接するロシアなどを含んで増加し，加盟国の利益が分散しがちになった．加盟国間の力関係によって利益の優先順位が決定されてしまう様相も呈した．その大きな理由の一つとして，アメリカやオーストラリアがAPECを，加盟国間の経済格差是正のための方策を論ずるための地域主義組織とみなしていなかったことがあった．

　APECにおける経済・技術協力プログラムの進展が芳しくない一方，自由化は2000年以降，APECメンバーが独自に2国間FTAを締結することで推進されていった．このことは，上述したように，APECが掲げてきた無差別原則に基づく「開かれた地域主義」の放棄を意味することであった．現在のAPECは差別的なFTAの有効性を認め，FTAを域内自由化への推進力と位置づけている．実際，APEC域内でFTAネットワークが拡大している要因の一つは，FTAがもつ差別性に関連している．つまり，FTAで非関税の対象となるのは締結国で生産された製品に限られる．そのため，締結国間の貿易は増大するが，それ以外の国の製品は締結国市場から関税により差別を受けることになり，非締結国にとってはビジネス機会の喪失につながる．この傾向は多くの輸出製品が競合する東アジアでとくに顕著であり，不利益を招かないためにも，より多くの主要貿易国とFTAを結ぶ必要があるとの認識が広がりつつある．また，FTAが数多く結ばれれば，それだけ自社製品が非関税扱いを受けられる海外市場が増えるため，企業もそのような国々を魅力的な投資先として選択していることもFTA拡大の重要な要因である（寺田2007）．

　2国間で法的拘束力をもつ排他的なFTAを締結するケースが増大してきたことは，APECが，世界の他の地域機構と同様の流れに乗って，メンバーの自主性に委ねてきた従来の制度から脱却を図る可能性を示唆している．その中で，アメリカはFTAAP案の実現を強く支持した．さらにアメリカは2008年，その布石として，シンガポール，チリ，ニュージーランド，ブルネイの4ヵ国が2005年に結んだTPPへの参加意思を表明した．東アジアで活発化する地域主義の動きからアメリカが排斥されていることを危惧していた米商工会議所など

の産業界は，アメリカの TPP 参加に対し歓迎の声明を発表している（『時事通信』2008 年 2 月 5 日）．TPP は全品目の関税を 2015 年までに撤廃する「質の高い」FTA であり，それゆえ「FTAAP のひな型」になると米通商代表部カトラー代表補は述べている（『日本経済新聞』2008 年 10 月 20 日）．このように，アメリカの目的はさらに APEC メンバーを TPP にとりこみ，これを拡大させていくことにあった．

　アジア太平洋における FTA は，1999 年 6 月暮れにニュージーランドがシンガポールにもちかけたことに端を発する（宗像 2001: 105）．しかしシンガポールはその時すでに，日本にも FTA を打診しており，日星間の FTA の発表は同年 12 月に行われた（Terada 2006: 10）．シンガポールが日本に FTA を打診してきた理由としては，次の 2 つがあげられる．第 1 に，日本がメキシコからの要請を受け，1998 年 8 月頃から通産省で同国との FTA 締結の可能性について研究を開始したことである．第 2 に，同年 10 月，金大中大統領が歴史問題に終止符を打ち，新たな日韓関係を構築することを目指して訪日を実現させたことがある．これに触発されて，日本では韓国との FTA 締結の機運が高まった．その意味で，東アジアにおける通商政策に 2 国間 FTA が加味される契機をつくったのは日本であったといえる．それまで日本は，WTO による多国間貿易体制の維持と発展に専心し，その体制を弱めかねない差別的な FTA には反対の姿勢を示してきた．実際海外メディアは，日本の FTA 政策を「多国的貿易体制への確固たる関与」と報じ（*Reuters*, October 25, 2000），あるいは日本を「最も強固な多国間主義者」と表現し（*New York Times*, November 9, 2001），日本が FTA を検討し始めたことを，重大な政策変化として伝えた．こうした動きを察知し，即座に FTA を打診してきたのがシンガポールであった．

　このように，日本の FTA 政策への関与は東アジアの通商政策における規範の変化をもたらした．こうした日本の役割が最も顕著に発揮されたのは，中国に対してであった．2000 年，中国が ASEAN に FTA を提案したことは，日本を含め域内各国を驚かせた．それというのも，当時中国は無差別な最恵国待遇を原則とする WTO への加盟を急いでいたため，差別的 FTA には批判的だと思われていたからである（*Straits Times*, November 22, 2000）．しかし，中国を FTA に向かわせたのは，FTA の流れに乗り遅れることに対する懸念であっ

た．1990年代後半まで，世界の主要先進国トップ30の中でFTAを結んでいなかったのは，中国（香港も含む），日本，韓国，台湾だけであった．しかし2000年に入ると，日本はシンガポールとの間でFTA締結に向けた研究会をスタートさせ，韓国もチリとのFTAを模索していた．中国にとってみれば，突如自分だけがFTAを結んでいない状態が東アジアに生まれたのであるが，そうした事態の端緒となったのが日本の通商政策における規範の変化だった（Hatakeyama 2003, Munakata 2006: 115-116）．東アジアにおける2国間FTAのドミノ現象を論じたボールドウィン（Baldwin, R.）は，ドミノの開始を中国に求めているが（Baldwin 2006: 1491），むしろ日本から始まったと解釈する方が適切であろう．中国は，日本の通商政策の変化に影響を受けたわけだが，中国自身も規範変化を起こす役割を担ったことも確かである．中国とASEANのFTAの影響力は多岐にわたる．東アジアの貿易構造においてASEANを単体とみなしてFTA交渉を始めたこと，その提案が地域機構として連帯性を欠いていたASEANの市場統合のスピードを速めたこと，そしてASEANとのFTA締結を望む国がその後増加し，このような動きが，ASEANをハブとした現在の東アジア地域統合構想へつながったことなどである．ただし，途上国の中国と先進国の日本の間では，自由化度や包括性などFTA履行の際に満たさなければならない条件は異なる．そのため，どれほど企業活動に影響を与えるかという観点から見れば，日本より中国のFTAが重要であるとは必ずしもいえないのである．

3.3 開かれたメンバーシップとアメリカ

　地域主義における開放性という規範は，「開かれた地域主義」と名づけられ，差別性を否定する日本の地域主義を長く支えてきた経済外交思想であった．この表現は，戦前のブロック経済が第二次世界大戦に結びつき，日本もその動きの中心にいたという反省から生み出された．1955年シンガポールで開かれたコロンボ計画協議会の閣僚会議に出席した日本の代表は，「アジアにおける地域主義は，戦前の封鎖的なブロック主義の姿ではなくて，いわば開放的な地域主義と呼ぶべきもの，すなわち世界の他の地域との交流を拡大しつつ，地域内の結合を深める姿で進めるべきである」と述べている．これは「開かれた地域

主義」という言葉が用いられた最初の例であろう（大来 1962: 74）．この考えは 1980 年に大平首相に提出された報告書『環太平洋連帯の構想』の次のような記述にも引き継がれている．

> われわれの構想の第一の特色は，それが世界に向かって開かれたリージョナリズムであって，決して排他的で閉ざされたものではない，ということである……グローバリズムを排除したリージョナリズムに，発展と繁栄の可能性があり得ないことを，われわれは十分に意識している．しかし同時に，現在われわれが直面している問題の中には，まずリージョナルな協力を試み，それをグローバルな協力に発展させることが適切なものも少なくない．（環太平洋連帯研究グループ 1980: 19）

　1960 年代から 1980 年代にかけて，グローバルという視点を意識しながら地域主義を推進しようとしていた日本の意志は，「開かれた地域主義」の推進につながっていった．また，開かれたメンバーシップを意識する日本にとって，どの国が最初の会議に参加すべきかという問題は，日本がアジア地域主義で指導性を発揮しようとする際に，常に浮上する問題であった．具体的には同盟国であるアメリカや，重要な資源輸出国であるオーストラリアのような太平洋諸国を地域制度の構築に参画させ，地域の安定と繁栄を図ることが日本の地域主義政策の重要な目標とされた．その結果，日本は長く「太平洋」や「アジア太平洋」という地域概念を支持してきた．しかしながら，アメリカは 1960 年代から 1980 年代を通じ，貿易政策上の関心事を一貫して GATT などのグローバルレベルでの自由化に置き，日本が推進する太平洋地域主義に対してはあまり関心を示さなかった．永野をはじめ日本の財界が中心になって創設した PBEC に，アメリカのビジネスリーダーを参加させるための説得は大きな労力をともなったし（Terada 2001b），当初は大平が唱えた太平協力構想にさえアメリカは懐疑的であった（Krause 1981: 10）．そのアメリカが太平洋地域主義に関心を示し始めるのは，1980 年代半ばの第二次レーガン（Reagan, R. W.）政権期になってからであった．とりわけ同政権のシュルツ（Shultz, G. P.）国務長官はアメリカの PECC 関与を積極的に進めていた（Patrick 1996: 198）．ただし，

PECC を含め，当時の環太平洋における経済地域主義は政府間機構ではなかったため，そこでの決定が政策に反映されるわけではなかった．このことは，アメリカが地域経済協力に強い関心をもつに至らなかった要因となった．山澤逸平は，政策に結びつかない「不満」をアメリカのみならず多くの PECC 関係者がもち，これに「等しく悩んできた」と述べている（山澤 1993: 5）．したがって，シュルツ国務長官が 1988 年 7 月に太平洋協力推進のための政府間機構を設立する提案を行ったのも，従来の非政府アプローチを打破することに向けられていたといえよう．アメリカの地域主義への関心は，会合での議論を直接政策に結びつけ，その性格をプロセス指向から明確な結果を出す方向に変えていこうとすることに特徴がある（モリソン 2009）．

　結果を生みださないアジア地域主義に対し懐疑的なアメリカの姿勢は，「東アジア」という地域概念が戦後初めて公式に外交政策として打ち出されてから変化する．この「東アジア」は，アメリカを含まない北東アジアと東南アジアを融合させた地域概念として誕生した．1990 年 12 月にマレーシアのマハティール首相によって発表された東アジア経済グループ（EAEG : East Asia Economic Group, 後に東アジア経済協議体 EAEC : East Asia Economic Caucus に改称）構想は，GATT のウルグアイ・ラウンド交渉が決裂した直後に発表された．こうした事実からわかるように，先進諸国の利害関係によって GATT 交渉が大きく作用される状況にあって，マレーシアなど発展途上国は自らの意向が反映されないことに不満をもち，その批判の矛先を主にアメリカに向けた．マハティール首相は，世界第 2 位の経済大国でアジアに位置する日本が同構想に参画することはその実現に不可欠と考えていた．そのためマハティールは，G7 開催前にアジア側だけで集い，日本が代表してアジアの声を G7 に届けるという役割を設定し，アジアの意見を集約する場として EAEC を提案した（マハティール・石原 1994: 67-69）．しかしアメリカは，同構想は，アジア太平洋を 2 つに分割し自国の経済的利益を損ねるという理由で強固に反対し，主要メンバーと考えられていた日本と韓国に参加しないよう強い圧力をかけた（Baker 1995）．たとえば 1991 年 11 月，APEC ソウル会議の直前にベーカー（Baker, J. A.）アメリカ国務長官は日本の外務省に EAEC にくみしないよう求める書簡を送りつけ，その態度を明確にしない日本に対し「明確に反対の意

思表示」を迫った(『日本経済新聞』1991年11月6日).これにより日本はEAEC構想に対し積極的な対応を示さなくなるが,マハティール自身も過度なアメリカ重視の姿勢のためEAECへの関与を決められない日本への不満を隠さなかった(マハティール・石原1994: 62-67).このことは,日本の外交政策に,アメリカを排した東アジア地域を想定する域内協力概念が存在しなかったことを意味し,その外交政策がいかにアメリカの影響下にあるかを示していた.

　上述したように,戦前にアジア諸国だけを構成メンバーとした大東亜共栄圏構想を追求したことへの反省もあり,1960年代以降に発展した日本の地域主義政策は,アメリカやオーストラリアを含む「アジア太平洋」地域という枠組みの中で立案され,常に「開かれた」アプローチを訴えてきた.日本は「アジア太平洋」を前提とする地域主義政策を一貫して追求し,マレーシアに対しても,日本のEAECへの参加条件として,「太平洋」国家であるオーストラリアやニュージーランドを含めることを主張し続けた(Leong 2000: 78).もちろん日本もマハティール首相と同様,欧米諸国が農業分野の保護など自国の利益に固執し,ウルグアイ・ラウンド交渉を停滞させたこと,NAFTAやEUなど差別的地域主義を立ち上げたことに不満をもっていた.日本政府内にも,東アジアの国々だけで地域組織をつくることで欧米の差別的な地域統合に対抗し,東アジアの利益を国際政治の場で実現すべきだというマハティール首相の考えに賛同する者もいた(軽部2001: 40-44).しかし,欧米における閉鎖的な地域主義の進展に深憂を抱いていた日本がその対応策の一つとして打ち出したのは,アメリカをとり込みオーストラリアと協力して設立したAPECであった.それは地域主義を推進しても差別をしないという長期にわたる日本の方針によるものであったし,とくに同盟国であるアメリカを排除することは,冷戦が終結して間もない当時では考えられなかった.

　このような日本の地域主義を支配する規範意識に変化をもたらしたのが,1997年のタイ・バーツの暴落に端を発するアジア通貨危機であった.当時大蔵省財務官だった榊原英資が振り返るように,この通貨危機がアジア地域全体に波及することは全く予想されていなかった(榊原2000: 170).この意味で,通貨危機がもたらした重要な帰結は,東アジア経済,すなわち北東アジアと東南アジアの経済的相互依存関係を域内各国に強烈に認識させたことであった.

東アジアという地域概念は，こうした認識により定着するに至ったのである．フィリピンのシアゾン (Domingo L. Siazon, Jr.) 外相（筆者インタビュー，2000年10月13日，マニラ）は「経済危機によって，東アジアの指導者たちはASEAN＋3の首脳会合を制度化することに強い関心を抱いた．とくに日中韓で起こったことはASEAN経済に強い影響を与え，また北東アジアの経済復興もASEANの発展によって促進されうることに，われわれはより確信をもった」と述懐している．

　アメリカは，ベトナム戦争時の重要な同盟国タイのIMF支援パッケージに1セントも拠出せず，ASEANの盟主であるインドネシアへの関与も躊躇し，東アジア地域経済から後退するイメージを同地域内に植えつけることになった．ニュージーランドのクラーク (Clark, H. E.) 首相が指摘するように，「アメリカはロシアやブラジルが通貨危機に陥った際，すばやく救援に立ちあがった．アジア諸国は，これらの国々よりも自分たちの方がアメリカへの忠誠心が強いと信じていたため，アメリカがその救済に積極的に関与しなかったことに幻滅」した (Webber 2001: 355)．このようなアメリカの消極的な態度とは対照的に，日本はタイ（計172億ドル），インドネシア（計412億ドル），韓国（計583億ドル）へのIMF支援パッケージに対し，それぞれ，40億ドル，50億ドル，100億ドルを拠出した．さらに日本は，後述するように300億ドルの新宮沢構想も付け加え，東アジア諸国の救済に深く関与する姿勢を強く印象づけた．当時シンガポール上級相であったリー・クアンユー (Lee Kuan Yew) は，東アジア経済における日米の対照的な役割を示しながら，日本を中心に東アジアの国々が集結し協力しあう必要が東アジア諸国で認識され始めたことの重要性を指摘し，それが政策協力の枠組みとしての「東アジア」の具現化を促したと強調した（日本経済新聞社 2000: 82-6）．榊原は，1997年9月にタイ支援国会合を東京で開いた際，危機の拡大を食い止めようとする「アジアの連帯感」とも呼べる雰囲気が醸成されたと指摘している（榊原 2000: 180）．またフィリピンのシアゾン外相も，「アジア経済危機の経験を共有し，互いに協力して対処しあったことは，ASEAN＋3加盟国の連帯感を強め，その成立をより自然なものとした」と述べている（筆者インタビュー，2000年10月13日，マニラ）．こうした評価から明らかになるのは，この東京会議の設立において，アジア経

済危機という「共通の経験」が，東アジアという地域概念のもとに協力する必要性と連帯感の形成を後押ししたことである．ここから，アメリカの東アジアへの非関与がより明確に浮き彫りにされることとなった．ガイトナー（Geithner, T. F.）財務次官補代理はさらにこの東京会議において，日本がタイを援助するためにアジアをまとめていこうとした対応を「超大国」のようだと形容した．このように，アメリカは国際金融問題において日本のプレゼンスが強まっていくのに対し，「少なからぬ不満と将来への懸念」を感じ始めていた（榊原2000：182）．こうしたアメリカの危機感は，この会議の直後に日本が提案したIMFのアジア版である「アジア通貨基金（AMF）」構想に対する強い反対にはっきりと示された．アメリカは先のEAEC構想と同様に，自らの影響力が減じられる地域枠組みだと判断した場合，構想段階で日本に圧力をかけることで，その進展を阻止した．

　このように，東アジアという地域概念に基づく構造においては，その突出した経済力から常に日本が中心的存在となった．しかし1999年まで日本がASEAN＋3の考えを支持するかどうかは，ASEANにとって定かではなかった．その理由として，日本はASEANとの関係のみに外交的関心を当てていたからである．しかし1999年になると，日本は東アジアという表現を用い始め，ASEAN＋3首脳会議のことを，「実質的な東アジアサミットである」と説明するようになった（Terada 2003）．さらにその年のASEAN＋3首脳会議において，小渕恵三首相は，フィリピンのエストラダ（Joseph Estrada）大統領がASEAN諸国の敬意を表するために小渕プランと改称した，「東アジアの人材育成と交流の強化ためのプラン」を発表した（小渕1999）．翌年の首脳会議では森喜朗首相が，東アジアの開かれた地域協力の推進をうたった3つの原則を発表した（森2000）．こうした日本のASEAN＋3に対する政治的関心は，小泉首相が2002年1月に訪問先のシンガポールで発表した東アジア共同体構想に引き継がれた．小泉首相は，ASEAN＋3を，「地域の繁栄と安定を確保するため」「最大限活用すべき」枠組みであり，「東アジア全体の協力」につなげていくべき方法であると述べたのである（小泉2002）．かつて橋本龍太郎首相が「アジア太平洋」の安定と繁栄を構築するために，日本とASEANの緊密な関係を構築すること必要性を訴えたのとは異なり（橋本1997），その後継者たち

の地域政策演説やイニシアチブは，日本の東アジアに対する関心の高まりを象徴するものとなった．

ASEAN＋3の枠組みにおいて，日本が積極的に政策イニシアチブを立ち上げる姿勢は，EAECへのそれとは対照的なものであった．それは，日本が域内の諸問題を解決するためには東アジア概念をもつ協力制度が最適であり，その期が熟したと判断したことによる．EAECと異なり，アメリカがこうした試みに真っ向から反対を示さなかったことも，日本が東アジア地域協力へとアプローチを変化させた重要な要因である．この頃までにアメリカでも，日本が東アジアの安定と繁栄のためにイニシアチブをとる必要性があるという理解が醸成されていた．そうした理解が示されたのも，ASEAN＋3の最初の機能的協力分野が，差別的な市場統合ではなく，アメリカが関与に躊躇し日本が積極的に取り組んだ金融協力であった事実に見て取れよう（Amyx 2004）．

しかしながら，アメリカは2000年以降，東アジアにおける2つの重要な変化によって，東アジア地域協力に対する態度の変更を迫られることになった．一つは中国の超大国化であり，もう一つは東アジア諸国の間で推進された差別的なFTAの拡散である．中国はASEAN＋3を近隣善隣外交の中心と位置づけ，積極的に推進するようになった．これに対してアメリカは，中国の台頭とその積極外交により東アジアが中国の勢力圏になれば，中国を含めほとんどを途上国で占められるこの地域で日本は孤立すると考えた．さらにアメリカは，知的財産権保護や人権推進といった民主主義国や先進工業国の視点を東アジアの協力枠組みに反映できないことを憂慮し，またそれは自国の利益にとって好ましくないと判断していた．そこでアメリカは，小泉政権下の日本と同様，安全保障面でアメリカとの同盟関係を強めるハワード（Howard, J. W.）政権のオーストラリアや，アメリカとの戦略的関係を構築し始めたインドをはじめとする民主主義諸国を東アジア地域の協力枠組みに入れようとした．そこで，アメリカと日本の協調を通じ，アメリカの利益に反しない新たな地域組織を設立する思惑でつくられたのがEASであった（Terada 2010; Sohn 2010）．

このように，アメリカを排除した東アジア地域制度の進展に強く関与した日本は，第3の規範変化においても中心的な役割を果たしたといえる．ただし日本は，アメリカ主導のEAS参加を繰り返し訴えてきたように，常にアメリカ

を意識しながらアジアの地域主義政策を進めてきた．それは，安倍晋三首相の時代になってからも一貫していた．安部首相は，日本の地域政策においては，民主主義のような価値観の共有が重要であることを強調し，そのような価値観を共有するオーストラリアやインドどの関係を強化する必要を訴えた（安倍 2006）．アメリカは，2009 年にオバマ（Obama, B. H.）大統領が就任するまで東アジア地域制度への参加に関心を示すことがなく，2011 年になりようやく正式に EAS に参加した．オバマ大統領の EAS 参加は，中国の影響力が強まる東南アジアにおいてアメリカのプレゼンスを示すために，外交の選択肢を広げるものとなった．こうした東アジアの地域統合に対するアメリカ外交の政策変化は，それに先立つ日本の長期にわたる外交努力の観点からすれば，最も歓迎する類のものであったが（寺田 2011a），アメリカが外交政策を変化させたのは，東アジアの地域統合を進めたいからではなかった．アメリカは，南シナ海などで強硬に領海権を主張する中国に対し，他の国々とともに圧力をかける場として EAS が望ましいと考えたのである．こうした戦略的意図に基づきアメリカが市場統合を進めるために選んだ枠組みは，アジア太平洋の地域概念に基づき，高い自由化度を目指して自らがイニシアチブをとることができる FTAAP であり，その実現へ向けた TPP 推進であった（寺田 2011b）．ここには，EAS メンバーによる東アジア統合の交渉が実際に始まっていない現状において，FTAAP・TPP を通じたアメリカ主導の地域統合が進む可能性が示唆されている．日本は EAS メンバーによる東アジア地域統合に向けて旗を振ってきた．その一方で，アメリカを含むアジア太平洋の地域概念に基づいた統合案である FTAAP に参加せざるをえなかった．だがそれも長期的に見れば，アジア太平洋と東アジアのいずれの地域概念にも含まれる日本としては，整合性をもつものであった．

4. おわりに

東アジアでは，経済発展度の違いなどにより参加国の利害関心が多様であるため，地域経済統合の推進を目的とする政府間地域組織の構築において，他の地域とは異なり段階的アプローチを選択せざるをえなかった．しかし 2000 年

初頭から，法的拘束力をもつ差別的なFTA締結が進んだことにより，締結国と非締結国の差が明確化にされるようになった．また，アジア地域主義の顕著な特徴として，こうした2国間組織が一定の地域に拡大される形をとり，内と外を明確に隔てる市場統合規範となって現れていったことがある．それ以前のアジア地域主義に見られる主な規範と機能は，FTAなどの具体的な政策協調や交渉を行う前段階の活動にとどまっていた．すなわち，経済政策に関する相互理解の推進や，経済成長のための自由化の必要について共通理解を構築することなどである．たとえば，「太平洋I」および「太平洋II」の時期，非（準）政府組織による地域協力と政策調整対話を通して，途上国は共通の利益である開発課題が政府のさらなる関与により達成可能であると認識するようになった（Harris 1993: 278）．この社会化のプロセスは，ASEANメンバーが1989年にAPECへの参加を決定するうえで重要な意味をもった．この点について，APECの初代高級事務レベル会合議長であったエレック（Elek, A.）は，「10年にわたるPECCの活動は，APECのようなイニシアチブを立ち上げるために必要な共通の関心や相互信頼を醸成するうえで有益であった．PECC設立時の1980年の段階ではこれらの前提条件は確立されておらず，それゆえ，より制度的レベルで政府間組織を形成するのに10年にわたる準備を要した」と述べている（筆者インタビュー，1998年5月12日，キャンベラ）．このように彼は，政府間組織であるAPECに至るまでに，準政府組織であるPECCを挟んだ漸進的アプローチをとったことの妥当性を指摘したのである．

　本章では，政府の段階的関与と他に先駆けた法的拘束力の導入に加え，開発協力から貿易自由化への移行，成長著しい東アジア諸国のみを構成メンバーとする地域制度構築への努力という，アジア地域主義における3つの規範の変化が生じた要因とその過程を論じてきた．その際，これらの3つの規範の変化をアジア地域に起こすうえで日本が果たした役割に焦点を当ててきた．通常，国家は国際社会において特定の立場にあり，その立場を土台にして対外政策の方向性を決定する．たとえば，国際社会における日本のアイデンティティを形成するのは，地理的（アジア太平洋あるいは東アジア国家として），経済的（先進国として），あるいは戦略的（アメリカの同盟国あるいは西側諸国の一員として）な立場が選ばれることによっている．「アジア唯一の先進国」という日本の立

場は，アジア地域における日本のリーダーシップとしての役割を象徴するものであり，1960年代から1980年代にかけて，日本のほぼすべての首相や外相が用いた共通の表現であった．これは，日本がアジアの途上国の経済成長と開発の促進に関与し続けた大きな背景となった．「南北問題の解決」という当時よく用いられたもう一つの表現は，途上国が関心をもつ分野で指導力を発揮し，その後の自由化につなげたていきたいという日本の意図を表していた．

しかし，こうした日本の立場は，政治的にも経済的にも影響力を増大させつつある中国の出現により大きく変化した．すでに中国は世界第2位の経済力をもち，世界最大の外貨準備高を有するなど，日本がかつて享受していた国際社会での経済的地位を奪い取っている．「リーマン・ショック」以後，世界の指導者が集う会合がG8からG20に移行した大きな理由は，中国の意向を無視しては世界経済は議論できないからだという主張もあり，中国の役割はもはや無視できないものとなっている．WTOやIMFなど国際貿易や金融の行方を左右する組織においても，新興国の代表としての中国の積極的参画なしには重要案件は決められない状況にある．日本は長年自国の役割を，アジア途上国と西側先進諸国の橋渡し役に求めてきたが，中国の台頭はこうした日本の役割を消滅させ，これまで日本が独占してきた域内指導者の立場にとって代わりつつある．たとえば，日本はアジアの指導者の義務の一つとして，開発援助などを通じたインフラ整備に必要な財政負担を負ってきた．しかし日本経済の20年にわたる停滞と，これと同時並行的に進んだ中国の経済的台頭は，そのような財政負担をアジアで担える国は日本だけではないことを示していた．とくに中国の援助の仕方は，台湾と外交関係のある国には援助額を削減したり，石油供給国には安定的に提供したりと，自国の利益を高める結果となるように効率的に配分している点では，日本よりも圧倒的に戦略的である．こうした事態は，日本の税金が援助国で効率的に使われているのかどうかについて，長年にわたる日本の援助政策を見直すきっかけともなった．翻ってそうした見直しは，東アジアにおける日本の指導的地位を低下させる要因となった．本章が示したように，日本の指導力に対する中国からの挑戦が最も顕著に現れることになったのが，東アジア地域主義であり，その統合分野であった．日本のTPP参加問題は，中国が推進する東アジアかアメリカ中心のアジア太平洋かといった，日本の地

域外交の戦略的文脈で語られる傾向にあった．しかしこうした議論の展開は，日本がアジア地域主義の発展の中で，すでに中心的な存在ではなくなったことをも意味していた．アジア地域主義における3つの規範の変化は，法的拘束力をもつ政府間組織の設立，差別的自由化機能の付与，アメリカも含んだEASの発足というような，日本が当初思い描いていた目標を達成した．その結果，日本の指導的立場は終焉を迎えたともいえよう．

注

1) この章では本シリーズとの整合性を保つため「アジア」地域主義と「アジア」という地域を用いているが，ここでは「アジア太平洋」といった米豪などの太平洋諸国を含むこともあれば，「東アジア」といったいわゆるASEAN＋3諸国を示す場合もあるように，さまざまな地域枠組みの総称として使用している．
2) アジア開発銀行（ADB：Asian Development Bank）設立については，Yasutomo (1983)，東南アジア開発閣僚会議（MCSEAD：Ministerial Conference on Southeast Asian Development）については野添（2009），PAFTADについてはDrysdale (1984), Terada (1999b), PBECはMarris and Overland (1997), Terada (2001b) が詳しい．またPECC設立に関しては，長富（1983），Terada (2001a), PECC (2005), APECについては，船橋（1995），Terada (1999a) を参照．ASEAN＋3および東アジアサミット（EAS：East Asia Summit）の設立については，Terada (2003), Terada (2010) を参照のこと．
3) 後に述べるようにブッシュ政権は関心を示さなかったが，オバマ政権になり，2011年，アメリカはEASに正式に参加している．

参考文献

安倍晋三（2006），『美しい国へ』文藝春秋社．
大来佐武郎（1962），「アジア経済協力の諸問題」『中央公論』1月号，pp. 72-80．
大庭三枝（2004），『アジア太平洋地域形成への道程―境界国家日豪のアイデンティティ模索と地域主義』ミネルヴァ書房．
小渕恵三（1999），「小渕総理の対プレス発表」（マニラ，11月28日），外務省ホームページ，http://www.mofa.go.jp/mofaj/kaidan/kiroku/s_obuchi/arc_99/asean99/press.html（最終アクセス2011年12月16日）．

軽部謙介 (2001),『ドキュメント機密公電:日米経済交渉の米側記録は何を語るか』岩波書店.
環太平洋連帯研究グループ著, 内閣官房内閣審議室分室・内閣総理大臣補佐官室編 (1980),『大平総理の政策研究会報告書 4 環太平洋連帯の構想』大蔵省印刷局.
小泉純一郎 (2002),「東アジアの中の日本と ASEAN―率直なパートナーシップを求めて―」(シンガポール, 1月14日), 外務省ホームページ, http://www.mofa.go.jp/mofaj/press/enzetsu/14/ekoi_0114.html (最終アクセス 2011年12月16日).
榊原英資 (2000),『日本と世界が震えた日:サイバー資本主義の成立』中央公論新社.
寺田貴 (2002),「日本の APEC 政策の起源―外相三木武夫のアジア太平洋圏構想とその今日的意義―」『アジア太平洋研究』23, pp. 77-96.
寺田貴 (2007),「東アジアにおける FTA の波及:規範の変化と社会化の視点から」『国際問題』566, pp. 27-38.
寺田貴 (2011a),「米国と東アジア地域主義:受容・排除の論理と日本の役割」吉野孝・弦間正彦編;藪下史郎監修『東アジア統合の政治経済・環境協力』東洋経済新報社, pp. 45-73.
寺田貴 (2011b),「日米の APEC 戦略と TPP:『閉じられた地域主義』の幕開け」(特集:アジアの経済統合)『海外事情』59, 9, pp. 88-104.
長富祐一郎 (1983),『近代を越えて:故大平総理の遺されたもの・下巻』大蔵財務協会.
日本経済新聞社編 (2000),『アジア新たなる連携』日本経済新聞社.
野添文彬 (2009),「東南アジア開発閣僚会議開催の政治経済過程:佐藤政権期における日本の東南アジア外交に関する一考察」『一橋法学』8, 1, pp. 61-99.
橋本龍太郎 (1997),「日・ASEAN 新時代への改革―より広くより深いパートナーシップ』(シンガポール, 1月14日), 外務省ホームページ, http://www.mofa.go.jp/mofaj/press/enzetsu/09/eha_0114.html (最終アクセス 2011年12月16日).
船橋洋一 (1995),『アジア太平洋フュージョン:APEC と日本』中央公論社.
フレーザー, J. M. (1994),「太平協共同体ビジョンの同志」公文俊平・香山健一・佐藤誠三郎編『大平正芳:政治的遺産』大平正芳記念財団, pp. 321-324.
マハティール, M.・石原慎太郎 (1994),『「NO」と言えるアジア』光文社.
松井謙 (1983),『経済協力:問われる日本の経済外交』有斐閣.

宗像直子 (2001),「日本の地域経済統合政策の生成」宗像直子編『日中関係の転機:東アジア経済統合への挑戦』東洋経済新報社, pp. 85-129.
森喜朗 (2000),「森総理の対プレス発表」(シンガポール, 11月25日), 外務省ホームページ, http://www.mofa.go.jp/mofaj/kaidan/kiroku/s_mori/arc_00/asean00/press_2.html (最終アクセス 2011年12月16日).
モリソン, C. (2009),「アジア太平洋地域協力と APEC の将来に関するアメリカのもう一つの展望」『国際問題』585, pp. 35-49.
山澤逸平 (1993),「太平洋経済協力の原理と実績」大蔵省財政金融研究所編『フィナンシャル・レビュー』22, pp. 1-21.
山本剛士 (1984),『日本外交史IV:南北問題と日本』三省堂.
渡辺利夫 (1991),「西太平洋発展の新時代」渡辺利夫編『西太平洋新時代と日本:アジアの発展が日米関係をどう変えるか』ジャパンタイムス, pp. 11-44.
Amyx, J. (2004), "Japan and the Evolution of Regional Financial Arrangements in East Asia," in E. S. Krauss and T. J. Pempel eds., *Beyond Bilateralism: U.S.-Japan Relations in the New Asia-Pacific*, Stanford, Calif.: Stanford University Press, pp. 198-218.
Baker, J. (1995), *The Politics of Diplomacy: Revolution, War and Peace, 1989-1992*, New York: G. P. Putnam's Sons.
Baldwin, R. (2006), "Multilateralising Regionalism: Spaghetti Bowls as Building Blocs on the Path to Global Free Trade," *The World Economy*, 29, 11, pp. 1451-1518.
Camilleri, J. A. (2003), *Regionalism in the New Asia-Pacific Order*, vol. 2: *The Political Economy of the Asia-Pacific Region*, Cheltenham: Edward Elgar.
Crawford, J. G. and S. Okita eds. (1976), *Australia, Japan and Western Pacific Economic Relations*, Canberra: Australian Government Publishing Service.
Crawford, J. G. and G. Seow (1981), *Pacific Economic Cooperation: Suggestions for Action*, Singapore: Heinemann Asia for the Pacific Community Seminar.
Dalrymple, R. (2003), *Continental Drift: Australia's Search for a Regional Identity*, New York: Ashgate.
Drysdale, P. (1984), "The Pacific Trade and Development Conference: A Brief History," *Pacific Economic Papers*, 112, Canberra: Australia-Ja-

pan Research Centre, Australian National University.

Evans, G. (1995), "Australia, ASEAN and the East Asian Hemisphere," Speech to the ASEAN PMC 7+1 Session, Bandar Seri Bagawan, 2 August, Australian Minister for Foreign Affairs, http://www.foreignminister.gov.au/speeches/1995/gebrune2.html(最終アクセス 2010 年 12 月 16 日).

Gordon, B. K. (1966), *The Dimensions of Conflict in Southeast Asia*, Englewood Cliffs, N. J. : Prentice-Hall.

Harris, S. (1993), "Economic Cooperation and Institution Building in the Asia-Pacific Region," in R. Higgott, R. Leaver, and J. Ravenhill eds., *Pacific Economic Relations in the 1990s: Cooperation or Conflict?*, North Sydney: Allen & Unwin, pp. 271-289.

Hatakeyama, N. (2003), "Short History of Japan's Movement to FTAs (part 4)," *Journal of Japanese Trade and Industry*, 22, 6, pp. 36-37.

Hatch, W. and K. Yamamura (1996), *Asia in Japan's Embrace: Building a Regional Production Alliance*, Cambridge: Cambridge University Press.

Jo, Y. H. (1968), "Regional Cooperation in Southeast Asia and Japan's Role," *Journal of Politics*, 30, 3, pp. 780-797.

Katzenstein, P. J. (2002), "Regionalism and Asia," in B. Breslin et al. eds., *New Regionalism in the Global Economy*, London; New York: Routledge, pp. 104-118.

Krause, L. (1981), *The Pacific Community Concept, Japan and the United States*, Round Table Report, 4, New York: East Asian Institute, Colombia University.

Leong, S. (2000), "The East Asian Economic Caucus (EAEC) : 'Formalised' Regionalism Being Denied," in B. Hettne, A. Inotai, and O. Sunkel eds., *National Perspectives on the New Regionalism in the South*, (International Political Economy Series: New Regionalism, vol. 3), New York: St. Martin's Press, pp. 57-107.

Mahathir, M. (1980), "Tak Kenal Maka Tak Cinta," in Centre for Strategic and International Studies (CSIS) ed., *Asia Pacific in the 1980s: Toward Greater Symmetry in Economic Interdependence* (Papers Presented at the CSIS Conference, Bali, January 11-13, 1980), Jakarta: CSIS, pp. 12-22.

Marris, E. and M. Overland (1997), *The History of the Pacific Basin Econom-*

ic Council 1967-1997: Bridging the Pacific, Wellington: PBEC.
Munakata, N. (2006), Transforming East Asia: The Evolution of Regional Economic Integration, Washington D. C. : Brookings Institution Press.
Patrick, Hugh (1996), "From PAFTAD to APEC: Homage to Professor Kiyoshi Kojima,"『駿河台経済論集』5, 2, pp. 183-216.
PECC (Pacific Economic Cooperation Council) (2005), The Evolution of PECC: The First 25 Years, Singapore: PECC International Secretariat.
Pempel, T. J. (2005), "Introduction: Emerging Webs of Regional Connectedness," in T. J. Pempel ed., Remapping East Asia: The Construction of a Region, Ithaca: Cornell University Press, pp. 1-28.
Soesastro, H. (1996), "The Nature of Asia Pacific Integration and Open Regionalism," Paper submitted at Europe, East Asia and APEC conference on 28-29 August 1996, Australian National University.
Terada, T. (1999a), "The Genesis of APEC: The Australia-Japan Political Initiatives," Pacific Economic Papers, 298, Canberra: Australia-Japan Research Centre, Australian National University.
Terada, T. (1999b), "The Japanese Origins of PAFTAD: the Beginning of an Asia Pacific Economic Community," Pacific Economic Papers, 292, Canberra: Australia-Japan Research Centre, Australian National University.
Terada, T. (2001a), "Directional Leadership in Institution-Building: Japan's Approaches to ASEAN in the Establishment of PECC and APEC," The Pacific Review, 14, 2, pp. 195-220.
Terada, T. (2001b), "Nagano Shigeo: Business Leadership on the Asia Pacific and the Formation of the Pacific Basic Economic Council," Australian Journal of Politics and History, 47, 4, pp. 475-489.
Terada, T. (2003), "Constructing an East Asian Concept and Growing Regional Identity: From EAEC to ASEAN+3," The Pacific Review, 16, 2, pp. 251-277.
Terada, T. (2006), "Forming an East Asian Community: A Site for Japan-China Power Struggles," Japanese Studies, 26, 1, pp. 5-17.
Terada, T. (2010), "The Origins of ASEAN+6 and Japan's Initiatives: China's Rise and the Agent-Structure Analysis," The Pacific Review, 23, 1, pp. 71-92.

Yasutomo, D. (1983), *Japan and the Asian Development Bank*, New York: Praeger.
Sohn, Y. (2010), "Japan's New Regionalism: China Shock, Values, and the East Asian. Community," *Asian Survey*, 50, 3, pp. 497-519.
Webber, D. (2001), "Two Funerals and a Wedding?: The Ups and Downs of Regionalism in East Asia and Asia-Pacific after the Asian Crisis," *The Pacific Review*, 14, 3, pp. 339-372.

新聞
『毎日新聞』
『時事通信』
『日本経済新聞』
Reuters
New York Times
Straits Times

第2章

「アジア・アフリカ」,「アジア太平洋」から「アジア」へ
──アジアにおける中国の多国間協力──

青山　瑠妙

1. はじめに

　1980年代以降，アジアは世界で最も速い経済成長を遂げている地域として注目されてきている．今，東南アジア諸国連合（ASEAN : Association of South-East Asian Nations）をコアとした多層的で，多チャンネルのネットワークがアジア地域で構築されている．

　伝統的に大国間の権力政治を中心課題としていたため，安保理常任理事国を務める国連を除いて多国間外交に対する中国の関心は低かった．それは発展途上国，地域大国としてのいわば中途半端な地位によるところが大きい（高原 2003: 60）．しかし 1990年代後半，とくにアジア金融危機以降，中国はアジアにおける多国間協力に積極的に取り組むようになった．国分良成によると，1990年代半ばにかけて，中国は傍観者（1980年代まで）から，参加者（1980年代から天安門事件まで）を経て，推進者（1992年から）へと変化していた（国分 1995）．今となっては，多国間外交は中国外交の重要な一部をなし，多国間主義も芽生えつつある．

　多国間協力を通じて芽生え始めた多国間主義が外交の基本原則として定着するか否かは，中国が今後国際社会において建設的な役割を果たすのかを見極めるうえで重要である．ホンイン・ウォン（Wang, Hongying）によれば，現状では多国間主義は中国政府の戦略的な手段にすぎず，状況次第では今の多国間

協調姿勢に変化が生じる可能性も十分にありうると指摘する（Wang 2000：486）．

多国間協力に対する中国の姿勢を理解するうえで，現行の政策のみならず，歴史的連続性の視点からとらえる必要もある．1960年代以降，アジア地域統合に向けての時代のうねりが高まる時期が幾度もあった．これまで，ASEAN，太平洋経済委員会（PBEC：Pacific Basin Economic Council），太平洋経済協力会議（PECC：Pacific Economic Cooperation Council），アジア太平洋経済協力（APEC：Asia-Pacific Economic Cooperation）などさまざまな地域組織が設立された．本章では，こうしたアジア地域組織に対し中国はどのような認識を有し，どのような政策をとってきたかについて史的に考察する．

本章は，中華人民共和国成立直後の1950年代から，積極的にアジア地域統合を推進するようになった1990年代半ばまでの中国のアジアに対する政策を考察する．とくに本章では「アジア」という地域が中国の外交政策においてどのようにとらえられてきたのか，そして中国が国際組織と地域組織に対してどのような認識をもち政策を変化させてきたのか，という2つの問題を中心に論じることとしたい．

2. 建国から改革開放まで：敵視から黙認へ

建国当初の中国は国家の経済主権の回復と擁護を非常に重視しており，多国間の経済体制に対しては否定的な立場をとっていた．第二次世界大戦後，イデオロギーの対立により，世界システムも二分化されようとしていた．国際通貨基金（IMF：International Monetary Fund），国際復興開発銀行（現在の世界銀行，IBRD：International Bank for Reconstruction and Development），関税および貿易に関する一般協定（GATT：General Agreement on Tariffs and Trade）の国際機関は，戦後の資本主義側の国際経済体制を形成する三位一体の機関といわれている．ソ連陣営への一辺倒を基本的なスタンスとして採用していた中国は，無論西側の国際経済体制に批判的であった．しかし同時に，中国は社会主義経済システムを代表する国際的な機構であるコメコン（COMECON：Council for Mutual Economic Assistance）への参加も拒んだ．つまり，

建国当初の中国は東西両陣営の経済システムのいずれにも組み込まれることを拒否したのである．

1951年8月に米・比相互防衛条約，同年9月にオーストラリア，ニュージーランド，アメリカ間の安全保障条約（ANZUS：Australia, New Zealand, United States Security Treaty），日米安全保障条約が調印された．また1954年9月に東南アジア条約機構（SEATO：Southeast Asia Treaty Organization）が締結された．こうしたアメリカによる包囲網を打ち破るために，1954年頃から中国はそれまでの非同盟国家への態度を改め，中国を取り巻く周辺地域で親中国や友好国を育て，こうした国々を「冷戦に与させない」ことを政策目標とした（范2008：40）．

中国は平和五原則を掲げ，周辺国との関係改善に動いたが，周辺国との間に，国境未確定問題，華僑問題，国民党残存勢力の問題，中国共産党と他国共産党との関係など，さまざまな問題が複雑に絡み合って存在していた．中国はバンドン会議において二重国籍を認めない政策を打ち出し，また1955年11月21日に発生した黄果園での中国とビルマ（現在：ミャンマー）の武力衝突事件を契機に周辺国家との国境画定，国民党の残存勢力の粛清に動き出した．反帝国主義の急先鋒として国民の支持を勝ち取った中国共産党は帝国主義国家と締結した国境条約を不平等条約とみなし廃止すると一貫して主張していたが，他方において諸々の「不平等条約」を宗主国から受け継いだ新興国の民族解放運動を支援することも，外交スローガンとして掲げていた．こうした政策の矛盾に直面した中国政府が出した決断は，不平等条約を温存し，民族独立を支援することであった（青山2011a）．

ジュネーブ会議とバンドン会議を通じて，また周辺国との間で抱えている問題を解消するプロセスを通じて，国際共産主義連帯という「革命」の原則は後退した（陳2010）．こうした中国の政策は功を奏し，バンドン会議後の一時期タイとの緊張が緩和し，1964年までに周辺6ヵ国との間に国境協定が締結された．

1950年代後半に展開されていた周辺国との緊張緩和の動きは，中国とソ連をはじめとする東側陣営との団結，アジア・アフリカ諸国との団結を基礎にしたものであったが，中ソ関係の悪化で米ソ二大陣営の双方と対立することとな

った中国の対外戦略は,「反米・反ソ」を基本理念とし,アジア,アフリカ,ラテン・アメリカを主戦場に共産主義運動を支援する革命外交へと変貌した.

1963年9月,毛沢東は中共中央工作会議で「2つの中間地帯論」を披歴し[1],反ソ反米の直接の同盟軍と位置づけられた第1中間地帯のアジア・アフリカに対する支援姿勢を一層強化した.これを受け,中国は1950年代に主張していた民族解放闘争と社会主義革命の一体化をより明確にし,これ以降次第に民族解放闘争支援の傾向が濃厚となっていった(笠原 1975: 5, 10-11).この時期から,タイ,フィリピン等「親米国家」における共産勢力は中国から支援を受けるようになり,とくにタイ共産党の反政府武装勢力は人的養成,武器の提供など中国から多くの援助を受けた.こうした援助は,1965年にはラオス,ブータン,マレーシア,フィリピン,タイを含め,世界23ヵ国・地域へ拡大した(沈・楊 2009: 476).1960年代後半,東南アジア諸国で共産党の武装闘争が激しくなったが,無論これは中国の政策変更と無関係ではありえなかった(原 2009: 198-200).

またそれまで中国と良好な関係を保っていたビルマとの関係にも革命外交が影を落とすようになった.1962年4月にネ・ウィン政権のビルマ独自の社会主義計画により,外国資本,大企業などが国有化され,ビルマ華僑は多大な損害を蒙った.それでも中国はビルマとの友好関係を重んじ,華僑の被害を黙視しただけでなく,華僑からの中国銀行への送金受け入れ業務を停止し,ビルマ政府に協力した(范 2010: 85).しかし対外姿勢に革命外交の色彩が次第に色濃く表れるようになっていくなか,1964年4月劉少奇のビルマ訪問の際に,ビルマ型社会主義に対して中国が初めて出した正式のコメントはビルマの社会主義実験に対して批判こそしなかったものの,内部ではビルマは実質上資本主義の道を歩んでいると批判した(范 2010: 85).そして,1964年後半から,『人民日報』や国際ラジオ局などを通じて中国はビルマ共産党への支援を内外に公表するようになり,ビルマ政府は2つの中国領事館を閉鎖するなど強い対抗措置で臨んだ.そして1967年,ついにビルマ大使館の打ち壊し事件が発生するまでに発展した.

1960年代後半のアジアにおいて地域主義の潮流は正に中国がアメリカ,ソ連と厳しく対立する時期に生じたものであった.アメリカやソ連による封じ込

め政策を強く意識した中国は，当然ながら東南アジア諸国連合（ASEAN）などの地域組織に対して反発の姿勢を示した．

1966年6月に韓国が積極的に推進したアジア太平洋協議会（ASPAC：Asian and Pacific Council）が設立された．この反共同盟に対し，中国政府はベトナム戦争，朝鮮問題と関連付けて，アジアで侵略戦争を拡大させるためのアメリカの「新しい侵略同盟」であるとの声明を発表した．

1966年には東京で日本主催の東南アジア開発閣僚会議が開催され，日本の主導的な役割のもとでアジア開発銀行（ADB：Asian Development Bank）も設立された．そもそも中国は佐藤栄作政権誕生直後から，同政権に対して強い警戒意識を有していたが（青山2011b），日本が推進する東南アジア開発閣僚会議に関しては，政治色が強く，中国を封じ込め，東南アジアへ拡張するための「反中国のアジア集団」と厳しく批判した．

1967年8月8日に反共産主義の連合としてインドネシア，マレーシア，フィリピン，シンガポール，タイの5ヵ国で構成されるASEANがベトナム戦争のさなかに設立された．中国はASEANを東南アジア条約機構の「双子組織」ととらえ，アメリカが中国を封じ込めるための新しい組織と反発した．

そして1969年から動き出した米中接近以降，中国と国際社会のかかわり方や周辺国に対する政策も変化するようになった．中国は1971年に国連復帰を果たしてから重要な国連機構への「選択的参加」方式をとっていたため，西側の経済機構とかかわりをもつようになったが，その参加にまでは至らなかった．1973年9月，姫鵬飛外交部長がIMFと世銀に電報を出し国民党政府を追放するように要請した（Jacobson and Oksenberg 1990: 63）が，その後世銀から中国に参加要請があったにもかかわらず，中国は拒否したという．こうした動きの一方で「金持ちクラブ」と批判していたGATTへの参加もこの時期検討された．1971年11月16日台湾がGATTから撤退したときに，周恩来はGATT参加について研究するよう対外貿易部と外交部に指示を出した．対外貿易部と外交部は11月末に長期的な視点から見れば参加した方が中国にとって有利だという報告書を提出したが（李2008: 336），中国指導者は結局「参加をしばらく猶予する」決定を下した．

また，米中接近は中国と周辺国との関係改善の機運をもたらし，1974年5

月にマレーシア，1975年6月にフィリピン，7月にタイと国交を回復した．ASEAN に対する敵視の姿勢は消えたが，しかしながら，反覇権主義を基調とする中国の外交方針はアジア諸国との関係も強く規定していた．1978年11月にタイ，マレーシア，シンガポールを訪問した際に，鄧小平は「ASEAN にベトナムが加盟することは，アジア集団安全保障戦略を推進するソ連の影響力拡大につながり，東南アジアの不安定化をもたらす」というメッセージを強く主張したという（寥 2010: 41）．

以上のように，改革開放までの中国は政治主権，経済主権，文化主権などの主権回復，擁護を最重視し，東西両陣営のいずれの国際秩序への参加も拒否していた．他方，この時期の中国の外交政策にはイデオロギー的な色彩が強く，国際共産主義の潮流においてリーダー的な役割を果たそうとした．ジュネーブ会議やバンドン会議以降，「革命原則」が一時後退したが，中国がアジアの国際共産主義の潮流に責任を負うという中ソ間の役割分担が1950年代初頭に存在し，1960年代半ばからは世界革命の中心を標榜する外交が展開されていた．こうした革命史観はグローバル化や地域化と異なる「連帯」をつくり出したといえる．

3. 全面参加へ：1978年〜冷戦終結まで

1978年以降，改革開放政策をとり始めた中国は重要な国際機構への「選択参加」から「全面参加」へと方向転換した．そしてこの時期において，主要な西側先進国も既存の国際秩序に中国をエンゲージする必要性を認識し，制度化されたリベラルな原則，規範，ルールを中国が受け入れるよう促した．

1980年代における中国の西側主導の国際秩序への参加には2つの特徴がある．第1に，中国は地域組織よりも国連を中心とした国際組織への参加を重視していた．1980年に中国は世界銀行と IMF の正式メンバーとなったのみならず，軍縮会議などの多国間安全保障機構へも積極的に参加するようになった．

第2に，1980年代において，中国を国際秩序の参加へ駆り立てていたのは，「南北の視座」であった．中国は発展途上国の立場をフルに活用し，国際機関への参加を通じて改革開放に必要な資金を調達した．1978年に中国は国連開

発計画 (UNDP : United Nations Development Programme) に経済援助を申し入れたが，1979年から1990年の間に約400のプロジェクトに2億1,700万ドルの資金を獲得した (Feeney 1998: 240-241). また1981年から1996年の間，中国は世銀から173件のプロジェクトの援助を受け，総額255億ドルの借り入れに成功した (Feeney 1998: 245).

1980年代における地域組織への参加にもこうした南北の視座が反映されていた．1978年にバンコクで開かれた国連アジア太平洋経済社会委員会 (ESCAP : Economic and Social Commission for Asia and the Pacific) 年次総会に出席した中国の代表呂子波は「中国はアジア太平洋諸国との友好関係を促進し，経済文化交流の拡大を強く希望する」と述べ，今後ESCAPの活動に参加する用意があることを明らかにした．その後の1984年4月に開かれたESCAPの総会では，外交部副部長銭其琛は中国を発展途上国として位置づけたうえで，南北間の経済技術交流と協力を強化し，先進国が発展途上国への援助を拡大するよう求めた．

このように，中国は1980年代において先進国から資金，技術，ノウハウを獲得する目的で多国間協力を推進した．多国間組織への中国の参加は，国内で進行する改革開放プロセスと深く関連しており，その必要性に迫られつつ前進してきた．また，その都度認識の転換をともなうものでもあった．

1979年から1981年の3年間は中国の改革開放にとって非常に重要な時期であった．「経済主権」への固執と決別し，鎖国政策を放棄し改革開放政策を方向性として定めた中国は市場経済の運営の仕方について全く無知であった．そこで1980年に設置された広東省と福建省の4つの経済特区で実施する政策について助言をしてもらうために日本の大来佐武郎，高坂正男，シンガポールの李光耀 (Lee Kuan Yew) など5名の外国人が経済顧問として迎え入れられた (『谷牧回憶録』2009: 332). そして外貨を借り入れるために世界銀行への参加が必須であるとの判断から，世界銀行への参加を決定した．

1980年に大平正芳首相が「環太平洋連帯構想」を明確に打ち出した．中国は公式にはこの構想に反応を示さなかったが，ソ連との緊張関係が続くなか，内部では対ソ戦略の視点から実際には「環太平洋連帯構想」へは積極的な評価を下していた．大平構想が打ち出されてから，国内でこれに関する包括的な研

究が行われ，研究報告書がまとめられた．報告書では，構想推進に関して「ソ連の覇権主義に抵抗・防御するというグローバルな戦略構造からみれば，積極的な意義がある」との内容が含まれていた（高木 2001: 78-79）．

　1982年に全方位外交が打ち出されてから，改革開放を可能にし，また正当化するいくつかの認識転換が行われた．まずは「戦争不可避論」から「戦争可避論」への認識転換である．マルクス・レーニン主義を国際情勢認識のプリズムとしていた中国は「帝国主義戦争は不可避である」と信じていた．1977年12月に開かれた中央軍事委員会の会議でも「米ソによる戦争，特にソ連の対中戦争までの期間は5年以上かもしれないが，2～3年だけの短い期間かもしれない」との認識が示されていた．それが1983年から徐々に，とくに1984年に入ってから「戦争可避論」が主流になった．1986年初め鄧小平が「二つの調整」問題を提起し，中央軍事委員会も平和時期に入ったとの認識を示した（『宦郷文集（下）』1994: 1315-1343）．マルクス・レーニン主義という国際情勢認識のプリズムを放棄したことでイデオロギーを超えた地域協力が可能となった．

　第2に，改革開放のプロセスと同時進行で，鄧小平は「一国二制度」論を打ち出した．そして1984年9月に香港返還に関する中英共同声明が出された．この「一国二制度」の可能性を模索する試みは後述する国際組織への中国，香港，台湾の同時加盟につながる大きな一歩であったといえよう．

　第3に，「従属理論」への批判もこの時期に行われた．国際経済新秩序（New International Economic Order）という言葉は，1973年9月にアルジェリアで行われた非同盟首脳会議の「経済宣言」で初めて使われたが，1983年8月22日から26日まで，北京で「国際経済新秩序理論問題討論会」が行われた．同討論会において，南北相互依存論が議論の対象となり，それまで中国で広く受け入れられていた従属理論に対する批判が行われた（高橋 1990: 31）．従属理論によれば，資本主義体制のもとで先進国と発展途上国が支配と従属関係にあり，先進国が発展途上国を搾取し，発展途上国が先進国の経済に従属することにより，発展途上国の経済停滞をもたらす．いうまでもなく，こうした理論への批判は西側先進国との経済協力を可能にしたのである．

　1984年に中国政府は改革開放をさらに深化させる決断を下した．1984年1月22日から2月16日にかけて，鄧小平は広州，深圳，珠海，アモイと上海を

視察した.「改革開放をさらに進めるべきか(収か放か)」をめぐり議論が繰り広げられているなかの視察だったが,視察を総括して2月14日鄧小平は早急に対外開放都市を増やす方針を打ち出した. 3月26日,谷牧や胡啓立が主催する沿海都市座談会が開かれ,沿海都市の指導者とともに党中央,国務院,中央軍事委員会などの40あまりの政府部門の責任者も出席した(李2008: 160).この会議は12日間続いたが,外資や先進技術の導入による経済発展の路線が再確認された.その後5月4日に,上海,天津,広州などの14の沿海都市の対外開放が正式に決定され,通達された.

偶然にも,改革開放をさらに深化させる決断が下された1984年以降,中国においてアジア太平洋地域への注目が高まる一方であった.インドネシアの積極的な働きかけもあり,ASEAN拡大外相会議で太平洋地域の協力問題が議題となった[2].中国政府はこの出来事をとくに重視し,1984年をアジア太平洋地域に新たな変動を迎えた年と位置づけた.この政府見解を受け,国内でもアジア太平洋地域の協力が広く議論されるようになった.

1980年代の有名な政策ブレーンで中国国際問題研究センターに所属する宦郷は中国がこれに積極的に参加し,大きな役割を果たすべきだと強く主張した(劉1988: 23). 1985年3月にバンコクで開かれた第41回ESCAPで中国は「アジア太平洋地域の一員として積極的に地域の経済協力を支持し,参加する」と表明した.ほかにもアジア太平洋に対するアメリカの重視姿勢,ソ連のPECCへの参加打診を理由に,アジア太平洋地域における経済協力は大きな時代の趨勢となりつつあると論じる学者たちがいた.

こうしたなか,1986年7月に中国は正式にGATT加盟申請を行った[3].そもそも中国は1980年8月に初めてGATTの会議に代表を派遣し,1982年11月にすでにオブザーバーとして参加していた. 1982年12月に,対外経済貿易部,外交部,国家経済委員会,財政部,海関総署の5組織の連名でGATT参加を早期実現する旨の提案書が出され,25日に承認された(李2008: 333). 1983年8月,対外経済貿易部,外交部,海関総署からなるGATT視察団が,市場経済化の改革を推し進めているハンガリーとユーゴスラビア,そして発展途上国であるパキスタンを訪れた.視察団から中国もGATTに参加すべきだという意見が出された後,1984年初めに中国政府はGATTへの復帰(resume）方針を正式に決定した．その後，中国国内ではGATTを含めた国際貿易組織における台湾と香港の取り扱いについての議論がなされており，1986年の正式申請まで一応結論が得られた．これをうけ，1986年3月11日に中国とイギリスの間で香港返還後も香港は中国香港の名義でGATTに残ることに合意した[4]．そして，同86年3月にはアジア開発銀行（ADB）への加盟も果たしたが，これは国際金融機関に中国と台湾が実質的に同時加盟した初めてのケースとなった．台湾は加盟名義を「中国台北」（Taipei, China）へ変更することとなったものの，ADBの創設メンバーとして残留することができた（竹内2008）．1986年に中国は初めてPECCの会議に，台湾（チャイニーズ・タイペイ）とともに参加した．

「一国二制度」の構想のもとで国際貿易組織の参加にあたり台湾，香港の取り扱いについて以前に比べ柔軟な姿勢を示した中国の対応の背後には，やはり改革開放に必要な資金や技術を獲得する意図があった．PECC加盟にともない1986年に発足した中国太平洋経済協力全国委員会（CNCPEC : China National Committee for Pacific Economic Cooperation）の初代委員長宦郷は1988年に来日した際に，「改革開放を進めている中国は外国の優れた技術と経験を導入する必要がある．PECCの場での議論が西側の企業進出や投資につながっていくとすれば，対外開放政策にもプラスになることだろう」と語ったが（『朝日新聞』1988年5月24日），こうした発言からも中国の意図が理解できる．

1988年に改革開放をさらに深める政策が出されたが，この政策は中国とアジア太平洋経済協力とセットであった．1988年3月国務院で沿海地区対外開放工作会議が開かれ，対外開放する地域を長江の北側の山東半島，遼東半島，環渤海地区などまで範囲を広げ，これで中国の沿海地域は基本的に対外的に開放された．この政策にはアジア太平洋地域における雁行型経済モデルに参入し，労働集約型産業を中国に移転させる狙いがあった（『谷牧回憶録』2009 : 417-418）．つまり，労働力資源が豊富で素質が高い沿海地区の優勢を利用し，沿海地区で「両頭在外」（原材料の輸入と製品の輸出）を拡大し，沿海地区が率先して国際経済循環の体系に入り込む戦略であった（高1989 : 51-52）．

1980年代後半，西太平洋地域で各国の相互依存度は著しい高まりを見せ，韓国，台湾，香港，シンガポールといったNIESの台頭に続き，ASEAN諸国

への投資やASEAN諸国間の貿易も急増した.『世界経済導報』東京支局長の趙文闘は沿海発展戦略とこの雁行型発展モデルとのかかわりを次のように説明した.同氏によれば,当時の資本,モノの流れは日本の資本,中間財,技術,設備がまずNIESに,次にASEANに流れ,これらの地域で製品が生産され,完成品の一部が日本に輸出されるという循環になっていたが,日本を頂点とする東アジアの国際分業体制ネットワークの中に組み入れられれば,日本の資本,技術,設備で生産し,日本に輸出するという沿海地域の成長パターンができあがる(日中経済協会1989: 23-24).当時の経済担当の副総理であった田紀雲の「タイ,インドネシア,マレーシア,ベトナムは中国の競合相手である」との発言も(日中経済協会1992),こうした趙氏の説明から理解できる.

4. 全面協力へ:天安門事件以降

天安門事件は中国の対外戦略に大きな影響を及ぼした.天安門事件は国際社会における中国の孤立を招いたが,また中国のアジア地域外交が形成される契機ともなった.

鄧小平の南巡を経て1992年に中国では社会主義市場経済の導入が決定され,対外開放は次のステップを迎えた.1992年2月に開かれた第7期全人代第5回会議での李鵬総理の政府活動報告において,内陸辺境,少数民族地区の対外開放と国境貿易を段階的に促進することを提起され,改革開放は沿海地域の開放から「辺境(沿辺)」へと移った.

これにともない,中央政府のみならず,辺境の地方政府もアジア太平洋経済協力の主要アクターとなった.本節はこうした中国国内の変化を踏まえ,中央政府による取り組みに合わせて,地方政府の動向も考察の対象としたい.

4.1 経済,安全保障の全面協力へ

天安門事件後,自国を取り巻く国際環境に対して厳しい認識をもつようになった中国は周辺国の重要性を再認識し,中国の周辺外交は周辺国との関係改善を中心に展開していた.中国は1990年の5月にモンゴル,8月にインドネシア,10月にシンガポールと,翌91年の9月にブルネイ,11月にベトナムと国

交正常化を実現し，さらに 92 年韓国と国交を樹立した．周辺国との関係改善が進むなか，1991 年に外交部長銭其琛は ASEAN 外相会議に参加し，中国は台湾と香港とともに APEC への同時加盟を果たした．翌 92 年に中国は ASEAN との対話を開始し[5]，さらに「社会主義市場経済」を導入し，改革開放を一気に推し進めたのである．

　天安門事件直後から周辺国との関係を積極的に改善するこうした動きはアジア太平洋経済情勢に対する中国の認識とも深く関係している．1990 年 1 月 31 日の『人民日報』に掲載された社説には今後のアジア太平洋経済情勢における展望が示された（『人民日報』1990 年 1 月 31 日）．

(1) 今後，アジア太平洋地域は世界のどの地域よりも高い経済成長を遂げるであろう．
(2) 近い将来においてアジア太平洋地域に EC のような経済ブロックが形成されることはないが，経済協力は今後ますます密接になるであろう．
(3) アメリカと並び，日本はアジア太平洋の経済発展において重要な役割を果たすであろう．
(4) 今後，アジア太平洋地域において貿易上の障害はますます取り除かれ，金融市場はより開放的になり，域内産業の分業と協力は一段と進んでいくであろう．

　こうした見通しのもとで，中国は 1989 年の天安門事件以降も 1980 年代後半から推し進められてきたアジア太平洋との経済協力の軌道を修正しなかった．ここで特筆すべきことは，APEC への中国と香港，台湾（チャイニーズ・タイペイ）との同時加盟である．1989 年 11 月にオーストラリアの提言で APEC が発足した．発足早々，加盟国の間で中国を受け入れるかどうかをめぐり意見の対立があった．インドネシアは時期尚早と表明したが，オーストラリアや日本は中国の参加が望ましいとの見方を示した．こうしたなか，早くも 1990 年 1 月の時点で鄒家華国家計画委員会主任より中国の参加表明がなされ，日本政府に協力を求めた．これに対して日本は APEC への中国の参加を積極的に促進する立場をとり，1990 年 7 月中山太郎外相が東南アジアの歴訪の際にも，中国の孤立を回避すべきだと訴えた．

　こうした努力が功を奏して，1991 年 11 月に韓国ソウルで開かれた第 3 回ア

ジア太平洋経済協力閣僚会議で中国，台湾，香港の加盟が正式に決まった．同8月，銭其琛外交部長は中国，台湾，香港の加入問題について「一括して解決したい」と述べ，その条件として，(1)香港，台湾を国としては扱わない，(2)参加する閣僚レベルで中国と香港，台湾との間で差を設けるなどをあげた．そして台湾より先行して加盟すべきだという原則にこだわっていた中国は，1991年11月23日に「時差加盟方式」で，実質的に台湾との同時加盟を受け入れる方針を示した．かくして，1991年11月ソウルで開かれた第3回アジア太平洋経済協力閣僚会議で中国，台湾，香港が同時加盟を果たした．

　中国からすれば，PECCはあくまでも民間レベルの組織であるが，APECは政府を主体とする組織である．そのため当初は台湾のオブザーバー参加を求めていた．こうした公的な組織に台湾との同時加盟を最終的に容認した決断は，裏返せば，中国にとってのAPEC加盟の重要性を裏づけるものでもあった．まず，APEC加盟により中国は天安門事件で冷え込んだ西側諸国との関係修復に向けた足がかりをつかんだといえよう．第2に，APEC加盟はGATT加盟への布石でもあった．EU，NAFTAなど世界経済のブロック化傾向が強まるなかで発足されたAPECで，「開かれた地域協力」を前提に，加盟国が協力して関税および貿易に関する一般協定（GATT）の新多角的貿易交渉（ウルグアイ・ラウンド）を進めることも合意された．第3回APEC閉会直後に，ベーカー（Baker, J. III）米国務長官が中国と台湾のGATT加盟に関してAPEC方式を提案した．第3に，APEC加盟により台湾問題で中国が有利な立場に立てるという打算もあった．1989年9月28日から10月31日にかけて中国社会科学院ASEAN経済視察団がASEANを訪問した．視察団はその後とりまとめた報告書において，ASEAN諸国は中国のAPEC参加に基本的に反対姿勢を示しており，台湾問題が中国とASEAN諸国との関係改善のネックになっていると分析した．その理由にASEAN・台湾間の貿易総額はASEAN・中国間の貿易総額を上回っており，台湾の投資額も年々増えていることをあげた（『東盟経済考察報告』1990: 10-11）．実際，台湾は冷戦末期から，このような経済上の実績をASEAN諸国との一定の政治的関係を樹立する梃子に使おうと試みた経緯があった（佐藤2000: 258）．中国がこの時期台湾とASEANとの関係に対して強い危機意識をもっていたことは確かであり，また台湾の「金銭外交」によ

りASEAN諸国の中でフィリピンが台湾と公式関係をもったことは中国の危機感をさらに高めた[6]．こうしたなか，中国からすればAPEC加盟を通じて中国とASEANとの経済関係を強化できるだけでなく，APECという場において台湾問題についての発言権を得ることもできたのである．

APEC加盟のプロセスと同時期に，1990年12月に中国訪問中のマハティール (Mahathir bin Mohamad) 首相が李鵬首相に対し，東アジアブロック構想を提起し，間もなく「東アジア経済グループ」(EAEG : East Asian Economic Group, 後にEAECに改称) としてASEAN諸国や日本を含む東アジア諸国に提案した (山影 2003 : 21)[7]．アメリカを排除したこの提案に無論アメリカは強く反発した．日本政府もAPECの理念と真っ向から対立するEAECの考えに対して消極的な姿勢を示し，通産省の幹部がマレーシアに飛び，アジアの経済ブロックの動きをけん制した．他方，マハティールのEAEG構想に対し，中国の対応は極めて慎重であった．1990年12月27日に李鵬首相は「原則的に支持する」姿勢を示しつつ，「アジア太平洋地域諸国は発展段階が異なり，他の地域と同じモデルを適用することができない」との意見を示した (『人民日報』1990年12月27日)．

中国の国内ではマハティール首相のEAEG構想の閉鎖性と排他性に対して異議を唱える学者もいた．たとえば国務院発展研究センターの季崇威はアメリカの経済力は中国の経済発展にとって有利であり，アジア太平洋圏の経済協力を推進することは中国の最恵国待遇の供与にとってもプラスだと主張した (『人民日報』1991年11月14日)．

そもそもこの時期の中国の経済発展戦略や国際情勢認識は「開かれた地域主義」を支持する内容のものであった．1980年代後半に制定された経済発展戦略は先進国であるアメリカの資金，技術を含めたアジア太平洋経済圏を視野に入れたものであった．「南北」の視座を有し，クリントン (Clinton, B.) 政権の人権外交により最恵国の供与が常に問題となっていた中国にとっては，開放性，無差別と平等がなによりも重要であった．1992年4月に開かれたESCAP第48回会議で劉華秋が提起したアジア太平洋地域の協力5原則もこの内容を反映するものであった[8]．銭其琛外交部長もとくに先進国が貿易，投資，技術移転における障壁と障害を減少させることが重要だと指摘し，APEC閣僚会議

において開放性を堅持し，多国間協力体制を強化することの重要性を強調した．
　他方，当時の中国の世界情勢認識において，「経済のブロック化」の問題とともに，「政治の多極化」も重要な柱になっていた．1990年代前半において中国は「世界が多極化に向かいつつある」との国際情勢認識を有し，アジア太平洋地域における日米のパワーバランスを歓迎していた．重要な政府系シンクタンクである中国国際問題研究所所長杜攻は当時「西西矛盾（先進国間の矛盾）は今日の世界の基本矛盾の一つである」と指摘し，『人民日報』の論説でも「アメリカ，日本，ヨーロッパは三つの重要な柱になりつつある」と論じられた（『人民日報』1991年12月18日）．中国は「日本は民主主義の価値観と社会制度において西欧諸国と共通する側面もあるが，日本の主張は違っている部分もある」ことに注目し，日本に高い期待を寄せていた．こうした流れの中で，楊尚昆国家主席が「戦後40年日本が平和な道を選択したことは世界とアジアの平和に有利であり，日本のさらなる役割を歓迎する」と発言した（『人民日報』1992年1月10日）．またAPECを足がかりにして，アメリカがアジア太平洋地域でアメリカ主導の経済秩序をつくろうとしていることに対して警戒しつつも，現実主義の視点から中国はAPECでのアメリカと日本の勢力均衡を歓迎していた（Ravenhill 2001: 112）．1990年代初頭の外交スローガンには，「世界に向けて，アジア太平洋に立脚し，周辺環境を良くする」（面向世界，立足亜太，搞好周辺）が掲げられた．
　日米の対立に着目し，アメリカの主導的な役割を警戒する中国は1990年代前半を通して，日本の役割発揮を評価し，期待を寄せていた．1993年1月に発足したクリントン政権はアジア・太平洋地域重視の姿勢を明らかにした．中国社会科学院，アジア太平洋研究所副所長史敏が，クリントン米大統領の提案した新太平洋共同体構想について，日本に対抗して指導権を確保しようとするアメリカの意図を指摘し，「日米は表向きパートナーだと唱えているが，長期的にはアジア地域での主導権争いは不可避だ」との認識を示し，また「日本が東アジアの発展に大きな役割を果たしてきたことは認めなくてはならず，今後は日本が先頭に立って引っ張るだけでなく，中国が後ろから押す形になる」と展望した（『日本経済新聞』1993年11月17日）．この雁行型ならぬ双頭列車論は当時の中国の発想をリアルに表現したものである．

経済分野の協力に続き，安全保障分野における中国の協力姿勢も見られるようになった．1993年7月に開かれたASEAN外相会議では，東南アジア友好協力条約に中国の参加を働きかけようとしたが，「中国はASEANとの地域安全保障の対話に喜んで参加する」と早々に表明した．東南アジア友好協力条約加入では，条約の精神には賛成するが，東南アジアに位置していないとして，加入しない意思を表明しながらも，1994年7月ASEAN外相会議で安保問題を話し合う多国間協議「ASEAN地域フォーラム」(ARF：ASEAN Regional Forum) 設立の構想には，中国はいち早く参加を表明した．これはアジア太平洋地域の安全保障問題を2国間関係で解決を図るという中国の伝統的外交方針の転換ともいえる．1995年までの中国は，ARF会合にも懐疑的かつ防御的で不承不承で参加したかもしれないが (Johnston and Evans 1999: 258)，中国からの妨害行為はなかった (Gill 2002: 219)．

　アジアにおける多国間安全保障の枠組みに対する中国の姿勢の変化をもたらした要因として，多くの学者は内政不干渉原則を掲げ，コンセンサス重視のアセアン・ウェイ (ASEAN Way) と中国外交政策の共通性をあげている．また「ヨーロッパと異なりアジアではヨーロッパのような地域安全保障体制ができないだろう」(詹1993: 2) との予測も中国の参加を促した要因となった．これらに加え，1990年代初頭から生じた安全保障分野における主権に対する認識の変化も，多国間安全保障協力への中国の姿勢を変化させる大きな要因となった．1991年7月に中国は初めて南シナ海ワークショップに参加し，領土問題をめぐる対立において「平和的方式による紛争解決」方式を高く評価するようになった (亀山2007)．こうした流れを受け，1992年2月のASEAN外相会議で中国は南シナ海問題で紛争を棚上げにした共同開発という主張を明確に打ち出したのである．

4.2　地方政府主体のサブリージョナル協力

　中国政府は天安門事件以降もアジア太平洋経済協力やアジア地域の安全保障協力に積極的であった．しかし，1990年代初頭において，大多数の学者はアジア太平洋経済協力を長期的な目標としてしかとらえておらず，緩やか（松散）な経済一体化にすぎないと認識していた．アジア太平洋経済協力と対照的

に，最も現実的で，早い発展を遂げると注目されていたのはサブリージョナル（次区域）な協力であった．さまざまな形のサブリージョナルな協力が議論の対象となったが，代表的な構想には「北東アジア経済圏あるいは環日本海経済圏」，「華人経済圏あるいは大中国経済圏」，「南中国経済圏」（広東，福建，台湾，香港を中心），「東アジア経済圏」，「ASEAN 経済圏」，「環黄海経済圏」（渤海，朝鮮半島西海岸，日本九州，下関を中心）などがあった．

1992 年に社会主義市場経済の導入にともない，内陸辺境，少数民族地区も段階的に対外開放するようになった．「沿辺開放戦略」と呼ばれるこの構想は，黒龍江省，吉林省と遼寧省からなる「東北開放区」，新疆ウイグル自治区を中心とする「西部辺境開放区」，雲南省，広西省を中心とする「西南辺境開放区」の 3 つの「辺境開放区」から構成されている（馬 1992: 20）．この辺境の開放により，中国の国境貿易はブームを迎えた（服部 1994: 343-382）．

西北開発のカギを握っているのは新疆ウイグル自治区である．新疆ウイグル自治区にとって，安定と発展は常に 2 大政策課題である．1990 年代初頭まで政策のプライオリティは常に安定におかれていた．1992 年中国は新疆の対外開放にゴーサインを出した．1992 年 6 月，国務院が新疆ウイグル自治区の対外開放に関する指示を出し，ウルムチ，伊寧，博楽，塔城の 4 都市に優遇政策を与え，奎屯と石河子市を開放した．これにより，3 つの経済技術開発区（ウルムチ，奎屯，石河子）と 3 つの国境経済協力区（伊寧，博楽，塔城），合わせて 6 つの開放地域が設立された．1992 年 9 月，第 1 回のウルムチ国境地域経済貿易商談会が開かれた．他方，1980 年代以降，新疆において分離独立を求めるウイグル族の騒乱が次第に増加し，とくに旧ソ連の崩壊により中央アジアにおける東トルキスタン運動がさらに活発化した．こうしたなか，1995 年に新疆ウイグル自治区党委員会書記に就任した王楽泉は，「安定第一」政策を全面的に打ち出した．これにより，1992 年にスタートした西北の対外開放は挫折した．

1990 年代初頭，中国のサブリージョナルな協力で最も成功しているのはミャンマー，ラオス，ベトナムと隣接している雲南省が中心的な役割を果たす大メコン川流域（GMS: Greater Mekong Sub-region）開発である．この成功の裏では雲南省が果たした役割が大きかった．1992 年に，GMS 構想がアジア開

発銀行の主導のもとで滑り出したが,当時の中国政府は GMS を国際資金の導入により雲南経済を底上げするための手段としか見ておらず,積極的に参加することはしなかった (Ba 2003: 633-635, Kuik 2005: 103). そのため,GMS の経済閣僚会議には中国人民銀行の所長（処長）というランクの低い幹部を派遣していた.他方,当事者である雲南省は GMS を大きなチャンスとしてとらえ,1992 年に開かれた初回の GMS 経済閣僚会議に参加し提案を行うなど,積極的な姿勢を示した.

1990 年代初頭最も有望視されていたのは北東開発区であった. 1991 年 10 月に国連開発計画（UNDP）が図們江地域開発構想を発表した. 図們江地域開発構想が浮上した 1990 年代初頭は,関係国である中国,モンゴル,北朝鮮,韓国,ロシア,日本の 6 ヵ国が緊張緩和に向けて動き出した時期であった[9]. そして,図們江地域開発構想は 1989 年頃から中国国内で検討され,その後中国によって提案されたものである. 1992 年 4 月 13 日に図們江開発への参加が国務院によって正式に承認されてから,中央関係省庁や当事者である吉林省が積極的に開発計画を推進する動きを見せた.

1992 年から図們江地域開発にとくに熱心であった中国の働きが功を奏して,中国と北朝鮮,中国とロシアの間で図們江開発に関するいくつかの合意協定が結ばれた. またロシア,北朝鮮のみならず,モンゴルとの間でも図們江地域協力についての話し合いが行われた.

こうしたなか,北東アジア経済協力を根幹から揺るがす事件が朝鮮半島で起きていた. 1993 年 3 月に北朝鮮は核拡散防止条約 (NPT : Nuclear Non-Proliferation Treaty) から脱退し,さらに 1994 年 6 月に IAEA からの脱退を宣言した. この核危機はその後の米朝高官協議（1993 年 6 月〜）を経て,94 年 10 月に米朝の「枠組み合意」が締結されたことで終息した. 一度とん挫した図們江地域開発構想はその後再び復活の機運が高まったが,北朝鮮の核問題の影響で結局大きな進展を得ることはできなかった.

5. おわりに

1990 年代半ばまでのアジア地域に対する中国の政策は主に 3 つの時期に分

けることができる．中華人民共和国建国から改革開放までの間，国際組織ならびに 1960 年代に構築されたアジアの地域組織に対する中国の見方は敵視から黙認へと変化を遂げていた．1978 年から冷戦終結までは，それまでの選択的な参加姿勢を改め，中国は国際組織，そして地域組織に積極的に参加するようになった．冷戦終結から 1990 年代半ばにかけての中国は経済のみならず，安全保障分野の国際，地域機構に対しても協力の姿勢を見せ，また分野によっては，中央政府のみならず，地方政府も地域協力の積極的な推進者となっていた．

敵視から黙認，参加から協力，フリーライダーから推進者へと，アジアにおける多国間協力に関して中国の認識と役割は大きな変容を遂げてきた．1990 年代まで中国にはアジアという地域政策は存在せず，アジアに対する中国の捉え方も，「アジア・アフリカ」（1950 年代から 1970 年代にかけて）であり，「アジア・太平洋」（1980 年代から 1990 年代半ばまで）であった．さらに日米安保再定義などを契機に，中国にとってのアジア（周辺）は，「アジア・太平洋」ではなく，「アジア」となった（青山 2011c）．

呉国光（Wu, Guoguang）が指摘しているように，改革開放後の中国の多国間主義は直線的で，首尾一貫したものではなく，地域そして政策イシューによって変化してきた（Wu 2008: 267）．経済分野における多国間協力について，中国は最も熱心で，積極的に参加，推進しようとしている．1986 年に打ち出された沿海地域の開放政策の狙いはアジア太平洋地域における雁行型経済モデルへの参入にあったが，これは重要な意味をもつ．つまり，1980 年代末頃から，中国の経済発展戦略はすでに国際経済協力とリンケージをもつようになっていた．また 1986 年の GATT 復帰申請，1991 年の APEC 加盟，そして 2001 年の WTO 加盟などの一連の動きから見ても，経済分野において，中国はすでに国際的規範を受け入れ，基本的には国際ルールに従って行動することを意味している．

こうした経済分野における多国間主義に比べ，安全保障分野の多国間協力が動き始めたのは遅く，「内政不干渉」のレトリックに固持するケースがなお多く見られる．中国の外交原則に安全保障分野における多国間主義を今後どのように定着させていくかは注視すべき重要な問題である．

本章で論じてきた多国間協力に対する中国の姿勢の変化は，多くの要因によ

って大きく左右される．まず，パワー・ポリティックス，そして中国と大国との関係はアジアで進行する地域協力の流れに対する中国の認識，政策を強く規定している．1960年代の「反米反ソ」の対外政策のもとでは中国は ASEAN を敵視していた．1970年代の「連米反ソ」の対外政策のもとでは ASEAN を黙視するようになったが，「ソ連陣営の一味」と目されたベトナムの ASEAN 加盟には強く反対した．1980年代になると，大平構想に対して好意的な評価を下した理由の一つには対ソ戦略上の有利性があげられていた．1990年代初め，アジア太平洋という枠組みを歓迎した背後にはアジア太平洋地域における日米の勢力均衡は中国にとって望ましいという戦略的な思考があった．

第2に，経済的なメリットも中国の国際組織参加の強い後押しとなった．経済発展を最優先する改革開放政策が導入されてから，改革開放の深化に関する決定は国際組織，そして国際協力の深化と常に表裏一体の関係をなしていた．前述した沿海地域の開放政策と雁行型経済モデルへの参加，社会主義市場経済の導入とアジア太平洋地域組織への全面参加，さらにその後の西部大開発の始動と上海協力機構，ASEAN に対する自由貿易協定（FTA）締結の提案などの中国の動きは，国内発展戦略と多国間主義との関係を顕著に表しているといえよう．

第3に，中国の多国間協調姿勢は主権に対する考え方とも密接に関連している．多国間主義は国家主権の移譲を求めることも多々あるなか，主権に対する敏感度は中国の多国間主義の行方を見極めるうえで重要な指標の一つとなろう．

大国間の権力闘争の場として，重要な経済協力の場として，そして安全保障の最も重要な砦としてアジア地域は中国にとって重要な意味をもち，重要な政策対象地域であった．中国の国際主義，中国の多国間主義がアジアの平和と安定を左右してきただけに，多国間主義を中国の外交原則に定着させる努力は，中国ならびに関係諸国に今後一層求められる．

注

1) ソ連とアメリカの間に存在する2つの中間地帯とは，アジア，アフリカ，ラテン・アメリカの第1中間地帯，西欧資本主義諸国の第2中間地帯であった．

2) ASEAN拡大外相会議は日本，ASEAN外相会議が発展した形で，1979年に発足した日本，アメリカ，イギリス，カナダ，オーストラリア，ニュージーランド，欧州共同体（EC）議長国の域外6ヵ国が参加して年1回開かれている．
3) 中国が1986年に行った申請はGATT締結国地位の回復の申請であった．
4) 1991年1月11日，マカオも香港方式に準じてGATTのメンバーとなり，1992年に中国と台湾がそろってGATTのオブザーバーとなった．台湾は2002年1月世界貿易機関（WTO）の加盟を果たした．
5) 1996年に中国はASEANの対話国となった．
6) 当時のフィリピン副大統領サルバドール・ラウレル（Laurel, S.）は休暇で台湾を訪れたときに李登輝総統と会見した．
7) EAEG構想はASEAN6ヵ国を中心に，日本，韓国，中国など11ヵ国・地域で構成し，東アジア地域での貿易や投資を促進しようという試みである．EAEGは1992年1月に東アジア経済協議体（EAEC：East Asian Economic Caucus）と改称した．
8) この5原則とは，(1)相互尊重，(2)平等互恵，(3)相互開放，(4)共同繁栄，(5)コンセンサスであった．
9) 図們江地域開発が動き出した当初は，中国，北朝鮮，韓国，モンゴル4ヵ国が正式の参加メンバーで，ロシアと日本はオブザーバーとして参加していた．

参考文献

青山瑠妙（2011a），「領土問題と中国の外交」『中国年鑑2011　特集：波立つ海洋・動き出す内陸』中国研究所，pp. 38-44.

青山瑠妙（2011b），「アジア冷戦の溶融としてのニクソン訪中と田中訪中」『東アジア近現代通史第8巻』岩波書店，pp. 312-334.

青山瑠妙（2011c），「中国『アジア一体化』の戦略と実像」『現代中国2011』，pp. 17-33.

笠原正明（1975），「中国と第三世界」神戸市外国語大学外国学研究所『研究年報』13，pp. 1-24.

亀山伸正（2007），「中国のアジア太平洋多国間協力－中国外交専門誌による認識の変遷を中心に－」，http://daigakuin. soka. ac. jp/assets/files/pdf/major/kiyou/15_syakai2. pdf（最終アクセス2011年8月30日）．

高尚全（1989），「沿海地区経済発展戦略を実施する鍵は改革の深化にある」『日中経済協会会報』第2期，pp. 51-56.

国分良成（1995），「中国にとってのアジア太平洋協力－傍観者から参加者，そして推進役へ」岡部達味編著『ポスト冷戦のアジア太平洋』日本国際問題研究所，

pp. 101-131.

佐藤考一 (2000),「中国と ASEAN 諸国」高木誠一郎編『脱冷戦期の中国外交とアジア・太平洋』日本国際問題研究所, pp. 243-271.

高木誠一郎 (2001),「中国とアジア太平洋地域の多国間協力」田中恭子編『現代中国の構造変動 8 国際関係―アジア太平洋の地域秩序』東京大学出版会, pp. 73-94.

高橋満 (1990),「第三世界認識の変容」小林弘二編『中国の世界認識と開発戦略―視座の転換と開発の課題』アジア経済研究所, pp. 17-36.

高原明生 (2003),「東アジアの多国間主義―日本と中国の地域主義政策」『国際政治』133, pp. 58-75.

竹内孝之 (2008),「台湾の国際参加」若林正丈編『台湾総合研究Ⅱ―民主化後の政治』調査研究報告書, アジア経済研究所, http://www.ide.go.jp/Japanese/Publish/Download/Report/pdf/2008_04_34_06.pdf (最終アクセス 2011 年 8 月 30 日).

日中経済協会 (1989)「中国経済と日本の協力の在り方」『日中経済協会会報』, pp. 23-24.

日中経済協会 (1992)「日中経済協会訪中代表団と田紀雲国務院副総理との会見記録」『1992 年度日中経済協会訪中代表団訪中報告書』, pp. 22-24.

服部健治 (1994),「内陸経済発展における辺境貿易の役割」丸山伸郎編『90 年代中国地域開発の視角』アジア経済研究所, pp. 343-382.

原不二夫 (2009),『未完に終わった国際協力―マラヤ共産党と兄弟党』風響社.

馬成三 (1992),『発展する中国の対外開放』アジア経済研究所.

山影進 (2003),『東アジア地域主義と日本外交』日本国際問題研究所.

Ba, A. D. (2003), "China and ASEAN Renvigating Relations for a 21st Century," *Asian Survey*, 43, 4, pp. 633-635.

Feeney, W. R. (1998), "China and the Multilateral Economic Institutions," in S. S. Kim ed., *China and the World: Chinese Foreign Policy Faces the New Millennium*, Boulder, Colo.: Westview Press, pp. 239-263.

Gill, B. (2002), "China and Regional Cooperation and Security Building Measures (CSBMs)," in R. Ash ed., *China's Integration in Asia*, Surrey: Curzon Press, pp. 216-245.

Jacobson, H. K. and M. Oksenberg (1990), *China's Participation in the IMF, the World Bank, and GATT*, Ann Arbor: University of Michigan Press.

Johnston, A. I. and P. Evans. (1999), "China's Engagement with Multilateral Security Institutions," in I. J. Alastair and R. S. Ross eds., *Engaging China: The Management of and Emerging Power*, London; New York: Routledge, pp. 235-272.

Kuik, C. C. (2005), "Multilateralism in China's ASEAN Policy: Its Evolution, Characteristics, and Aspiration," *Contemporary Southeast Asia*, 27, 1, pp. 102-122.

Ravenhill, J. (2001), *APEC and the Construction of Pacific Rim Regionalism*, Cambridge, UK; New York: Cambridge University Press.

Wang, H. (2000), "Multilateralism in Chinese Foreign Policy: The Limits of Socialization," *Asian Survey*, 40, 3, pp. 475-491.

Wu, G. ed. (2008), *China Turns to Multilateralism: Foreign Policy and Regional Security*, London; New York: Routledge.

『宦郷文集（下）』(1994), 世界知識出版社.

『谷牧回憶録』(2009), 中央文献出版社.

詹世亮 (1993),「亜太地区形勢和中国睦隣友好政策」『国際問題研究』4, pp. 1-3, 7.

陳兼 (2010),「将『革命』与『非植民化』相連接―中国対外政策中『万隆話語』的興起与全球冷戦的主題変奏」『冷戦国際史研究』1, pp. 1-46.

沈志華・楊奎松 (2009),『美国対華情報解密档案第11編：中国与第三世界』東方出版中心.

「東盟経済考察報告」(1990), 中国社会科学院『世界経済与政治』4, pp. 7-11, 18.

范宏偉 (2008),「冷戦時期中緬関係研究（1955-1966）」『南洋問題研究』2, pp. 35-43.

范宏偉 (2010),「奈温軍事政権的建立与中国的対緬政策」『厦門大学学報（哲学社会科学版）』4, pp. 82-88.

寥心文 (2010),「二十世紀六七十年代毛沢東，鄧小平等打破蘇連包囲的戦略思想与決策歴程」『党的文献』6, pp. 35-42.

李嵐清 (2008),『突囲―国門初開的歳月』中央文献出版社.

劉江長 (1988),「太平洋国際関係的変遷与経済合作的新潮流」『現代国際関係』3, pp. 18-26.

新聞

『朝日新聞』

『人民日報』

『日本経済新聞』

第 3 章

冷戦期における韓国の地域主義
―― 朴正煕の「自由アジア太平洋」認識と ASPAC 外交 ――

李　鎔哲

1. はじめに

　現代韓国の外交史において 1965 年は画期的な年であった．6 月には日韓の国交正常化のための基本条約が調印され，10 月にはアメリカの要請に応じ，ベトナムに韓国の戦闘部隊が派兵された．他方で，韓国は 1964 年からアジア太平洋国家との地域協力外交を積極的に展開，1965 年 3 月と 66 年 4 月の予備会談を経，1966 年 6 月には「アジア太平洋協議会」(ASPAC : The Asian and Pacific Council) の創立会議がソウルで開催された．ASPAC はオーストラリア，中華民国（台湾），日本，韓国，マレーシア，ニュージーランド，フィリピン，タイ，南ベトナムの 9 ヵ国を加盟国とし，1972 年まで毎年 1 回，合計 7 回開かれたが，その後，米中接近・中国の国連加盟・日中国交正常化などの国際情勢の変化に対応できず，有名無実となり自然消滅した．しかしそれは，たとえ冷戦的限界を胚胎していたとしても，歴史上初めて，アジア太平洋地域の国家だけによる閣僚級の協力体制を具体化したという点で大きな意味を有し，注目に値する（山影 1985: 154, 大庭 2004: 195）．

　ASPAC の成立と性格，機能停止の過程については，関連国の外交文書が公開されることにより，アメリカや参加国のさまざまな政治的立場や交渉過程が分析されてきた[1]．本章は，そうした先行研究の成果を踏まえつつ，とくに当時，韓国の大統領であった朴正煕（Park, C.）の政治的意志と選択に注目す

るものである．彼は強力なリーダーシップのもと，安全保障と資本主義的な経済発展を2つの軸とする近代国民国家を建設しようとし，この目的の延長でASPAC 創設のための外交を展開した．したがって ASPAC が成立され，その性格が形成される過程には，彼特有の国家建設の構想と国際認識が大きな影響を及ぼすこととなる．それについては次の3つの点を指摘することができよう．

　第1に，ASPAC は韓国のベトナム戦争参戦をきっかけに形成された朴正熙の「自由アジア太平洋」という地域認識を背景に提唱された．第2に，ASPAC の成立を可能にした背景には，地域協力の原則において，たんに安全保障のみならず，政治・経済・文化などの多様な分野を含む「総合的な地域協議」を目指した朴正熙の構想が重要な要因として働いた．ASPAC を提唱した韓国政府の意図には，中国をはじめとする国際共産主義の脅威に対する非共産国家の集団安全保障への期待が込められていた．しかしながら具体的な交渉過程では，韓国政府は日本をはじめとした参加対象国の意見を積極的に受け入れ，包括的な地域協議体を構成しようとした．こうした韓国の外交方針を支えたのは，経済成長による安全保障を強調した朴正熙特有の国家建設の構想であった．第3に，ASPAC の実現には，何よりもアメリカと日本を中心とした朴正熙の国際認識が大きな影響を及ぼした．韓国政府は国民の反日世論を意識し，最初は公式に日本を招聘対象国に含まなかったが，域内の他国の要請に応じる形で日本の参加を積極的に導く方針を決めており，この決定は最後まで貫かれた．朴正熙は「脱植民化」の立場から日本の影響力の拡大を警戒した側面もあったが，それ以上に政治的現実主義の立場から日本の参加を重視した．

　本章は，このような仮説を考察するために，まず第2節では，ASPAC 外交を特徴づけた要因として朴正熙の思想に注目する．とりわけ，安全保障とともに経済発展を最も重視した国家建設の構想，米日中心の東アジア認識，ベトナム戦争による地域認識の形成過程が主に検討される．第3節では，ASPAC が提唱され，韓国政府が参加対象国と交渉する過程が検討される．とくに「綜合的な協議」という地域協力の理念が形成され，日本を含む地域国家が構成される過程に注目する．そして第4節では，韓国政府の外交目標を中心に ASPAC 創立会議の成果と限界を検討することにしたい．

2. ASPAC外交の思想的背景

2.1 国家建設の2つの課題：安全保障と経済発展

　朴正煕は1961年5月に軍事クーデターを起こし2年半の軍政期間を経て，1963年12月には選挙を通じて韓国の大統領に就任した．この期間中，彼は『指導者の道』(1961)，『韓民族の進むべき道』(1962)，『国家・民族・私』(1963) という著書を出版し，自らの国家建設の理念と政策の構想を明らかにした[2]．これらの著書の一部には多様な分野の専門用語が登場し，具体的な歴史分析が行われている．よって，専門家との協力により執筆されたものであるという推論が可能である．しかしながら，その主な内容が大統領就任以降，朴正煕により一貫して強調され，国家の主要政策として実現されたということを考え合わせると，それらは1960年代初期における彼の政治的思考の特徴を忠実に表すものであるといえる．

　朴正煕が国家建設のために最も強調した課題は次の2つであった．一つは，国際共産主義の脅威から国家の安全を守ることであり，もう一つは，資本主義的経済成長を成し遂げることであった．彼にとって安全保障（安保）と経済成長は当時，韓国社会が抱えていた他の諸問題，たとえば民主主義の発展と人権の伸長，富の分配，南北朝鮮の統一の課題などに比べ，何よりも重視され，優先すべきものであった．そして，安保と経済は分離されたものではなく，コインの両面のように互いに密接に結びついたものであった．

　こうした認識は，クーデターの直後に発表された，いわゆる「革命公約」で初めて明確に闡明された．6つの項目で構成された公約の中で，第1項は「反共を国是の第一義とし，従来の形式的であり口約だけにおわった反共体制を再整備強化する」とし，あくまでも共産主義からの安全保障が国家建設の根幹であることを示している．そして，第4項では「絶望と飢餓線上にあえぐ民生の苦しみを早急に解消し，国家の自由と経済の再建に総力を傾注する」とし，経済開発を国家建設の最優先課題と主張した．さらに第5項では「民族の宿願である国土統一のため，共産主義と対決できる実力の培養に全力を集中する」とし，経済発展を通じた安全保障と統一の可能性を強調している（朴1970a：

257).

　安保に対する朴正熙の危機意識は，根本的には朝鮮半島の地政学的な特性についての伝統的な認識に基づいている．彼は朝鮮半島の歴史を「苦難」と「被侵略」の過程ととらえ，その原因については，まず内部的な要因として「民族の自主性の欠如」を強調する一方，外部的な要因として「地勢学的な位置」を指摘している．つまり，朝鮮半島は「西方の中国，北方のソ連と満州，東方の日本」という「三方から肉迫してくる三大勢力の前につねに包囲されて」いるがゆえに，歴史的に勢力の拡張を図る国家の覇権争いの場となり，「苦難の場所」とならざるをえなかったのである（朴 1970a: 128）．

　こうした地政学的な認識は，南北朝鮮の分断と対立，中華人民共和国（中国）の成立と朝鮮戦争，冷戦の激化という国際情勢の中で，国際共産主義に対する危機意識と重なることになる．彼は，朝鮮半島を囲む三大勢力の中で大陸の二大勢力，つまり北側の北朝鮮とソ連に加え，西側の中国に共産主義政権が樹立することにより，韓国の安全が構造的に危険にさらされていると認識した．とくに北朝鮮が，1960年にソ連との間に「朝ソ友好協力および相互援助条約」，中国との間に「朝中友好協力および相互援助条約」を締結し，いわゆる「南朝鮮革命論」のもとで軍事強硬路線を追求することにより，陣営化された国際共産主義の膨張主義に対する韓国の危機意識は深化した．朴正熙がアメリカをはじめとした自由主義国家との安保連帯を積極的に模索したのは，こうした国際認識によるものであった．彼は次のように強調している．

　　われわれを取り巻く北韓はいうまでもなく，満州と沿海州，そして中国本土の大陸が共産党の支配下に入ることによって，われわれは北方と両側面から軍事的な脅威を受けなくてはならなくなる．北方と両側面からくる軍事的脅威をわれわれ単独で防ぎながら，われわれの自由と独立を維持するのは現実的に不可能である．北方と両側面からくる共産党の脅威が継続する限り，われわれはわれわれの自由と独立を維持するため，米国との積極的な紐帯を結ばなくてはならず，またこのような共産党の脅威が継続される以上，米国をはじめ自由陣営と共同の歩調を取らねばならない地政学的な条件におかれていることはいうまでもないが，進んでは，よりいっそう

米国をはじめ自由陣営との軍事的,政治的紐帯を緊密にすることだけがわが民族の生きる道であり,われわれの自由と独立を維持する道である.（朴 1970a: 171-173）

　他方で,朴正煕が安全保障と同じ比重で,さらにはそれ以上に重視したのが自立経済の建設であった.彼にとって経済は,いかなる政治理念にも優先するものであった.経済的な繁栄と優位こそ,共産主義に対して勝利し,南北朝鮮の統一に至る「勝共統一」の道であり,韓国が国際社会で実質的に自主性を確保することのできる方法であった.このことについて彼は「経済的に自立がない限り人間は他人に依存せざるをえないように,この自立なしに一つの民族や国家の保全を期待するのは,それこそ縁木求魚とでもいうものでないだろうか」と主張した（朴 1970b: 25）.さらに軍事クーデターの目的,自分の存在意義が「民族の産業革命化」にあると規定し,「自立経済の建設と産業革命の成就」を強調しつづけた（朴 1970b: 243）.
　実際にクーデターの直後から朴正煕が最も力を注いだことは,経済開発計画の樹立と施行であった.「第1次経済開発5ヵ年計画」は1962年から66年まで,年平均7.1％の経済成長を達成することと設定された.経済体制においては自由企業制度を原則とするが,基幹産業の部門では政府が積極的に介入するという「企業指導主義」を採択した.当初,第1次計画は「内包的工業化」戦略に基づき,韓国経済の自立的成長と工業化の基盤助成を主な目的としたが,国内企業およびアメリカの強い要求により,次第に輸出志向的な工業化政策へと開発戦略が修正された（木宮 2008: 20-187）.
　このような開発計画を遂行するためには何よりも膨大な外資と海外の輸出市場が必要であった.このため朴正煕が強調しつづけたのが「経済外交」であった.1962年に軍事政府が発表した外交分野の「施政方針」は,第3項で「強力な経済外交を展開し,海外市場を開拓することと外国資本の導入を奨励すること」を強調している（公報部 1962: 23-24）.とくに外資の導入については「それが米国の資本であれ西独,イタリアのような欧州諸国の投資であれ,はたまた日本の投資であっても,経済開発計画の推進のためにはこれらが必要であることは言うまでもない」と力説した（朴 1970a: 66）.彼にとって,経済発

展は安全保障とともに国家建設の最優先課題であった．この経済重視の思考は韓国外交，とくに ASPAC 創設のための政策決定に大きな影響を及ぼすことになる．

2.2 米日中心の東アジア認識

1960 年代初期において朴正煕の国際認識を支配した国家は，アメリカと日本であった．このことは，軍事政府が外交施政方針の第1項で，「アメリカをはじめとした自由民主主義の諸友邦との友情と義理で結ばれた紐帯を一層厚く堅固なものにする」と表明したことに明白に表れている（公報部 1962: 23）．アメリカおよび韓米関係について，彼は主に 2 つの軸を中心に認識した．一つは，連帯と協力を強化することであり，もう一つは，その中で韓国の「自主」と「主体性」を確保することであった．こうした両面的な認識は次のような率直な言及に明白に示されている．

> われわれは米国が好きである．自由民主主義制度が好きであり，われわれを解放してくれ，共産侵略からわれわれを防衛し経済援助を与えてくれたので好きである．これらのことよりも，われわれが米国をいっそう好む理由はこうした恩恵をあたえておきながらもわれわれをこき使ったり，無理を強要しようとしないところにある．もしも，そういう不当な干渉やきざしが見受けられたなら，われわれの態度はすでに他の方向へ示されたことであろう．（朴 1970b: 211）

朴正煕はアメリカの対韓政策を必ずしも肯定的に評価したわけではなかった．彼は朝鮮半島の分断と戦争の原因について，「米国が日本を極東における民主主義の防波堤とし，韓国と満州は二次的な考慮対象として」，38 度線の以北を諦めた結果であると指摘し，アメリカにも一部の責任があると強調した（朴 1970a: 153）．またアメリカの対韓援助のあり方についても，韓国社会の一律的なアメリカ化よりは，固有の伝統と文化，主体性を考慮すべきこと，韓国経済の自立化を助けることなどを要求し，「甘い砂糖よりも一枚のレンガをわれわれは望んでいる」と強調した（朴 1970b: 214）．こうした批判的な認識を支

えたのは,「民族の自主」を確保しようという彼のナショナリズムであった.

しかしながら, 朴正熙にとってアメリカ批判はあくまでもアメリカとの関係を発展させるための「善意の批判」,「建設的な意見」であった. 彼のアメリカ認識の核心は緊密な協力と連帯であった. こうした立場は, 現実主義という政治的思考により形成された. 彼は「事実, 韓国は願うとも願わずとも率直にいって現実的に米国の影響下にあることは否めない」とし, アメリカの実質的な力を肯定した (朴 1970b: 210). 実際にアメリカは年間, 韓国予算の半分を占める, 約5億ドルの軍事および経済援助を行っており, これに基づいたアメリカの影響力は絶対的なものであった. 彼はこうした制約に抵抗するよりは, 現実的な条件に順応しながら韓国の安全保障と経済成長という国家建設の課題を遂行しようとした. 言い換えるなら, アメリカと緊密に協力しながら韓国の自主的力量を増進しようとしたのであり, それは不可避であり, かつ可能であると考えた. こうした認識は外交において, アメリカの東アジア政策に依存しつつ, 時にはそれを積極的に活用するという政策の選択として表れた.

他方, 日本についても朴正熙は, 緊密な協力と主体性の確保という2つの軸を中心に思考を展開した. 以前の李承晩とは異なり, 彼は現実主義的な立場から東アジアにおける日本の実質的な力を認め, 国交正常化と協力が韓国の発展に欠かせないと判断する一方, 日本の影響力の拡大を警戒した. 彼は韓国と日本の地政学的な条件について次のように述べている.

> 日本本土はその規模や地勢が中国とか満州には比べるに足りぬ幾つかの孤島から成っているとはいえ, それでも韓半島よりは地勢にすぐれ規模が大きいといえる. また孤島である点が韓半島にはない強みとなっている. ……人文の発達がある程度の域に達すると, それが大陸に向かって反動と躍進の波を打ち寄せてくる結果となるのであった. したがってその国が盛んになるといつもその勢が外部に抜ける出口を探すのだが, その方向はきまって一葦帯水を隔てた韓半島を指向した. もちろんこれも韓半島を窮極の目的としたのではなくして, 満州が狙いであり, 満州を手に入れて中国大陸を思いのままにしようというのが窮極の目的であったようだ. (朴 1970a: 129-130)

日本に対する朴正煕の警戒は，具体的に彼の経済開発計画と関わっていた．つまり，開発計画を効果的に推進するためには膨大な外資の導入が必要であるのだが，彼はこのためにアメリカやヨーロッパの西ドイツ，イタリアなどの投資とともに，日本との国交正常化と経済協力に大きな期待を寄せた．しかし一方で，日本の資本と投資については，それが韓国に対する「新しい形態の侵略」，「新しい外国の政治勢力の扶植」をもたらす可能性があると強調した．これらの表現が具体的に何を意味するのかについては説明されていないが，韓国経済の日本への従属化と日本の政治的影響力の拡大を危惧していたことには間違いない．こうした警戒意識から彼は日本に対し，「わが民族に受難の種を蒔いた過去の前轍を踏まぬよう韓国の国家的自主性を尊重し，国際的互恵の原則を着実に守らなければならないこと」，「過去の日本の侵略行為を法的にも清算すること」を要求した（朴 1970a: 166）．

 しかしながら，これらの主張もあくまでも日本との国交樹立と経済協力を前提としたものであった．朴正煕にとって日本は東アジアで最重要視すべき国家であり，欠かすことのできない地域協力の対象であった．この判断には経済協力への期待の他に，次の2つの要因が大きく働いた．一つは韓国近代化のモデルとしての日本認識である．彼は明治維新について，日本をわずか10余年で「極東の強国」へと成長させた「アジアの驚異であり奇蹟である」と評価し，それゆえに「こんごわれわれの革命遂行に多くの参考となることは否めないので，わたくしはこの方面にこんごも関心を持ちつづけることだろう」と述べている（朴 1970b: 153-158）．

 もう一つは，アメリカの対日政策の展開，とくに日米同盟の強化についての認識である．彼は1960年の「第2次日米安保条約」に注目し，それが米軍基地の提供という水準を越え，「積極的に軍事的な協力を約束し，進んでは典型的な軍事同盟体制を整え，日本の防衛だけではなく極東の防衛と経済協力までも約束している」ととらえた（朴 1970a: 162）．そして，この条約をめぐるアメリカの政策について，日本との緊密な同盟関係を中心に東アジアにおける共産勢力の膨張を阻止し，ひいては韓国および東南アジアに対する日本の資本の進出を助けようとするものであると判断した．したがって韓国に対するアメリカの経済援助や協力も次第に日本を通じて行われる可能性が大きいと予測した．

朴正煕は日本を重視するアメリカの東アジア政策に不満と危機意識をもっていたが，現実主義的な立場からそれを積極的に受け入れる政策を選択した．言い換えるならば，アメリカとの軍事同盟を維持する一方で，日本を中心とするアジアの資本主義市場に積極的に参加することが韓国の安全保障と経済成長のために不可避かつ効率的であると判断した（パクテギュン 2006: 128）．このことは，韓国にとって日本は東アジアで最も重要な存在であることを意味する．日本重視の東アジア認識は，韓国政府の ASPAC 外交において，日本とともに地域の協力関係を築いていこうとする政策として表れることになる．

2.3 ベトナム戦争と「自由アジア太平洋」認識

　大統領就任以前，朴正煕の著書は東南アジアについて具体的に言及していない．しかし，彼はクーデターの直後からベトナム戦争に注目し，それを中国の支援による国際共産主義の膨張過程ととらえ，自由陣営国家の共同対応を主張した．とくに韓国がベトナム戦争に介入する 1964 年から，朴正煕は東南アジア国家との協力の重要性を強調し，同年の大統領の年頭教書では，「今後は東南亜諸国と共通の利害関係を議論し，相互協力関係を作るために指導者たちと意見交換ができる機会を設けるように努力すること」を明らかにした（大統領広報秘書官室 1964: 39）．このことは，ベトナム戦争への参戦をきっかけに，彼の東アジア認識が東南アジア地域へと，さらにはオーストラリア，ニュージーランドなどの太平洋国家へと拡大したことを示す．

　朴正煕はクーデターの直後からベトナム戦への介入の必要性を強調した．1961 年 11 月にアメリカを訪問した際には，ケネディー（Kennedy, J. F.）大統領に正規軍，または志願兵の派兵を提案，この意思は外交のチャンネルを通じ，アメリカに伝えられつづけた．しかしアメリカが韓国に正式に協力を要請したのは，ジョンソン（Johnson, L. B）政権に入ってからであった．1964 年 5 月に韓国を含む 25 カ国に支援を要請，これに対し韓国は同年 9 月に 140 名規模の医療部隊，1965 年 3 月に 2 千名規模の非戦闘建設部隊を派遣した．さらにアメリカがオーストラリア，ニュージーランドとともに韓国に戦闘部隊の派兵を新たに要請することにより，1965 年 9 月から 66 年 10 月まで約 5 万名の兵力を派兵，この兵力規模は 1971 年末に撤収を始めるまで維持されつづけ

た．

　朴正煕がどのような目的でベトナムに派兵しようとしたのかについては，さまざまな要因を指摘することができよう．たとえば，アメリカとの同盟関係の強化という外交的な要因，駐韓米軍減縮計画の食い止めや韓国軍の現代化という軍事的要因，経済開発に必要な外貨の獲得や輸出市場の拡大という経済的要因などが考えられる（木宮 2001: 105-118）．しかしながら，こうした「実利」以前に，彼が一貫して強調したことは，韓国と東南アジア国家との「共同運命意識」と「道義的責任」であった．彼は1965年に国民向けの演説で，ベトナム派兵の理由について次のように述べている．

> 第1に，これが自由アジア全体の集団安全保障に対する道義的責任であるという判断，第2に，もしも南ベトナムが共産化する場合には，アジア地域全体に共産主義の脅威が増大することは必然的な事実であるので，南ベトナムへの支援はただちにわれわれの間接的な国家防衛になるという確信，第3に，過去にわれわれが6・25共産侵略を受けた時，アメリカをはじめ16ヶ国の自由友邦の支援を得て，危機一髪から祖国の運命を救出した立場から，他の友邦が共産侵略の犠牲になることを彼岸の火災のように傍観することはできないという共同運命意識と正義感に基づいた大義名分です．（大統領秘書室 1965: 57-58）

　朴正煕の「共同運命意識」は，ベトナム戦争をたんに一国の内戦でなく，共産主義の国際戦略の結果ととらえることから始まった．とくに，国際共産勢力の中でも中国の膨張主義が強調された．彼は，中国の最終的な目的が世界の共産化にあり，そのために中国は暴力革命の路線のもと，1950年から朝鮮戦争，チベット侵攻，台湾海峡の緊張，インドとの国境紛争，ラオス紛争などを起こし，ベトナム戦争を背後で操っていると考えた．したがって，ベトナムの共産化のあとは，東南アジア全域と韓国の安全が中国の脅威にさらされることと朴正煕は判断し，「ベトナム戦線とわれわれの休戦ラインとは直結している」と強調した（大統領秘書室 1965: 161）．さらにアジア地域は共産主義が膨張する可能性が極めて高いと彼は主張し，その理由として地域の貧困を指摘した．そ

れゆえ，アジア地域は共産主義の脅威から自国の安全を守り，経済開発を通じて近代化を成し遂げなければいけないという共通の課題を抱えていることになる．「自由アジア」，「自由太平洋」，「自由アジア太平洋」と表現される地域概念は，こうした共同の危機および運命に対する認識から形成された．

他方，朴正熙はベトナム戦争への派兵を地域の安全保障に対する「道義的責任」によるものと主張した．この責任意識は，たんに参戦を正当化するための口実ではなく，分断および反共国家としてのアイデンティティーによるものであった．朝鮮戦争は東アジア地域，さらには世界に対し，韓国が反共国家として自らの正当性を確保する決定的な契機として働いた．それは国際共産主義の侵略に対し自由陣営の国々の支援で侵略を防いだものととらえられた．危機の克服以降，韓国社会は自らの存在が反共を貫くことにより，世界の自由陣営の平和と発展に寄与するという普遍的な意味をもたされていると考えた（キムエリム 2007：327）．こうした認識により，朴正熙は南ベトナムに対する支援が韓国の義務であり，派兵される韓国軍は「自由守護のための十字軍」であると主張した（大統領秘書室 1965：429）．ASPACの提唱は反共国家としての自己規定および使命感の外交的な表出であった．

3．ASPACの提唱と外交交渉

3.1 地域協力の理念：「総合的地域協議」

韓国政府がASPACを公式に提案したのは，1964年9月であった．その後，バンコクで1965年3月に第1次予備会談，1966年4月に第2次予備会談が開かれ，同年6月に韓国のソウルで創立会議が開催された．提唱から創立まで1年10ヵ月の間，韓国政府は参加対象8ヵ国やアメリカと交渉し，地域協力機構の性格や構成，組織の運営などに関するさまざまな意見を調整し，合意を導き出した．交渉の過程では，地域協力の理念および内容，地域国家の構成における日本の参加が最大の課題として台頭した．これに対し，韓国政府は狭義の安全保障分野に限定せず，政治，経済，社会文化などの諸分野における包括的な協力を目指す地域機構の構築を進めた．また，域内における日本の影響力を重視し，その参加を促すのに成功した．こうした韓国政府の政治的選択と意志

が，アメリカの外交的支援とともに，ASPAC の成立を可能にした最も重要な要因と指摘することができよう．

韓国政府がそもそもどのような理念で ASPAC を提唱したのかについては，1964 年 9 月，外務部が大統領府の指示により作成した文書によく表れている（外務部外交文書 C-0010-22, 1964 年 9 月 9 日）[3]．「東南アジア自由諸国外相会議開催」と名づけられた企画案（以下，外相会議案と略称）では参加対象国として韓国，台湾，南ベトナム，フィリピン，タイ，マレーシアに加え，太平洋地域国家でベトナム戦争参戦国であるオーストラリア，ニュージーランドが想定されていた．日本については韓国国民の反日世論を考慮し，他の対象国の要請を受け入れる形で参加を促すこととした．会議の目的については「今日，東南アジア地域における漸増する共産侵略の脅威をはじめとした諸般国際情勢を検討し，さらに東南アジア自由諸国間の結束と反共体制を強化するために」と明記した．

しかし一方で，外相会議案は予定議題として「①共産勢力の浸透に備えるための反共体制の強化，②自由アジア諸国の紐帯と国際的地位の向上，③地域的経済協力の増進と文化交流の促進」を提示している．そしてこの会議案は，参加対象国との交渉において，韓国の主な関心は「反共」ではなく，②と③の議題にあることを強調するよう指示している．韓国政府は国際共産主義に対する危機意識から域内国家の安全保障協力を目指していたが，それを実現する具体的な方法として経済や社会文化分野での総合的な交流を構想していた．つまり韓国政府は，当初から反共的な軍事ブロックや多国間の同盟体制を意図せず，それは可能であるとも考えていなかった．

また，外相会議案は，韓国内部の目的として，会議の開催が日本との国交正常化交渉に対する韓国国民と国際社会の支持をもたらし，修交の早期妥結に役立つことを指摘している．当時，朴政権が経済開発のため積極的に推し進めていた日韓会談は，韓国国民の激しい反対と日本の強硬な方針の間の衝突により進められる気配はなかった．外相会議案には，こうした国内の孤立感と外交における閉塞状態を打開し，国民の信頼を得るなかで早期に日韓会談を開き両国の妥結に導こうという期待が込められていた．韓国政府は，会議の開催それ自体が「大きく意義のある成果」であるととらえ，会議の性格や構成については

参加対象国の意見に従い，柔軟な立場をとることにした．

　1964年9月，韓国政府は日本を除いた7ヵ国に公式に外相会議を提案し，協力を要請した．これに対し，各国の反応は次のようなものであった．まず，同年11月まで正式に参加意思を表明した国家は，台湾，南ベトナム，タイであった．台湾は会議の目的をより明白に反共体制の強化に置き，参加国を台湾，韓国，南ベトナム，フィリピン，タイの5ヵ国にすることを主張し，日本の参加については否定的かつ警戒的な立場を示した（外務部外交文書C-0010-22,1964年11月19日）．一方，南ベトナムは日本の参加を希望し，戦争の当事国であるだけに会議開催に積極的であった（外務部外交文書C-0010-22, 1964年10月17日）．タイはとくにタナット（Thanat, K.）外相が11月に韓国を訪問し，予備会談の必要性，反共を主な目的としない包括的な議題の設定，日本参加の重要性などを強調した（外交文書1964年11月24, 25日）．

　しかしながら，マレーシアとフィリピンは外相会議が反共戦線の結成を目指すものと警戒し，決定を保留した（外務部外交文書C-0010-22, 1964年12月12日）．ニュージーランドは参加の条件としてオーストラリアの参加を，オーストラリアは日本の参加を強調し，したがって「日本の参加なしにはオーストラリアの参加が困難視され，オーストラリアの参加なしにはニュージーランドの参加が難しい」ということが予想された（外務部外交文書C-0010-22, 1964年11月18日）．日本には11月に新たに出帆した佐藤栄作内閣に参加を要請したが，ただちに否定的な意思が表明された．その理由として，日本は融通性のある自由国家で，外交政策上，参加予想国の多くが東南アジア条約機構（SEATO：Southeast Asia Treaty Organization）加盟国である軍事ブロックのような会議に参加することは難しいということが強調された（外務部外交文書C-0010-22, 1964年11月16日）．このような各国の反応は，外相会議の実現において最大の障害が「反共の組織化」とみなされる会議の性格と日本の不参加にあることを示すものであった．

　他方で，韓国政府はアメリカに対し，外相会議案が決定された直後から「積極的な協力」を要請した．アメリカは，当初「あまりにも強力に推進したり公表したりしないのが良い」という程度の消極的な反応を示していた（外務部外交文書C-0010-22, 1964年9月4日）．しかし，11月に入り，ベトナム戦争の激

化,中国の核実験と国際的影響力の増加など,国際情勢の変化,韓国軍隊のベトナム派兵を背景にアメリカのアジア政策は再検討され,その過程で韓国の外相会議構想が肯定的に検討された(外務部外交文書 C-0010-22, 1964年11月11日).その結果,アメリカ国務省は12月初めに,外相会議は,台湾と韓国の外交的孤立感と無力感を緩和し,域内国家の相互理解と協力を増進するという趣旨で積極的に支援することを決定し,韓国をはじめとした関係国のアメリカ大使館にそのことを伝えた(チョヤンヒョン 2008: 258).

上記のような参加対象国の反応およびアメリカ国務省の支援方針を受け,韓国政府は1964年12月に新たに交渉の指針を決めた.その主な内容は次の3つである(外務部外交文書 C-0010-22, 1964年12月12日).第1に,本会議への参加を義務づけない大使級の予備会談を開くこと,第2に,日本の参加をより積極的に進めること,第3に,最も根本的な問題として,外相会議の目的が「ある反共同盟体の構想」にあるのではなく,包括的な地域協力にあることを明らかにすることである.こうした方針のもと,韓国外務部は,アメリカの側面からの積極的支援を受けつつ,参加対象国との交渉を重ね,1965年3月には日本を含む9ヵ国の大使および代表による第1次予備会談をバンコクで開催した.会談では,参加国の構成において制限を置かないこと,そして協力の内容については政治,安全保障,経済・貿易・技術,社会文化の4つの分野における定期的な協議方式を考慮するという合意がなされた(外務部外交文書 C-0011-01, 1965年3月17日).包括的な地域協議体としての ASPAC の性格は,実際にこの時に基礎づけられたといえよう.

その後,約1年間の交渉を経て,1966年6月にソウルで本会議を開催することが決定され,同年4月にその準備のための第2次予備会談がバンコクで開かれた.この会談に臨み,韓国政府は内部の方針として,外相会議の性格を明確に「総合的地域協議機構」と規定し,議題については第1次予備会談で合意された4つの分野とすることを決定した(外務部外交文書 C-0014-26, 1966年4月13日).実際,第2次予備会談では「一般分野」(general field)と「特殊分野」(specific field)に議題を分け,前者では参加国のあらゆる関心事について自由に意見を交わし,後者では経済貿易技術と社会文化分野の協力を議論することにした(外務部外交文書 C-0014-26, 1966年4月27日).この議題設定は

本会議においてそのまま採択された.

3.2　地域国家の構成：日本の参加

　韓国政府は前述したように，外相会議案を提案した当初から日本の参加を念頭に置いていた．それゆえ政府は交渉の指針において，招聘対象国が日本の参加を希望する場合には「ただちにそれに同意すること」を指示した．そして，オーストラリア，タイ，南ベトナムの要求を受け入れる形で日本との交渉が進められた結果，第1次予備会談で日本の参加が実現した．しかしながら，この時日本は「本会議の参加についてはまったくコミットしない」ということを条件とし，そうした立場から「始終，消極的な態度」で臨んだ（外務部外交文書 C-0010-01，1965年3月17日）．この会談では，国連総会が行われる1965年9月の前後に，本会議をソウルで開催することを暫定的に決めた．韓国政府はこの時期を目標とし，新たにアメリカ国務省をはじめとするさまざまな外交チャンネルを通じ，日本政府の説得にかかった．

　しかし日本は一貫して外相会議への参加意思を表明しなかった．1965年7月には日本を除く参加対象国は9月前後の開催に同意したが，オーストラリアとマレーシアは日本の参加をその前提条件として強調した．これに対し，韓国政府はふたたび日本と交渉したが，日本外務省は日韓国交正常化の条約に対する国会の批准が先決課題であり，外相会議への参加問題はその後に検討するという立場を堅持した（外務部外交文書 C-0010-22，1965年7月30日）．日韓基本条約は1965年2月の仮調印を受けて同年6月に正式に調印され，韓国では同年8月に国会で批准案が通過したが，日本では未通過のままであった．実際に日本政府は，反共組織の構築という疑惑を受けていた外相会議に参加意思を表明することは社会党などの野党の反発を招き，日韓条約の国会批准に悪影響を及ぼすことを懸念していた．こうした状況から韓国政府は，南ベトナムとタイが日本を除いた年内開催を提案したのに対して（外務部外交文書 C-0010-22，1965年4月29日），日本の立場を尊重し，国会批准が終わるまで創立会議の開催を延期した．

　日本が外相会議への参加を初めて示唆したのは，日韓条約の国会批准が終了した1965年12月の下旬であった．椎名悦三郎外相は国会を通過した批准書を

交換するために韓国を訪問した際,李東元外相との間で会議への参加と1966年6月の開催について66年3月まで対外的に極秘にすることを条件として暫定的に合意した(外務部外交文書C-0010-22, 1965年12月28日).日本が方針を変えた背景には,日韓国交正常化が主な要因として働き,修交以降の韓国との友好関係の増進,および韓国の国際的地位の向上などが判断材料となった.さらに,この外相会議は自由主義陣営にあるアジア各国との結束および日本の影響力の強化に役立つと考えられた(李2009: 180-181).こうした立場から,日本は自国主導の「東南アジア開発閣僚会議」の直後に開かれた第2次予備会談に積極的に参加した.しかしながら,韓国側の度重なる否認にもかかわらず,外相会議が「反共組織の樹立のための会議」となることに対する警戒心を緩めなかった.結局,日本が閣議で正式に参加を決定し,韓国政府および日本の国会にその意思を表明したのは,会議開催の約1ヵ月前になってからであった(外務部外交文書C-0014-26, 1966年5月13日).

　他方で,韓国が日本の参加を希望したことには,さまざまな理由が考えられる.まず第1の理由は,日本の参加がオーストラリア,ニュージーランド,マレーシアの参加の可否に関わり,地域国家の構成に直接的な影響を及ぼすことである.日本の不参加による参加国の縮小は,外相会議の機能や影響力を無力化するものであった.そしてもう一つの理由は,域内における日本の実質的な影響力を認めたことである.朴正煕は現実主義の立場から,韓国の安全保障と経済発展のためには日本との国交正常化が絶対に必要であると判断してこれを推進したが,さらに外相会議の目的を実現するためにも日本の参加を不可欠なものと重視した.しかしながら外相会議には域内における日本の独占的な支配あるいは影響力の拡大を牽制しようという意図も込められていた.日本の参加は,いわば緊密な協力と牽制の双方のために求められたものであった.

　こうして日本の参加が確実になると,外相会議の参加国は,韓国が最初に提唱したとおり9ヵ国となった.第2次予備会談では門戸開放の原則が採択されたが,ラオスがオブザーバーとしての参加する以外に変動はなかった.こうした状況下で,本会議の開催直前,韓国政府は内部の指針で地域の概念,すなわち参加国の範囲について「東経90度以東の国家」から「ビルマ,カンボジア,インドネシア,シンガポールを除いたすべて」を含むものとし,これを「自由

アジアおよび太平洋地域」と規定した．そこではこれらの地域が「中共を主力とした共産主義勢力に対抗する共同運命体」として，共通のアイデンティティーを有するものと想定された．しかしながら，参加国間の初期の結束を図るため，韓国政府は域外の特定国家の脅威に対する露骨な言及は避け，域内国家間の実質的な協力を図り，地域認識を培っていくことを方針として定めた（外務部外交文書 C-0015-01，1966 年 6 月 11 日）．

4. ASPAC の創設

4.1 外交目標の再設定

韓国政府は 1966 年 3 月に，4 月の第 2 次予備会談と 6 月の本会議が最終的に決まると，新たに外交目標を設定した．予備会談の直前，韓国代表団に送った内部の指針では「外相会議の必要性」について，①韓国のベトナム政策の道義的立場に対する支持の獲得，②東南アジアや太平洋諸国に対する共産侵略の危険性についての共同運命意識の強調，③韓国の東南アジア経済進出のための根拠地の構築，④東南アジアにおける日本のワンマン・ショー（one-man show）を防ぐための円卓会議体制の設定，⑤安定，繁栄，共産浸透の防止，外勢排除など，共同目標の実現のためのアジア太平洋自由諸国の地域協議体（年例閣僚会議）の形成およびその中での韓国の発言力強化，⑥韓国の国際的地位や威信の向上，という 6 つの項目を目的として強調した（外務部外交文書 C-0014-26，1966 年 4 月 13 日）．

このうち②と⑤と⑥の項目は，1964 年 8 月に韓国政府が提唱した目的と異ならない．つまり，共産主義の脅威に対し自由主義陣営の結束を図り，会議を通じて韓国の国際的地位を高めることが会議開催の目的であった．外相会議の性格についても「反共会議」または「軍事同盟体」のようなものを意図したわけではないが，かといって「内容のない単純な親善機関」となってはならないことを韓国政府は強調した．よって政府は，安全保障問題を含む「総合的な地域協議」を介して，長期にわたり国際共産主義の脅威に共同で対応しようという意図を明確にした．

他方で，①と③と④の目的は新たに加えられたものである．①の目的，つま

りベトナム政策に対する国際的支持の確保は，1965年10月から戦闘部隊を派兵することにより，切実な問題となった．前述したように朴正煕は，韓国が朝鮮戦争で国際的な支援を受けた経験から，世界の自由主義陣営の安全と平和を守るべき「道義的責任」を有すると主張した．しかしながら，とくにアジアやアフリカの中立諸国からは，韓国はアメリカの「衛星国」として「傭兵」を提供しているとの批判を受けつづけた．こうしたなか，外相会議を通じて，ベトナム戦争参戦に対する理解と支持を得，外交的孤立の危険から脱しようとしたのである．さらに③の目的，韓国の経済発展のために東南アジア地域への進出を果たすことへの期待が加えられた．

さらに外相会議は④の目的，つまり域内における日本の主導権を牽制するために必要なものと再定義された．韓国政府は日韓国交樹立とともに日本の参加を重視したが，一方で外相会議が日本により独占的に運営され支配されることを警戒した．そのため韓国政府は「円卓会議体制」が日本への「牽制力」となり，参加国の「互恵平等」を保障するものと考えた．外相会議は，日本の主導で，これに先立って開催された東南アジア開発閣僚会議と対立するものではないが，参加国の平等という側面から相異なる特性を有するものとして，前者との差別化が図られた．

外相会議とアメリカとの関係については，「アジアにおいてアメリカのリーダーシップを排除するための機構を作ろうとするのではなく，むしろアメリカとの効果的な協力体制を設けようとするもの」と韓国政府は位置づけていた．こうした意味でASPACは，朴正煕政府がアメリカから「相対的な自立性」を確保するために設立したものとは言い難い．むしろアメリカと緊密に協力し，域外からの共産主義の膨張と域内における覇権主義の台頭を防ぐために必要なものとみなされた（チョヤンヒョン2008: 271）．

本会議の直前に作成された内部の指針を見ると，上述した目的がふたたび指摘されるとともに，実質的な最優先課題として「協議体制の持続性」の確保が強調されている．このため常設機構の構成を最終的な目標とし，当面の課題として「定例的な外相会議，または閣僚会議の設置」を韓国政府は達成させようとした．そこで絶対に譲歩することのできない最低限の目標として強調されたのは，ソウル会議以降の「次期閣僚会議の開催時期および場所の決定」であっ

た．そして，具体的な組織として，参加国が容易に合意することのできる「アジア文化センター」の設立を韓国政府は提案することにした（外務部外交文書 C-0015-01，1966 年 6 月 11 日）．参加国の政治的立場の相違を超え，持続可能な組織を設立することが韓国政府の当面の課題だったのである．

4.2 ASPAC 創立会議の成果と限界

　ASPAC の創立会議は，1966 年 6 月 14 日から 3 日間ソウルで開催された．この会議にはオブザーバーのラオスを含む 10 ヵ国の代表が参加し，開会式と 5 回の非公開本会議で自由に意見を交わした．各国は地域協力の必要性は認めつつも，協力の理念と方法，すなわち共産主義の脅威，ベトナム戦争，中共の核実験などの安全保障問題と会議組織の常設化の問題については意見の相違を見せた．これらの争点について，韓国，南ベトナム，フィリピン，台湾は積極的な立場を表明し，日本，マレーシア，ニュージーランドは消極的な態度を示した．とくに日本は全般的に韓国の立場と対立し，政治的な問題には敏感な反応を見せ，常設機構の設置には最後まで反対した．これに対し，タイとオーストラリアは穏健な立場から意見の対立を仲裁する態度を堅持した（外務部外交文書 C-0015-05，1966 年 6 月 17 日）．本会議における意見調整の結果，ASPAC 第 1 次会議は 13 の項目で構成された共同声明を採択して幕を閉じた．その内容は大きく次の 2 つに分けられる[4]．

　第 1 に，地域協力の根拠および理念において域外の脅威の存在を明示した．共同声明は，域内の各国が「外部からの脅威に直面」していること，「核実験に起因する平和に対する脅威と健康や安全に対する危害」が存在すること，ベトナム戦争が「外部からの侵略と潜伏活動」であることに合意した．「外部からの脅威」が具体的に何を指すのかについては，日本やマレーシアなどの反対により明記されていないが，「共産主義の侵略と浸透」（Communist aggression and infiltration）の危険を強調した朴正熙の開幕演説の内容を共同声明に盛り込むことで，それが中国をはじめとした国際共産主義によるものであることを間接的に示唆した．そして，この脅威に対し域内の各国は「平和，自由，繁栄という共同目標の達成」のため「相互間の結束と協力を一層強化する」ことに合意した．また，南ベトナムに対する支援は「価値がある」ということと，

韓国の南北朝鮮統一原則に対する支持が表明された．

　第2に，組織において定例的で持続的な会議の開催が明記された．常設機構の設置については次期会議で議論することになったが，原則的に「会議参加国の協力を継続することが早急に求められる」ことで合意に達した．そしてこの目的のために第2次会議を1967年にバンコクで開催し，タイ駐在の各国大使による常設委員会を設けることが決議された．会議の名称は「アジア太平洋理事会閣僚会議」(Ministerial Meeting of the Asian and Pacific Council) とし，上述した常設委員会において「より実質的で実効性のある協力」のために，ASPACの付属機関として「経済調整センター」「技術調整センター」「社会文化センターおよび総合情報交換センター」の設置を具体的に検討することに各国は合意した．

　韓国政府はこうした共同声明の合意内容について，自らの外交目標が最大限達成されたと評価した．まず組織面において，会議の名称，第2次会議の開催や常設委員会の構成，専門付属機関の設置などが確定されることにより，韓国政府は自らの最優先課題であった協力機構の常設化の土台づくりがなされたと考えた．理念面においては，中国の侵略脅威の存在，自由国家間の結束の強化，南ベトナムに対する支援，そして南北朝鮮の統一原則に対する韓国の政治的立場が各国から支持を得られたと政府は評価した．また韓国政府は，参加国の政治的立場の相違による意見の対立を調整し，地域最初の協力機構の出帆を主導することで韓国の国際的地位と威信が向上したことを外交的成果として強調した．さらにASPAC自体の意義については，「アジア人が力を合わせ，自らの問題を解決していくという新しい方向」を提示し，今後の国際政治において「一つのグループ」を形成することができると政府は期待した（外務部1966: 111-113）．

　しかしながら，韓国政府の評価や期待に相反して，ASPACには広範な地域から人種と文化，経済発展の水準，政治的な立場を大きく異にする国家が参加しただけに，地域協力の固有の根拠，すなわち堅固な地域のアイデンティティーを形成し難いという根本的な問題が内在していた．とくにアジア各国は互いに安全保障状況が異なるがゆえに，共産主義の脅威に対する認識や対応において鋭く対立した．分断国家である台湾や南ベトナムは安全保障と軍事協力を重

視したが，これに対して日本やマレーシアは政経分離の立場から一貫して反対した．こうした対立を韓国とタイが仲裁し，包括的な協議機構として ASPAC は出帆することになるが，参加国の結束を支えるべき共通の理念は曖昧な状態のままであった．

ASPAC は，参加国の政治的な対立が継続するなかにおいても，1972 年まで非政治的な分野で協力活動を展開した．会議は毎年行われ，計 7 回の開催となった．ASPAC の第 2 次会議はバンコクで，第 3 次会議はキャンベラで，第 4 次会議は川奈で，第 5 次会議はウェリントンで，第 6 次会議はマニラで，そして第 7 次会議はふたたびソウルで開催された．この過程で専門の付属機関として，1968 年にキャンベラで「科学技術サービス登録センター」，ソウルで「社会文化センター」，1970 年に台北で「食糧肥料技術センター」，1971 年にバンコクで「経済協力センター」が設置され，東京で「アジア太平洋海洋協力計画」の専門家会議が開催されるなど，さまざまな地域協力活動が展開された（大庭 2004: 196-197）．しかしながら 1970 年代に入り，米中接近と中国の国連加入，日中国交正常化など，国際情勢が変動するなかで参加国の政治的立場の違いが表面化し，ASPAC は 1972 年のソウル会議を最後に，機能停止と自然消滅の道を辿ることとなる．

5. おわりに

本章は，冷戦期において ASPAC 創設のために展開された韓国外交の特徴について，朴正煕の国家建設の構想および国際認識と関連させながら考察した．朴正煕が ASPAC を提唱した直接的な契機は，彼に「自由アジア太平洋」という地域認識を形成させたベトナム戦争であった．彼は「自由アジア太平洋」の地域国家が国際共産主義の脅威に直面しているととらえ，この脅威に対し共同で対応できる組織を創設することが反共国家としての韓国の義務であり，分断国家としての韓国の安全をより確実に保障する道であると考えた．そして，参加対象国との交渉が進むにつれ，東南アジア地域への経済進出を実現することや，域内における日本の独占的な支配や影響力行使を牽制することなどが新たな目的として追求された．このような側面から考えると，朴正煕の地域協力外

交を支えた最も根本的な要因は，逆説的ではあるが，安全保障と経済発展を2つの軸とする近代国家建設の欲求，すなわち国家主導のナショナリズムであったといえよう．

さらに，ASPAC の構成と性格についての決定に際しても，朴正煕特有の国家建設構想と国際認識が大きな影響を及ぼした．参加対象国との交渉における最大の争点は，地域協力の共通理念と日本の参加という2つの問題であった．前者において，朴正煕の地域認識がベトナム戦争を契機に形成されただけに，ASPAC の提唱には地域の集団安全保障体制を構築しようとする期待が込められていた．しかし韓国政府は，それを実現する具体的な方策として，当初から経済および社会文化分野における交流を重視した．韓国政府は非安保分野の協力を主張する日本とマレーシアの意見を積極的に受け入れる形で，ASPAC が包括的な協議機構として出帆するのを可能にした．また韓国政府は，創立会議の開催時期を延期してまで，日本の参加を促した．こうした韓国政府の外交は，経済成長による安全保障を強調した朴正煕の国家建設の構想と，アメリカとともに日本の国際的な影響力を認め，日米韓の協力を重視した彼の現実主義的な国際認識に基づいたものであった．

しかし一方で，韓国政府の ASPAC 外交を支えた朴正煕のナショナリズム，そして日米中心の国際認識は，裏を返せばアジア太平洋の地域協力に関する独自のビジョンを有していなかったことを示している．つまりそれは，政治的現実主義の立場からアメリカの東アジア政策に依存し，地域協力の枠の中で韓国の安全保障と経済上の利益を確保しようとするものであり，域内国家の持続的な参加と結束を支えるべき地域協力の原則と方法を自主的に確立し具体化するものではなかった．このような限界は現実の国際政治において，1970 年代初頭のアメリカと日本の外交政策の変化に対し，まったく対応することのできない無力さとして現れた．

注

1) 近年，関連国の公開された外交文書に基づき，ASPAC の成立および展開を実証的に分析した研究は次の通りである．木宮（2001）は韓国，大庭（2004）はオースト

ラリア，チョヤンヒョン（2008）は韓国とアメリカ，李（2008, 2009）は韓国と日本の外交文書を主な検討の対象としている．
2）　1960年代における朴正熙の著書は1970年に『朴正熙選集』として日本語に翻訳，出版されている．本章における日本語訳引用はこの選集によるものである．
3）　韓国政府の外交文書は原則的に30年経過後に公開されている．本文で引用する際には（フィルム番号，日付）を記し，それ以外の情報については，巻末の参考文献欄に記した．
4）　ASPAC創立会議で採択された英文の共同声明は，外務部（1966: 20-23）に掲載されている．

参考文献

韓国外務部外交文書（未公刊）

フィルム番号C-0010-22『アジア太平洋協議会（ASPAC）創設計画（아시아태평양이사회창설계획）1963-65』．
　1964年9月4日（フレーム番号606）「駐米大使発外務部長官宛電文」．
　1964年9月9日（フレーム番号6-12）「東南アジア自由諸国外相会議の開催（동남아 자유제국 외상회의 개최）」．
　1964年10月17日（フレーム番号546-547）「駐越大使発外務部長官宛電文」．
　1964年11月11日（フレーム番号623-625）「駐米大使発外務部長官宛電文」．
　1964年11月16日（フレーム番号242-243）「駐日大使発外務部長官宛電文」．
　1964年11月18日（フレーム番号47）「駐豪州大使発外務部長官宛電文」．
　1964年11月19日（フレーム番号188-189）「駐中国（台湾）大使発外務部長官宛電文」．
　1964年11月24日・25日（フレーム番号483-499）「長官とコーマン泰国外相との会談内容第1次（장관과 코-만泰国外相과의 회담내용제1차）」「長官とコーマン泰国外相との会談内容第2次（장관과 코-만 泰国外相과의 회담내용제2차）」．
　1964年12月12日（フレーム番号200-205）「外相会談の開催推進（외상회담개최추진）」．
　1965年4月29日（フレーム番号513-514）「駐泰大使発外務部長官宛電文」．
　1965年7月30日（フレーム番号267-268）「駐日大使発外務部長官宛電文」．
　1965年12月28日（フレーム番号282）「外務部長官発各国駐在大使宛電文」．
フィルム番号C-0011-01『第1次アジア太平洋協議会（ASPAC）創設予備会談

（아시아태평양이사회 창설예비회담, 제1차）Bangkok, 1965. 3. 11-14』.
1965年3月17日（フレーム番号233）「外相会議開催のための大使級会談の参席報告書（외상회의 개최를 위한 대사급 회담 참석보고서）」.
1965年3月17日（フレーム番号126, 222）「外相会議開催のための大使級会談の参席報告書（외상회의 개최를 위한 대사급 회담 참석보고서）」.
フィルム番号C-0014-26『第2次アジア太平洋協議会（ASPAC）創設予備会談（아시아태평양이사회창설예비회담, 제2차）Bangkok, 1966. 4. 18-20』.
1966年4月13日（フレーム番号151-154）「同会談の出席に際しての訓令（동회담 참석에 즈음한 훈령）」.
1966年4月27日（フレーム番号240）「東南アジア外相会談のための第2次大使級予備会談の参加報告書（동남아 외상회담을 위한 제2차 대사급 예비회담 참석보고서）」.
1966年5月13日（フレーム番号200）「駐日大使発外務部長官宛電文」.
フィルム番号C-0015-01『第1次アジア太平洋協議会（ASPAC）閣僚会議（아시아태평양이사회각료회의 제1차）, Seoul, 1966. 6. 14-16』(8 vols), vol. 1, 基本文書.
1966年6月11日（フレーム番号79-82）「亜細亜太平洋地域閣僚会議代表団指針」.
フィルム番号C-0015-05『第1次アジア太平洋協議会（ASPAC）閣僚会議（아시아태평양이사회각료회의, 제1차）, Seoul, 1966. 6. 14-16』(8 vols), vol. 5, 報告書.
1966年6月17日（フレーム番号35-39）「アジア太平洋地域閣僚会議暫定報告書提出（아시아태평양 지역각료회의 잠정보고서 제출）」.

公文書（公刊）
外務部（1966）『アジア太平洋閣僚会議』東亜出版社（외무부『아시아태평양지역각료회의』동아출판사）.
公報部（1962）『指導者の道・国民の道―1962年施政方針』（공보부『지도자의 길 국민의 길-1962년도 시정방침』）.
大統領広報秘書官室（1964）『朴正熙大統領演説文集第1輯』東亜出版社（대통령공보비서관실『박정희대통령연설문집제1집』동아출판사）.
大統領秘書室（1965）『朴正熙大統領演説文集第2輯』東亜出版社（대통령비서실『박정희대통령연설문집제2집』동아출판사）.

李相汜（2008），「ASPAC閣僚会議創設をめぐる韓日関係1964-1966（1）」『筑波法

政』45, pp. 103-122.
李相汝（2009），「ASPAC 閣僚会議創設をめぐる韓日関係 1964-1966（2）」『筑波法政』46, pp. 179-197.
大庭三枝（2004），『アジア太平洋地域形成への道程：境界国家日豪のアイデンティティ模索と地域主義』ミネルヴァ書房．
木宮正史（2001），「1960年代における冷戦外交の三類型—日韓国交正常化・ベトナム派兵・ASPAC」小此木政夫・文正仁編『市場・国家・国家体制（日韓共同研究叢書4）』慶應義塾大学出版会, pp. 91-145.
朴正熙（1970a），『朴正熙選集①韓民族の進むべき道』鹿島研究所出版会．
朴正熙（1970b），『朴正熙選集②国家・民族・私』鹿島研究所出版会．
山影進（1985），「アジア太平洋と日本」渡辺昭夫編『戦後日本の対外政策：国際関係の変容と日本の役割』有斐閣, pp. 135-161.
木宮正史（2008）『朴正熙政府の選択』フマニタス（기미야 다다시『박정희정부의 선택』후마니타스）．
キムエリム（2007）「冷戦期アジア想像と反共アイデンティティの位相学」『サンホ学報』20（김예림「냉전기 아시아상상과 반공정체성의 위상학」『상허학보』), pp. 311-343.
チョヤンヒョン（2008）「冷戦期韓国の地域主義外交：ASPAC 設立の歴史的分析」『韓国政治学会報』42, 1, (조양현「냉전기 한국의 지역주의 외교：아스팍（ASPAC) 설립의 역사적 분석」『한국정치학회보』), pp. 247-276.
パクテギュン（2006）「朴正熙の東アジア認識とアジア太平洋共同社会構想」『歴史批評』76（박태균「박정희의 동아시아인식과 아시아태평양공동사회 구상」『역사비평』), pp. 119-147.

第4章

東南アジアの戦後
―― バンドン・非同盟・ASEAN の源流と分岐点 ――

平川　幸子

1. はじめに

　東南アジア諸国連合（ASEAN : Association of South-East Asian Nations）は 1967 年に 5 つの加盟国で結成されたが，現在では政治経済体制や宗教，文化の違いにもかかわらず東南アジア地域に存在するすべての諸国が参加している[1]．ASEAN Way と呼ばれる流儀は近年，普遍的な規範との整合性を求められているが，地縁でつながる多様な国家が平和的に共存してきた実績こそもっと評価されるべきであろう．2015 年の「ASEAN 共同体」（政治安全保障，経済，社会文化の 3 共同体により構成）実現を目指している東南アジアは，アジアで最も統合が進展している地域である．

　ASEAN は結成時から，「東南アジア諸国民の，繁栄して平和な共同体の基礎を強化する」ことを目的に掲げてきた[2]．この一節は，開発独裁やナショナリズムを重視する東南アジア諸国の一般的傾向を考えると，意外なほどリベラルな理念である．確かに，1960 年代当時，ヨーロッパ経済共同体の発展に刺激されて，ラテンアメリカ，アフリカ，中近東でも地域経済統合の動きが起きていた．しかし，国際社会は東南アジアの地域協力には冷ややかな目を向けていた．たとえば，アジア地域の協力機構を検討した国際連合アジア極東経済委員会（ECAFE : Economic Commission for Asia and the Far East）の事務局長は，「ECAFE 地域内各国に共通しているのは新興の意気に燃えるナショナリ

ズム過剰のみで,あまりにも異質的,遊離的要素が多すぎる」とし,地域協力の基礎は形成されてないと報告していた(中東調査会 1967: 86).

その観察に反してASEAN原加盟国は,どうして創設時から「諸国民の共同体」などという高い理念を抱くに至ったのだろうか.それは,どのような国家理性の表れだったのか.東南アジアに対する「ナショナリズム過剰」という外部からの評価と,「諸国民の共同体」という内部からの理念のギャップを読み解くためには,戦後の東南アジア地域を覆っていた時代精神の流れを整理し,このような設立目的に収斂されていった経緯を明確にする必要があるだろう.

本章は,東南アジア地域主義のルーツを探るため,戦後約20年の間に,東南アジアを舞台に繰り広げられた国際会議や国家間連帯の動きを概観する.取り上げるトピックは,表4.1に示されたアジア関係会議(1947年),アジア社会党会議(1953年),バンドン会議(1955年)などの会議に加えて,東南アジア連合(ASA: Association of Southeast Asia, 1961年),マフィリンド(1963年)などの地域組織である.これらの会議や組織は,イニシアチブをとる国家やリーダーの考えにより,違った目的や意図をもって開催,結成された.それゆえに直接の連続性を見つけにくいが,主体や目的が部分的に重なっていることから,各々が影響を与え合って重層的に地域主義の基盤を成してきたと推察できる.そこで,本章では,戦後の東南アジアの歴史を,地域主義や地域統合の観点からとらえ直すことを試みる.

2. 戦後の独立と「アジアの絆」の復活

戦後のアジアで最初に開催された大規模な地域会議は,1947年3月にインドのニューデリーで開催されたアジア関係会議(Asian Relations Conference)である.この会議がもたれたきっかけは,1945年にサンフランシスコで開かれた「国際機構に関する連合国会議」にアジアから参加した代表団からの要請にあった.彼らは国際連合が旧国際連盟のような「白人のクラブ」に陥ることを一様に危惧していた.そして,アジアの声を集約する必要を痛感し「アジア会議」の開催を思いついた.そして,インド代表団長の兄であるジャワハルラル・ネルー(Jawaharlal Nehru)に開催を相談したのである.

表 4.1 戦後アジアの主な国際会議

名称	年月と場所	参加者	決議や宣言	意義や推進者
Asian Relations Conference アジア関係会議	1947年3〜4月 New Delhi, India	28ヵ国からの非政府代表団, 8オブザーバー	「アジア関係機構」の創設を決議.	非政府間（NGO）の学術会議の性格. ネルーのイニシアチブ.
Conference on Indonesia インドネシアに関する諸国間会議	1949年1月 New Delhi, India	15ヵ国政府	国連安保理に対し, インドネシア政治犯の釈放やオランダの即時撤退提案等を決議. アジア・アフリカ連帯に関する決議.	アジア初の政府間会議. ウ・ヌーの発案. ネルーのイニシアチブ.
Asian Socialist Conference アジア社会党会議	1953年1月 Rangoon, Burma	10ヵ国からの社会主義者代表, 5オブザーバー, 4友好団体	「アジアと平和」「植民地解放運動」「アジア社会党会議の組織化」など13の決議.	ビルマ社会党のイニシアチブ.
Colombo Conference コロンボ会議	1954年4〜5月 Colombo, Ceylon	5ヵ国首脳会議（セイロン, インドネシア, ビルマ, インド, パキスタン）	インドシナの平和, 水爆反対, 中華人民共和国の国連代表権支持, アジア・アフリカ会議開催の提唱について共同宣言.	セイロン・コテラワラ首相の発案, 議論をリードしたのはウ・ヌーら.
Bogor Conference ボゴール会議	1954年12月 Bogor, Indonesia	5ヵ国首脳会議（セイロン, インドネシア, ビルマ, インド, パキスタン）	アジア・アフリカ会議の準備会合. 会議概要, 招聘国, 参加手続きなどの発表.	インドネシアのイニシアチブ.
Asian-African Conference アジア・アフリカ会議（バンドン会議）	1955年4月 Bandung, Indonesia	5主催国, 24招聘国, 正式な政府代表団	平和十原則	中国・日本の参加. インドネシアのイニシアチブ.

　ネルーは，1940年に *National Herald* 紙に発表した記事の中で，小国家による時代は終わりつつあり，将来的にインドや中国，ビルマ，セイロン，ネパール，アフガニスタン，マラヤ，シャム，イランなどの諸国家による「東洋連邦」(Eastern Federation) を結成することが望ましいという見解を発表していた (Zachariah 2004: 159)．この形態は，アジア諸国だけでなく世界全体の利益に資すると主張している．

ネルーは，要請を受けた会議の開催について，すでに交流があり，似た考えをもつ2人のリーダーに相談をもちかけている．一人は，ビルマのアウン・サン（Aung San）である．アウン・サンは1946年1月の反ファシスト人民自由連盟（AFPFL：Anti-Fascist People's Freedom League）会議の開会演説で，「アジアは行進している」（Asia is Marching）と語り，アジア諸国が集結して新たに地域秩序を構築する必要性を訴えていた．それは，日本の大東亜共栄圏やアジア版モンロー主義のようなものではなく，世界全体を家族とする中でのアジア支部であるべきだと唱えていた（Silverstein 1992: 101）．もう一人は，インドネシアのスカルノ（Soekarno）であった．スカルノは1928年に「インドネシア主義と汎アジア主義」という論文を表し，孫文やケマル・パシャ（Mustafa Kemal Ataturk），ガンジー（Gandhi, Mahatma）の思想への共感を示し，一貫して独立に向けてアジア諸民族が連帯する必要を訴えていたが，日本を盟主とするアジア主義とは根本的に相いれない汎アジア思想であった（後藤・山崎 2001: 43-45）．

アウン・サンとスカルノの賛意を得たネルーは準備を進めるが，インドはまだ正式独立前であったので，会議の運営主体は政府ではなく，「インド世界問題協会」（Indian Council of World Affairs）とし，その性格もNGO主催の学術的国際会議とした．そして，アジアが直面している共通の問題について意見交換するために，すべてのアジア諸国からベストメンバーを招聘するという方針が決められたのである（奥野 1984: 93-95）．

開会演説でネルーが訴えたのは，植民地時代以前のアジアの歴史的，文化的絆の復活であった．そして，古い帝国主義は消え去りつつあるとし，この会議の意図は欧米に敵対する汎アジア主義ではないことを明らかにした．ネルーによると，ヨーロッパの200年間に及ぶ支配による最大の損失は，アジアが植民地としてバラバラに孤立してしまったことである．彼は，今こそアジア元来の情緒や精神を発揮する時であり，インドは地理的，歴史文化的にアジアをつなぐ役割ができると語っている（Asian Relations Organization 1948: 22-23）．その後，会議は，(1)民族解放運動，(2)人種問題・移民，(3)植民地経済から民族経済への移行，(4)文化問題，(5)女性の地位と女性運動のセッションに分かれ討議が繰り広げられた．

当時の，民族自決の状況や地域情勢についての参加者の認識を知るために，民族解放運動セッションの議事録を見てみよう．インドネシア代表は，自分たちの独立運動はロシアに対する日本の勝利によると同時に，ロシア革命と中国革命によって励まされたと発言した．また，第二次世界大戦がアジアの解放運動にさらに大きな関心を呼び起こすことになったとし，日本がその固有の目的のために発表した「アジア人のためのアジア」という掛け声は，東南アジア諸国の解放運動に前進的刺激を与えたと述べた（Asian Relations Organization 1948: 80）．

ビルマ，インドネシア，マラヤの代表たちは，いかなるアジア諸国も植民地列強の直接ないし間接の援助を受け入れないようにと要求した．加えて，マラヤ代表は，「アジア中立ブロック」の結成を提案している．「中立ブロック」とは，域外国が援助を名目に解放運動を制圧することを防ぎ，世界規模の戦争が起きた際にアジアの領土を「インモービライズ」させることだと説明した．これは，帝国主義勢力によって，アジアの人的動員力，経済資源，軍事基地を使わせないという意味である（Asian Relations Organization 1948: 87）．

この時，マラヤ代表として，会議に参加していたのは，急進的左派とされるマレー国民党を中心としたメンバーであった．マレー人の特権やスルタン制に批判的であり非マレー人との協調を目指していた同党は，インドネシア共和国の一員としてのマラヤ統合を構想している点に特徴があった．が，このような姿勢は，農民主体の広範なマレー人大衆の支持を集めることはできず，イギリス政府からもマラヤ独立交渉の相手とはされていなかった（原 2002: 204）．

会議を通じて，常に注目と脚光を集めたのは，1945年8月の独立宣言の後も宗主国オランダとの解放武力闘争を続けていたインドネシアであった．インドネシア代表の発言時にはいつでも盛大な拍手が送られ，暫定政府首相のスタン・シャフリル（Sutan Sjahrir）が閉会式に登場した際には，2万人を超える群衆が熱狂してインドネシアに声援を送った．

このようなアジア関係会議だったが，常設機関の創設を除いて何も決議を出さない方針が決められていた．まずは意見を出し合い交流をもつことで，文字通り「関係」を築くことが重要だとされたのである．

しかし，アジア関係会議での経験と絆は，後に続く会議の基盤となった．そ

れが1949年1月からニューデリーで開催された「インドネシアに関する諸国間会議」である．これは，オランダとの独立闘争を続けるインドネシアに対する共感と支援の姿勢を改めて示すものであった．第1回会議の閉会式で満場の喝采を浴びたシャフリルも，半年を待たずオランダの侵攻作戦を受け，インド人支援者の手引きで国外脱出している．シャフリルがその足で真っ先に向かったのがラングーンであった．奇しくもアウン・サンが暗殺された2日後で，ウ・ヌー（U Nu）が対応している．その後，シャフリフはネルーに会いに行くためインドに向かった（Anwar 2010: 103）．その間，アジアのリーダー同志でアウンサンの遺影の前で，結束を固める会談がされたことは想像に難くない．

翌年，オランダとインドネシア両国間には停戦協定が結ばれたものの，再びオランダの第2次軍事行動が始まりスカルノも逮捕された．この展開に対し，国連安全保障理事会の対応は遅く，他の西側大国にもオランダを非難する姿勢は見られなかった．このことへの不満表明として，ウ・ヌーが，ネルーにアジアの新興独立国による会議を緊急に開催し決議を出すことを提案したのである．ウ・ヌーにとって，インドネシアの苦難はアジアの同志として我慢できないことであった．またそこには，多くのアジアのリーダーたちと同じく，戦後の新秩序を担うはずの国連に対する不信感があった．

ウ・ヌーの意を受けたネルーは，今度はインド政府の立場で公式に20ヵ国の政府に招請状を送った．アジア以外にも，エジプトとエチオピアに招請状が送られた．今回の会議の参加資格は独立国政府に限られ，たとえばマラヤへの参加要請はなかった．つまり，これはアジアで開催される戦後初の政府間国際会議であり，インドネシア支援を目的として決議を出すための会議であった．そこには，戦後の国際社会でアジア諸国の対等な地位を示そうというネルーやウ・ヌーの強い意図が込められていた．

この会議では，3つの決議が採択され，アジア独立諸国の一致した立場が初めて対外的に示されることになった（全文はJansen 1966: 408-411）．第1は，「インドネシアに関する決議」で，全政治犯の即時釈放，オランダによる内政干渉の停止と即時撤退，貿易制限の撤廃などを求めた．そして，暫定政府樹立，制憲議会選挙を経たうえでのインドネシアへの主権の完全委譲などを国連安全保障理事会に勧告した．決議文では，インドネシアの問題は「東南アジアの平

和の危機」として扱われ，オランダのインドネシアへの行為は国連憲章39条の「平和の破壊」「侵略行為」に当たると主張している．

　第2，第3の決議は，第1に比べるとごく短い分量であるが，アジア・アフリカの団結に関するものである．第2の決議では，会議参加国政府が，国連加盟国であるか否かを問わず，インドネシア問題について外交接触を保ち国連内外で協議することを表明した．一方，第3の決議では，国連の枠内での協力を促進する機関を設けるための協議を行うと表明した．インドネシア問題とは別に，国連内での発言力や存在感を恒常的に高めるシステムをつくろうとしたのである．実際，1950年12月には，国連におけるアジア・アフリカ（AA）グループが結成された．国連安全保障理事会の非常任理事国となったインドが世話役となり，12ヵ国が会合を開き，国連内でのグループ行動を申し合わせたのである．

　このように戦後間もないアジア連帯の動きは，ネルーのイニシアチブによって組織化され，オランダと闘うインドネシア支援行動を中心に求心力を高めていった．さらに，1949年の独立国会議の決議をきっかけに，アジアを超えてアジア・アフリカ連帯に向かい，国連を舞台にした活動に向かっていった．アジア関係会議がもともと国連関連会議へのアジア代表団からの要請で始まったことを思えば，ネルーは十分答えを出したといえる．

　東南アジア地域の諸国から見た場合，同じ植民地経験をもつインドは日本が去った後の自然なリーダーであった．英領下の一時期，インドの一部として支配されていたビルマなどは，文字通りの「同胞」であった．確かに，国連憲章は第1に，すべての加盟国の「主権平等」原則を規定している．しかし，帝国主義というパワー・ポリティクスの世界で，常に受動的な弱者の立場に置かれてきた新興民族国家の疑念や警戒心は強かった．彼らは自らが新しい国際秩序に主体的に参加することで理念を実現しようとした．

　その感情はアジアを超えた新興国との連帯にもつながった．国連総会のルールは多数決である．アジアにとどまらず世界中の新興諸国が積極的に連帯し，数を増やすことで国連内での発言力を増すことは，国際社会での地位向上につながったのである．

　首相兼外相でもあったネルーは，外交でも独立独歩の道を模索していた．

1946年9月，インド中間政府首相就任演説の時から，「インドは相互に敵対して同盟をつくっている各グループのパワー・ポリティクスから離脱する．これこそ過去において世界大戦を生み出した原因だからである」と語っている (Zachariah 2004: 156)．彼は，ブロックに加盟すると特定の国際問題について自主的な判断と行動の自由を失うことになり，これは民族主権と国家利益に反するという考えをもっていた．

1949年に中華人民共和国が建国され，アジアに冷戦下のパワー・ブロックが形成されつつある時期に，このネルーの「非同盟」外交の考え方は，ビルマやインドネシア，他の新興諸国からの共感を獲得した．そして，後述するように冷戦波及の防波堤として一定の役割を果たしていく．

3. 社会主義とアジア

欧米の植民地支配を受けていた東南アジアのリーダーにとって，第一次大戦前後から，共産主義を含めて社会主義は，民族独立に直接つながる魅力的な政治思想であり，方法論であった．また，第二次大戦後には宗主国側の世論にもリベラルな変化が見られた．とくに，イギリスの植民地政策は，戦後，社会主義政党である労働党が与党になったことで，早期独立付与の方針に転換した．

そのイギリス労働党は，西欧の社会民主主義政党に呼びかけて1947年に社会主義国際会議（コミスコ）を結成した．これは，戦後のヨーロッパに拡張するソ連の共産主義を「全体主義国家」として批判し，コミンフォルムに対抗するために結成された組織であった．世界的な冷戦状況が明らかになった1951年6月，コミスコは「社会主義インターナショナル」に改組された．フランクフルトで開催された会議には16ヵ国が参加し，反共の立場から北大西洋条約機構（NATO：North Atlantic Treaty Organization）を支持する武装平和論を改めて表明した．そこでは，会議の議題は西欧中心に設定され，インターナショナルといいつつ，アジアでの植民地問題や民族解放はもはや彼らの関心事ではなかった．

アジアからほぼ唯一会議に正式参加し[3]，西欧とアジアの社会主義の隔たりを実感した日本社会党左派の鈴木茂三郎は，フランクフルトからの帰り道にイ

ンドに立ち寄り，アジア単独での社会党会議開催について提案した（日本社会党政策審議会 1952）．それぞれ国内で与党政権に参画していたインド，ビルマ，インドネシアの社会党がこの提案に賛同した．この時，とくに強力なイニシアチブを発揮したのは，東南アジア初の社会主義国を自認し，明確に中立主義を打ち出していたビルマであった．ウ・ヌーは，1952年の演説で，(1)どんな条件についても是是非非主義で臨む，(2)できるかぎりすべての国と友好関係を結ぶ，(3)ビルマの主権を侵さない限り，政治的紐のつかない援助を受ける，(4)われわれからの援助を求める国には極力援助を与えるという4点を厳正中立政策の根本としてあげていた．（中東調査会 1960: 165-166）

ビルマのイニシアチブのもと，インド，インドネシア，それにオブザーバーとして日本社会党左派が参加して1952年3月にラングーンで予備会議が行われた．この時，ウー・チョー・ニエン（U Kyaw Nyein）ビルマ社会党書記長は「アジアの社会党は，アジアのレベルでしか解決できない大きな諸問題に対して組織的に一貫して向き合う前衛が必要だと感じてきた」「アジアの社会党は，資本主義的民主主義や全体主義的共産主義に代わる第三陣営（the third camp）になろう」と演説している．（F. O. 371/101281）

アジア社会党会議は1953年1月，ラングーンで，14ヵ国と3団体が参加して開催された．会議の冒頭，ウ・バ・スエ（U Ba Swe）議長は，アジアが解決を迫られている主な問題として，以下の点をあげた．第1に，ソ連ブロックとアメリカブロックの緊迫が，新たな世界大戦の脅威を生んでいる．次に，アジアには，依然として植民地諸国の解放問題が残っており，独立闘争と民族革命が続いている．最後に，遅れた状態にあるアジア諸国の開発である．これについてウ・バ・スエは，今日までアジアは自助努力を怠ってきたと語り，西欧工業諸国との協力だけではなく，アジア諸国自身がお互いに助け合う方向に考えを改める必要がないか，と問いかけた（Asian Socialist Conference 1953: 8-9）．ここには，政治的連帯感だけではなく，アジアの自立的な経済協力を促す視点を見て取ることができる．

会議は3つの委員会に分かれ，A委員会が，社会主義の原則と目的，アジアと世界平和，アジア社会党会議の常設機関について，B委員会が，アジアの農業政策，経済発展について，C委員会が，アジア共通の諸問題，植民地解放

運動について，それぞれ討議を行った．

「社会主義の原則と目的」のセッションで，インド代表団長のナラヤン（J. P. Narayan）は，「アジアの社会党は，イスラエルと日本を例外として，西欧の社会党と異なった立場にある」「アジアでは農業労働者が人口の大部分を占めており，社会主義への推進力は農民である」「アジアでは，宗教や集落，特定集団が社会主義を阻害し，経済的アプローチがうまくいかない」「アジアの諸社会党は解放闘争を援助し，その前衛とならねばならない」「アジアの社会主義政党は，帝国主義と闘うアフリカと連携すべき」などと演説した（Asian Socialist Conference 1953: 41-42）．

これに対し，エジプトから，アジアの社会主義者は世界社会主義のステップとして解放運動を援助すべきとの意見があがった．レバノンからは，アジアと西欧の社会主義の理解は違うということを明記すべきという意見が出た．イスラエルからは反対に，宣言文は広く浅く短くすべきという意見が出た．マラヤ労働党からは，アジアにおける社会主義の発展は宗主国・植民地間の協力にかかっている点が指摘された（Asian Socialist Conference 1953: 42-43）．

社会主義インターナショナル代表として出席した前イギリス首相アトリー（Attlee, Clement R.）は，「現在解放されているアジア諸国では，民主社会主義への移行は容易だが，まだ解放されていない諸国では植民地帝国の支配を直ちに排除することは，封建制度またはある種の独裁への退歩を意味する．アジアと西欧の社会主義は若干の相違はあるが，社会主義には固定した枠はないから広い自由な見解で対処すべきである」（Asian Socialist Conference 1953: 43-44）と述べて，西欧からのアジア離反を食い止めようとした．

また，「アジアと世界平和」のセッションでは，日本社会党左派が，持論である「第三勢力」「再軍備絶対反対論」を力説した．これに対しエジプトは，「アジアの政策には2つの段階がある．一つは平和だが，平和の前にまず解放だ」と述べて植民地解放こそ世界平和の基礎条件だと力説した．マラヤ（汎マレー労働党）も「宗主国と植民地の社会主義者が協力できる具体的な方策を練ることによって，大いに平和に寄与できる」と，関心の第1は植民地解放であると示した（Asian Socialist Conference 1953: 47-49）．議論は最後まで一致を見ることはなく，最終決議文では，「世界平和は，植民地制度，経済上の不均

衡，勢力圏の政治という3つの主な要因によって脅かされている」とされ，「第三勢力」という表現は使用されず，「中立」もイデオロギーとしての意味ではないと注釈された（Asian Socialist Conference 1953: 95-97）．

アジア社会党会議の議論を見ると，反冷戦と反植民地主義という2つの主張が拮抗する時代に入っていたことがわかる．すでに独立国となっていた諸国には「第三勢力」「中立」などの外交的議論が可能であった．しかし，同時にアジアには「マラヤのように多くの民衆と国とが依然として植民地制度の桎梏下にある」（「植民地解放運動に関する決議」Asian Socialist Conference 1953: 103）という情勢認識を訴え続ける必要が依然残っていた．

激しい意見対立は，当時の世界情勢に対して「アジア」がどのような集団的立場を形成できうるかという議論に現れたが，本質的には「アジアとは何か」という問いであった．会議において「アジア」が意味できたのは，かろうじて植民地主義や帝国主義，戦争や勢力圏政治などに反対するという道徳的な意味での「アジア」であった．アジアという新しい独立空間に，欧米から旧態依然の汚れた国際政治が波及してくることを食い止め，そこに社会主義の理想を実現する意志を確認することが会議の成果だったといえる．開催国ビルマは，会議を成功させるために自国の主張を控えて，まとめ役に徹した．

アジア社会党会議は常設組織をラングーンに置くことが決定されたが，その後，目立った活動はできなかった．それは，長期的にはアジア各国で社会党が不振に陥ったことが理由だといえる．しかし，根本的にはアジア諸国間の政治的経済的格差が大きく，最低限の理念的なまとまりしか得られなかったことにあった．そのわずかな成果も，次節で述べるバンドン会議に吸収されてしまったのである．

4. 中国・インドの復活：バンドン会議から非同盟へ

アジア社会党会議の翌1954年になると，東南アジア地域はさらなる危機感に襲われていた．国際社会では，インドシナ戦争がアジアの民族解放ではなく域外大国による冷戦の文脈で展開されるようになり，ジュネーブ会議や東南アジア条約機構（SEATO：Southeast Asia Treaty Organization）結成など，域

外大国の意図による地域秩序がもたらされつつあった．後にバンドン会議の主催国となるコロンボ・グループ（インド，インドネシア，ビルマ，セイロン，パキスタン）が最初に集った契機は，1954年4月のジュネーブ会議への不満からであった．これらの諸国は，朝鮮半島やベトナムの問題を，欧米列強がアジア諸国に相談することなく処理しようとする態度を旧態依然であると感じ，反発したのである．その切実な危機感は親英，親西欧的，反共的な人物とされるセイロンのコテラワラ（John Kotelawala）首相が，会議を呼びかけたことからも推察できる．

コロンボ会議では，アジア諸国が団結して自主的，積極的外交政策を推進することが話し合われた．しかし，その中でも，インド，ビルマ，インドネシアの発言力が強かったことは，声明の中で，インドシナ休戦，水爆禁止，民族自決，独立と主権の尊重に加えて，中国の国連加盟に言及している点から明らかである．「中国の代表権はアジアの安定を助け，世界の緊張を緩和し，東アジアの諸問題に対してより現実的な接近をもたらす」との表明は，アジアが国連の枠を超えてでも自主的外交を求める姿勢の具体例であった[4]．

とりわけ積極的にイニシアチブを発揮したのがインドネシアであった．アジア・アフリカ連帯の国際会議を30年間も考えていたというスカルノにとって，コロンボ会議は自らの夢を実現するための絶好の提案機会であった．スカルノはコロンボ会議の1ヵ月前には，アリ・サストロアミジョヨ（Ali Sastroamidjojo）首相に提案のための準備会合を命じ，アジア，アフリカ，太平洋地域担当の外交官を集めて会議案を具体化していた．冷戦の最中にアジア・アフリカ会議を開催することはネルーやウ・ヌーでさえ消極的であったが，サストロアミジョヨが説得し協力の覚書をとりつけたことで，12月にはインドネシアのボゴールで準備会合開催にこぎつけた．

そして，1955年4月，高原の避暑地バンドンで第1回アジア・アフリカ会議の正式開催の運びとなったのである．日本を含めて25ヵ国に招聘状が送られ，そのうち中央アフリカ連邦を除く24ヵ国から参加表明があった．オランダや日本支配時代からの由緒ある建物を会議場として改装し，通りの名前もアジア・アフリカ通りと改称された．そして，各国首脳が宿泊するホテルから議場まで共に歩いて向かう「バンドン・ウォーク」の姿は世界中に配信された．

第4章 東南アジアの戦後

バンドン会議の特筆すべき成果は，中国・インド，そして日本というアジアの大国が政治的立場を超えて初めて揃って参加したことである．とくに，アメリカから封じ込められていた中国は会議で積極的な役割を担った．中国の参加は，準備会合でセイロン，パキスタンなどSEATO加盟国である反共国家が渋っていたが，インドやビルマ，インドネシアという地域の独立運動リーダーたちが押し切った形で決定された．彼らにとって，1949年に成立した中華人民共和国は，民族革命を実行したアジアの仲間であり，「民族自決」の観点から必然的に承認すべき国家であった．中国招請をためらうコテラワラに対し，新中国を招請しなければ会議を欠席すると詰め寄ったのはビルマのウ・ヌーであった．

また，インドの対中政策が大きな影響を与えた．ネルーは，1950年10月，中国に赴任する参事官に以下の内容を訓示している．中印両国はいずれも偉大な古い国で，外国支配を脱却して再生したばかりであるが，インドは平和的な非同盟国家，中国は闘争的な共産主義国家という違いがある．中国は外の世界から孤立しているため猜疑心が強いが，インドはこれを解消する努力をするべきである．過去に中印両国が大国であった時，それぞれの文化と公益はアジアに拡大したが，両国が直接衝突することは決してなかった．もし中印両国に友好関係が築ければ，アジアに対する大国の支配を防げ，世界の平和は安定化する．中印という異なった社会的，政治経済制度を有する2つの国が，平等，互恵，相互主権と領土保全の尊重を基礎として協力するという模範的な関係を築くべきである（岡倉 1999: 138-139）．

ネルーの対中政策は単なる理想主義ではなく，中国を国際社会に連れ出すことでインドに対して敵対政策をとらせにくい環境をつくる「友好による封じ込め政策」の側面もあるだろう（広瀬 1986: 89）．しかし，ネルーの訓示からは，中印関係を植民地時代以前からの長期的歴史の観点からとらえて，アジアに自律的な秩序を回復しようとする意気込みが感じられる．これは，アジアが過去にもっていた絆を復活させる，というアジア関係会議におけるネルーの演説にもつながる考え方である．ネルーにとってアジア復活のイメージには，中印両国の存在が不可欠であり，両国間の平和的関係こそが地域の平和のシンボルであった．

初期の中印関係には摩擦もあったが，中国側が周恩来のもとで柔軟な平和共存路線に転換した後に，ネルーの対中政策は1953年末からの中印交渉で実を結んだ．ネルーの思いは，1954年に周恩来との間で共同宣言された「平和五原則」（領土・主権の相互尊重，相互不可侵，相互内政不干渉，平等互恵，平和共存）という具体的な形で結晶した．

　五原則の中でも「平和共存」は国連憲章にはない概念であり，特徴的である．「平和共存」とは，1920年代の英ソ関係に起源をもつソ連の外交路線であり，レーニンの平和的共存理論を継承している社会主義国家にとっては特定の理論的解釈があるだろう．しかし，同じ言葉が中印関係から発信される場合，アジアの歴史的文脈や文化的要素を考慮した解釈も可能ではないだろうか．それは，かつて「アジアは一つ」と唱えた岡倉天心がもっていたイメージにもつながる．彼は，孔子の共同社会主義をもつ中国文明と，ヴェーダの個人主義をもつインド文明とを強調するために分けているヒマラヤ山脈も，すべてのアジア民族に共通する思想的遺伝である普遍的な愛の広がりを，一瞬たりとも断ち切ることはできない，と叙述した（岡倉2009[1903]）．

　また，異なる宗教や民族に対する「寛容」「非敵意」「慈悲」を通じて，国内あるいは国家間の平和的共存を肯定する思考方法だともいえるだろう．たとえば，古代インドには心理は一つであるが賢者はそれをさまざまに認証するという言い習わしがあり，異宗教社会間の平和的共存の唱道者としてアショカ王，アクバル大帝がたびたびインドの政治リーダーによって引用されてきた（岡倉1999: 58）．これは，スカルノが，1945年6月，「独立準備調査委員会」における長大な演説で唱えた「多様性の中の統一」（Unity in Diversity）原則にも相通じる見解である．原語「ピンネカ・トゥンガル・イカ」（bhinneka tunggal ika）は，14～15世紀のマハジャパイト時代の詩人によって用いられた言葉だが，現在ではインドネシアの国家標語となっている．バンドン会議の演説においてもスカルノは，参加国の歴史，政治経済，文化，宗教，肌の色の違いを強調する一方で，植民地体験や平和を希求する精神において団結が可能であると強調し，このようなアジア・アフリカ連帯がなければ世界の平和と繁栄は実現できないと謳い上げた．

　「平和五原則」を生み出した中印関係とは，東南アジア諸国にとって伝統的

な周辺大国の国際関係の復活であり，それは長期的な歴史の中で，植民地時代を克服したことのシンボルであった．アジアの伝統的大国である中印両国が，米ソによる冷戦体制とは違う国際関係原則をアピールし，バンドン会議に揃って参加することは，他のアジア・アフリカ諸国が政治体制の違いを超えて参加できる地域的精神となったのである．

　それに加えて，インドネシアの周到なコーディネートによってバンドン会議は成功し，「平和十原則」を宣言することができた．会議の組織や運営に関しても，インドネシアの伝統的な知恵と文化が反映された．一つは，宣言や決議，アピールを出すにあたり可能な限り協議と討論を行うという「ムシャワラー」（mushawarah）のプロセスである．また，決定に際しては多数決ではなくあくまで全会一致の合意である「ムハカット」（mufakat）を目指すという「コンセンサス」方式である．このプロセスによって勝者も敗者もつくらず，多数派と少数派の対立，決定に不満をもつグループの脱退や分裂を防ぎ，集団としてのまとまりを保つことが可能となる．これらの流儀は今日ではASEAN Wayとして知られるものである．しかし，無理な決議は求めず協議や全会一致を重視するという点では，アジア関係会議やアジア社会党会議でも，似たようなプロセスや方針がとられていたといえる．

　バンドン会議で示された「平和十原則」は，戦後のアジア諸国が積み重ねてきた一連の会議の到達点であった．しかし，反植民地主義を主たる基礎として戦後国際社会の普遍的原則を唱える連帯スタイルは，参加資格を地域で区切ることはできない．それゆえにアジア地域主義として収斂される運動ではなかった．このような運動の勢力は，常にアフリカと連帯し，それ以外にも連携相手を求めてグローバルに拡散していった．それが非同盟運動であり，アジア・アフリカ運動となった．

　アジアから発信された「非同盟」の考えは，1954年末に，ユーゴスラビアのチトー（Tito, Josip Broz）大統領がインド，ビルマ，エジプトを訪問した頃から，世界に伝播した．バンドン会議後間もない1956年，チトー，ネルー，ナセル（Gamal Abdel Nasser）3首脳がユーゴスラビアのブリオニ島で会議を行い，共同宣言の中で「平和十原則」を，国際関係における一切を支配すべき原則として高く評価した．そして，1960年の国連総会時には，スカルノとエ

ンクルマ（Kwame Nkrumah）ガーナ大統領を加えた5首脳会談が開催され，「米ソ両国首脳の直接接触による緊張緩和を求める共同決議案」や「植民地独立付与宣言」案など国連での共同行動を実践した．1961年には，ベオグラードで第1回非同盟諸国首脳会議が開催された．このように，ネルーやスカルノの思想と運動はアジアから離れることで世界に拡大，発展していった．

5. 脱中国・インド：東南アジア地域主義への収斂

「非同盟運動」は，その発祥の地として東南アジアに誇りを与えていた．しかし，それは実利を与えるものではなかった．その点に，新しい東南アジア限定の地域主義が生まれる土壌があった．イニシアチブをとったのは，1957年にようやく独立したマラヤ連邦である．初代首相トゥンク・アブドル・ラーマン（Tunku Abdul Rahman）は，独立前からマラヤの外交方針は「いかなる影響からも自由」であり，「バンドンとジュネーブの精神に則る」ことを約束し，実際に独立後の外交方針として，「独立」と「非同盟」を公式に標榜していた（Boyce 1968: 37）．

このことは，マラヤが東南アジアの精神的潮流を一応は継承，尊重していたことを意味する．しかし，革命や闘争の手段によらず，イギリスとの長期交渉で独立を導いたラーマンが，戦後間もない時期から新興諸国連帯の政治的理念を世界に訴えてきたインドやビルマ，インドネシアのリーダーたちに歩調を合わせることは難しかった．独立獲得までのプロセスや時期が違いすぎたのである．

マレー王族出身の身分をもつラーマンは，アジアの民族解放運動に共感を示す一方，徹底した反共主義者であった．さらに，個人的な親西欧，とりわけ親英的な傾向が外交政策に影響を与えていた（Jeshurum 2007: 23-25）．首相兼外相であったラーマンが選んだのは，SEATOには加盟せずにイギリスとは同盟関係を結ぶという中間的な外交方針であった．結果的にマラヤは非同盟諸国グループとの間に溝を残した．それゆえにラーマンの外交的課題は，まず近隣非同盟諸国との友好関係を確保することであった．

ラーマンはアジア・アフリカ連帯という発想が好きではなかった．彼の目に

は，弱小な東南アジア諸国が「大国の曲調に合わせて踊っている」ように見えたのである (Tarling 2006: 96). そして，マラヤや東南アジアの隣国を外部のパワー・ポリティクスから遮断するには，まず東南アジア域内の連帯が重要であり，それが利益を生むと考えた. ラーマンは，東南アジアを一つの単位として見るアプローチや会議の必要性を，徐々に対外的に表明していった. そして，イギリスは，戦後の東南アジア地域において非同盟諸国やアメリカの同盟国ではなくマラヤがイニシアチブを握ることを「望ましい」(commendable) と期待し，自らの利益と考えた (Tarling 2006: 101).

ラーマンは，1958年中に，東南アジア友好経済条約 (SEAFET : Southeast Asia Friendship and Economic Treaty) と非公式に呼ばれる地域協力構想を具体化した. 東南アジア諸国は，域内経済文化協力を通じて国内開発を推進することで域外大国の経済的支配から自由になり，共産主義を抑えることもできる. そのために，親西欧および非同盟諸国からなる多国間条約機構を設立する，というのが骨子であった. (山影 1991: 26-27)

最初に意思を通じたのはフィリピンであった. 同じ頃，ガルシア (Carlos P. Garcia) 新大統領も，対外政策方針として，東南アジアの「自由」諸国による反共ブロックを形成し，条約や事務局を備えた政治，精神，経済の分野で地域協力構想を発表していた. 独立以来，対米従属外交を進めていたフィリピンだが，この時期，国内の反米感情を考慮し自主的外交を展開しようとしていた. 20世紀末，東南アジアで最初に独立運動を起こし短期間であれ独立共和国を実現した歴史をもつフィリピンには，伝統的にアジア主義的な意欲があったのである. とはいえ，ガルシアの発想は，あくまで「反共」というイデオロギーを前面に出した地域協力であった.

1959年1月に，ラーマンとガルシアは意見交換し，参加国に対する考え方の違いを認めながらも，東南アジアにおける経済文化協力の必要性という点で意見の一致を見た. ラーマンは，同年10月には地域協力機構設立のための準備会合を呼びかける手紙を，フィリピン，インドネシア，ビルマ，南ベトナム，カンボジア，ラオス，タイに送付した. 北ベトナムだけは除外されたものの，西側諸国に加えて非同盟，社会主義国にも送付していることからわかるように，政治的立場よりも地理的要件を優先して仲間を求めたのである.

ラーマンは手紙の中で自らの東南アジア観を以下のように記している．「今世紀に至るまで，歴史的な理由から，多くの東南アジア諸国の経済文化の発展は，域外諸国との関係からの影響を一番に受けてきた．その結果，東南アジアという意識や，共通の偉大な文化的遺産，アジアのこの地域の可能性は止まっていた．習慣や歴史的環境が災いし，われわれは資源や努力を内部には求めることなく，救済やインスピレーションを余りにも多く外部に求めてきた（Boyce 1968: 235）.」

　ラーマンは，西欧の植民地主義からの解放だけではなく，アジアのサブ・リージョンとしての東南アジアに着目していた．つまり，バンドン会議の主役でもあった中国やインドを切り離そうとしていた．この姿勢は，国内に多数の中国系，インド系住民を抱えるマラヤの国民統合の問題とも関わっていただろう．とくに，マラヤ共産党や華僑の国籍問題の理由から，マラヤは中国とは徹底的に疎遠政策をとっていた．中国と同席することになる地域主義や多国間主義はマラヤにとっては不都合であり，中国を排除できる東南アジア地域主義こそが望ましかった．

　しかし，ラーマン案に対して東南アジア諸国の反応は概して消極的であった．ビルマは，国内の政治的混乱が続き，地域のリーダーとしての存在感を急速に失いつつあったが，中国との関係を重視し，厳正非同盟の立場を堅持して明確に拒否した．カンボジアも同様であった．政情不安が続くラオスも，機構加盟の現実性は乏しかった．それでも，地理的，経済的，人種的，文化的に近いインドネシアの参加さえ得られれば，とりあえずラーマンは満足した違いない．しかし，スカルノの返事も不参加であった．

　バンドン会議を主催しアジア・アフリカ新興諸国や非同盟運動のリーダーになっていたスカルノのプライドは高く，地域の新参者であるマラヤのイニシアチブに今さら与することは難しかっただろう．外交的には華やかな活動が目立っていたが，国内に目を向ければ，西イリアン解放をめぐりオランダとの闘争が続き，国内政治も混乱が続き，経済発展も進んでいなかった．そのような状況で，スカルノは徐々にマラヤに対する嫉妬心，敵対心を高めていた．少なくともマラヤ側では，そう理解した．

　結局，ラーマンの呼びかけに対し，参加の意思を示したのは南ベトナム，フ

ィリピンとタイだけであった．このうち，タイは東南アジアの域内連携構想に最も熱心であった．戦後，反共親米軍事政権が続いていたタイにも，植民地時代にパワー・ポリティクスからまがりなりにも独立を守り抜いた伝統的な自主外交の精神が残っていたのである．その代表的人物がタナット・コーマン (Thanat Khoman) 外相であった．彼は，ラーマン・ガルシア構想を知り，自ら東南アジア・コミュニティ機構 (SEACOR : South East Asia Community Organization) という対案を提示するなど，早くから一貫して地域機構の実現に主体的な関心を寄せていた．この案は，経済文化面だけでは非現実的だとして政治面での協力も打ち出し，事務機関は必要最小限にとどめ，会議は非公式，議事内容は非公開とするというものであった (Tarling 2006: 10, Gordon 1966: 168-169)．このような秘密主義的なスタイルは，英米の外交スタイルを踏襲するフィリピンやマラヤとは異なるものであった．

その後，タイ，フィリピン，マラヤは，非同盟諸国の加盟を待たずに地域協力構想を進めることに踏み切り，SEAFET 構想に代わる機構設立を協議した．名称も SEATO を連想させないよう変更することにした．また，経済文化面での協力推進を確実に遂行するために，政治的に厄介な南ベトナムを参加国からあえて除外した．新機構はタナット案をとり入れ，条約をもたない緩やかな組織とし，非公式会談で意見の一致を見た特定の課題分野について協力する形式とした．

1961年7月，バンコクで東南アジア連合 (ASA) の正式発足が宣言された．目的は，(1)経済，社会，文化，科学の面における協力機構の設置，(2)教育，技術，行政上の訓練施設の貸与，(3)経済，文化，教育および科学の分野における情報交換，(4)天然資源の利用，農工業の開発，貿易の拡大，運輸通信施設の改善などを目的とする共同研究所の設置，(5)国際間の商品流通問題に関する共同調査などを行うこと，とされている (Boyce 1968: 235-236)．具体的な共同事業は，直通列車開通やマイクロウエーブ通信延長，三国間外交，公用，一般旅券の査証免除に関する取り決めや，教育家会議開催や学者，学生交流などであった．政治的主張に触れることなく経済社会開発の実務面に焦点を当てて，実施の比較的容易な内容から協力を積み上げる姿勢がわかる．

ASAの構成国であるタイ，マラヤ，フィリピンは東南アジア諸国の中では，

穏健な指導者のもとで比較的国内政治が安定し，行政機構も整備されていた．しかし，今までの経緯からわかるように，ASAの課題として域内の非同盟中立諸国の参加問題が残された．解決のカギはインドネシアの参加にあった．非同盟運動の盟主であり，マラヤに対して敵対心を増しているインドネシアを，東南アジアの地域主義に誘うことは困難に思われたが，意外に早くその時は訪れる．きっかけは，東南アジア島嶼部の領土問題であった．

1961年，ラーマンは，シンガポールに加えて英領サバ，サラワクを領土に含む形で「マレーシア」建国を突然宣言した．これに対し，インドネシア政府は住民の意思を尊重するよう主張，フィリピン政府はサバ領有権を主張し，3国間での激しい対立状況が生まれた．1963年に入ると，インドネシアが，マラヤに対する「対決」政策を明確に表明した．しかし，紛争拡大の最中にあって，フィリピン大統領マカパガル（Diosdado Macapagal）は，大マレー国家連合を構想し，紛争解決のための会議を招請した．そして，インドネシア，マラヤ，フィリピンの3国は，「マフィリンド」（Maphilindo）結成に合意したのである．このような対立状況で，一体なぜ，地域連合構想に合意ができたのだろうか．

それは，同じ人種的起源をもつ国家同士が紛争を起こすべきではない，といういかにも合意しやすい単純な理由を見つけられたからである．言い換えれば，共通の規範やアイデンティティを発見したからだといえるだろう．3政府による合意文書では，「人種や文化の絆で結ばれた人々同士の友好関係を維持し協力を強化することが共通利益であることを認め」と記されている（Boyce 1968: 70-71）．それに続く，「マレー種族を起源とする3国が深い調和を持って，しかし主権の一部を侵すことなく共に活動する」という表現は，多民族国家でありながら，露骨なまでに人種主義を強調している．

しかし，経済文化協力には否定的だったインドネシアも，「平和」のための民族的連帯は受け入れることができたのである．東南アジアを長期的な歴史で見れば，「マレーシア」建国は，英領植民地解放が最終段階に近づいたことを意味する．つまり，現在の3国間の領土紛争は，植民地時代の終わりを告げる紛争であった．かつてであれば，イギリスやオランダ，スペイン（またはアメリカ）間で争われていた紛争を，現住民族による独立国家間の紛争に回復した

のである．それゆえ，3首脳によるマフィリンド結成文書では，長い反植民地闘争を経て主権国家となった諸国のリーダーが，史上初めて集ったという歴史的意義が最初に言及されている（Boyce 1968: 73）．その晴れがましい文脈において，インドネシアは東南アジア島嶼部の緩い連合組織に参加することができた．

実際，マフィリンド結成文書には，インドネシア好みの内容が盛り込まれている．宣言内容の第1は，国連とバンドン会議で表明されている平等な権利と民族自決の原則固持の再確認．第2が，地域の経済発展や社会向上の推進のために，経済社会文化領域での友好関係，協力を強化することが共通利益であること．第3に，植民地や帝国主義，およびその残滓撤廃に向けた闘争のために共同で努力すること．第4に，国家の自由，社会正義，平和維持に基づく新しい世界建設に向けて地域の新興勢力として協力すること．第5に，このような目的で，頻繁で定期的な協議である「Mushawarah Maphilindo」（マフィリンド協議）をあらゆるレベルで実行し，機構設立のためのステップにすることであった．

この内容には，アジア関係会議からASAに至るまで東南アジアの戦後が抱えてきた地域連帯や会議で繰り返し確認されてきた理念が概ね凝縮されている．眼前の領土紛争の問題解決には触れられていない代わりに，地域協力の精神と構想だけは見事に形をなしたのである．

結局，マフィリンドという理念先行の地域枠組みは領土問題の解決には役には立たず，最後まで機能することはなかった．インドネシアの「対決」政策の転換は，結局1965年9月30日事件以降，スカルノ政権からスハルト（Soeharto）政権に移行したことによりもたらされた．この時にすぐに動いたのは，紛争当事国ではなかったタイのタナットである．彼は，活動停止していたASAとマフィリンドを発展解消させ，整理統合するという流れの中で調停を試みた．地域協力の基盤となる理念が既に文書化され，受け皿となる既存の枠組みがあったからこそできた仲介であった．また，シンガポールがマレーシアから分離独立したことも，地域枠組みの再結成に絶好の理由を与えた．

1967年にASEANが結成された時，まだマレーシアとインドネシアは正式な国交回復プロセスを完了していなかった．しかし，現実的に矛盾の残る2国

間関係を，地域の理念の枠で囲い込むという芸当を ASEAN はやってみせた．それが，冒頭にあげた設立宣言の一節である「東南アジア諸国民による繁栄して平和な共同体の基礎を強化する」という苦肉の表現に現れている．「諸国民による共同体」という概念が初めて登場したのである（山影 1991: 224）．東南アジア域内の国際関係の矛盾を隠す力をもつこの概念は，眼前の難しい問題を後回しにしてでも地域全体のまとまりを優先する姿勢を表していたのである．

6. おわりに

ASEAN 設立宣言は，その理念を述べた前文で，「既存の地域的連帯，協力の絆のさらなる強化の必要性を確信した」と述べている．本章はその「絆」を振り返る作業であった．歴史的に見て東南アジア諸国は，東南アジア地域主義に行き着くために，あまりにも多くの「他者」を抱えていた．それは，植民地勢力や帝国主義勢力，西欧大国や国連，東西冷戦パワーとしての米ソ，伝統的地域大国としての中印，などさまざまであった．また，地域連帯の範囲もアジア，アジア・アフリカ，グローバル，東南アジアと伸縮し，一様ではなかった．代表的な会議への参加国の顔ぶれ（表 4.2）を見てもわかるように，「アジア」という地域概念は，連帯目的により変化していた．それでも，概ね以下のように流れを整理することが可能だろう．

1947 年から 1950 年までの地域連帯は，植民地時代以前のアジア諸国同士の自立関係の復活という視点から，伝統的地域大国であるインドによって統率された．アジア新興諸国の連帯意識は，オランダとの武力闘争を続けているインドネシアを一致して支援することで求心力を高めた．

1950 年代前半に，アジア新興諸国の「自由と平和」は，東西冷戦の波及という試練を迎える．国際環境の変化の中で，欧米勢力の再流入を食い止めようとするほど，アジアの連帯感は一段と強まった．インドに加えて，ビルマやインドネシアがイニシアチブをとり，具体的には中国に対して承認の立場を結束して示すことで求心力を高めた．

「平和共存」を唱える中印平和五原則が精神的基礎となって，冷戦の最中に地域を軸とした結束を示すバンドン会議が開催された．東南アジアから見ると，

第4章　東南アジアの戦後　　　　　　　　　　113

表 4.2　参加リスト

アジア関係会議（1947 年）
1. アフガニスタン, 2. アルメニア, 3. アゼルバイジャン, 4. ブータン, 5. ビルマ, 6. カンボジア・コーチシナ・ラオス, 7. セイロン, 8. 中国, 9. エジプト, 10. グルジア, 11. インド, 12. インドネシア, 13. イラン, 14. カザフスタン, 15. キルギス, 16. 朝鮮, 17. マラヤ, 18. モンゴル, 19. ネパール, 20. パレスチナ地区ユダヤ人代表団, 21. フィリピン, 22. タイ, 23. タジキスタン, 24. チベット, 25. トルコ, 26. トゥルクメニスタン, 27. ウズベキスタン, 28. ベトナム, （オブザーバー） 1. アラブ連合（カイロ）, 2. 豪州国際問題研究所（シドニー）, 3. 豪州社会科学研究所（シドニー）, 4. インド協会（ロンドン）, 5. 太平洋関係協会（モスクワ）, 6. 太平洋関係協会（ニューヨーク）, 7. 王立国際問題研究所（ロンドン）, 8. 国際連合機関（ニューヨーク）
インドネシアに関する諸国間会議（1949 年）
1. アフガニスタン, 2. オーストラリア, 3. ビルマ, 4. セイロン, 5. エジプト, 6. エチオピア, 7. インド, 8. イラン, 9. イラク, 10. レバノン, 11. パキスタン, 12. フィリピン, 13. サウジアラビア, 14. シリア, 15. イエメン
アジア社会党会議（1953 年）
1. ビルマ社会党, 2. インドネシア・パルタイ社会党, 3. インド・プラジャ社会党, 4. イスラエル（マパイ）社会党, 5. 日本社会党右派, 日本社会党左派, 6. エジプト社会党, 7. レバノン進歩社会党, 8. 汎マレー労働党, 9. 東パキスタン社会党, 10. 西パキスタン社会党, （オブザーバー） 1. アルジェリア人民党, 2. ケニア・アフリカ連合, 3. ネパール会議, 4. チュニジア・デストール党, 5. ウガンダ国民会議, （友好団体代表） 1. 社会主義インターナショナル, 2. 社会主義青年インターナショナル連合, 3. ユーゴスラビア共産党, 4. 反帝国主義人民会議
バンドン会議（1955 年）
1. アフガニスタン, 2. カンボジア, 3. 中華人民共和国, 4. エジプト, 5. エチオピア, 6. 黄金海岸, 7. イラン, 8. イラク, 9. 日本, 10. ヨルダン, 11. ラオス, 12. レバノン, 13. リベリア, 14. リビア, 15. ネパール, 16. フィリピン, 17. サウジアラビア, 18. スーダン, 19. シリア, 20. タイ, 21. トルコ, 22. 北ベトナム, 23. 南ベトナム, 24. イエメン, （主催国）インドネシア・インド・ビルマ・セイロン・パキスタン

西欧植民地勢力を追放し，両隣の地域大国である中国・インドと並んだことが，伝統的，自立的な「アジア」の再現であった．しかし，この到達点は，アジアの地域主義の分岐点でもあった．

　バンドン会議の成功をもとに，インドやインドネシアは，運動の範囲をグローバルな非同盟運動に拡散させながら国際秩序への挑戦を続けた．その一方で，中国・インドを切り離し，東南アジアに限定した新しい地域主義が生まれてくる．そのイニシアチブをとったのが，バンドン会議後に誕生した新興国であるマラヤ連邦であった．東南アジア意識を覚醒させ，域内近隣中小国との経済実務協力を進める地域主義に対して，親米勢力であるタイ，フィリピンがいち早

く同調した．しかし，ASAは反共組織として構想されたのではなく，東南アジア地域に存在する国家を可能な限り参加させようとしていた．政治的立場を超えて地理的近接性で集結するという地域主義の本質は，バンドン会議の精神でもあり，ASAも本来，その努力を継承する試みであった．これは，今日の拡大ASEANにまで至った歴史的経路だといえるだろう．

　ASAからマフィリンド，そしてASEANに至る東南アジアの地域枠組みの変遷の過程で，マラヤ，タイ，フィリピン，インドネシアそれぞれの発想や様式が折衷された．しかし，最も重要なことは，マラヤが推進してきた隣国との経済実務協力主義は，インドネシアが重たく背負ってきた政治理念を受け入れることで，初めて東南アジア地域にまたがる枠組みとして成立した，ということだろう．ここに，ネルーやウ・ヌー，スカルノらがアジアの同志のために戦い，連帯して国際社会に挑んできた苦難の戦後20年の政治はいったん清算され昇華された．その後，ASEAN諸国は，域外国に対する協調外交により安全保障環境を整えつつ，個々の経済開発路線に邁進するのである．

注

1) 原加盟国であるインドネシア，マレーシア，フィリピン，タイ，シンガポールに加えて1984年にブルネイ，1995年にベトナム，1997年にラオスとミャンマー，1999年にカンボジアが加盟し10カ国になった．2002年に独立した東ティモールも2012年までに加盟する予定である．
2) ASEAN関係文書については事務局ウェブサイト（http://www.aseansec.org/）を参照．
3) 「アジア」からの正式参加として，日本とともにイスラエルが認識されていた．なお，インドとインドネシアはオブザーバーとして参加していた．
4) 共同宣言については，Jansen（1966: 412-418），浦野編（1976: 7-8）を参照．

参考文献

公文書

F. O. (British Foreign Office) 371/101281, British Embassy Rangoon to South East Department, April 21, 1952, National Archive, UK.

浦野起央編(1976),『第三世界国際関係資料集―第三世界と国際秩序』有信堂.
岡倉古志郎(1999),『非同盟研究序説(増補版)』新日本出版社.
岡倉天心(2009[1903]),『東洋の理想』講談社.
奥野保男(1984),「アジア関係会議について―非同盟の源流についての一考察」
　　『東洋研究』70, pp. 91-118.
後藤乾一・山崎功(2001),『スカルノ:インドネシア「建国の父」と日本』吉川弘
　　文館.
中東調査会(1960),『アジア・アフリカ民族運動の実態』至文堂.
中東調査会(1967),『アジア・アフリカ新興諸国の政局と国際関係』至文堂.
日本社会党政策審議会編(1952),『一九五二年の前進:日本社会党運動方針書並に
　　新外交方針と平和運動』日本社会党出版部.
原不二夫(2002),「マラヤ連合の頓挫とマラヤ連邦」後藤乾一編『東南アジア史 8
　　国民国家形成の時代』岩波書店, pp. 203-224.
広瀬崇子(1986),「ネルー外交の基調と展開」岡倉古志郎編『バンドン会議と五〇
　　年代のアジア』大東文化大学東洋研究所, pp. 77-94.
山影進(1991),『ASEAN:シンボルからシステムへ』東京大学出版会.
Anwar, H. R. (2010), *Sutan Sjahrir, True Democrat, Fighter for Humanity 1909-1966*, Jakarta: KITLV Press.
Asian Relations Organization (1948), *The Proceedings and Documentation of the First Asian Relations Conference, New Delhi, March-April, 1947*, New Delhi, India: Asian Relations Organization.
Asian Socialist Conference (1953), *Report of the First Asian Socialist Conference*, Rangoon: Asian Socialist Publication.
Boyce, P. ed. (1968), *Malaysia & Singapore in International Diplomacy: Documents and Commentaries*, Sydney: Sydney University Press.
Gordon, B. K. (1966), *The Dimensions of Conflict in Southeast Asia*, New Jersey: Prentice-Hall, Inc.
Jansen, G. H. (1966), *Afro Asia and Non-Alignment*, London: Faber and Faber.
Jeshurum, C. (2007), *Malaysia: Fifty Years of Diplomacy 1957-2007*, Singapore: Talisman Publishing Pte. Ltd.
Silverstein, J. ed. (1992), *The Political Legacy of Aung San*, Ithaca, N. Y.: Southeast Asia Program, Cornell University.
Tarling, N. (2006), *Regionalism in Southeast Asia*, London and New York:

Routledge.
Zachariah, B. (2004), *Nehru*, London and New York: Routledge.

第2部 「帝国」と「反帝国」のネットワーク

第5章 メコン河を挟んだ地域主義の試み
　　　──タイ・インドシナの「東南アジア連盟」──

第6章 国境を越えた国民統合の試み
　　　──中国革命への華僑社会の参与──

第7章 「東亜新秩序」をめぐる思想の交錯
　　　──東亜連盟論と東亜協同体論の比較から──

第8章 近代日本とアジア連帯
　　　──閉ざされた契機，閉ざした契機──

第5章

メコン河を挟んだ地域主義の試み
―― タイ・インドシナの「東南アジア連盟」――

高橋　勝幸

1. はじめに

　本章は戦後まもない1947年に設立した「東南アジア連盟」(South East Asia League) について，タイとインドシナとりわけラオスとの協力関係とそこに交錯する思惑を論じてみたい．短命に終わった「東南アジア連盟」はほとんど注目されてこなかったが，その設立背景・経緯は興味深い．それは植民地主義からの独立をめざして結束・協力し，自ら「東南アジア」と称した地域主義の嚆矢といえよう．

　タイは巧みな外交によって緩衝国としての地位を確保し，曲がりなりにも東南アジアで唯一独立を維持してきた．たとえば，1893年，1904年，1907年の3度にわたり，タイ政府は自国の独立と引き換えに，今日のラオス，カンボジアの一部の領土をフランスに割譲した[1]．フランスとイギリスの植民地主義はタイの領土を蚕食していった．しかしながら，1932年立憲革命に始まる国民国家建設の過程の中で，失われた領土に対する情念が高まった．

　立憲革命後のタイ政治史は，軍部のピブーン (Phibunsongkhram, P.) と文民のプリーディー (Pridi, P.) の対立として，次のように単純に描かれることがある．まずプリーディーは不平等条約を改正し，対外関係を改善した．これに対してピブーンは首相となってから，シャムからタイへ国号を変更し，大タイ主義，対仏失地回復運動を展開し，タイ・仏印紛争を引き起こした[2]．さら

にピブーンは第二次世界大戦に際して日本と同盟を結び，イギリス・アメリカに対して宣戦布告した．このときプリーディーは閑職である摂政に追いやられ，抗日地下運動「自由タイ」を展開し，その中でインドシナ独立運動を支援した．日本の敗色が濃くなるなか，ピブーンは失脚し，プリーディーが実権を握った．ここにおいて，タイと東南アジアの諸民族は植民地主義という敵を共有するようになった．すなわち，独立国タイは戦中・戦後，近隣諸国の独立運動家にとって避難地になったのであった．植民地主義からの独立をめざして，タイを拠点とする地域協力が生まれ，それが「東南アジア連盟」に発展することになる．

連合国の勝利により，ピブーンは戦犯容疑さえかけられた．しかし，戦後の混乱，8世王怪死，軍部の不満，対外関係とりわけ仏領インドシナとの領土問題は，プリーディーを窮地に追い込んだ．そして1947年11月のクーデタにより，連合国に協力したプリーディーは失脚する．皮肉なことに，戦中に連合国を敵に回したピブーンが戦後首相として復活し，冷戦に便乗して権力基盤を築いたのだった．タイは東南アジアとの連携よりも，アメリカ追従の道を選ぶことになった．ここに見られる構図は，ナショナリズムを主導するピブーンと東南アジアとの連帯を模索するプリーディーとの対立・抗争であろう．

このような単純な見方に対し，村嶋英治氏は，1940年代タイはインドシナの独立運動と協力して，タイ自身を含めてインドシナを植民地体制から脱却させようとしていたと論じる．その端緒であった失地回復運動は，タイのナショナリズムの発露であるだけでなく，「黄金半島人」というアイデンティティのもとに結集した一部のタイとインドシナの独立革命家の連携・共闘であったと解釈している（村嶋1998）．これに対し，高橋正樹氏はやや否定的で，ピブーンの反植民地主義政策はタイとインドシナ3国の地域主義の萌芽といえるかもしれないが，タイのナショナリズムの域を出るものではなかったと主張する．そのうえで，プリーディーが構想した「東南アジア連盟」に，諸民族の自治，互いの主権の尊重を前提にした反植民地主義運動としての地域連帯の方向性を見出し，現状のASEAN以上に高い評価を与えている（高橋2009）．

村嶋論文はタイ公文書の詳細な分析により，ピブーンの大タイ主義や対インドシナ政策を反植民地運動に位置づけた意味で画期的であった．高橋論文に見られるような指摘は，フランスに代わってタイが支配するならば，ラオスやカ

ンボジアにとって植民地構造は変わらないということに要約できるかもしれない．実際，両国の独立達成後に国境問題が起きているのは示唆的である．

　筆者はピブーンによる大タイ主義，失地回復運動および仏印との戦争が東北タイ人およびインドシナ，とりわけラーオ人のナショナリズムを生起させたと認識する．国境で分断されたナショナリズムは，フランス植民地主義を共通の敵とすることによって地域協力を生んだ．そして，東北タイ人の中にある中央集権に対する不満とインドシナの独立闘争に対する同情が，地方主義（localism）と地域主義（regionalism）を形成・結合する素地になったというのが筆者の見方である．本章は，地域主義を東北タイや隣接するラオスという「周辺」の視座からとらえなおそうと試みた．つまり，発展から取り残された東北タイがメコン河対岸のラオスと協力することにより，「東南アジア連盟」という枠組の中で中央政権を相対化し，地方の発展を図ろうとしたというのが筆者の仮説である．「東南アジア連盟」は，今日的にいえば，国境付近でのマイクロ・リージョナリズム，ボトムアップ・プロセスという観点でとらえることもできる．

　本章はまず，「東南アジア連盟」発足までにどのような歴史的背景があったのかを説明する．次に，誰がどのような意図をもって「東南アジア連盟」を構想し設立したのかを考察する．そして最後に，「東南アジア連盟」がなぜ挫折したのかを検討する．

2.「東南アジア連盟」設立の背景

　本節は「東南アジア連盟」設立の歴史的背景を説明するために，大タイ主義，新しいラオス構想としての大ラーオ主義，自由タイ運動を取り上げる．大タイ主義はタイ族の統一のために領土の拡大を意図する思想であった．これに対抗して，ラーオ人ナショナリズム形成のための大ラーオ主義運動が起こった．続く日本の侵略は抗日運動にタイとインドシナを自由タイ運動に結集させた．

2.1　タイ人のナショナリズムを呼びおこした大タイ主義

　1930年頃までのタイでは，フランスに割譲されたタイ領に言及することは，

国王の権威を損なうことにつながり，またフランスとの関係を悪化させることから慎まれた．しかし 1932 年の立憲革命を経てから，「奪われた領土」は国民国家の問題としてとらえられ，忘れられるべきものから記憶されるべきものになった（Ivarsson 2008: 61-62, 64）．失地回復はその領土に対するタイの正統性とともに訴えられた．1937 年，その唱道者であるウィチット・ワータカーン（Wichit, W.）芸術局長はタイとクメールは一つであり，同じ民族であると断言した．人種・言語・文化を共有するラオスには言及するまでもなかった．フランスはこの主張に対しタイ政府を批判した（Barmé 1993: 164）．

　このようなタイの領土拡大・民族統一運動は，外国人研究者によって大タイ主義と呼ばれた．大タイ主義は立憲革命によって失墜した王党派と新たに台頭する人民党の対立を緩和し，国民統合を強めた（Barmé 1993: 167）．ピブーン首相はタイ仏印紛争が始まる 1 ヵ月前のラジオ放送で，インドシナが独立したら「クメール区」と「ラーオ区」のタイ人はタイ憲法と国王のもとに共生し，ベトナム人は以前のようにかれらの国王によって統治されるだろうと述べている（Goscha 1999: 122）．タイの公文書はラオス・カンボジアを国としてではなく，行政単位として扱った．そこには，ラオスとカンボジアがかつてタイの属国であったという歴史認識が潜んでいた．紛争が起こる直前，ウィチットは軍の教官と生徒に対して，「現在の戦争が終わったとき，世界から小国は消え，すべては大国に吸収される．したがって，われわれに残された選択肢は 2 つしかない．大国になるか大国に飲み込まれるかである．もしわれわれが失地を取り戻すならば，大国になる望みがある」と戦争に臨む覚悟を示した（Barmé 1993: 167）．

　1940 年 11 月 28 日，タイ仏印紛争がついに勃発する．紛争中，タイ宣伝局はインドシナ住民向けにクメール語およびベトナム語でも放送を開始し，タイへの移住を奨励して反仏闘争を扇動した．タイ内務省は旧タイ領の北ベトナムの一部，ラオス，カンボジアの原住民にタイ国籍を与え，フランス籍と扱ってきたベトナム人をベトナム籍として扱い，外国人登録も免除すると発表した（村嶋 1998: 115-116）．同年暮れ，ラオスでタイ当局によってラーオ語で書かれたビラがばら撒かれた．そこにはたとえば，「インドシナのきょうだいよ．われわれは同じ先祖をもち，同じ色の皮膚をもち，同じ宗教をもち，同じ言葉

をもつのできょうだいである．われわれの
言葉は同じ起源をもち生活様式も同じであ
る．同じ血をもつきょうだいとして団結し，
互いに戦うのを止めよう」とあった
(Ivarsson 2008: 85)．また，右のラーオ語
のパンフは，「タイ国のタイ人よりラーオ
区のタイ人宛」に，フランスに抵抗し独立
闘争を戦うよう呼びかけている．その目的
は「タイに戻ること」である（NATU（ウ
ボンラーチャターニー公文書館），No. Pho.
1. 2. 3/46)．表紙の上の仏像はエメラルド
仏陀，下は左からアンコール・ワット，ラ
オスの仏像，東北タイ（タートパノム）の
仏塔に見える．そうだとすれば，バンコク
の支配のもとに，カンボジア，ラオス，東

反仏パンフ表紙

出所：ウボンラーチャターニー公文書館所蔵

北タイが統治されるようなイメージを与えるかもしれない（菊池2004: 27）．
タイ版の大東亜共栄圏の様相を呈していて興味深い．

　戦局の方はタイに不利に展開した．そこで日本はタイを南進基地として利用
することを見込んで調停に乗り出した．1941年5月タイ仏講和条約が東京で
調印され，タイはメコン河西岸のラオス，カンボジア西部バッタンバン，シエ
ムリアップ等を回復し，県を置いた．大タイ主義運動は日本の助けを得て失地
を回復したほか，タイの国民性を醸成し，インドシナの反仏気運を結集するの
に大いに役立った（Barmé 1993: 170-171）．

2.2　大タイ主義に刺激されたラーオ人エリートの新しい運動

　タイ政府が大タイ主義運動を展開した時期，ラーオ人エリートの間にも新た
な運動が始まった．第1は，フランスとの協力枠組内での「新しいラオス」構
想である．1940年，ラオスのシャルル・ロシェ教育長官の主導で，「大ラー
オ」（ラーオニャイ）と呼ばれる政治文化運動が展開された．ラーオニャイ運
動は大タイ運動や反仏運動に対抗するフランスによる措置であった．そこでフ

ランスがとった戦略は，タイからラオスを区別するラオスのアイデンティティを，ラーオ人意識が希薄なラーオ人の間につくり上げることであった（Ivarsson 2008: 150-152, 菊池 1996: 27）．具体的には大ラーオの国旗と国歌が制定され，ラーオ語の新聞が発行された．新聞『ラーオニャイ』は東北タイ一帯を含む歴史，民族および国土の拡大に言及した．このメコン河両岸を含む大ラーオの空間は大タイ主義と対立する．しかし，フランスはタイとの関係を考慮し，現実には領土拡大のための要求および行動はとらなかった（Ivarsson 2008: 162-163, 166）．

第 2 は，タイ・ラーオ連邦構想である．この構想の担い手は，ラオスに独立の地位を与えるという条件付きで，タイの拡大を好意的に見るラーオ人エリートであった．1940 年，現地官僚トップのペサラート（Phetsarath, R., まもなく副王・首相になる）は，ピブーンの反仏運動協力要請に対し，「タイ政府が東北タイのラーオ人のようにラオスをタイに併呑せず一国として扱い，そのうえで，タイと連邦にすることを保証するならば，この運動に協力する」と述べている（マハーシラー 1992: 325-326）[3]．

第 3 は反仏感情である．1940 年になると反仏感情がラーオ人の間に芽生えていた．これには大タイ主義宣伝およびタイ仏印紛争が影響を与えていると思われる．少なくないラーオ人が，フランスと戦うタイを支援するためにタイに渡り[4]，戦後帰国してラオスの独立運動に貢献した（Ivarsson 2008: 149）．たとえば，1940 年 12 月にメコン河を泳いでタイに渡ったウン・サナニコーンは，はじめタイの宣伝局に務めラーオ語でラジオ宣伝をしながら，「カナ・ラーオ・イサラ」（自由ラーオ団）を組織し，独立運動を盛り上げていった（村嶋 1998: 129）[5]．

インドシナ共産党のベトナム人幹部も，ピブーンの大タイ主義と同じように，植民地解放後の地域構想を抱いていた．1941 年 5 月にベトミン（ベトナム独立同盟会）が設立されると，カンボジアとラオスにも同様の組織がそれぞれ発足した．3 つの組織の紐帯は，帝国主義の攻撃に抵抗するためのインドシナ同盟に発展する可能性を含んでいた．たとえばインドシナ共産党は，ベトミン設立にあたってピブーン政権を「日本の僕」と非難した．ホー・チ・ミン（Ho Chi Minh）も，タイの失地回復運動に不満を表明している（Goscha 1999: 125）．

ただし，タイで活動していたインドシナ共産党員はそのことを知らなかったにちがいない．なぜなら，日本が東南アジアを占領し，中国と戦争をしていたので，かれらは1944年まで党本部と連絡がとれなかったからである（Goscha 1999: 124-126）．在タイ・ベトナム人はピブーンを独立運動の理解者，協力者として評価した．もちろんそう評価するだけの理由もあった．1941年1月6日，タイ政府はベトナム人からなる自由インドシナ軍を設立し，兵士，警官への登用に道を開いた．戦中もピブーンはベトミンがタイで活動することを妨げなかったのである（村嶋1998: 144-147, 149, Goscha 1999: 122-123）．

2.3 自由タイ運動のインドシナ支援

「東南アジア連盟」の起源は，第二次大戦中の自由タイによる抗日運動とインドシナ支援にあるといってよい．ピブーン政権は，日本の調停によりフランスからラオスとカンボジアの一部の領土を獲得するとそれに満足し，インドシナ独立支援活動は停滞してしまった．他方で，ピブーン軍事政権と日本軍に抵抗する運動がアメリカ，イギリスに在留するタイ人の間で始まり，タイ国内では地下運動が発展した．いわゆる自由タイ運動である．

ピブーン政権は日本と同盟を結び，アメリカとイギリスに宣戦布告したが，日本軍の駐屯はもとより，大東亜省の管掌下に占領地域と同じ地位に独立国タイが置かれたことに対して強い反感をもつようになった（中村1958: 37）．したがって枢軸国側の戦況が不利になると，ピブーンは日本に対してあからさまに冷淡になった．1943年7月4日，東条英機首相はピブーンの対日協力を確保するためにタイを訪問し，マラヤとビルマの旧領土割譲を約束した．ピブーンと東条の会見に同席した中村明人元司令官によれば，領土の割譲に対して無条件で喜ぶわけにいかないピブーンは笑みを浮かべなかったし，東条は「もっと喜んでくれてもよかろう」という面持であったという（中村1958: 80）．同年11月には日本の敗色が濃くなるなかで大東亜会議開催の運びとなったが，ピブーンはいろいろな口実をならべて大東亜会議の出席を頑なに拒否し，代理を派遣するに止めた．

ピブーン軍事政権に強力に反対し，抗日運動を中心的に担ったのはティアン・シリカン（Tiang, S.）ら東北タイの政治家である．立憲革命により国会

が開設されると,かれらは地方の利益を代表し,国政に参加できるようになった.かれらは野党として東北タイの政治家を結集し,プリーディーを支持して中央偏重の予算を是正することで,地方の開発をめざしていた.

1944年初め,前述のラーオ人ウンは,自由タイに協力しラオスを解放する任務をタイ宣伝局長から与えられた.宣伝局長は,ウンに東北タイにおける自由タイのリーダーであるティアンらを紹介した.ティアンの支援を得て,ウンは東北タイにあった自由タイの基地にラーオ・イサラの軍隊を組織することが可能となった.この軍隊を組織するために,彼はラオスに渡って兵を募ったが (Wyatt 1975: 6-7),アメリカ情報機関 (OSS: Office of Strategic Services) は武器・資金面で直接ラーオ・イサラを援助した (Wyatt 1975: vii-7)[6].

東北タイ政治家の反政府運動が奏功して,1944年7月にピブーンは国会の支持を失い,首相を辞任した (ダーラーラット 2003: 302-308).以後,1947年11月のクーデタまで,プリーディーと自由タイ左派が政権を担うことになる[7].このことはインドシナの独立運動に有利に働いた.

1945年3月の日本軍の仏印処理から10月のラーオ・イサラ政府樹立までの間に,ラオスには国王,副王,ラーオ・イサラ3者の間で異なる動きが見られた.すなわち,ルアンプラバーン国王は[8],大東亜共栄圏の原則にしたがって4月8日に独立を宣言した (Ivarsson 2008: 209)[9].ラオスの民族主義者にとって,日本の占領と国王の独立宣言はフランス植民地主義と決別する画期となった.

国王側は終戦後,フランスが復帰して再び統治することを望んだ.その理由は,ラオスが小国であるためフランスに抗うことができないからである.他方,副王のペサラートは,フランスによる再保護国化を拒否し,国王のもとにラオスを統一することを考えた ("3349" 1978: 36-37).彼は9月5日ビエンチャンで,メコン河対岸の東北タイの県知事とウィン大尉 (Winn, R.) の訪問を受け[10],ラオスを独立させるとともに東北タイを併合する大ラーオ論を披瀝した (NAT (タイ公文書館), So. Ro. 0201. 37. 6/21).10月10日,国王はそのような考えをもつペサラート副王兼首相を解任した.しかし,ペサラートはまだラーオ・イサラ参加には踏み切らなかった.

ラーオ・イサラは9月,東北タイにおける自由タイの基地でラオス支援に関

する会議に参加した．この会議にはラーオ・イサラと自由タイのほか，アメリカ・イギリス側からジム・トンプソン（Thompson, J.），ホラデイ（Holladay, J.）[11]，ウィンらが参加した．そしてそこではビエンチャンのラーオ・イサラに政治，軍事の権限を認め，アメリカが自由タイに供給していた武器と資金をラーオ・イサラにも供与することが決定された[12]．ラーオ・イサラは10月12日，ラオス臨時人民政府を樹立した．しかしフランスの復帰により，ラオス臨時人民政府は翌1946年4月バンコクに亡命し，タイでフランスへの抵抗を続けることになった．ラーオ・イサラには多くのベトナム人が味方した（Gunn 1988: 154）[13]．

プリーディー派政権は，フランスの再植民地化に反対するインドシナ人民が，メコン河を渡り隣接する県に定住することを奨励した．フランスに恨み辛みがあるタイは，この地域からフランスとその影響力が駆逐されることを望んだ．したがって難民は好きな所に定住できた．東北タイに到着した難民の大多数はラオスから来たが，なかでも北ベトナム出身者が多く，その大半はベトミンを支持していた．カンボジアやラオスから来たベトナム人はおよそ46,700人，13,000世帯といわれ（Poole 1970: 41），ラーオ人難民は4千人と推定されている（Goscha 1999: 155）．

プリーディー派政権は対外政策上の思惑もあって難民に好意的で，かれらを公共事業に雇用したり，なかでもラオスに財産を置き去りにしてきた人々を助けるために約100万バーツ（5万ドル相当）の資金を貸し付けたりした[14]．このようなインドシナ難民への支援によって，ベトミンはタイでの活動が可能となった．タイ政府はかれらに土地を与え，かれら自身の村の自治を促進した（Gunn 1988: 196-199）[15]．

プリーディー派政権はまた，戦時中，連合国から供与された武器をベトナムの解放運動のために供与した．そうしてインドシナの独立運動家は，バンコクにおいて武器の購入・調達，また，宣伝活動が可能となった[16]．こうした背景により，1946〜47年のラオスとカンボジアの対仏戦は，タイを基地として展開されることになった（古田1991: 446）．1946年半ばにはタイ政府の承認を得て，ベトナム民主共和国の代表部（通称，ベトミン代表部）がバンコクに開設された．タイと国交はなかったが，同代表部は主に外交の窓口の役割を果たし

た[17].

3.「東南アジア連盟」の構想とその始動

本節では，まず誰がどのような意図をもって「東南アジア連盟」を構想し設立したのかを考察する．続いて，構想倒れに終わった「東南アジア連盟」の実体を明らかにする．

3.1 地域協力の構想

プリーディーと東北タイの政治家には，タイを独立運動の中心とし，「東南アジア連盟」を設立して，地域の安定と経済発展を促進する構想があった．プリーディー自身は1920年代フランス留学中から東南アジア，とくにタイ，カンボジア，ラオス，ベトナムとの連盟構想を同地域の民族主義者と共有していた．戦後もバンコクを拠点に，彼とインドシナの独立運動家の間には連絡が続いていた（Reynolds 2005: 414-415）．

プリーディーは1970年のインタビューで，「東南アジア連盟」について次のように答えている．「この連盟の設立は自分だけで構想したのではない．東南アジアは中国とインドの中間にある．もし，東南アジアの国々がバラバラであれば困難も生じよう．もし，協力し結束すれば，一勢力になろう．そこで，ラオス，ベトナム，カンボジア，インドネシアが結集するような協会の話に同意した」「しかし，アメリカはこの連盟や東南アジアの中立について快く思っておらず，支援しなかった」（チャーンウィット 1976: 78）[18]．ここでは中国とインドの脅威が強調されているが，それは時代背景の相違であろうと思われる．

「東南アジア連盟」の具体的着想は，1946年末にラーオ・イサラとクメール・イサラクのバンコク代表が集まり，東南アジア諸国の連合（bloc）の設立趣意書を作成したことに始まる．この構想は同年12月に始まった第一次インドシナ戦争を契機に提案されたように，事実，国連とアメリカの注意を喚起する意図があった（Goscha 1999: 247-248）．すなわち，かれらはフランスからの独立を獲得するために，国連事務総長へ趣意書を提出しようとし，後にはベトミンの代表もその署名に加わる形となった．そして，ラーオ・イサラの代表ス

パーヌウォン (Souphanouvong) が1947年1月，在タイ・アメリカ大使スタントン (Stanton, E.) に趣意書を託した．趣意書を受け取ったスタントンはワシントンにその要旨を打電した．そこには，①ビルマ，タイ，マラヤ，インドネシア，ベトナム，カンボジア，ラオスからなる東南アジア諸国の連合設立を提案しており，②クメール・イサラク，ラーオ・イサラ，ベトナム政府の代表が趣意書に共同署名しているといった説明がなされている．しかしアメリカ国務省は，国連安全保障理事会にその趣意書を送るのは手続き上ふさわしくないとして，スパーヌウォンにこれを返却した (US Department of State 1947: 56-57)．実際のところ，フランスに肩入れするアメリカはその趣意書に不同意だったのである．ただし，国務省はそれを最初のインドシナ3国共同声明文書として重視している（NARA（アメリカ国立公文書館），Record Group 84）のは興味深い．

「東南アジア連盟」発足の契機として注目されるのは，1947年3月ニューデリーで開催されたアジア関係会議である．この会議にタイからは芸術局長プラヤー・アヌマーンを長として，後に「連盟」の役員になるスキット・ニムマーヘーミン，マーノート・ウッターティット（秘書）ら，ベトナムからはチャン・バン・ザオ（ベトミン）ら，ラオスからはスパーヌウォンらが参加している．この会議でベトナムとインドネシアの代表が独立運動に対する軍事支援を要求したのに対し，主催者のネルーは同情だけを示した．こうしたすれ違いに対する失望は，かえって東南アジアの内部での連携を加速することになった．その帰途，チャン・バン・ザオとマーノートはビルマの会議でアウン・サン首相とともに東南アジアの連携に関する構想を発表した (Goscha 1999: 251-254, 256, 275,『サヤームニコーン』1947年7月13日)．

1947年4月からタイ・フランス間の領土問題がワシントンの国際調停委員会の場で交渉された[19]．タイ側の目的は失地回復であった[20]．注目すべきは，この交渉の中でフランスの代表が領土問題を議論する代わりに，バンコクをセンターとするタイ，カンボジア，ラオスからなる「汎東南アジア連合」(Pan-South East Asia Union) 設立を独自に提案したことである．その目的は経済，交通，通信，メコン河開発などを促進することにあった[21]．ただしその構成メンバーにはベトナムが含まれていなかった．事の重大さに懇請されて駆けつけ

たプリーディーは，この提案を前向きに受け止めたが，それは国境問題とは別に検討されるべきであり，ラオス，カンボジア，ベトナムが完全に独立したうえで「汎東南アジア連合」を設立することを逆に提案した．インドシナ3国の独立を認めないフランスはこの提案を拒否した (Reynolds 1984: 7)[22]．インドシナ独立運動の中心であるベトナムをラオス，カンボジアから孤立させる意図がフランスの提案に潜んでいることは，プリーディーも認めるところであった (NARA, Record Group 84)．

「汎東南アジア連合」設立というフランスの提案は，タイの世論にとって想定外であった．タイ新聞各紙は「構成メンバー国が独立を達成してからの話だ」，「タイ人は汎東南アジア連合などに関心はない．あるのは失地の回復だけだ」と書き立てた．親ピブーンの『シークルン』紙は大東亜共栄圏をもち出して，次のように同「連合」に反対した．「国境交渉でタイは失地を取り戻せず敗北したが，それは外交力の問題ではなく，弱い軍事力にある．30年以内に回復しよう．さもなければ，タイはまるごとフランス領になってしまう．タイが汎東南アジア連合設立にフランスと協力するなら，日本の大東亜共栄圏に参加したのと同然になってしまう．大東亜共栄圏においては，いわば日本人に米を食わせることがタイの役割だった．それと同じような汎東南アジア連合に参加するぐらいなら，外国に経済的に搾取されるか，自分たちで汚職まみれになった方がまだましだ．フランスの提案を受け入れるならば，政府は厳しい批判にさらされるだろう」と (NARA, Record Group 84)．

在タイ・ベトミンのリーダーであるチャン・バン・ザオは急遽記者会見を開き，「汎東南アジア連合」設立の構想が東南アジアの国から提起されるならば歓迎するが，フランスの提案となると疑わしいと述べた．そのうえで彼はフランスの提案を，アジア関係会議における提案の盗用であり，ベトナムを孤立させインドシナを分割統治する道具にしようとするものだと批判した（『サヤームニコーン』1947年7月13日，Reynolds 1984: 6, 9)．

3.2 「東南アジア連盟」の活動

フランスからの領土割譲の失敗は，タイの対外態度を硬化させ，タイの反植民地主義政策とその一環としてのベトミン支援を刺激する結果となった．1947

年4月末,東北タイ出身の工業相トーンイン・プーリパットのもと,タイ,ベトナム,ラオス,カンボジアからなる常設軍事委員会が発足したといわれる (Goscha 1999: 188).そして7月12日,インドシナ3国,インドネシアとタイの反植民地主義者はベトナム・ニュース・サービス事務所に集まり,東南アジアの機構の設立を決定した.8月1日には「東南アジア連盟」の声明文が外国政府機関や新聞社に配布され,同「連盟」の憲章策定が始まった (NARA, Record Group 84; Reynolds 1984: 10).

「東南アジア連盟」は1947年9月8日,バンコクのホテルで,タイ,ベトナム,インドネシア,カンボジア,ラオス,マラヤの6ヵ国から60人の参加を得て発足式を行った.「連盟」の委員長にティアン,副委員長にチャン・バン・ザオ,事務局長にスパーヌウォンが就任するなど,東北タイ政治家,ベトミン,ラーオ・イサラの代表が要職に就いた[23].委員長は同月30日,「東南アジア連盟」をタイ当局に登記している.その申請書によれば,同「連盟」の目的は,①東南アジアの人民の相互理解と親愛関係の推進,②東南アジア全体の経済,社会,文化水準の向上,③世界平和,相互尊重,自由権,国連憲章がうたう公正と自由の促進,④教育,研究,情報交換の促進,⑤東南アジアに関する文化,社会,経済,科学に有益なドキュメンタリーの普及,⑥目的を共有する他機関との提携であった(ナーイムアン 1948: 19-23).

上記は名目であって,実際の目的は独立運動の武力支援であったと思われる.なぜなら,アジア関係会議におけるベトナム代表の発言からもわかるように,「独立のために戦う連邦」(fighting federation)が求められていたからである (First Asian Relations Conference 1948: 63, 77, 89).また登記の必要上この申請書に書かれた目的は――いずれにせよタイ当局は「連盟」の登記を認めなかったが――その憲章にある目的と微妙に異なり,和らげられていた.すなわち,憲章の目的には独立の達成と「東南アジア連邦」(South East Asia Federation)の設立が掲げられていたのである.「東南アジア連盟」は独立運動のグループを主体とする,いわば非公式の暫定的な組織であって,独立を達成した諸国家から構成される公的機関「東南アジア連邦」の設立を最終的な目標としていた.したがって,「東南アジア連盟」は独立を実現して「連邦」を設立するまでの過渡的な組織であり,この目的のために,継続してインドシナ独立支

援のための軍需物資の調達・輸送を行うことを当初の活動内容としていたと考えるべきであろう．

また，「東南アジア連盟」はタイの対外政策に対するコメントを発表するなど，積極的な言論活動を行った．たとえば，タイが国連でインドネシア独立運動への介入を迫ったり，国連アジア・極東経済委員会への非独立国代表の参加に賛同したりしたことを「連盟」は歓迎した．さらには『バンコクポスト』社説が国連のベトナム介入を要求すると，「連盟」はこれを支持した（Reynolds 1984：11)[24]．このほかにも文化交流活動として，タイ共産党の指導する青年会が1947年9月14日バンコクで挙行した「東南アジア各民族青年交歓会」では，「連盟」のティアンが来賓として挨拶しているように（『曼谷商報』1947年9月13，15日）「連盟」の活動は多岐にわたり，東南アジアを中心に外部とのつながりを積極的にもとうとしたことがうかがわれる．

1947年11月5日，プリーディー派政権の首相は，国会で国際調停委員会の勧告を拒否し，領土問題についてはフランスとの直接交渉の上で国連に働きかけると通告した．ただしフランスがラオスとカンボジアの独立を認めるなら，すべての要求を放棄するとタイ政府は同時に声明した（Reynolds 1984：12）．

しかし，「東南アジア連盟」が軌道に乗る前に，プリーディー派政権は1947年11月8日の陸軍のクーデタに倒れ，プリーディーは亡命した．「クーデタ・グループ」はその行動を正当化するために，プリーディーが王制を廃して共和国をつくり，自らその元首になる陰謀を企んでいたと非難した．このグループはその後さらに，彼が共産主義者の支配する「東南アジア連盟」にタイを従属させ，ソ連圏と協力するつもりであったと攻撃した（Poole 1970：45）．1948年4月ピブーン政権が復活したことは，タイのベトナム人の政治活動を一変させた．こうして，プリーディー派政権下である程度活動を保護されていたベトミンは，タイを基地として反仏戦を展開することが不可能となった．

4.「東南アジア連盟」の蹉跌

本節は，戦後ピブーン政権が「東南アジア連盟」を非難する口実としてとりざたした東北タイの「分離運動」を検討する．「東南アジア連盟」の失敗は，

国内権力闘争における敗北とアメリカを意識した反共主義との関連で論じられることが多い．しかし，「分離運動」は国家のあり方と主権に関わる重要な要因として見逃せない．筆者は，東北タイの地方主義と東南アジアの連携という地域主義が交錯していた側面に注目し，「東北タイ分離反乱」を取り上げたい．

4.1 連邦制と「東南アジア連盟」の可能性

「東南アジア連盟」は，1947年11月の軍事クーデタによって頓挫した．同「連盟」委員長ティアンは「東北タイ分離反乱」の首謀者として，クーデタ後まもなく指名手配された．

プリーディーがクーデタ後，地下潜行を余儀なくされると，彼の支持者であったティアンもまた身の危険を感じ，自由タイの元拠点に元メンバーを引き連れて身を隠した．ティアンは非合法手段により権力を奪取した「クーデタ・グループ」から権力を奪還しようと企てたが，プリーディーが1947年11月27日シンガポールからラジオ放送で，自由タイの元メンバーが武力を行使することに反対したため，中止した．プリーディーがこのとき武力闘争を禁じたのは，タイ人同士で戦うことが歴史に汚点を残すと考えたためであった[25]．そこでティアンは計画を変更し，世間を騒がす事件を起こすことにした．たとえば，彼は鉄道のレールのねじを外し枕木に火をつけることにより，新聞を通して「クーデタ・グループ」に対する抵抗が存在することを国際社会に知らしめ，外国の政府承認を妨害することをねらった（サワット1990: 31）．陸軍は懸賞金をかけてティアンを探した．1948年3月初旬，ティアンは東北タイの分離を共謀したとして逮捕された．

ティアンの容疑は，政府を打倒し，統治形態を変革し，現行憲法を廃止するために反乱を共謀，そして，タイを4つの国家に分割しようとした，というものだった（ナーイムアン1948: 51）．訴状によれば，1947年9月から，ティアンは学校や寺院で次のような主旨の演説をした．「私も東北タイの人々もラーオ人である．ラーオ人が住むのは東北タイとメコン河の対岸である．対岸のラーオ人は少ないので，東北タイと合併する．そして，タイは州に分割されるべきである．すなわち，ラムパーン，ラムプーン，チエンマイなどのラーオ北州，中央部のタイ州，南部のタイ・イスラーム州と東北のラーオ・イサーン州であ

る．それぞれが憲法を有し，相互に帰属することはなく，東南アジア連盟に所属する．このようなタイの分割のためには革命が必要である．つまり，ラーオ州の統合とタイ国からの分離である」と．訴状は，そのために人民を煽って混乱を引き起こそうとした罪をティアンに着せるものだった（ナーイムアン 1948: 6-9, 82）[26]．

　弁護人のタウィン・ウドン（東北タイ政治家）は，ティアンがメコン河の両側を統合して独立国を建国することを考えたことはないと，上述の訴えを否定している．むしろ彼は，ティアンがただラオスの独立の方法を模索していただけであると主張した[27]．

　この分離容疑に関連して注目されるのが，1948年7月16日憲法起草委員会において，タイを連邦制にするか否かが討議されたことである．チェンマイの元国会議員は南タイを例にあげながら，省を置いて，徴税権を与え，自治を促進することが適切だと提案した．これに対し，元駐米公使は「アメリカは多民族国家なので合州国がふさわしいかもしれないが，タイは単一民族なので従前通り単一国家がよい」と反論した．連邦制は結局，否決された（『サヤームニコーン』1948年7月17日）．

　このような連邦制の構想は，タイを複数の自治政府に分割し，中央の権力を移管し弱めることにつながるので，中央政府には受け入れがたかった．まして，東北タイの政治家の発想となれば裁判沙汰にもなったと思われる．訴状にあるような東北タイ分離はティアンの構想にはなかったかもしれない．それはむしろ，ティアンを失脚させるために都合のいいように捏造されたと考えるべきであろう．しかし，「東南アジア連盟」の中には，タイの不均衡な発展を是正し，民主化，地方分権と地方の開発を促進しようという意図があったにちがいない．それは連邦制のような形態であったかもしれない．あるいは日本の道州制構想のようなものだったのであろう．ただし，ティアンは戦中，東北タイを抗日運動の拠点とし，日本と協力したピブーン政権には属さないと「独立宣言」したことがあるといわれていた．そのことから，東北タイ分離は政敵排除の口実にも使われたようである（プリーチャー 2010: 107）．

4.2 「東北タイ分離反乱」容疑をかけられたラオス独立支援

「東南アジア連盟」が頓挫した後も，ラーオ・イサラに対する東北タイ政治家の支援は続いていた．しかし，1948年10月末，再び「東北タイ分離反乱」の容疑により東北タイ政治家の一斉逮捕が行われた．同容疑で保釈，裁判中のティアンも再逮捕された．かれらの罪状として問われたのは，分離運動のほか，中国雲南省昆明に100人の東北タイ青年を軍事研修のために派遣したことであった．フォーン・シティタム議員はその首謀者で，成功の暁にはラオスの首相になるつもりであったという容疑が捏造された（『サヤームニコーン』1948年11月4, 6日）．フォーンが青年派遣に関わっていたのは事実であるが，しかし実際その中心者であったのはティム・プーリパット（トーンインの兄，元国会議員）で，逮捕されたティアン，トーンイン，タウィン，チャムローン・ダーオルアンら元大臣は，クーデタ直後でありリスクが高いのでこの青年派遣運動には関わっていなかった（フォーン 1982: 54)[28]．とはいえ国会はピブーン首相の反対にもかかわらず，会期中の不逮捕特権によりフォーンの釈放を認めた．

フォーンはラオスに隣接するウボンラーチャターニー県の教育者にして政治家で，ラオスが独立してタイと平和に共存することを望んでいた．彼は1944年の終わりには，日本の敗北を見越してラオス支援に思いをめぐらし，ペサラート首相との連絡を試みた（フォーン 1982: 49-50, Sila Viravong 2004: 63）．戦後，ペサラートは連合国に独立を要望し，シラー・ウィーラウォンら青年独立運動家に連合国との折衝を任せた．しかし，シラーらは経験が乏しいので，フォーンら東北タイの政治家に支援を要請することになった．かれらは，日本軍の武装解除のためにラオスに駐留していた中国国民党軍第93師団と交渉にあたり，ラオスの独立闘争支援のために昆明で東北タイ青年に軍事演習を施すことの同意にまでこぎ着けた（フォーン 1982: 51-54)[29]．

この派遣については内務副大臣の了解を得ていたようである．タイ軍は派遣された青年の中にスパイを潜り込ませ，状況を把握していた[30]．またほかにもこの事実を知る手がかりとして，一青年のタイ警察供述調書（1953年8月）が残っている．供述書によると，青年は1948年29歳のときに，近所の寺のビエンチャン人の僧侶から中国での軍事研修に誘われたという．その僧侶の語り口は，ラーオ・イサラの支援には触れず，軍事研修で出世できるというものだっ

た．彼は家族が心配でためらった．しばらくして還俗したその元僧侶が再び勧誘した．青年は高給をもらえると聞いて，貧困から脱したいと思ったので行くことに決めた．同年6月25日，一行は8人でタイからビルマを経由して中国に向かった．9月15日，昆明に着いた．そして青年は国民党政権の学校で三民主義，地図，軍事，武器の取り扱いについて学習した．受講者はタイ人29人，ベトナム人3人だった．まもなく，東北タイの政治家が昆明へ来て，研修後，ラオスの解放を支援するようにかれら受講者を説得した．しばらくして青年はラオス軍の少尉になった．1950年2月，共産党軍が昆明を解放したため，彼は武装解除され，共産党軍に投降した．そして彼はベトナム人になりすまし，政治，経済，社会，マルクス・レーニン主義の研修を受けた．その後かれは帰国を申請して，1953年6月にタイに戻った[31]．

　青年は逮捕された後で，騙されたのだと供述している．性急な人集めによって，ラオス解放に情熱を燃やす志願青年ばかりが参加していたわけではないのかもしれない．

　フォーンは釈放後新聞取材で，ラオスをタイに吸収する可能性を示唆し，「タイのような小国が分離を図れば，帝国主義者の餌食になる」と容疑を否定した（NARA, Record Group 84）．後日フォーンは，「〔私は一筆者注〕領土併合者である．東北タイ人で分離を考えるような愚か者はいない．ラオスはわれわれと近いきょうだいである．平和裏にわれわれと統合させたい．もし，タイがラオスによいことをすれば，いつか，ラオスがわれわれと一緒になるかもしれない」と語っている（フォーン1982: 54）．フォーンの言い分には，ラオスのタイへの統合の希望がにじみ出ている．

　青年派遣の責任者ティムは取材で，「タイの領土外に散在しているタイ人を母国に取り込みたかっただけである」と述べ，「そんな計画がタイに危険だろうか」と逆に尋ね，「もしそうなら，残りの人生を喜んで刑務所で送ろう」と言い放った（NARA, Record Group 84）．

　タウィンは裁判所で，「ラオスの独立運動を助けることが違反ならば，政府は東北タイ人全員を収容する刑務所を建設しなければならない．なぜなら東北タイ人は皆対岸のラーオ人が独立することを望んでいるからだ．このような逮捕はナイフで東北タイ人の心臓をえぐるようなものだ」と述べた（『サヤーム

ニコーン』1948年11月5日).

　逮捕された別の東北タイ政治家はプリーディー派の新聞の取材に「東北タイ人が尊敬してやまないティアンら政治家が逮捕されたことは,政府の印象を悪くし,国民統合に心理的悪影響を与えている.一般的に東北タイ人は既に政府の不公平な取り扱いによって差別されている.灌漑,交通や通信など東北タイ地域の開発計画は中央に比べて遅れている.行政サービスも公平でない.国民統合の将来はこれらの問題にかかっている」と政府を批判した(NARA, Record Group 84).

　これらの表向きの言説から明らかなことは,かれらは政府の言い立てるようなタイからの分離・独立など考えておらず,せいぜい独立運動の支援であり,分離よりもむしろラオス併合というタイ政府が望むところを幾ばくか期待していたことである.とはいえ,当時において民主主義を要求し,東北タイが政府から重視されていないことに対して不平を言おうものなら,当局から分離運動家扱いされるのは免れ難かった(フォーン1982: 55).結局,昆明に派遣された青年たちは,ラーオ・イサラの軍隊に参加した者とタイに帰国した者に分かれた(村嶋1998: 193).

　その後,ピブーン政権はアメリカとの関係を強化した.アメリカはインドシナの独立運動を共産主義運動とみなし,こうした見解にタイも追従した.1949年7月19日にフランス・ラオス協定が締結され,フランス連合内でラオス王国は制限付きの独立を果たした.しかし亡命政府内では,独立がほぼ達成されたとする多数派と完全独立まで戦おうとする反対派とに分裂した.王国政府代表とラーオ・イサラ代表の交渉の末,亡命政府およびラーオ・イサラは10月24日に解散した.フランス連合内の独立に反対した旧ラーオ・イサラのメンバーはラオス国内で抗仏闘争を継続し,タイとの国境でも活発に活動していた.かれらは,スパーヌウォンを議長とするネーオ・ラーオ・イサラ(ラオス自由戦線)を結成した.

5. おわりに

　ピブーンの大タイ主義は東北タイ人およびインドシナ,とりわけラーオ人の

ナショナリズムを刺激した．そしてフランス植民地主義を共通の敵とする地域主義が芽生えた．ピブーン政権は失地の一部を回復すると，インドシナの独立運動支援には消極的になるが，タイにおけるかれら独立運動家の活動を妨げなかった．日本がタイとインドシナにとって共通の敵になったとき，地域主義は再び頭をもたげた．プリーディー派政権はインドシナの独立運動に兵站基地を提供した．戦後フランスの復帰反対で，プリーディー派政権とインドシナは一致した．フランスがインドシナに復帰すると，ベトミンの抗仏ラオス，カンボジア支援はタイが拠点となった．そして，インドシナ諸国の多数の運動家がタイを根拠地として，難民による支援のもとに活動することが許され，軍事訓練が施されるとともに，武器・弾薬やその他がタイ経由で各地に送り込まれた．こうした連携は「東南アジア連盟」に結実した．1947年11月にクーデタが起こると，「東南アジア連盟」の活動は頓挫し，インドシナ独立運動をタイで進めるのに不便が生じた．引き続く東北タイ政治家のラーオ・イサラ支援は，「東北タイ分離反乱」扱いされ，一斉逮捕で遂行できなくなった．東北タイ政治家のトーンイン，タウィン，チャムローンは，1949年3月4日警察当局によって殺戮された[32]．しかし，昆明に派遣された東北タイ青年の軍事研修は継続し，かれらの一部はラーオ・イサラに合流した．ピブーン政権は冷戦が本格化するまで，タイにおけるインドシナ独立運動家の活動を黙認していた．しかし1950年2月28日ピブーン政権はアメリカに追従する形で，アジア諸国の中で真っ先にベトナムのバオ・ダイ政権を承認し，さらには朝鮮戦争に派兵することによって，積極的にアメリカの冷戦戦略に与した．そして1951年6月20日，ベトミン代表部の閉鎖をもって，タイを拠点とするインドシナ独立運動に終止符が打たれた．ティアンも1952年12月，警察に殺害された．

　東北タイ政治家のラーオ・イサラ支援の後は，タイ共産党が引き継いだ．タイ共産党は，朝鮮戦争が世界戦争に発展するのではないかと危惧し，ゲリラ戦争が展開されていたインドシナを視察学習することにした．東北タイ農民がラオス，カンボジアに派遣され，政治学習を受け，抗仏独立運動に参加した．かれらは地元住民を啓発し，闘争心を鼓舞した．タイ共産党には，「植民地」経験のないタイ人に実際の独立運動を視察・支援させ，タイの革命運動に役立てる意図があった．タイ共産党とラオス左派勢力との協力は中ソ対立が決定的に

なるまで続いた(高橋 2010b: 153-156).

　東南アジアの地域主義には当事者それぞれの思惑があった．ラオス，カンボジアにとっては独立が至高の課題であった．しかしベトナムは，独立という至高課題に加えて，インドシナという枠組を堅持していた．ラオスにも東北タイの併合という願いがあったようである．フランスにとっては植民地の維持と領土問題解決がまず利害関心となっていたため，その「地域主義」はフランス連合の形態をとることになった．タイには「独立」を維持した「唯一」の国としての自負があり，東南アジア地域の盟主としての野心があったのであろう．その地域主義構想には冒頭に掲げた反仏パンフの絵に見えるヒエラルヒーがのぞいていた．またそこには，大国の覇権に対する不満と植民地支配下にある近隣諸民族への同情が混在していた．さらにタイにとって地域主義とは，領土問題を解決する一つの方法であったように見える．中央政府に反発する東北タイは，ラオスの単独独立，タイによるラオス併合，タイとラオスの連邦，ラオスと東北タイの合併による連邦制といったさまざまな構想の間を揺れ動いていたのかもしれない．そして東北タイは，地域主義の中で国内の不均衡発展の是正と自らの発展を模索した．このように，それぞれの思惑が錯綜しつつ，緒に就いたのが「東南アジア連盟」だったといえる．

　「東南アジア連盟」構想は第一次インドシナ戦争の最中，インドシナ3国の発意で始まった．それは植民地主義からの独立を至高の目的とし，そのために軍事支援を含む地域協力を求めた．域外大国の脅威から自らの利益を守る地域主義の萌芽であった．それに対し，大東亜共栄圏は第二次大戦の最中にアジアの一帝国である日本が発意し，アジアにおける欧米帝国主義の支配にとって代わり日本を盟主とした「階層制度」であった．その秩序にはアジア諸民族が共有できる文化がなかった．ただし，インドシナの独立運動は大東亜共栄圏を利用した実態がある．他方，ASEANは第二次インドシナ戦争の最中，インドシナ3国を含まない東南アジア5ヵ国が域内の安定(とりわけ共産主義の脅威)・融和(とりわけ領土問題)と域外大国依存からの自立をめざして発足した．社会主義を志向したインドシナ3国の加盟は1990年代後半まで待たなければならなかった．

　「東南アジア連盟」構想から60年後，カンボジアが国境に接するプレアビヒ

ア寺院を世界遺産登録したのを契機に，タイ・カンボジア間で武力衝突が発生した．タイとラオス・カンボジア国境はフランス植民地主義が仕掛けた地雷のごとく東南アジアの火種になっている（高橋 2010a, 高橋 2011）．「東南アジア連盟」は民族自決を契機として発足し，そして領土問題を解消するはずだった．しかし，インドシナ 3 国の独立達成後，タイとの領土問題はフランスが画定した国境を尊重する形で国境画定問題に緩和され，当事国間の調停にもち越された．国境問題が ASEAN の枠組の中で解決されるのか，その英知がいま問われている．

注

謝辞：本章執筆にあたり，桜井由躬雄先生およびゼミ生から貴重なコメントを頂戴した．この場を借りて感謝申し上げたい．

1) 1893 年にタイはメコン河東岸のラオスを，1904 年にルアンプラバーン，およびパークセー対岸地域を，1907 年にカンボジア西部のバッタンバン，シエムリアップ，シソポンをフランスに割譲した．
2) タイはかつてシャムと呼称したが，引用以外はタイで統一した．ラオスについては，国号はラオス，民族，言語名にはラーオを使った．カンボジアについても，国号はカンボジア，民族，言語名はクメールとした．
3) ラーオ人民族主義者には，東北タイ一帯はタイの植民地となり，ラーオ人がタイ語を学んでタイ人になってしまい，タイに吸収された地域との認識がある（矢野 2008: 45）．なお，ラオス人民革命党幹部には東北タイ出身者が少なくない．
4) ノーンカーイ県当局によれば，1940 年 12 月末から 1941 年 2 月半ばまでビエンチャンの対岸ノーンカーイに避難したインドシナ難民は 306 人．うちタイ人は 290 人，ベトナム人 16 人となっている．タイ人の多くはラーオ人であろう．避難の理由は「戦争・安全」が 97 世帯，「タイを助けて失地回復」が 20 世帯，「生活苦」が 20 世帯，「タイに家族がいる」が 11 世帯，「増税・徭役」が 9 世帯，「徴兵」が 4 世帯などとなっている．ただし，複数自由回答（NAT, Mo. Tho.（内務省）5. 7/13）．タイ政府がラジオ宣伝したようなフランスの圧政や失地回復が避難の理由になっていることは注目に値する．
5) カンボジアの解放運動クメール・イサラクは 1940 年末バンコクで結成された（村嶋 1998: 134, 137, Goscha 1999: 123）．
6) ウンは，アメリカはタイで軍事行動する権限をもたず，ラオスを支援しているので，武器は自由タイに帰属しないと主張している（Wyatt 1975: 21-22）．

7） ピブーンの後任首相のクアン・アパイウォンはカンボジア貴族の家系.
8） 当時，ラオスは大きく5つの領域に分割統治されており，国王の影響力は全国に行き渡っていない．
9） ラオス独立宣言後の4月16日，ノーンカーイ県知事は内相宛てに，「メコン河東岸にはラオスをタイに併合しようとする者がおり，ラオスが独立宣言してもそう長くは続かないだろう．ラオスは小さく，人口も少ない．軍事的にも経済的にも自衛力がない．したがって，タイに併合される方が，他国の植民地になるよい」という主旨の文書を送っている（NAT，[2] So. Ro.（首相府）0201. 98. 1/19）．
10） ウィンはイギリスの特殊作戦執行部（SOE：Special Operations Executive）に属し，ラオスの状況を調査した（Reynolds 2005: 376）．
11） ホラデイはOSSのタイの専門家．北タイの元宣教師（Reynolds 2005: 192, 322）．
12） 筆者によるシーパノム・ウィチットウォラサーンとのインタビュー（2011年4月12日）．彼は軍人を退役して，ラーオ・イサラに志願した．
13） 1943年統計によると，ラオス都市部の人口の6割をベトナム人が占めた（菊池 2002: 170）．ラーオ・イサラの中にもベトナム人への不信が根強く存在した（Goscha 1999: 149-150）．
14） ティアンの弟ピーラ空軍中尉はベトナム人を雇用して道路を建設した（ナーイムアン 1948: 68-69）．ベトナム人は請け負ったが，肉体労働を嫌った多くのラーオ人は従事しなかった（Wyatt 1975: 50）．
15） タイの新聞はベトナム人難民の特別待遇を批判した．1948年8月半ば，インドシナ共産党幹部ホアン・バン・ホアンはウドーンターニーでベトナム人の会議を主催し，この記事を重視し，タイの法律・習慣を尊重することを決議した（Goscha 1999: 288）．
16） ペサラートは武器の価格が高騰しないように，ベトナム，カンボジア，ビルマ，インドネシアの独立運動の代表を集めて秘密会議を開いた（"3349" 1978: 41）．
17） ベトナム民主共和国の代表グエン・ドク・クイは，ティアンの力添えで，タイ政府から越僑支援として70万バーツを調達した．同国の代表部設置に先立ち，ベトナム・ニュース・サービスが1945年8月か9月バンコクに設置され，同共和国の宣伝活動を担った（Goscha 1999: 155, 242）．
18） スックプリーダー氏は父プリーディーの言として，「東南アジア連盟」設立の提案者をラオスのペサラートとしている（スックプリーダー 2009: 32）．ペサラートとスパーヌウォンは異母兄弟．
19） 1946年11月タイがフランスへ領土を返還する代わりに，領土に関する国際調停委員会が発足した．バンコクでは12月8日領土割譲に反対する数千人規模のデモが起こった．9日，4県はフランスの支配下に入った（Reynolds 1984: 4）．
20） タイ側からは副団長としてティアンが出席している．タイ側は，タイにつくか，フランスにつくか住民投票を行うよう提案した．

21) 「汎東南アジア連合」に関する議論は非公式であった (NAT, [2] So. Ro. 0201. 25/47).
22) 1947年8月に領土が返還されないことが確定すると，野党の民主党党首クアンは，多くを要求しすぎて結果として何も得られず，また，ラオス・カンボジアの独立提案がフランスを不必要に挑発したと，政府を批判した (Reynolds 1984: 7, 9).
23) 他の役員はマーノート副事務局長（自由タイ，新聞記者，タウィンの秘書），レ・ヒ財務担当（ベトミン），タウィン渉外担当（自由タイ），スキット庶務担当（チュラーロンコーン大学教員）などである (NARA, Record Group 84).
24) アレクサンダー・マクドナルド (Macdonald, A., 元OSSメンバー) が創刊した『バンコクポスト』が「東南アジア連盟」を支持し続けたことも注目される.
25) この発言と矛盾することが1949年2月に起こった．プリーディーは広東からタイへ潜入し，海軍の支援を得てクーデタを決行して王宮を占拠した．しかしこのクーデタは失敗し，彼は2度とタイの地を踏むことはなかった．この反乱に対し，国内外のプリーディー支持者の多くが彼に失望した．
26) 裁判所での検察官の証人（陸軍大尉）の供述によれば，ティアンは講演で国境問題に触れ，1947年半ばに参加したアメリカでの領土に関する交渉が成功しなかったことを認めた．「フランスはさらなる交渉も返還も認めないので，別の方策が必要だ」と話した．「タイは小国で兵が少ないので，軍事力をもって領土を返還させることはできない．返還させる方法は東南アジアの各民族が国連憲章に則り独立し，東南アジア連盟に結集することである」と主張した (ナーイムアン 1948: 57-60, 64-66). 原告証人の一人は弁護人の質問に対し，「ティアンは東南アジア連盟の目的達成のために，タイ国を4州に分割するとは言っていない」と答えている (ナーイムアン 1948: 74). 原告証人となったティアンの支持者らは，「ティアンは当局と戦うことを考えたことはない」「武器はラオ・イサラに供与すると言っていた」「警察官が国家の分割について聞いたと供述させようと暴力を振るったが，聞いたことはない」と証言した (ナーイムアン 1948: 89, 96, 97, 105).
27) 原告証人の中に，自由タイだけでなく，ラーオ・イサラにも参加した者がいた (ナーイムアン 1948: 97). 裁判は1951年に証拠不足により起訴取り下げで終わった.
28) 当時，チャムローンはティアンの「分離反乱」，タウィンとトーンインは8世王死亡事件の弁護人であった．
29) ラーオ・イサラのウンは中国国民党軍に対する不信を回想している (Wyatt 1975: 31-33).
30) 1948年10月8日国防相から内閣官房長官宛文書による．昆明のラーオ・イサラ軍の副司令官はブーラナ・チャムパーパン（元シーサケート県選出国会議員）(NAT, [3] So. Ro. 0201. 9/4).
31) 公安警察はラーオ・イサラとのつながりを断つため，かれらを国境で敵を掃討する警官にすることを提案した (NAT, [2] So. Ro. 0201. 77/29: 224-233).

32) プリーディーが起こした「王宮反乱」に，3人は参加しなかったにもかかわらず，連座して逮捕され護送中に殺害された．事件のときにバンコクにいなかったティアンはこの難を免れた．

参考文献

公文書

タイ公文書館（NAT）資料．
ウボンラーチャターニー公文書館（NATU）資料．
アメリカ国立公文書館（NARA），Record Group 84 (Records of the US Bangkok Legation), College Park, Maryland.

菊池陽子（1996），「ラオスの形成－『ラーオニャイ』新聞の分析を通して」『早稲田大学大学院文学研究科紀要』42，4，pp. 25-37.
菊池陽子（2002），「ラオスの国民国家形成－1940年代を中心に」後藤乾一責任編集『岩波講座　東南アジア史 8－国民国家形成の時代－』岩波書店，pp. 149-171.
菊池陽子（2004），「1940年代初期のラオスに対するタイの宣伝活動とフランスの対応」根本敬編『東南アジアにとって20世紀とは何か』東京外国語大学アジア・アフリカ言語文化研究所，pp. 23-38.
高橋勝幸（2010a），「タイ・カンボジア関係：プレアビヒア寺院をめぐるウボン大学学生の反応」『タイ国情報』3月号，pp. 26-42.
高橋勝幸（2010b），「タイ共産党の初期地方工作の模索：東北タイ・シーサケート県の共産主義運動を手掛かりとして」『アジア太平洋討究』15，pp. 133-164.
高橋勝幸（2011），「タイ・カンボジア関係：2011年2月プレアビヒア寺院をめぐる軍事衝突」『タイ国情報』3月号，pp. 23-47.
高橋正樹（2009），「タイの地域主義の歴史的考察－東南アジアの多層的国際秩序研究－」『中央大学法学会　法学新報』115，9・10，pp. 463-496.
中村明人（1958），『ほとけの司令官』日本週報社．
古田元夫（1991），『ベトナム人共産主義者の民族政策史：革命の中のエスニシティ』大月書店．
村嶋英治（1998），「1940年代におけるタイの植民地体制脱却化とインドシナの独立運動」礒部啓三 編『ベトナムとタイ』大明堂，pp. 110-218.
矢野順子（2008），『国民語が「つくられる」とき－ラオスの言語ナショナリズムと

タイ語』風響社.
Asian Relations Organization (1948), *The Proceedings and Documentation of the First Asian Relations Conference, New Delhi, March-April, 1947*, New Delhi, India: Asian Relations Organization.
Barmé, S. (1993), *Luang Wichit Wathakan and the Creation of a Thai Identity*, Singapore: Institute of Southeast Asian Studies.
Goscha, C. E. (1999), *Thailand and the Southeast Asian Networks of the Vietnamese Revolution, 1885-1954*, London: Curzon.
Gunn, G. C. (1988), *Political Struggles in Laos, 1930-1954: Vietnamese Communist Power and the Lao Struggle for National Independence*, Bangkok: Duang Kamol.
Ivarsson, S. (2008), *Creating Laos: The Making of a Lao Space between Indochina and Siam, 1860-1945*, Copenhagen: NIAS Press.
Poole, P. A. (1970), *The Vietnamese in Thailand, A Historical Perspective*, Ithaca, N. Y.: Cornell University Press.
Reynolds, E. B. (1984), "Thailand and the Southeast Asia League," in *Relations between Thailand and Other Countries: Proceedings of the International Thai Conference, August 22-24, Thai Studies Program*, Chulalongkorn University, pp. 1-18.
Reynolds, E. B. (2005), *Thailand's Secret War*, Cambridge, UK: Cambridge University Press.
Sila Viravong, Maha (2004), *My Life: Autobiography*, Vientiane, Laos: Dokked.
United States Department of State (1947), *Foreign Relations of the United States*, vol. 4.
Wyatt, D. K. ed. (1975), *Lao Issara: The Memoirs on Oun Sananikone*, Ithaca, N. Y.: Southeast Asia Program, Dept. of Asian Studies, Cornell University.
"3349" (1978), *Iron man of Laos: Prince Phetsarath Ratanavongsa*, Ithaca, N. Y.: Southeast Asia Program, Dept. of Asian Studies, Cornell University.
サワット・トゥラーチュー (1990),『最高機密:私がプーパーン司令官ティアン・シリカンと自由タイを共にした時』スカパープチャイ.
スックプリーダー・パノムヨン (2009),『スパーヌウォンから知るラオス史』ミン

ミット.
ダーラーラット・メートターリカノーン (2003),『メコン河両岸の政治』マティチョン.
チャーンウィット・カセートシリ (1976),「プリーディー・パノムヨンとタイ政治」『社会・人文科学教科書プログラム』3, 3, pp. 76-81.
ナーイムアン・ドームチュートゥアン (1948),『東北タイ分離反乱：ティアン・シリカンの裁判』プラサートアクソーン.
フォーン・シティタム (1982),『葬礼記念本』農業協同組合.
プリーチャー・タムウィントーン (2010),『ティアン・シリカン：サコンナコーンの自由タイ運動』メーカムパーン.
マハーシラー・ウィーラウォン (1992),『ラオス史』マティチョン.

新聞
『サヤームニコーン』
『曼谷商報』

第6章

国境を越えた国民統合の試み
―― 中国革命への華僑社会の参与 ――

鄭　成

1. はじめに

　20世紀に入ると，近代的国民国家への胎動と列強諸国への抵抗が交錯する東南アジア諸国では，ナショナリズムに目覚めた華僑が中国の革命に進んで参与し，国境を越えた国民統合の流れが形成された．本章は華僑社会の政治運動に参加した華僑の個人史を通して，微視的視点からこの歴史過程を考察し，その形成要因を分析する．

　近代中国以来，華僑社会は突出した政治力と経済力により，中国の歴史において重要な役割を果たすようになった．とりわけ20世紀以降，東南アジアの華僑は中国の革命に進んで参与し，本国を中心とした，放射線状の華僑ネットワークを形成した．海外の華僑と本国のつながりは，1930年代の日中戦争期に入ると，抗日運動という共通の課題を前に，これまでになく緊密なものとなった．多くの先行研究も，華僑の活発な政治活動が本国の国境を越えて中国人の国民意識形成に寄与したことを指摘しており，それは歴史学では公式的見解としてすでに定着している（呉倫・鄭1989，村上2001）．

　これに対して，近年籠谷直人は経済史的アプローチにより，日中戦争期華僑を軸とした対日通商の開放性を明らかにした（籠谷2000: 413-498)[1]．また松浦正孝は政治史的アプローチから，日本が「大東亜戦争」を展開した際，東南アジア，華南，台湾の華僑ネットワークを利用しようとし，一部の華僑から協

力を得た一連の事実を提示した（松浦 2010: 220, 295, 334）．こうした華僑社会の対日協力の一面を指摘した両氏の研究は，華僑社会が一枚岩となって抗日運動に参加し，本国との関係の緊密化に大きく貢献したという従来の見解に一石を投じた．

上記の研究が示しているのは，どちらも当時の華僑社会の実態の一面ではあるが，互いに大きくかけ離れている．このような華僑社会の当時の状況を内在的に，かつ整合性のとれたものとして理解するには，新たな視点が必要となる．というのは，華僑の愛国と抗日の一面を強調する従来の華僑研究は，主として華僑実力者の政治運動に着目したため，華僑社会全体の動きは把握されているものの，一人一人の華僑個人の立場から当時の華僑社会の精神状況などをとらえようとする視点が足りない[2]．一方，日本側の経済統計データに依拠した籠谷と，日本側の政治的動きに主眼を置いた松浦の両研究では，一部華僑の対日協力という事実が明らかにされたものの，その背後の動機についての踏み込んだ分析が行われていない．

総じて言えば，上に述べたように一連の先行研究は，より内在的視点から華僑社会の実態をとらえる視座を欠いていた．そのような先行研究の限界を突破する一つの試みとして，本章では19世紀末までの華僑社会の歴史を概述した後，欧陽恵という，タイの華僑社会の政治運動と本国の革命運動の双方に参加した華僑の個人史を通して，華僑社会が中国革命に参与していた過程とその要因を考察する[3]．

2. 東南アジアの華人社会の歴史

中国人の東南アジア進出の歴史は古い．その起源は紀元3世紀ともいわれている（Wang 1959: 3）[4]．一般に，東南アジアへの中国人移住は唐の時代から始まり，中国人の定住は海外貿易が盛んになった宋の時代以降，顕著に増えたとされている[5]．元の時代には，当局が宋の海外貿易奨励策を継続したことにより，中国の海外貿易の規模はさらなる拡大を遂げた．

明になると，状況は一変した．元に対して深い不信を抱いた明当局が海外貿易奨励策を廃止したため，海外貿易は永楽帝が再び海外貿易奨励策を打ち出す

まで復興できなかった．15世紀初頭に入ると，明政権の絶大な支援を受け，鄭和の大航海が実現した．未曾有の規模で行われたこの航海遠征は，中国と東南アジアの心理的距離を短縮させ，画期的な成功を収めたことから，東南アジアへの中国人大量移民のきっかけとみなされている（松本・川本1991: 3）．

16世紀初頭，明政府が倭寇対策の一環として打ち出した海禁政策を受け，中国と東南アジアの貿易が40年間断絶した．その間，東南アジア貿易における中国人の優位性は，マラッカに進出したポルトガル人に奪われた．17世紀半ば，清王朝は，南中国の沿海部で明王朝の支持者と戦いを繰り広げた．その際，東南アジアは双方から資源の供給源と位置づけられた．さらに，明の支持者は敗北の後，東南アジアを拠点としていった経緯があった．

総じて見れば，東南アジアの華僑社会と中国本土の交流は，貿易を中心としたものであり，時期的に宋の時代から本格化したといえる．その間，東南アジアに流入した中国人は，本国と断絶することはなく，絶えず中国本土における政治変動の影響を受けていたのである．

3. 民族意識に覚醒した華僑社会

3.1 19世紀後半の華僑社会

19世紀後半，東南アジアの華僑社会は，ヨーロッパ資本の進出と華僑自身の活発な経済活動によって，新たな局面を迎えた．この時期の華僑の状況は，豊かな経済力と貧弱な政治的権利という言葉で要約できる．

17世紀以降，中国人移民はこれまで生業としてきた貿易を維持しながら，一部がタイとマラヤの奥地に進出し，採鉱業と農業に従事するようになった．やがてヨーロッパ資本による植民地経済が東南アジア全土に広がると，華僑商人は地元の農民とヨーロッパ資本の仲介者という新たな役を担い，植民地経済システムに必要不可欠な部分として組み込まれていった[6]．19世紀後半の華僑経済界においては，近代的商業施設や金融機関の積極的な導入や，軽工業への意欲的な進出が一つの大きな流れとなっていた．これらの一連の経済活動に，19世紀前半からの中国人の大量流入とそれによる経済各分野への華僑の進出が加わり，華僑は比較的豊かな生活を手に入れ，華僑全体の存在感が高まっ

た[7]).

　華僑は高まった経済力を獲得できたものの，それと見合った政治的権利とは常に縁遠かった．その原因には，華僑の帰属意識と植民地当局の意図的操作の2つがあげられる．

　第1に，この時期の華僑の大半は，「一時滞在」者として居住国で活動する傾向が強かった．「葉落帰根」（葉が根元に落ちて，大地の懐に戻るという意味から転じて，人々が故郷に帰り，悠々自適の晩年を過ごすこと）という伝統的心理を抱いた華僑らにとって，滞在先は一時的に身をおく経済活動の場にすぎず，いずれ本国に戻るつもりであった[8]）．母国に対する彼らの愛着は出身地と宗族のレベルに止まっていたため母国と居住国のどちらに対しても帰属意識が希薄で，居住国の政治にも関心をもたず，自らの社会生活の範囲を同郷コミュニティーに限定し，日常生活は出身地の言語を用い，出身地の習慣を固守していた（庄 2003: 24-25）．この状況の背後には，当時の中国が未だ近代国家としての体裁を整えていなかったこともあった．

　第2に，植民地当局の意図的操作は，華僑の経済力と政治力を相反させるもう一つの重要な要因であった．イギリス支配下のマラヤでは，植民地当局は行政権を一手に握り，中国系，マレー系，インド系の住民に対し，別々の統治方法をとった．植民当局から各民族に与えられた政治的権利は限られたものだった．華僑はその優れた経済能力ゆえに当局から重用されることはあったが，彼らの政治的な権利は，他民族に比べてもとりわけ抑圧されていた．もともと各民族は，隔離されたまま植民統治下に置かれていたため相互交流が少なく，緊張した関係にあった（マハティール 1983）．華僑の豊かな経済力は，しばしば他の民族の不満と嫉妬の対象となった．イギリス植民地当局は，こうした民族間の緊張関係を植民地統治にいかして，自らの優位をさらに確実にさせたのである．

　しかしながら，このような豊かな経済力と貧弱な政治的権利という状況が，かえって華僑の関心を母国に向かわせた大きなエネルギー源になっていった．

3.2　内外の変化から芽生えた民族意識

　19世紀末東南アジアの華僑社会は，華僑社会内部と中国本土における政治

的社会的変化に遭遇することで，祖国愛を基盤としたナショナリズムを芽生えさせていった．

華僑社会内部の変化は，経済力の向上による文化の発展とその社会連帯意識の強まりの2点に要約できる．経済力の向上は，華僑が伝統教育の必要性を認識し始めるきっかけにもなり，さらにそれを実現するための物質的基礎も提供した．1870年代より，東南アジアの華僑社会には数多くの旧式の塾が設立されるようになった．これらの塾は，伝統文化と旧式の中国語教育（各地域の方言を使用する教育）を主な教育内容としており，伝統文化の普及に貢献するとともに，華僑社会における伝統的価値観と中国への帰属意識の強化をも促進した．

中国語教育による伝統文化の普及と平行して，華僑の薛有礼が1881年に創刊した『叻報』を嚆矢に，数々の中国語新聞が近代社会のマスメディアとして，華僑社会に登場した．これらの中国語新聞は，細かい掲載内容が異なっているものの，中国伝統文化の宣伝と華僑社会の情報共有という点では共通し，華僑社会におけるコミュニティーとしての一体感の形成に役立った．この時期，後述するように，各政治勢力が新聞を武器に大衆に向けて政治理念を訴え，激しい政治論争を繰り広げていた（Yong and McKenna 1990: 5-12）．新聞の普及は，政治論争に接する機会を一般華僑に提供し，母国政治に対する関心を高めていった．

経済発展を受けて，華僑社会に多くの近代的な経済団体が誕生した．19世紀末から20世紀初頭にかけて，マラヤやタイなどの町で経済発展を遂げた華僑は西洋式の商会を数多く設立した．これらの経済団体は，産業界のまとめ役として経済活動を促進しただけでなく，従来の華僑社会の単位となっていた宗族や方言のグループ，あるいは秘密組織の枠を越え，相互の横のつながりを強め，華僑社会全体の連帯意識を強めることに大きく寄与した（Wang 1959: 28-31）．

中国本土の政治変動は，主に以下の3つの面から，華僑社会における国民意識の形成に影響を与えた．

第1に，清政府から華僑社会へのアプローチがあげられる．19世紀後半，清政府が一連の政策を通じ，華僑社会のつながりの緊密化を図った．1877年，

清政府はシンガポールで領事館を設立して，一連の華僑工作のスタートを切った．清政府領事館は公用語を話すマンダリンを採用するため中国語学校の設立協力にとくに力を入れた．これまで，華僑社会における中国語教育は地方の方言を中心としたものであったため，教育現場における使用言語の一元化は，方言の相違による華僑間の心理的距離感をなくし，共通言語の普及を促した[9]．領事館は華僑社会における儒教文化の宣伝活動にも力を入れ，伝統価値観の浸透を狙った．清政府の役人がたびたび東南アジア各地を訪れ，行く先々で華僑の実力者と接触し，清政府役職ポストの提供や叙勲を通し，華僑エリート層の清政府に対する忠誠心の確保に努めた（庄 2003: 25, Yong and McKenna 1990: 6-7）．

第2に，中国本土で展開された改良派と革命党の間の論争は，東南アジアの華僑社会にも大きな影響を与えた点である．19世紀末の中国は，西洋列強との不平等条約締結，太平天国の乱，日清戦争とその結果としての領土の割譲といった一連の内憂外患に見舞われ，社会全体が強い亡国の危機感に包まれていた．この国家的危機に対処するため，康有為らの改良派が漸進的政治改革を主張していた．一方，孫文が率いる革命党はあくまでも清王朝の転覆を目指そうとしていた．両者の論争は次第に国境を越えて，華僑社会にまで及んだのである．

「戊戌変法」失敗後，康有為は海外に亡命し，保皇会を成立して立憲君主制論を唱えた（「戊戌変法」後，改良派は保皇会と称するようになった）．改良派の政治理念に共感を覚えたマラヤの華僑知識人たちは，自らの中国語新聞で同様の主張を展開し，改良派への支持を表明した[10]．さらに，康有為が1900年にシンガポールに滞在した時，現地の華僑支持者は彼のもとに結集し，『天南新報』と『南洋総滙新報』の2紙を拠点に，立憲君主制の宣伝を展開した．

一方，革命党は共和制の樹立を目指し，孫文のリーダーシップのもとに，1900年前後より東南アジアの華僑社会で活発な革命運動を展開しはじめた．1906年，孫文は華僑実力者の協力を得て，まずシンガポールに同盟会支部を設立し，それから1910年まで東南アジア各地で複数の同盟会支部を立ち上げた．それと平行して，複数の新聞を創刊し，興論工作に力を入れた．

辛亥革命前の数年間，立憲君主制と共和制，改革と革命という政治理念の対

立をめぐって，改良派と革命党はそれぞれの新聞を拠点に宣伝を展開し論争を繰り広げた．この論争は，多くの華僑の母国に対する政治的関心と帰属意識を大きく喚起した．

第3に，中国本土を取り巻く国際情勢も，華僑の国民意識形成を促進した重要な一要素である．1904年，アメリカ議会が中国労働者排斥法案の無期限延長を決定した．このことは多くの中国人の強い反発を招き，中国本土のみならず，世界各地の華僑社会でも，大規模な米貨ボイコットが自発的に起きた．タイの場合，華僑は出身地の枠を越え，米貨ボイコットのピーク時には各言語グループの華僑が一堂に集結して反米大集会を行った（村嶋2010: 231-234）．同一国民のために大勢の人々が集まり肩を並べて戦う経験は，これまでの華僑社会にはまったくなかった．それゆえ，この経験はアメリカに対する抗議という次元にとどまらず，華僑の団結力を確認する機会でもあったのである．

中国が近代国民国家として徐々に体裁を整えるとともに，上記の複数の要素は，華僑の母国への政治的関心と国民意識を高め，華僑が母国政治に参与するための土台を築いた．

3.3 東南アジアの国民党と共産党

東南アジア華僑と中国の政治的連動は，中国国民党と中国共産党が果たした指導的役割を抜きには論じることができない．この2つの政党の指導がなければ，華僑の本国政治との関わり方は別の様相をもったに違いない．

20世紀初頭，中国国民党の前身に当たる革命組織・興中会（1905年華興会と合併し中国同盟会に改称）が東南アジアで活動を開始した時，華僑社会を主導する組織は商会，方言グループ，宗族組織，秘密組織といった，経済的，地縁的，または血縁的つながりを基盤にしたものであった．しかし国民党の組織拡大により，この構造は少しずつ変わっていった．1920年代半ば以降，共産党が東南アジアへ進出するのにともない，華僑社会の政治運動は国民党と共産党の主導のもとに進められるようになった[11]．両党の方針には大きな相違が一つある．それは国民党が，華僑の経済力を中国本土の経済建設と革命運動に生かすことを優先課題としているのに対して，共産党が現地のタイ人を自らの革命運動に巻き込み，現地で共産主義運動を展開することに強い意欲をもってい

た点である．

　1920年代から1930年代までの中国本土においては，国民党と共産党は協力と対立の両極を行き来していた．このような両党関係の変遷は，東南アジアの華僑社会にも影響を及ぼした．1924年，第1次国共合作成立後の中国では，中国共産党は国民党の組織力を自らの勢力拡大に生かした．それに対応するかのように，タイにおいては，国民党暹羅総支部における共産党勢力が次第に力を強め，国民党右派との対立を深めていった（村嶋 1993: 268）．さらに，1927年，国民党と共産党が決裂に至ると，国民党の弾圧から逃れるため，大勢の共産党党員がタイやマラヤに亡命した．彼らの亡命は，現地の共産主義運動を活発化させると同時に，国共対立を一層熾烈なものにした．

4. 華僑社会の中国政治への参与

　20世紀前半から，中国は近代国家建設を目指して，多難な道のりを歩み始めた．一方，華僑社会は史上未曾有の情熱をもって，母国の政治動向に絶えず強い関心を寄せるようになった．そのようななか，自ら進んで母国の政治に参与した華僑の事例が枚挙にいとまがないほど数多く現れた．ここまではその構造的要因を政治社会の変動とともに概観してきたが，以下ではこの流れを時系列的に見ていくことにしたい．

　華僑の母国政治への大規模な参与は，辛亥革命前後の革命運動にまで遡ることができる．孫文率いる革命党の呼びかけに応じ，東南アジアの華僑社会は巨額の献金をもって絶大な資金援助を行っただけでなく[12]，さらに多くの華僑が母国に赴き，革命党の武力蜂起に参加した．その中には命まで捧げた人も少なくない．辛亥革命の前夜に起きた「黄花崗起義」[13]は，その72名の烈士のうち，13名はマラヤ出身の華僑であった．同「起義」は清王朝の統治基盤を大きく揺るがした．

　辛亥革命後，共和制は樹立されたものの，政局に迷走が続いた．袁世凱の独裁政治を倒すために孫文が討袁運動を起こすと，東南アジアの華僑はいち早く孫文の呼びかけに応じ，献金活動を行った（李 1989: 221-241）．

　袁世凱死後，長年にわたる軍閥の分立に，日本の利権拡張と領土蚕食が加わ

り，中国社会で動乱と政治的緊張が続いた．それがかえって華僑の愛国心を絶えず刺激した．1915年の日本の対華21ヵ条要求を受け，1919年には五四運動が中国全土に広がり，反日気運は高まっていった．東南アジアの華僑社会でも，反日デモや日本商品ボイコットが相次いだ．一方，日本軍は国民政府による国家統一を阻止するため，1928年に済南で国民政府の北伐軍と軍事衝突を起こし（済南事件），多数の中国人死傷者を出した．事件発生後，マラヤやタイの華僑は募金活動，日貨ボイコット，中国国産品の宣伝などを行い，母国への支援を行った（顔1989: 261-281）．

1930年代には満州事変と日中戦争の勃発を受け，亡国への危機感が一段と現実味を帯びるようになった．それは中国国内だけでなく，東南アジアの華僑社会にも広がった．以来，華僑社会の抗日支援は従来の祖国支援を大幅に上回る規模で拡大を続けた．

居住国での抗日運動は，前述したように日本商品ボイコットと抗日宣伝を主要手段として，最も頻繁に展開されていた．経済史家の村上勝彦は日本商品ボイコットについて，「その他の条件」との複合効果により日本商品の海外輸出に打撃を与えたが，「その貢献度合いを峻別するのは困難である」と論じている（村上2001: 132）．しかしながら，実際日本商品ボイコットの意義は単に日本商品の排除というにとどまらず，華僑の抗日気運の向上などの意識面で貢献をなした点も留意に値する．その点については，抗日宣伝と併せて欧陽の個人史に焦点を当てることにより，第5節で詳述する．

中国本国を支援するための主要手段は，献金による経済支援と帰国服務による人的支援の2つである．戦争で経済が疲弊した中国本土にとって，華僑社会の献金は重要な意義をもった．華僑社会の自発的献金活動のほか，中国本土からもたびたび募金目的の代表団が東南アジアを訪れた．国民政府僑務委員会の統計によると，1944年末までに海外の華僑から寄せられた寄付金総額は法幣7億4千万元にのぼった（華僑志編纂委員会1964)[14]．

華僑による人的支援も絶大であった．大量の華僑が帰国して，戦地に向かった．よく知られる事例は，「機工」と呼ばれる人々である．3,000人余りの華僑のトラック運転手と修理工が，ミャンマーと雲南をつなぐ滇緬道路を往来し，援助物資の運搬にあたった．日本軍が香港を占領した後，滇緬道路が中国内陸

部につながる唯一の物資輸送ルートとなった．日本軍の空襲が頻繁に行われたうえ，自然条件が過酷で，同道路は常に危険と隣り合わせにある場所であった．日本の敗戦まで，1,000人余りの「機工」がこの滇緬道路で命を落とした．

抗日運動が中国全土から華僑社会に広がった後，ますます多くの華僑が東南アジア各地から中国に向かった．辛亥革命前夜，中国革命に参与した華僑はエリート層にとどまっていたが，日中戦争期になると，華僑社会全体を巻き込む大衆運動まで発展していった．

5. タイ出身の華僑・欧陽恵

本節では，1930年代末，タイの華僑社会に起きた抗日運動の実態を把握するために，欧陽恵の事例を取り上げてみる．

欧陽は1920年にバンコクに生まれ，少年時代より共産党の活動に参加した．1930年代後半になると彼はバンコクの抗日運動で活躍し，党の中堅幹部に抜擢された．1939年，タイの共産党が当局の取り締まりにあって以降，欧陽は中国に渡り，中共党員として中国革命に直接に関わった．1945年，欧陽は数百人の華僑出身者とともに，東南アジアで革命を遂行せよとの中共の命令を受け，タイに向かって南下した．その途中，交通事情の関係により大連足止めを食い，現地のソ連軍新聞社で記者を務めたのをきっかけに，1950年代半ばまで中ソ関係の宣伝活動に従事した．1950年代半ば，彼は右派と批判され，農村部での下放生活を20年間強いられた．1970年代末に職場復帰できた．1982年に定年退職した．

1930年代後半にバンコクで共産主義運動に参加した当時のタイの華僑社会に，進んで華僑社会の政治運動および中国国内革命に関わった華僑青年は少なくなかった．それゆえ，欧陽の人生は単に個人的経験にとどまるものではなく，同世代の華僑青年の人生経験，さらには当時の華僑社会の政治的変遷を理解するうえで参考になるだろう．

5.1 生い立ち：華僑2世

欧陽は華僑2世である．父親は広東出身の農民で，生活苦のため，若い頃に

妻を連れてタイに渡った．20世紀初めのタイは，中国人移民がブームを迎えていた．中国南部沿海地域からタイまでの船賃が安かったのと，入国ビザがいらなかったことなどが，多くの中国人がタイを渡航先に選んだ主な理由である．

裸一貫でタイにやって来た中国人は総じて勤勉であった．欧陽の父親もその一人だった．港の荷役をはじめ，タバコの立ち売りや露店商売など，数々の苦労を重ねた末，欧陽の父親はようやく小規模の土木建築業の業者にまでなったが，欧陽がまだ小学生の頃，ビジネスの失敗にショックを受けて急死した．主婦である母親のしつけがもともと緩かったこともあり，父親を亡くした少年欧陽は糸が切れた凧のように，一層の自由を手に入れた．

5.2 共産党系の学校

小学生の欧陽は中国語系の広肇学校に通っていた．そこで彼は2学級上の魯文と出会った．面倒見がよく，兄貴格の魯文はその時，すでに共産党の組織活動に参加していた[15]．欧陽は魯文と出会ってから，徐々に共産党関連の活動と関わるようになった．2人の出会いは欧陽にとってまさに人生を左右する契機であった．

折りしも当時は，日本軍の侵略が中国を脅かした時期であった．満州事変の後，国家滅亡への危機感はタイの華僑社会にも広がった．当時の様子について，欧陽は「祖国が危ないのは知ってはいた．しかし，なぜ危ないか，どうすべきか，と聞かれたらおそらくうまく説明できなかっただろう」と回顧している．まだ漠然ながら，深刻な危機感にとらわれていたのは，少年欧陽一人だけではなく，当時多くの華僑が共有した心境であっただろう．

こうした亡国への危機感が広がるなか，タイの共産党は学校などで一連の活動を展開していた．広肇学校では，魯文が共産党の指示のもとに欧陽らの学生たちを率いて抗日宣伝を行った．しかしこうした宣伝活動は孔子の伝統文化を重んじる学校の方針に抵触し，魯文らと学校の対立は一時ストが行われる事態にまで悪化した．

小学校卒業後，欧陽は中華中学に進学した．中華中学は国民政府が認定した教科書を使用し，その卒業生が中国本土の大学に直接に進学できる，当時のタイにおいては最高レベルの中国語教育機関であった．しかし，欧陽は入学して

間もなく,学生ストに参加したため中華学校から除籍された.欧陽と一緒に中華学校から自主退学した学生は40名近くにのぼっており,共産党幹部の黄耀寰らは樹人学校で師範班をつくり,これらの学生たちを収容した.師範班は8ヵ月後,樹人学校から独立し,新たに啓明学校として発足した.

欧陽らが参加した学生ストは,タイにおける共産党組織の拡大に貢献した.共産党幹部は,国民党系の学校で学生ストを起こさせ,スト参加で学校と対立した学生と教員を連れ出し,新たな学校を立ち上げることにより,自らが直接掌握する学校を増やしていった.このようにして共産党が設立した学校には,啓明学校以外では崇実学校,培民学校などがある.

タイの共産党は自らが掌握した学校で,共産主義のイデオロギー宣伝に力を入れ,独自の教育活動を展開した.タイ当局による検査に対応するため,表では中国政府公認の公式教科書を利用していたが,実際には政治経済学,階級闘争論,艾思奇の大衆哲学などの書籍を使い,共産主義の革命理論を主な講義内容とした.そのほか,『大衆生活』,『読書生活』など,中国で出版された左翼系雑誌も教材として使った[16].このような教材は,学生たちが母国の政治情勢を理解するのに役立った.「風雲児女」や「桃李劫」といった抗日題材の映画も授業にとり入れられた.一方,国民党系の学校において一般科目とされた数学,化学,歴史,地理,物理,国語,英語,タイ語などの科目は設けられなかった.

上記の学校教員の大半は共産党員で,その代表人物として,黄耀寰,呉琳曼,許侠などがあげられる.いずれも1930年代のバンコクの共産党組織における指導的人物であり,しかも中国本土出身者である.1920年代後半から1930年代にかけて,タイで共産党活動の指導者として活躍した人々は,中国本土出身者が大半を占めており,20歳代から30歳代前半までの若年層が圧倒的に多かった[17].共産党員の教員のほとんどが中国本土の出身であるため,タイ語のレベルは総じて低かった.幼少期をバンコクで過ごした欧陽も,基本的な生活範囲が華僑社会に限定したため,タイ語のレベルはタイ人並みには達していなかった.こうした彼らの語学力の不足は,後にタイでの共産主義宣伝活動に大きな支障をきたした.

上記の学校のほか,共産党は啓明夜間学校を設立した.同夜間学校では労働

者を対象とした初級レベルの識字コースが設けられた．華僑の救国意識が高まるにつれ，救国をテーマとする歌や時事問題が授業にとり入れられ，次第に学校は中国人労働者の集いの場となった．このように，革命宣伝と授業内容を一体化したことに，共産党系の学校の大きな特徴があった．

5.3 革命運動への献身

魯文が率いる学生ストに参加したことをきっかけに，欧陽は革命の世界に入った．1935年，15歳の欧陽は共産党の予備軍である共青団に入団した．その3年後，彼は共産党に入党した．入党した当初の欧陽は，先輩たちから「プロレタリアに祖国はない」「どんなところにいても，共産主義革命を最後まで成し遂げるのだ」「われわれの祖国はソ連だ」「ソ連の革命が成功すれば，世界革命の未来はきっと明るい」といったスローガンをよく耳にした．1935年前後は中国共産党が国民政府軍の軍事包囲から脱出し，1年半あまりの撤退を経て陝西省に辿り着き，かろうじて滅亡の危機を回避できた時期である．絶大な権威をもち世界各国の共産主義運動を指導するコミンテルンとその背後にあるソ連と比較すれば，華僑青年の間における中国共産党の存在感は小さかった．華僑社会において中国共産党の認知度が急速に高まったのは，日中戦争が全面戦争になった後のことである．

入団後，欧陽が真っ先に経験したのは，共産党のビラ配布と「挿紅旗」（赤い旗を目立つところに立てること）である．仲間数人と組んで，人の注意を引かないうちに，素早く高い建築物からビラを撒いたり，屋上や橋などの目立つところに赤い旗を立てる活動であった．警察に見つかると逮捕される恐れがあるため，行動はつねに緊張の連続であった．

1920年代末から1930年代前半まで，タイの共産党はビラ配布という宣伝方法を好んで用いた．ビラの内容は共産主義宣伝のほか，タイの国王，王族，人民党などの支配階級の打倒を唱えるものが多かった．共産党と国民党の相違は，こうしたビラが中国語とタイ語の両方で書かれていたことに如実に示されている（村嶋 1993: 308）．つまり，共産党はタイ人を対象に革命宣伝を行い，タイ現地の政治に積極的に介入しようとしたのに対し，国民党は宣伝対象を華僑に限定して，タイ政治に立ち入らず，華僑の資金力と人的資源を本国の発展に取

り込むことに集中する方針をとった．

　ビラ配布や「挿紅旗」は，共産党組織の存在感アピールに一定の貢献をしたものの，実質上の宣伝効果は薄かった．むしろその派手な運動形態がタイ当局の警戒心を刺激し，厳しい取り締まりを招くこともしばしばあった．その結果，多くの幹部が次々と逮捕され，深刻な人員損失をこうむることになった．

　こうしたなかで，欧陽はタイ人労働者に対する共産主義の宣伝と勧誘という任務を受けた．彼はしばらくマッチ工場などの地元工場で働いて，タイ人労働者との接触を図った．欧陽は同じ職場の若いタイ人をたびたび映画鑑賞やコーヒーに誘ったりして，まず仲良くなろうとした．若いタイ人は映画鑑賞や食事の誘いに喜んで応じたものの，革命宣伝にはまったく興味を示さなかった．それどころか，欧陽が会話でソ連に言及したら，若いタイ人はいつも慌てて「だめ！だめ！」と連呼した．欧陽はほかの工場で同様の試みを行ったが，いずれも努力は実らず，最後は勧誘工作を断念せざるをえなかった．それというのも，タイ人を対象にした宣伝と勧誘活動はタイ人の現状，伝統文化，考え方を不問にしたまま理念だけが先行したものであったため，彼らの共感を得られずに終わることが多かったのである．

　募金活動も欧陽の活動の一つであった．これらの募金活動の内容は時期に応じてさまざまだったが，すべての募金が期待どおりにいくとは限らなかった．その一例として内戦中のスペインに赴くことを希望する華僑志願者への旅費カンパを見てみよう[18]．当時，タイの共産党が若者の志願者を集めて，スペイン内戦の戦場に送るという話があった．欧陽の同僚たちは，華僑社会で人望が厚く，募金活動にもいつも協力してくれた蟻光炎に旅費援助を依頼した．しかし蟻は，「言葉（スペイン語）が全然できない，子供同然の人たちを行かせてしまうと，かえって先方にとっては迷惑千万の話になるのではないか」と募金依頼を断わった．それ以降，スペインに志願者派遣の話はなくなったという．

　欧陽とその仲間の活動拠点は，次第に読書社に定着した．読書社では，欧陽らは時事解説，唱歌，作文などさまざまな活動を行い，若者の参加者から多くの支持を得た．1937年の日中戦争勃発より，タイの華僑社会で抗日気運が高まるにつれ，抗日宣伝関連の活動が次第に読書社の中心的内容となっていった．欧陽らは演劇やビラ配布，サッカー試合，歌合戦，献金募集などの形で抗日宣

伝を展開した．

　読書社の振興は，日中戦争全面化を受けて，共産党が打ち出した対策の一つである．これまでの共産党系の組織は多くの場合，普羅（プロレタリア）文学同盟，赤色工会，赤色学連という共産主義のイメージが強い組織名を使ってきたため，市民から敬遠される傾向があった．そこで抗日気運の向上を背景に，共産党は上記のような組織名称の代わりに，一般市民が親しみやすい読書社を急速に普及させたのである．読書社を拠点とした欧陽らの宣伝活動においては，従来の共産主義理論の宣伝に代わって，抗日宣伝が重視された．

5.4　抗日運動での活躍

　タイ華僑社会の抗日運動が一つのピークを迎えたのは，共産党が各種の抗日勢力を結束させるため，暹羅華僑各界抗日救国連合会（抗連）を立ち上げた時である．抗連のもとに，暹羅華僑熱血青年救国会，暹羅華僑教師抗日総会，婦女慈善救国会など，複数の組織が束ねられた．

　抗連の活動は，募金や抗戦物資の募集から日本商品のボイコットにまでわたった．抗日運動が進むにつれて，日本商品のボイコットを徹底させる目的で，日本商品を取り扱う華僑商人を懲罰する鋤奸団という組織が現れた．抗連の傘下にある鋤奸団は，日本商品を取り扱う疑いのある商人に警告書を出し，商品取り扱いの中止，謝罪文の掲載や罰金を強く求めた．当該の商人が応じなかった場合，暗殺を含む暴力手段をもって制裁を加えた．このような鋤奸団はタイだけでなく，マラッカなどの東南アジア地域にも存在していた．鋤奸団の警告を無視した商人が，暴力制裁や暗殺にあったケースも珍しくなかった．欧陽は抗連で宣伝関係を担当するほか，抗連傘下の鋤奸団の仕事も手伝った．暗殺の実行役を担当したのは，愛国の情熱に燃えた華僑青年が多かった．

　抗日運動の深化にともない，各抗日団体を統合する必要性が華僑社会で広く認識されるようになった．国民党と共産党の接触が次第に深まって，今度は欧陽はタイの共産党指導者である李華の指示を受け，国民党系の抗日後援会を抗連総会の傘下に入れようとして，国民党側との交渉を試みた．

　しかし，李憲という国民党側の交渉代表（国民政府がタイに派遣した特派員）は高圧的な態度で，抗連を含め，各抗日組織が一律に自らの指揮下に入ること

を要求して，欧陽らの強い反発を招いた．交渉が決裂して，欧陽らが会場を出た際，李憲は「君たち，いまタイ政府から指名手配されていることを，忘れてはいないだろうな」と，欧陽らの身元をタイ当局に明かす可能性をほのめかして恫喝をかけた．しかし，欧陽は李憲に対し，自分にも家族がいることを忘れないでほしい，と強い口調で言い返し，まったく屈する気配を見せなかった．両者の交渉は険悪の雰囲気の中で物別れとなった．このように，国民党と共産党の歩み寄りは従来より一歩進んで，ある程度実現したものの，完全なる和解には至らなかった．

5.5　タイ脱出

　1939年5月，欧陽は，恋人蘇蘭と親友劉茂雲を含む12人の同志とともにバンコクを脱出し，本国に向かった．脱出を決めた原因は，タイ当局の取り締まりであった．この年の春，抗連総会の成立を祝うため，バンコクの繁華街の映画館で「風雲児女」と「大路」という2本の映画の上映会が企画された[19]．事前の準備が不十分だったこともあり，抗連総会傘下の団体が各自で販売した切符の総数が映画館の収容人数を上回って上映会当日には予想以上の観客が集まり，かえって警察の取り締まりを招いてしまった．

　上映会開催の名義人である庄国英が警察に出頭し，後に保釈金を支払って釈放されたことで，事態は一応の事なきを得た．しかし，不穏な気配は一向に消えなかった．忍び寄る危険を察知した黄耀寰（当時バンコク市共産党委員会書記）をはじめとする共産党指導部は，欧陽らをタイから脱出させることを決定した．

　バンコク脱出に際し，欧陽ら13人の一行は，警察当局の監視のほか，一部のメンバーの親が子供の帰国を止めようとして，二重の課題に直面した．警察当局や自分たちの親がバンコクの港で人探しの紙を張り出し，見張りをつけているという情報が入ってきたため，彼らはあえて香港行きのフェリーの利用を避けて，バンコク周辺のいくつかの駅から別々に同じ汽車に乗り込み，ラオスの首都ビエンチャンに向かうことにした．このルートを選んだため，最終目的地の延安までの時間が実に1年以上もかかってしまったと思い知らされたのは，仲間たちと紆余曲折を経て延安に辿り着いた後のことである．

ビエンチャンでの滞在期間は2ヵ月前後に及んだ．先にラオスに到着した欧陽の上司である李華は，ラオスのフランス植民地当局の抗日規制が緩いものであることを見て，現地に抗日基地を立ち上げた．ここで欧陽と仲間たちは宣伝関係を担当した．その仕事内容は，新聞の編集（『民先三日刊』という3日に1回発行されたガリ版刷りの中国語新聞），抗日歌の指導，抗日宣伝演劇，募金活動などであった．募金活動は主に現地の華僑を対象にしていたが，寄付者の中にはラオス人もいた．新聞は公開市販のルートを通さず，ビエンチャンの華僑総商会が無料提供という形で華僑の間に流通させた．このように，抗日という共通の課題を抱える華僑らは，居住国の国境をまたがって華僑の一大ネットワークを形成していた．

　ビエンチャン滞在中，欧陽は李華の指令を受けて一度秘密裏にバンコクに戻ったことがある．降り立ったバンコク駅で，欧陽は偶然にも恋人蘇蘭の父親と遭遇した．蘇蘭の父親はタイの農村部に在住する精米所経営者であり，オープンな考え方の持ち主であった．田舎から娘がタイを離れるとの噂を聞きつけて，彼は慌ててバンコクに出たが，すでに手遅れだった．2ヵ月ほどバンコクに止まり，あらゆる手を尽くした末，諦めて引き上げようとするところで，バンコク駅で欧陽と出くわしたのである．

　蘇蘭の父親はまず，なぜ2人が結婚しないのか，と欧陽を問い詰めた．その頃，欧陽と蘇蘭の恋愛関係はすでに周囲に認められていたのである．欧陽は外敵がある限り，結婚はできないと答えた．蘇蘭の父親にとっては想定外の答えだった．彼はてっきり，2人は親から束縛されたくないからバンコクを離れたのだと考えていた．帰国はあくまでも抗日救国のためだという欧陽の答えを聞き，蘇蘭の父親はやや安堵した模様であった．彼は1枚の紙を取り出して，娘へのメッセージを書き入れ，500バーツとともに欧陽に渡した．紙には「蘭児，生命可以不要，名誉不可不保．一路順風，祝你勝利帰来」（我が娘蘭よ，命は捨てても構わない，名誉は大事にしなさい．万事が順調で，凱旋を祈ります）と書かれていた．

　2人のやりとりは短かった．欧陽の言葉は当時の多くの華僑青年の偽らざる気持ちを表したもので，蘇蘭の父親の胸の奥にまで抵抗なく入り込むものだった．蘇蘭の父親が，17歳の娘の安否を確認するために2ヵ月もバンコクに滞

在したことは，その愛情と心配の深さをうかがい知るに足る事実である．そうではありながら，彼は抗日救国の意図を知り，すかさず旅費を差し出し，欧陽に激励のメッセージを託した．この一連の行動から，多くの華僑にとって祖国のもつ重みがいかなるものであるのかを知ることができる．

　ビエンチャンに戻った欧陽は，仲間たちと合流して再び中国に向かった．一行は昆明に着いた後，重慶までの交通事情が悪化し足止めを食らったため，重慶までのルートを各自が確保するために奔走した．欧陽は義理の兄から餞別としてもらった金無垢のオメガ腕時計を国民政府僑務委員会の担当者に貢ぎ，やっとのことで重慶行きのバス切符2枚を手に入れた．重慶に着いた欧陽は，劉漱石（当時タイの共産党総書記）の紹介状のおかげで八路軍弁事処と接触し，ホー・チ・ミン（胡志明），葉剣英，周恩来などの当時重慶にいた共産党組織の核心幹部たちとも会うことができた．延安への交通ルートを確保するまで，欧陽は重慶に5ヵ月間滞在した後，再び延安に向かった．タイを出て1年半後の1941年2月になって，欧陽はようやく延安に辿り着き，華僑出身の共産党員として中国革命の激流に身を投じた．

　一方，欧陽の親友である劉茂雲をはじめ，残りの仲間は昆明にとどまり，しばらくは中国共産党昆明支部の世話を受けることになった．その後，劉茂雲らが苦労を重ねて重慶に辿り着いたのは，折しも周恩来が率いる重慶八路軍弁事処が撤去された時期だった．途方に暮れた劉の一行は国民政府に助けを求め，国民政府の陣営に入った．こうして2人の親友は別々の人生の道を歩むことになった[20]．

6. おわりに

　本章は，20世紀前半までを考察対象として，東南アジアの華僑社会と中国本土の関係の歴史的変遷を概観した．そのうえで，華僑の一人である欧陽恵の個人史を通して，本国への関心が希薄であった華僑社会がなぜ20世紀前半になって，あらゆる面で中国革命を支援したのかを明らかにしようと試みた．

　歴史的に見れば，東南アジアに移住した中国人移民は，中国本土とは物理的に隔たれた存在でありながらも，歴代の王朝の滅亡・興隆・変遷をはじめ，中

国本土の政治変遷から常に影響を受けた傾向が確認できる．とくに中国社会がさまざまな政治変動に見舞われた19世紀末においては，中国本土の多様な政治勢力が東南アジアの華僑社会に大きな影響を与えた．華僑の多くは，長年の努力によって豊かな経済力を築いていたが，居住国の差別政策により，政治参加から疎外されていた．それゆえ，自分の政治的情熱を中国本土に向けるようになった流れがある．

　辛亥革命をはじめ，討袁運動，五四運動などの一連の政治運動において，新たな国づくりを目指す本国の姿に心情的共感を強く覚えた華僑たちは，本国に対して経済的・人的支援を惜しまなかった．その後，抗日救国という共通の課題を前に，華僑社会の本国に対する政治的コミットは深まっていった．その間，中国本土の各政治勢力がこぞって華僑社会に自らの影響力を浸透させようとし，中国本土のさまざまな政治的綱引きも華僑社会で行われるようになった．その意味で，華僑社会は，中国本国の政治的・社会的な権力構造の投影であり，縮図であったともいえる．

　このような歴史的変遷から，華僑社会の政治的エネルギーを本国に向かわせた要因として，3点指摘することができる．1つ目は，華僑社会内部の要因であるが，19世紀後半以来の，華僑全体が置かれていた弱い政治的権利と比較的豊かな経済力という一種のアンバランスな状況である．2つ目は，中国本土側の要因であり，つまり，中国国内の政治的変動および中国が近代国民国家としての体裁を整えるようになったことが，華僑に国民意識を植え付ける重要なきっかけとなったことである．3つ目は，中国本土と華僑社会の間で活動する，孫文や欧陽のような革命家の存在である．彼らの活動を通じて，華僑社会と中国本土はより緊密な連動関係をもつようになった．

　欧陽恵個人の事例から何が見えるだろうか．まずは中国に対する欧陽の強い帰属意識である．欧陽はタイ生まれでありながら，一度も足を踏み入れたことがない母国の方により強い関心を寄せていた．こうした母国志向は，華僑にとって閉鎖的な居住国の政治環境によるところが大きかった．ビラ撒きからタイ人への勧誘活動，さらにはスペイン内戦参加のための旅費カンパ活動まで，欧陽が関わったタイの共産党活動が，現地のタイ人が直面する政治現実から遊離し，華僑社会内部での活動に終始していたことも示唆的である．それはまた別

の意味で，華僑の本国へのコミットメントを物語ることになっている．

　欧陽が経験したなかで，いくつかのことが注目に値する．まずは，抗日という共通のテーマを前に，これまで不倶戴天の敵であったタイの共産党と国民党は，共存と協力の道を模索せざるをえなかったことと，抗日運動の一環として，当時の華僑社会では，日本商品を取り扱う華僑商人への暴力制裁が広く認められていたことである．これらの事象が華僑社会全体の抗日気運の向上を表す事例であるとすれば，バンコク駅で欧陽と蘇蘭の父親が交わした短い会話は，いかに一人一人の華僑に素朴な愛国感情が浸透していたのかを如実に物語る事例であるといえよう．そのほか，欧陽らがラオスで抗日活動を継続できた事実は，当時の東南アジアの華僑社会において，抗日を共通の課題とする華僑のネットワークが既に形成されていたことを示唆している．これらのことはいずれも，当時の華僑社会を支配する政治認識と精神構造を内在的視点から提示するものである．

　このような政治認識と精神状態を背景に，多くの華僑が進んで中国革命に参与し，華僑と本国国民の物理的距離，そして，居住国と本国の国境を越えた国民統合の可能性を含む，緊密な連動関係が生まれた．もちろん，一部の華僑が対日協力をしたことも事実であり，このことを大きな歴史の中でいかに理解すべきかはさらなる検討が必要であろう．本章からいえることは，華僑の愛国心が，より深い歴史的基盤をもっており，華僑社会が置かれた政治経済的状況とともに，華僑の中国革命参与を押し進めたことである．

注

1) 籠谷は，華僑社会には対日通商に協力的であった華僑の存在のほか，華僑の対日姿勢は，それぞれの出身地と居住国から影響を受けることをも明らかにした．たとえば，広東系の華僑には反日家が多数見られるとか，激しい排日運動が展開した英領マラヤに対して，蘭印の華僑がその対極にあり，対日通商に協力的であったと論じている（籠谷 2000: 452）．
2) たとえば，1910年代から1940年代までイギリス植民統治下にあったマラヤ国民党の政治活動を研究するものとして，Yong and McKenna (1990) を参照．同研究は個々の歴史人物を取り上げているものの，基本的には全体を俯瞰するという視点か

3) 欧陽恵氏（以下敬称略）は，早稲田大学アジア太平洋研究科村嶋英治教授がタイ政治史研究を通じて知り合い，筆者に紹介してくれた人物である．欧陽の個人史は，村嶋教授がタイの共産主義運動についての研究を進めるなか，欧陽に対して実施したインタビューの内容をまとめたものである．インタビューは，村嶋教授の主導で，筆者が協力する形で3回にわたって行われた．実施期日と場所は，2004年5月（北京），2004年8月（バンコク），2004年12月（北京）である．3回目のインタビューは筆者が単独で実施したものである．この成果は間もなく村島英治・鄭成編著『中国に帰ったタイ華僑共産党員：欧陽恵氏のバンコク，延安，大連，吉林，北京での経験』として，早稲田大学アジア太平洋研究センターより出版される予定である．
4) 中国と東南アジアの関わりの起源について，マレーシア華僑の研究者である王賡武（Wang Gungwu）は次のように述べている．「紀元3世紀前，中国本土の商人が南中国の沿海地域に辿り着いた．ベトナム北部のトンキンに到着した彼らは，その一部は広東の南の海域を経由したのである．その後，中国の軍事征服にともなって，南中国の粤（広東）とベトナムのトンキンは中国の勢力範囲内に入った」(Wang 1959: 3).
5) 古代東南アジアにおける中国人の活動実態については，古代書籍の記録に頼らざるをえないため，十分に把握されていないところが多い．とくに東南アジアにおける中国人の大量移住については，研究者の間に見解の相違が見られる．可児弘明は宋の朱彧が著した『萍洲可談』の記述に依拠して，東南アジアにおける中国人の移住は宋の時代に始まったとしている（可児 1991: 29）．これに対し，中国人学者の庄国土は，蔡永兼の『西山雑記』を根拠に，中国人の定住は唐の時代に始まったとしている（庄 2003: 23）．おそらく一定規模の中国人移住は，貿易が盛んになった宋代以降に起こったと考えてよいであろう．
6) マラヤの場合，大都市―各町―広大な農村部に点在する商人を販売網の頂点―中間―基盤として結びつけているのは，中国人商人の物流網である．この物流網は，西洋企業の製品をマラヤの隅々まで届けるとともに，農村部から買収した農産物や原材料をヨーロッパ資本に届けるといった流通機能をもち，現地の植民地経済システムにとって不可欠な部分である（謝 1989: 377-387）．
7) 19世紀後半，東南アジア地域に大量の中国人が流入した原因として，以下の2つがあげられる．第1にプッシュ要因としては，アヘン戦争や太平天国の乱など，内外の動乱のために中国経済が大きく後退し，人口の急増と相俟って，おびただしい数の農民が生活苦に追い込まれたことがあげられる．そのため，南の沿海部の農民は海外に活路を見出そうとしたのである．第2にプル要因として，当時東南アジアでは植民地経済体制が確立され，近代産業の基盤が形成されていくことで，労働力に対する需要が空前の高まりを見せたことがあげられる．
8) 19世紀後頃の中国人移民は，「一時滞在」の人々のほかに，原住民と結婚して，

第 6 章　国境を越えた国民統合の試み　　　　　　　　　　167

　　言語や文化，風俗習慣の現地化が相当進んだというグループと，英語による教育を受
　け，英語と現地語に精通し，役所職員や専門職についたグループの2つがあった．後
　者のグループは，中国人移民と植民当局，あるいは現地住民との橋渡しの役を務める
　ことが多かった．もっとも，両グループが中国人移民全体に占める割合は小さかった．
9)　このような中国本土の政権による，東南アジアの華僑社会への新型中国語教育の
　導入と促進の試みは，専門教員の派遣や教員養成，夜間学校の併設などの形をとって，
　1920年代まで続いたのである（Charney, Yeoh, and Tong eds. 2003: 114-144）．
10)　文学者であり，詩人としても知られている邱菽園と医師林文慶の2人が，この時期
　のマラヤで立憲君主制を唱えた知識人の代表的存在である．2人は1898年にシンガ
　ポールで『天南新報』を創刊した．
11)　経済界の団体，方言グループ，宗族組織，秘密組織が，日貨ボイコットや祖国献
　金活動のまとめ役として引き続き機能していた．1928年に済南事件が起きた後，タ
　イでは国民党暹羅支部の主導で日貨ボイコットが行われ，シンガポールでは，華僑リ
　ーダーである陳嘉庚が創立した「義和軒」という組織を中心に，募金活動が行われた．
　「義和軒」は，従来の方言集団の枠を超え，特定の華僑団体の利益に束縛されない性
　格をもったため，華僑全体がアクセスしやすい組織であった．シンガポールのイギリ
　ス植民地当局が国民党の活動を制限したことは，「義和軒」の活躍の間接的な原因と
　なった．
12)　1906年から1912年まで，マラヤの華僑が中国革命に寄附した資金総額は，
　963,000マラヤドルにのぼった（Yen 1982）．
13)　「黄花崗起義」は，孫文らの革命党が1911年4月に広州で起こした反清政府の武
　装蜂起である．準備不足と蜂起当日の革命同志間の行き違いなどで，蜂起そのものは
　失敗に終わった．しかし，その社会的影響は計り知れない．わずか半年後に，清王朝
　の最終的崩壊につながる辛亥革命が起きたことは，この時すでに中国社会で大きな地
　殻変動が生じていたことを物語っている．
14)　村上勝彦は，通常献金といわれる華僑の本国への経済支援を「中国政府への献金」，
　「中国への投資」，「中国の家族への送金」に分類している（村上2001）．
15)　1930年代にバンコクで活躍した魯文は，1919年生まれで，中国広東省開平県出身．
　幼少期はタイの親戚の家に身を寄せた．1935年春，バンコクで反帝大同盟区盟責任
　者，暹羅華僑抗日救国総会臨時委員会委員を務めた．1935年9月に中国共産主義青
　年団に入団し，1937年5月に中国共産党に入党した．同年11月，香港経由で帰国し，
　各地で中国共産党の宣伝や土地改革の仕事を担当した．1959年に中国共産党北京市
　委員会の委員を務めた．2001年に北京で死去．
16)　『大衆生活』は1935年11月に上海で創刊され，抗日救国を主題に時事問題を扱う
　政治雑誌である．発売当初，20万部の発行部数をあげ，当時の中国では随一の雑誌
　発行部数をほこった．しかし，1936年2月に国民政府の処分を受け廃刊となった．
　『読書生活』は1930年代に発行された青年読者を対象とする啓蒙型の雑誌である．

17) 1930年代のタイの共産党指導者を務めた劉漱石 (1899～1942年) と黄耀寰 (1903～1976年) の2人でいえば, 劉が1927年に国民党の共産党鎮圧を逃れ, タイに入ったのは28歳であり, 黄が1937年にバンコク市の党員会書記を務めた時は34歳の若さであった.
18) 1936年7月から1939年3月まで, 第二共和政期のスペインで, マヌエル・アサーニャ (Manuel Azaña) 率いる左派の人民戦線政府と, フランシスコ・フランコ (Francisco Franco) を中心とした右派の反乱軍の間に勃発した内戦. 反ファシズム陣営である人民戦線を支援するため, 世界各国から多くの共産党員が志願してスペインに赴き, 国際旅団の一員として人民戦線軍に加わる形で内戦に参加した. タイの共産党が蟻光炎に旅費支援を依頼し, スペインへの人員派遣を検討した背景には, このような世界的な動きがあった.
19) 「風雲児女」は1935年に製作された抗日題材の映画. 映画は上映後, 中国全土で熱烈な支持を得た. 監督は許幸之で, 脚本は田漢と夏衍である. 聶耳が作曲し, 田漢が作詞したテーマソング「義勇軍進行曲」は, 後に中華人民共和国の国歌となった.「大路」は1934年に製作された左翼国防映画の代表作. 監督は孫瑜である.
20) 2004年, 村嶋教授のアレンジで, 欧陽と劉茂雲がバンコクで再会できた. 高齢となった2人は手をつなぎ, かつて戦友として一緒に活動したバンコク市内にある場所を訪れ, 昔話に花を咲かせた. 昆明で別れて以来, 2人の間に60年以上の歳月が流れていた.

参考文献

籠谷直人 (2000), 『アジア国際通商秩序と近代日本』名古屋大学出版会.
可児弘明 (1991), 「東南アジアにおける華僑のイメージとその影響力」松本三郎・川本邦衛編著『東南アジアにおける中国のイメージと影響力』大修館書店, pp. 27-75.
松浦正孝 (2010), 『「大東亜戦争」はなぜ起きたのか』名古屋大学出版会.
松本三郎・川本邦衛編著 (1991), 『東南アジアにおける中国のイメージと影響力』大修館書店.
マハティール・ビン・モハマド (高多理吉訳) (1983), 『マレー・ジレンマ』井村文化事業社.
村上勝彦 (2001), 「日中戦争下の東南アジア華僑」宇野重昭編『深まる侵略屈折する抵抗: 1930年－40年代の日・中のはざま』研文出版, pp. 103-136.
村嶋英治 (1993), 「タイ華僑の政治活動」原不二夫編『東南アジア華僑と中国－中国帰属意識から華人意識へ－』アジア経済研究所, pp. 263-364.

村嶋英治 (2010),「タイ華僑社会における中国ナショナリズムの起源」和田春樹等編『日露戦争と韓国併合：19世紀末－1900年代』岩波講座東アジア近現代通史第2巻, 岩波書店, pp. 222-243.
Charney, M. W., B. S. A. Yeoh, and Tong C. K. eds. (2003), *Chinese Migrants Aboard: Cultural, Educational, and Social Dimensions of the Chinese Diaspora*, Singapore: Singapore University Press; New Jersey: World Scientific Publishing Co. Pte. Ltd.
Yen, C. H. (1982), "Overseas Chinese Nationalism in Singapore and Malaya 1877-1912," *Modern Asian Studies*, 16, 3, pp. 397-425.
Yong, C. F. and R. B. McKenna (1990), *The Kuomintang Movement in British Malaya, 1912-1949*, Singapore: Singapore University Press, National University of Singapore.
Wang, G. W. (1959), *A Short History of the Nanyang Chinese*, Singapore: Published by D. Moore for Eastern University Press.
華僑志編纂委員会 (1964),『華僑志』華僑編纂委員会.
李守孔 (1989),「南洋華僑與討袁運動――一九一四至一九一六」呉倫霓霞・鄭赤琰編『両次世界大戦期間在亜洲之海外華人』香港中文大学出版社, pp. 221-241.
呉倫霓霞・鄭赤琰編 (1989),『両次世界大戦期間在亜洲之海外華人』香港中文大学出版社.
謝愛萍 (1989),「両次世界大戦期間在馬来半島的華商與馬来民族主義」呉倫霓霞・鄭赤琰編『両次世界大戦期間在亜洲之海外華人』香港中文大学出版社, pp. 377-387.
顔清湟 (1989),「新加坡和馬来亜華人対一九二八年済南惨案的反響」呉倫霓霞・鄭赤琰編『両次世界大戦期間在亜洲之海外華人』香港中文大学出版社, pp. 263-281.
庄国土 (2003),『二戦以後東南亜華僑社会地位的変化』厦門大学出版社.

第7章

「東亜新秩序」をめぐる思想の交錯
―― 東亜連盟論と東亜協同体論の比較から ――

河路　絹代

1. はじめに

　「イデオロギーの終焉」がいわれてからすでに半世紀経つ．冷戦はイデオロギー対立よりも軍事的・科学技術的競争となり，自由民主主義あるいは社会主義を名乗るいずれの社会も生産力を増大させ物質的な「豊かさ」を獲得しようとする点で変わりはなかった．冷戦の終結は，こうした資本主義の論理の勝利を決定づけたように見える．しかし物質主義，あるいは生産主義というのも一つのイデオロギーには違いなく，生産領域の内部ばかりでなくその外部，政治空間や生活空間における自由を抑圧する論理としてしばしば機能した．冷戦イデオロギーというのも，社会内部における「非生産的」あるいは「反社会的」なものを排除し強力な社会統合を行うための道具になっていた．したがってそのイデオロギー的外皮を剥がれて露わになったのは，多元社会のさまざまな要求であり，経済的不均衡およびこれとも関連した民族紛争の拡大である．その意味でイデオロギーは死滅するどころか再燃しており，世界は市場による統合とは別個に分極化に向かっているといえなくもない．他方で超大国の支配に代わり世界秩序を支えるシステムとして，「地域」という概念が用いられ始めている．そこで本章が再考したいのは，1930年代のイデオロギー全盛期における，日本の地域主義の萌芽的にして最期的な形態である．もちろん地域主義というのは近年の言葉であり，これまでは汎民族主義，日本に関していえばアジア主

第7章 「東亜新秩序」をめぐる思想の交錯

義という言葉が，帝国主義に近い意味で用いられてきた．しかし少なくとも地政学的かつ経済的に規定されたある一定地域の多民族共生をはかるという共通点をもって，当時のアジア主義を，広義の地域主義として扱うことは可能である．そしてそのアジア主義の狭義の歴史的性格を当時の東亜連盟論と東亜協同体論の生成過程から明らかにするのが，本章の目的である．

　これまでの研究は東亜連盟論や東亜協同体論を侵略と連帯あるいは帝国主義的侵略の抑制とその隠蔽，中国ナショナリズムの（再）評価とその限界といった二重性においてとらえてきた（岡1961，橋川1970，1977，松沢1974，五百旗頭1975，桂川1980，小林1998）．そうした把握において暗に設定されているのは帝国主義とナショナリズムの対立構図であるが，それも「アジア解放」を少なくとも理念として真剣に受けとめた戦争体験に始まり，戦後バンドン会議以降優勢となったアジアのナショナリズムへの共感に基づいているといえる．

　しかし本章が光を当てようと試みるのは，1930年代という特定の時代状況の中で，帝国主義と反帝国主義ナショナリズムの対立が解決不可能なまでに深刻化したとき，両者の架け橋となるために生まれてきた地域主義の歴史的性格である．アジア主義が公式に日本の外交政策の中に採用されたのはこの頃が初めてだとされているが（三輪1981: 196-197），実際それは民族自決権の原則的承認や地域ブロックの形成といった世界史的状況に対応していた．したがって当時のアジア主義は従来のように人種の同一性を連帯の根拠とするのではなく，地域内における多民族の「共存共栄」を目標に定めていた．本章がその事例としてあげる東亜連盟論と東亜協同体論は，ともに「東亜新秩序建設」を掲げる近衛声明に呼応している点で，日本の対中政策と密接な関係をもっている．もちろんそれだけならば，日本の侵略政策をカモフラージュしながら支援するといった消極的役割しか見出せないだろう．しかし同時に両論はある程度政策ともズレがあり，国内の世論と中国の意向を汲み取ることで政策を修正しようとする積極的志向がある．そしてそれが「東亜新秩序」構想のヴァリエーションとなって現れているのである．本文ではそうした主体的側面を明らかにするために，両論を比較してみたい．

　東亜協同体論は，1938年9月『改造』に発表された蠟山政道の「東亜協同体の理論」を皮切りに，「大東亜共栄圏」論が出る1940年半ばまで言論界を風

靡した．主な論者は蠟山をはじめ三木清，船山信一，平貞蔵，山崎靖純，加田哲二，新明正道，尾崎秀実，杉原正巳らで，主に昭和研究会のメンバーである．

東亜連盟論は，その言葉自体は1933年3月の『満州国協和会会務要綱』に現れたのが最初とされ，以後石原莞爾の「国防策」にところどころ用いられている．しかしそれがまとまった書物として世に現れたのは，1938年12月に石原の指示を受けて出版された宮崎正義の『東亜連盟論』が始めである．また運動組織の発展は，1939年10月に東亜連盟協会が発足してからである．設立当初の協会は，伊東六十次郎，宮崎正義，杉浦晴男，和田勁，里見岸雄，橘樸ら満州組その他石原系の人々，木村武雄，中山優，稲村隆一ら東方会および日本農民連盟系の政治家，そして昭和研究会メンバーでもある大河内一男や新明正道ら知識人の3グループによって構成されていた（桂川1984: 371-376, 379）．協会の機関紙『東亜連盟』には協会メンバーのほか，中国で東亜連盟運動を展開した汪精衛（汪兆銘）ら中国の人々や，東亜協同体論を展開した三木，新明，尾崎らの知識人も寄稿している．東亜連盟のスローガンは「国防の共同」「経済の一体化」「政治の独立」で，のちに汪ら中国側の要望によって「文化の溝通」が加えられた．東亜協同体論が理論を中心としていたのに対して東亜連盟論は運動的性格をもち，協会は1942年時点で1万名余りの会員を獲得し（内務省警保局1972: 186-187），その運動は1945年8月にGHQによる解散命令が出されるまで続いた．

東亜連盟論と東亜協同体論はその論者や思想内容において共通する点が多い．しかしそれにもかかわらず，両論がなぜ別々に登場し，「東亜新秩序」にある種のヴァリエーションを与えたのかについては，これまで十分吟味されてこなかった．すなわち両論は「東亜新秩序」を弁証するための理論として並列されるか（岡1961），あるいは連盟論から協同体論へと時系列に位置づけられるにとどまる（橋川1970）．両論の相違点については，どちらか一方に重点を置いたうえで簡単に触れられるにすぎないが，次のようなものがある．第1に歴史的起源，第2に運動の有無およびその広がりと持続性（松田1996: 67-68），第3に中国民族主義に対する理解の程度（利谷1970: 124），第4に国内と国外あるいは社会と国家（間関係）のいずれに重点を置いているかの違いである（桂川1984: 370, 石井ほか2010: 16-17）．本章はこうした違いを鑑みつつ，両者が

登場する共通の背景としてまず近衛声明の発表に至るまでの経緯を取り上げる．そして両論が政策にいかなる関与をしたのか，またどの程度国内世論とアジアに開かれあるいは閉ざされていたのかを，その言説内容と汪との交渉から明らかにする．最後に，アジアの解放と連帯というイデオロギーが果たした歴史的役割を，その崩壊過程から見ることにしたい．

2. 中国再認識と近衛声明

1936年12月，西安で張学良が蒋介石を監禁した西安事変は，国民政府の政策を反共内戦から抗日統一へと転換させる画期となった．これまで中国の統一化能力を信頼せず内戦に乗じ分治合作主義をとっていた日本軍や，さらには中国の近代化能力を疑う知識人にとって，この事件の意味はすぐには理解できないことだった．もちろん蒋介石はこれまで反共姿勢を示してきたことから，党内への配慮もあり，ただちに容共姿勢をとったわけではなかった．日中戦争が勃発するに及んでようやく，日ソ不可侵条約の締結とともに抗争終結が宣言され，いわゆる第2次国共合作が成立したのである．しかしこの時点で中国ナショナリズムの根底にある動きをいかに再認識するかどうかがその後の日中関係を決定する分岐点となった．1936年から37年にかけて知識人の間で繰り広げられた中国再認識論と中国統一化論争は，日本の対中政策を修正するための認識論的転換を促すものだった（米谷 1997: 76-78）．

他方で軍内部からも対中政策の転換を求める声が起こった．1937年1月石原戦争指導課長のもとに参謀本部第二課は，西安事変以後抗日ナショナリズムの高揚が国内統一の気運を醸成しているとの認識から，陸軍中央に日本の「侵略的独占的優位の態度ノ是正ヲ要望」した（角田 1971: 202）．1937年7月の盧溝橋事件が起こると，こうした中国再認識を基に石原は日中戦争が全面戦争になることを予測し，派兵を唱える参謀本部作戦課長の武藤章や関東軍参謀長の東条英機ら拡大派と対立した．そして1938年5月，石原は「現在ニ於ケル我カ国防」の中で「事変不拡大」を主張するかたわら，持論の「東亜連盟ノ結成」を「国策ノ中核」に据えることを目的とし東亜連盟綱領の原案を作成した（角田 1971: 228）[1]．しかし軍部の拡大派をはじめ中国各地の日本商工会議所

も「暴支膺懲」を唱える等，中国の抗戦力を軽視した強硬論が優勢となり，近衛内閣は宣戦布告のないまま派兵を決定した．これによって中国は抗戦の決意を固め，9月には正式に国共合作が発表された．他方で日本軍は華北から上海，南京，徐州，武漢へと攻略を進め主要都市と交通要路を次々と占領していった．これに対して翌月国際連盟では日本の軍事行動を九カ国条約および不戦条約違反とする決議が採択された．とくに南京攻略では日本軍は大規模な掠奪と虐殺を行い，中国の抗日意識をさらにかき立て国際社会の非難をあびた．

　日本政府は対中関係の悪化と国際的孤立を恐れ，ドイツの駐華大使トラウトマン（Trautmann, O.）を通じて1937年11月より和平交渉に乗り出した（臼井 1963: 125-129）．しかし満州国の承認や賠償要求といった日本側が提示した和平条件は，抗戦意識の高まりを背景に国民政府の容れるところとはならず，翌年1月16日，近衛内閣は「国民政府ヲ対手トセズ」と声明し，交渉を打ち切った．

　この第1次近衛声明は，「事変の早期解決」を求めていた昭和研究会の知識人に衝撃を与えた．昭和研究会は近衛文麿のブレーン組織として1936年11月に正式に発足したが，1938年7月7日にその七日会例会で行われた三木の談話「支那事変の世界史的意義」は，その後現れた数々の東亜協同体論に骨格を与えるものだった．そこで三木は「支那建設の原理は同時に国内改革の原理であらねばならず，国内改革の原理は世界形成の原理であらねばならぬ」とし，日本と中国が「資本主義問題の解決」という「世界史的な課題」をもつ「東洋の統一」にこそ，「支那事変の世界史的意義」があると述べている（三木 1998: 35-36）．この三木談話を受けて同年9月30日には昭和研究会支那事変対策委員会では事変対策がまとめられた．この事変対策は，「日本の目的は蒋介石政権の対日政策を粉砕し，両国が反共主義によって結合することであって，領土野心と支那民衆に対する憎悪は毛頭なく，もっぱら東洋の平和の確立を期していること」，「東亜の建設は列国に対する排除的政策を意味するものでなく，新秩序の建設に協力を望むこと」（傍点—筆者）というように（昭和同人会 1968: 152），戦争目的を戦後の地域秩序形成に定めようとした．この事変対策については，昭和研究会メンバーの後年の回想によれば，「そのねらうところは『東亜連帯主義』の確立であって，支那事変をグローバルな形で解決しようとする

こととなり，ここから東亜協同体の理念が生まれてくることになるが，十一月の近衛声明に影響を与えたといえる」とされている（昭和同人会 1968: 153）．

こうした提起を背景に，近衛内閣は中国に対し一転して「東亜新秩序建設」を掲げた．1938年11月3日に発表された第2次近衛声明（通称「東亜新秩序」声明）は「東亜新秩序建設ノ任務ヲ分担」することを中国に求めるもので（外務省 1966: 401），その文案は中山優が書いたといわれている（矢部 1951: 575）．中山は1939年東亜連盟協会が設立されるとそのメンバーとなったことから，この声明と東亜連盟論との近接性は容易に推察される．ただし中山は東亜連盟論を展開するにあたっても，東亜協同体論と異なり中国の伝統的儒教用語にこだわった．したがって，中山が「新秩序」という言葉を考案したとは考えづらい．また軍部からは「政府は当時西洋に於ける独伊の顰に習ひたるものか，果然東亜新秩序の表現は国際的反響を喚び起したり」と見られたことから（堀場 1962: 208），この「東亜新秩序」の採用には上述した昭和研究会の——そこに集まる知識人はドイツの影響を強く受けていた——提言の影響があると考えられる．同時に「東亜新秩序」という言葉は，日本が九カ国条約違反の非難を受けていたことから，ナチス・ドイツの「ヨーロッパ新秩序」に呼応する形でワシントン体制の代わるものとして用いられたのだった．

続く12月22日の善隣友好・共同防共・経済提携を掲げた第3次近衛声明（「近衛三原則」）は，後述するように「日支新関係調整方針」の閣議決定に基づいて発表された．その骨子は参謀本部の意向を主として堀場一雄中佐が立案し，軍務課長影佐禎昭の支持と板垣征四郎陸相の同意を得，陸海外大蔵4省の一致を得た事務当局案として，同年8月頃にはすでにできていたという（矢部 1951: 576）．その骨子の本文冒頭にある「東洋の道義文化建設」という言葉が，後日閣議において「東亜に於ける新秩序建設」に修正されたことは，「独伊亜流の臭気」があり「欧米の物質文化に対し道義を中心とする東洋文化の建設を企図」する事変処理の「眼目の喪失」となり，「甚だ之を遺憾とす」とされた（堀場 1962: 194, 224）．ちなみに彼ら和平工作に奔走した影佐・堀場や板垣らは，石原の東亜連盟思想の影響範囲にあったとされている（橋川 1970: 360-361）．石原自身，「昭和十三年末，数次の近衛声明は，吾人の見解によれば満洲建国以来唱導せられた東亜連盟思想への一致」（石原 1941: 19）であると後

に回顧している．また「東洋道義」といった言葉は後に東亜連盟論が盛んに用いるとともに汪南京政府との日華基本条約で復活し，彼の信奉する国柱会の思想「八紘一宇」とともに戦争スローガンとなっていった．

こうした経緯からすると，1938年末に発表された一連の近衛声明は，後に東亜協同体論となる昭和研究会の思想と石原系の東亜連盟論が世に出る契機となると同時に，両者の合作でもあった．さらに両論がどのように「東亜新秩序」を肉付けしていったのか，その展開を以下見ていくことにしよう．

3. 東亜協同体論の登場

「東亜新秩序」を謳う近衛声明の発表は，従来の大アジア主義や日満支ブロック経済論のほか，新たに東亜協同体論と東亜連盟論を広める結果となった．その原因について，両者とりわけ東亜協同体論に期待を寄せつつ内在的批判を試みた尾崎の説明を見てみたい．尾崎は，1939年1月『中央公論』に掲載された彼の有名な論文「『東亜協同体』の理念とその成立の客観的基礎」の中で，「支那大陸が，発展する日本経済のための市場として，また原料供給地として着目されたことは否定しがたい事実であり，また国防の観点からも大陸のある地域が着目されたことは問題のないところである」とし，日満支経済ブロック論などにおいてもこれらの権益が「従来の建前から見て支那に要求される正当な理由があるであろう」と率直に認めている（尾崎1977: 310, 313）．しかしまたこうした日本の権益が「さらに一段高い東亜再建のための必要に基づいて要求されねばならない」（傍点一筆者）というように（尾崎1977: 313），この「さらに一段高い」必要に応えるものこそ，日中戦争を通じて現れた東亜新秩序の思想であった．というのも，その一つである「『東亜協同体論』の発生をもっとも深く原因づけているものは，支那における民族の問題を再認識したところにある」からである（尾崎1977: 311）．中国民族主義の再認識は帝国主義の批判と修正を否応なく要請する．ここで尾崎が注目したのは，「東亜新秩序における……理想的方面は，その中へ自然に流れこもうとする本来的な大陸への諸要求を無批判に流れこますことを拒否せんとする役割をつとめている」ことであった（尾崎1977: 350）．侵略戦争への疑念をもつ知識人が期待したのは，中

国民族主義の再認識と帝国主義批判において共通する東亜協同体論や東亜連盟論が，日本の侵略を抑制し可能な限り犠牲を少なくしようとする効果であった．

　しかしこれまで少数の高等教育を受けた知識人は西洋近代思想に傾倒し，他方で一般民衆は，初等教育で国家主義思想を吹き込まれ，さらには日清・日露戦争の経験から「戦争は儲かる」といった通念が定着していた．もちろん多大の戦費と兵士が民衆自らの「膏血」によって贖われていたため，多くの人々は戦利品を求める強硬論に賛同しやすかった．「新秩序」の思想は，こうした旧来の思想状況に対する根本的な変化の反映として説明された．すなわち近衛声明が，領土も賠償も要求せず，撤兵をはじめ治外法権撤廃と租界返還を将来に約したのに対して世論大衆から表立った反対が出ないことは，陰で和平工作に苦心しあるいは中国との戦争に懐疑と罪悪感を抱いていた多くの知識人にとって，驚きと期待を感じさせたのである．たとえば，当時中山は，「支那事変でこれ程の犠牲を払ひ乍ら，日本の指導的議論が，過去の戦勝国の態度にならはずに非賠償非併合の原則に立ち，平等を基調とする，東亜連盟的新秩序の構想に対し，左まで有力な反対がない」ことに驚きを隠そうとはしなかった（中山 1939: 33）．そこで「今では却て新秩序の概念を明確にすることが，事変の意義を徹底することになるといふ風に日本国民の常識が支配的になりつつある」ことが着目された（中山 1939: 33）．すなわち，こうした近衛声明の背後にある世論の変化を「客観的基礎」として，数々の「新秩序」構想が生まれていったのである．

4. 東亜連盟の起源

　日中戦争が満州事変の延長線上で始まったように，東亜連盟協会は満州事変の首謀者石原とその周辺の初期満州国協和会・満州国青年連盟メンバーが流れ込んできた性格上，その思想的起源を「満州建国の理念」である「王道」と「民族協和」に置き，その延長として東亜連盟の結成を掲げていた．「東亜連盟」という言葉が最初に用いられた1933年3月の「満州国協和会会務要綱」では，「王道主義ニ基ク建国精神ヲ広ク国民ニ普及徹底セシメ……民族協和ノ理想郷ノ完成」すると同時に「全支那本土ニ民族協和ノ運動ヲ及ボシ，進ンデ

之ヲ全東亜ニ拡メ，東亜連盟ヲ結成スルコトニ依ツテ東洋文化ノ再建ト東亜永遠ノ平和ヲ確保スル」ことを「満州建国」の目的に定めていた（山口 1973：254）．このように，満州国協和会が軍事的謀略によって成立した満州国に新しい建国理念を与えることで，もともと満州領有論しかもたなかった石原も一転して「王道楽土」建設を目標に掲げ，「政府ヲ指導スル」役割を協和会に期待するに至った（角田 1971：99）．とはいえ協和会は 1934 年および 1936 年の改組によって山口重次や和田勁ら石原系メンバーが追放され，たんなる「国民動員組織」として骨抜きにされた．したがって彼らは満州国の現状を肯定するのではなく，満州国が関東軍独裁のもと，政府の「上級位置は総て内地よりの移入官僚に独占され」，「彼等が満州国の事情に通ぜず，善意の悪政を連発すること」を批判し，「深甚なる反省を促さざるを得ない」立場に置かれていた（東亜連盟同志会 1944：110-111）．もちろん東亜連盟が具体的な運動となったのは近衛声明以後であったが，満州建国の理念は，新しい多民族共生モデルであると同時に未だ実現されざる理想として，東亜連盟に引き継がれたのであった．

　まず「民族協和」に関しては，もとをただせば 1912 年の中華民国成立の際，孫文らが唱道した漢族，満州族，蒙古族，回族，蔵族（チベット族）の「五族共和」に起源があった．満州国は複雑な民族対立を利用しつつ，日本人，漢人，朝鮮人，満州人，蒙古人の「五族協和」をスローガンとしそれを象徴する五色旗を掲げた．それは満州国という「多民族複合国家」を形成するにあたって民族問題に対処するための苦心の策としてもち出されたのであった．そして満州国発の「民族協和」は日中両民族協同のモデルにされた．

　中国に受け容れられやすいもう一つの観念としてもち出されたのが伝統的儒教観念である「王道」で，それを初めに提唱したのは橘であった．満州事変当時橘は自らの共同体的理想に従い「王道」を覇道＝専制に対する農村自治の意味で用い，その目的を富の社会化による人民の生活保障に置いていた（橘 1931：7，1932：12）．宮崎の『東亜連盟論』はこうした政治規範としての意味を脱落させる形で，「王道」を「東亜民族の覚醒と，西洋帝国主義体制よりの解放，東洋再建設の政治理念」として位置づけ直した（宮崎 1938：113）．それ以後王道主義は，覇道主義＝帝国主義の対概念として，またそれは 1924 年神戸における孫文の有名な講演「大亜細亜主義」にも合致するものとして[2]，

「欧米帝国主義より東亜の解放を其の第一目標とする東亜連盟」の指導原理になっていった（東亜連盟協会 1940: 47）．

　ここで問題となるのは，日本をアジアの指導国家あるいは盟主として位置づけるかどうか，それが帝国主義批判および中国ナショナリズムの評価といかに矛盾しているかである．確かに東亜連盟論は，「政治の独立」を掲げ各民族の自主性を尊重し，連盟への加盟と脱退の自由を認めている．しかしそれも「近代国家群の対立時代」において「世界の一大国防圏の形成を可能ならしめる大自給経済圏の建設が絶対に必要」とし，「経済一体化」における指導を「日本に与へられた使命」とする主張を伴っていた（東亜連盟協会 1940: 14-15）．こうした経済圏の形成は「東亜諸民族の解放」のためとされ，あるいは石原の場合「世界最終戦争」のためとされるにしても，まず「持たざる国」日本のための「必要」には違いなかった．とはいえ東亜連盟論は「日本人が日本国を連盟の盟主なりと自称するは慎むべきである」というように，日本のアジア盟主論に自制を促している．また王道主義が天皇主権の絶対性を無視するものと批判する皇道主義に対して，東亜連盟論は「日本自らが帝国主義思想の残滓を清算する能はずして徒に『皇道宣布』の声のみを大にするは，各民族をして皇道亦一の侵略主義なりと誤解せしめるに至ることを深く反省すべきである」と応え，日本の一方的主張に対して帝国主義的侵略と映るアジアの目から反省と是正を求めたのだった（東亜連盟協会 1940: 26, 28）．1940 年 4 月，支那派遣軍総司令部により参謀堀場と辻政信が作成し板垣総参謀長の名で布告された「派遣軍将兵に告ぐ」もまた東亜連盟への賛同を示しながら，「道義文化の伝統を共有し，二千年来の友好関係を継続して来た」にもかかわらず「侮支拝欧の弊に陥つた事が期せずして今日の事態（日中両民族の対立―筆者注）に立至つた所以」とし，「掠奪暴行したり……討伐に藉口して適性なき民家を焼き，又は良民を殺傷し，財物を掠める様な事があつては……支那人の信頼を受けるどころか其の恨みを買ふのみ」であると指摘して，「不良邦人の反省自覚を促し」ている（臼井・稲葉 1964: 693, 697-699）．このように，「東洋道義」の強調は，まさにその侵略行為によって「諸民族より我らの道義を疑われ」ている日本に対するものにほかならなかった（東亜連盟同志会 1944: 16）．

5. 東亜連盟論と東亜協同体論の収斂

　前述したように，近衛声明が発表される以前より石原は「事変解決」のため持論の東亜連盟論を国策の中核に据える意図をもっていた．さらに東亜連盟協会は声明後世論の一転に注目し，「東亜新秩序」の目的を東亜連盟の結成と見定め連盟運動を組織的に拡大することで，「国内の思想の統一」をはかろうとした（木村ほか 1939: 132）．すなわち，「結局日本が支那，東亜に関する一貫せる思想を有せず」軍部と政府・外務省，また軍内部での対立によりバラバラとなっている国策を（東亜連盟協会 1939: 2)，東亜連盟の主張する方向に統一させようとしたのである．(木村ほか 1939: 131-132)．

　他方で昭和研究会は国民再組織論と続く新体制運動の中心となっていた．その目指すところは，下からの「国民運動」に支えられた「強力政府」の確立と，この「強力政府」による対中政策を含めた国策の統一および統制経済をはじめとする革新政策の断行にあった．とりわけ「戦時」という非常事態が創出されるなか，帝国主義政策を是正してアジア地域圏を形成することが同時に社会的変革を促進するものと期待されたが，それには社会生活を営む国民一人一人の主体的協力＝動員が不可欠であるとして，大衆参加型の組織と運動が必要とされたのだった．そうしたなかで，東亜連盟論と東亜協同体論が「統一戦線」を結成する気運が現れ始めた[3]．

　1939年10月に日比谷山水樓で開かれた「事変処理座談会」には，満州国協和会系の伊東六十次郎，東亜連盟協会の稲村隆一・神田孝一・木村武雄と，昭和研究会の細川嘉六・尾崎秀実・加田哲二・平貞蔵らが集まり，両者の意志疎通がはかられた．そこで細川が「協同体論にしても連盟論にしても，中味は同じやうですね．只両方共に遺憾なことには内容がはつきりしないといふことです」と述べたのに対し，尾崎は「それは協同体論そのものが発展の途上にある訳ですから」とフォローしている（木村ほか 1939: 141-142）．それはもちろんその場の気づかいにもよるが——というのも本来東亜連盟論と東亜協同体論の対話と協力が座談会の目的であるにもかかわらず，話は相互批判に流れる気配にあったから——，尾崎自身の関心とも関わっている．尾崎は東亜協同体論の

第7章 「東亜新秩序」をめぐる思想の交錯　　　181

観念性批判で知られているため意外に見えるかもしれないが，この論説の趣旨も，次のような実践に関わる問題提起なのである．すなわち，「はたして『東亜協同体論』が東亜の苦悶の解放者たりうるか否かは，終局において支那のいわゆる『先憂後楽』の志の協力をえて，民族問題の解決策たりうるか，および日本国内の改革が実行せられて『協同体論』への理解支持が国民によって与えられるか否かとの事実とにかかっているのである」というのが，尾崎の関心にほかならなかった（尾崎1977: 318）．そこで尾崎は，「吾々の考へて居る新秩序は，必ずしも政府当局が考へている新秩序と同じでなければならぬことはない」とし，形成途上にある「新秩序の方式」に関して「内容的にいろいろ違つていると思います」と連盟論と協同体論のヴァリエーションを受け容れる姿勢を示した．そのうえで尾崎は，「従来の帝国主義的な考へ方といふものを，根本的に考へ直」す方向に共通点を見出し，両者を結びつけようとしたのである（木村ほか1939: 133-135）．

　こうして結論では「統一戦線」結成の確認に収まったものの，この座談会ではかなくも露呈したのは，歴史的性格や表現に関する相違点ないし対立点であった．連盟論者がその起源を「満州建国」に置き，その理念に中国に馴染みのある言葉を用いている点は前述したとおりであるが，そのほかに東亜連盟という語は国際連盟を連想させるという非難があった．その反面，東亜連盟は独立した諸民族の国家連合といった意を含んでいた．またその語源は東洋にあると弁明する東亜連盟論者も（木村ほか1939: 140），「国際連盟の現実は誠に憎むべく，否憐むべきであつたけれども，その理想は必ずしも否定すべきものではない」としていたことから（東亜連盟同志会1944: 54），少なくとも中国に悪印象はもたれなかったようである．他方で協同体は，ナチスの民族共同体（フォルクスゲマインシャフト）を連想させ「支那からいへば併呑といふ言葉にひびく」という批判があったが（木村ほか1939: 135, 148），それは『新日本の思想原理』によれば「ゲマインシャフト的とゲゼルシャフト的との綜合」であり（大久保ほか1984: 34），蠟山によれば目的協同体としてのゲノッセンシャフトを指すとされている．すなわち東亜協同体は，文明批判が日本主義に向かうのに対して「単に封建的なものの復活であつてはならず」，アジアが「封建性を脱却する為め」には西洋近代の「科学的精神を学び取ること」を必要とするの

と同時に,「今日いはゆる西洋文化の行詰りが実は資本主義の行詰りと関連することを考へて資本主義の問題の解決を図る」という「世界史的意義を有する新しい東亜文化」の創造を担うと考えられたのであった（大久保ほか 1984: 33-34）．

そもそも協同主義というのは，自由主義・共産主義・全体主義が拮抗するなかでこれらを「超克」するために打ち出された対抗イデオロギーであった．それはややコーポラティズムに近いが，特定の国家権力による「指導」の必要を認めつつも個人あるいは民族的個性の尊重による自主的な協同と統制を求めるものだった．協同という言葉は，この座談会で元共産党員であった稲村が直感的に「左翼的な考ぢゃないか」と疑問を呈したように（木村ほか 1939: 147），戦間期より協同組合等で流通したやや左翼よりの，社会民主主義的意味を含んでいた．もともと自由主義者や共産主義者であった知識人が集まる昭和研究会は，「決して強固な統一性をもった団体ではなかった……しかし，三木清が明らかにした『協同主義』が多様な会員の多様な思想の重なる部分であった」とされているように（昭和同人会 1968: 177），加田哲二は「東亜経済ブロック」論の代表的論客であり，蠟山は地域開発を目的とする「地域的運命協同体」を唱え[4]，尾崎はひそかに中国共産党を支持しアジア解放と世界革命を抱懐していた．こうした同床異夢を覆う協同主義を合意点として，三木の「支那事変の世界史的意義」を下敷きに「東亜協同体」論としてまとめられたのが，『新日本の思想原理』と『協同主義の哲学』であった．ここで改めて「封建性」からの「脱却」と「資本主義の問題の解決」が，日本資本主義論争と中国統一化論争を経て，アジアの共通課題として設定されたのである．

西洋自由主義モデルの資本主義的発展には疑念がもたれたものの，多かれ少なかれ「進歩」に関する普遍主義的信念をもつ当時の知識人にとって，問題としてのアジアとは，帝国中心の世界経済に従属的に組み込まれることによって残存強化された封建的なものと，西洋文明の移入による近代的なものが，不均衡という形で同時共存する社会であった．その矛盾の拡大は社会不安と内部分裂を醸成し，農村を内国植民地としてきた日本の場合は中国への侵略にそのはけ口が求められた．一方では内地や朝鮮における土地を失った農民や失業者を「過剰人口」とし満州への移民ないし棄民を促進する計画が立てられ，他方で

財閥資本は軍事的侵略の後を追って中国大陸への経済進出を果たし富を築いていった．したがって日本の帝国主義的侵略を是正するためには，その根本にある「資本主義の問題」，すなわち資本主義が生み出す不均衡問題の解決を必要としたのである．

6. 汪精衛の「悲劇」：超国家主義と民族主義のジレンマ

　世界史的に見れば，1930年代は世界恐慌によって危機に立たされ社会民主主義政策とともにブロック経済化を進める自由主義——厳密にいえば修正自由主義——と計画経済を進める共産主義，そして両者に対抗し国家統制の強化によって危機を克服しようとする全体主義ないしファシズムがそれぞれ対立するイデオロギー闘争の時代であった．そこで東亜連盟論が「王道主義」を，東亜協同体論が「協同主義」を指導精神に掲げたのも，こうした世界情勢に対応していた．すなわち，日本国民ばかりでなく「東亜諸民族」が心服しうるような普遍性をもつ連帯原理となり，かつ「世界史の新しい段階に於ける世界的原理となるべきものを自己のうちに含む」ような（大久保ほか 1984: 32），「内外一途の革新」が「世界史的意義」をもつための新しい「指導原理」あるいは「思想原理」の確立が要請されたのであった．「政治は経済に優先するし，思想は政治に優先する．何となれば思想の意味は社会統制に外ならぬが故にだ」（中山 1939: 36）という中山の言葉は，こうした当時の考え方を端的に示している．その念頭にあったのは，「ソ連の成功は，社会主義による思想の統一が極めて重大なる役割をなしたこと」（東亜連盟同志会 1944: 46）であった．「思想戦」が総力戦のかなめとなったのも，ファシストの狂信によるわけではなく，こうした世界史的背景があったのである．

　東亜協同体論はその普遍性志向によって，近代批判を復古志向に後退させ「日本的なるもの」の殻に閉じこもろうとする日本主義を批判するものであった反面，蒋介石からは中国「併呑」の論理として退けられた．蒋介石は，東亜協同体論とともに「東亜新秩序」を掲げる近衛声明を「中国呑滅，東亜独占，延いては世界征服の夢想と陰謀の総告白であって，又我国家我民族滅亡に対する一切の計画内容の総暴露である」と批判した（東亜研究所 1941: 2）．その日

本がアジア連帯を呼びかけることに対する不信感の根底には，「試みに韓国滅亡の手段を見よ！一面親善提携と独立扶助と言ふ美名を借り，他面脅迫誘引麻酔分割の毒汁を施し，最後には知らぬ間に韓国を併呑したではないか」というような（東亜研究所 1941: 2），朝鮮併合の教訓があった．それは連帯を呼びかけながら侵略の道具となったアジア主義の負の遺産でもあった．

　こうした東亜協同体論のジレンマは，汪の政治的運命の中に，はっきり刻み込まれている．そもそも，中国「併呑」の論理とされた近衛声明に相応じて和平工作に乗り出した汪の思想とは，いかなるものであったのだろうか．

　汪工作は 1938 年 10 月下旬頃より，蒋介石重慶政権との直接交渉と併行しながら極秘で行われた．そこで策定された計画は，汪が重慶を脱出次第，日本は和平条件を公表し，汪はこれに呼応する形で時局収拾の声明を発表して新政府を樹立するといったものであった（堀場 1962: 224）．そして 11 月 30 日御前会議で決定された「日支新関係調整方針」をもとに第 3 次近衛声明が，汪の重慶脱出を待って 12 月 22 日に発表された．この「方針」は，決定の 10 日前に日本軍の 2 年以内の撤兵等を汪側の高宗武・梅思平と影佐・今井武夫の間で約した「日華協議記録」から大幅に後退し，事実上中国の植民地化を定めるものであった．

　一方ハノイに脱出した汪は「日華協議記録」が骨抜きにされていることを知らなかった．そして計画どおり近衛声明に呼応する形で，汪は「和平反共救国」を提唱するいわゆる「艶電」を蒋介石並びに中央執監委員会宛てに打電し（汪 1941c: 203-208），香港新聞紙上には全文が掲載された．これに対して蒋はただちに汪の党籍の永久剥奪を決定し，汪派の周仏海や林柏生らを罷免することでもって応えた．

　他方で 1939 年 12 月より「桐工作」と呼ばれる対重慶工作が極秘で行われ，これに期待していた日本政府は「汪蒋両政権ノ合作ハ日本ノ立場ヲ尊重シツツ国内問題トシテ処理スルコト」というように（外務省 1966: 465-466），汪政権を重慶政権との直接交渉のための捨て石とする方針をとっていた．しかし桐工作はあえなく失敗し，1940 年 11 月 28 日に至って日本政府はようやく汪政権を承認した．次いで 30 日に日華基本条約および秘密協定が調印され日満華共同宣言が発表されることで，新政府の傀儡化は決定的となった．しかしまた

汪・蔣雙簧(なれあい)説が流布していたように，1941年8月『東亜連盟』に掲載された「日本国民に告ぐ」の中で汪が「我々国民政府の同人は……重慶方面に対しても一日も早く和平に参加して来る様彼等を喚起する工作を忘れたことはありません……彼等の参加を促し，一日も早く全面和平が実現する様不断の努力を払ひましたが，今後も此努力を継続する心算であります」と告げ(汪 1941b: 59)，日本と重慶政権との架け橋として自らを位置づけていたことも注目に値する．汪派が和平反共＝救国を唱えたのは，抗日スローガンが失われた後の国共分裂は目に見えており，徹底抗戦派である中共の「焦土抗戦」すなわち持久戦論が中国を滅亡させソ連の「思想的植民地」にすると考えたためであった(周 1939: 496, 498，汪 1941c: 148, 194)．とはいえ事実として汪は多大な犠牲を払ったにもかかわらず，日本からは謀略にはめられた挙げ句傀儡政権として軽視され，さらに中国では将来にわたり「漢奸」として売国奴視されるに至ったのは，まさに悲劇としかいいようがなかった．

　しかし汪の期待に応えるものが日本にあったのだろうか．雑誌『中央公論』は，1939年10月から40年1月にかけて，汪と日本の知識人との間での対話を企画し，まず汪が「日本に寄す」と題して次のような問題提起を行った．汪は，「中国人今日最大の心配は日本が中国を滅しはしないかといふこと」であり，中国人は「『東亜協同体』や『東亜新秩序の建設』に対しては直ちにこれを中国滅亡の代名詞と見る」ことをはっきりと指摘した．そして「中国人の身になつてみれば，今やその国の亡びんことを憂へて暇のない際に更に東亜のことまで憂へ得るであらうか」と問いかけた(汪 1939: 478-479)．そこで汪は近衛声明を読み換える形で，「東亜新秩序の建設」について「日本が中国に責任分担を期待するならば，中国の独立自由の不可侵なることを忘れてはなら」ないと主張した(汪 1939: 480)．それは救国独立のための和平連帯の主張であった．

　この汪の提起を受けて三木と西園寺公一から応答が寄せられた．まず三木は，これまで展開された東亜協同体の思想を開示した．しかしその民族主義を制限する超国家主義の論理が次のようにやや命令調で主張されたのは，東亜協同体論の限界を示すものでもあった．すなわち三木は，「中国の民族主義が自己を誤解して排日主義になることは許されない」とし，「中国はその独立自由を求

めることに急であつて東亜協同体の建設といふ共同の目的を忘れてはなら」ないと主張した（三木 1939: 164）．そこでは当為の論理が先に立ち，これまで中国が建国運動でいかに大きな犠牲を払ってきたのかについて，また汪がいかなる思いで「漢奸」と呼ばれるような行為をあえて決心したのかについても，何らの理解も示されていなかった．

これに対して三木と同じく昭和研究会メンバーでありながら，汪工作に直接関わった西園寺の応答は注目される．西園寺はまず「抗日的英雄」になってしまった蒋介石との和平は不可能であることを述べたうえで，「先生に漢奸乃至は日本の傀儡になつて貰つては困るのですから，さういふものには決してならないで下さい」と汪に頼んでいる（西園寺 1939: 171）．すなわち，「我々が覇道的勝者となり，先生が日本の傀儡にでもなられるやうなことがあつたら……東亜の新秩序はおろか，真の意味の中日の共同存在，共同発展などは愚者の夢の如く忽ちに消え失せて仕舞ふこと火を睹るよりも明らか」である以上，「先生が愛国者として徹底されることが即ち中日間の公正なる新関係を成立させる」ものであることを西園寺は望んだのだった（西園寺 1939: 171, 174）．

その文章は誠実かつ大変な美文でもあり，汪は西園寺にのみ返答した．まず汪は，「近衛公のあのやうに鄭重な声明があり，また日本の朝野の志ある人々がこのやうに熱心に，一致した意見をもつて下さることを眼にしたのでなかつたならば，身を挺して和平運動に乗り出すだけの勇気はもてなかつたでありませう」と感謝の意を伝えている（汪 1940: 229）．そして汪は，恐らく間接的に三木への答えとなっていると思われるが，「ただ日本が中国の独立生存を妨害さへしなければ，中国は必ずその建国の事業を東亜復興事業の一部分と看做」すことができ，またそうできるならば「今回の犠牲や苦痛も無駄なことではないと考へています」と述べた（汪 1940: 230）．

しかし汪や西園寺ら和平工作者の初期の意図に反して南京政府の傀儡化が明白となっていくにしたがい，汪が最後の活路を見出したのが，「政治の独立」を掲げる東亜連盟運動だった．中国における東亜連盟運動の発端は，朝日新聞北京特派員の田村真作が東亜連盟の宣伝工作にかかったことに始まり，新民会中央指導部長の繆斌は北京に 1940 年 5 月に中国東亜連盟協会を設立，同年 9 月には広東省教育庁長の林汝珊が広東に中華東亜連盟協会を設立した．そして

同年11月南京に東亜連盟中国同志会を設立した汪は，これらを統合して翌41年2月に東亜連盟中国総会を結成した．同時に汪は「一国一党の強力政治」を実現するため（汪1941c: 211），東亜連盟思想を掲げて武漢の共和党，国家社会党，青年党等の各政党と，旧「中華民国維新政府」（1938年日本が南京につくった傀儡政権で1940年華北の「中華民国臨時政府」とともに南京国民政府に合流）の宣伝工作機関である大民会および上海の興建建国運動本部を解体し国民党への合流をはかった．すなわち汪は東亜連盟運動によって日本軍占領地の民衆を動員し，脆弱な権力基盤を強化しようとしたのだった．民衆にとって抗日救国のシンボルである蒋から「漢奸」と非難されていた汪の自己正当化の論理は，建国のシンボルである孫文の大アジア主義と近衛声明，そして東亜連盟の三位一体を主張することだった．

まず汪は，強力な傀儡政権樹立というジレンマにおいて「指導者があつて政治の独立と云へるか何うか」の問題に取り組む際，「孫文先生は大亜洲主義の中で，中日両国は兄弟の国である，と云つて居られる．虚心坦懐に日本の指導を受けねばならないのである」と，日本の指導をやや強引に正当化している（汪1941a: 31）．孫文の大アジア主義演説は，直接には関税自主権回復のために，日本が欧米覇道主義の手先となるか「東方王道の干城」となるかを問うたのであり，日中提携が可能かどうかはその日本の選択にかかるものとされていた．したがって汪の解釈には大幅な後退が見られるが，それも一つには孫文のいう王道が，親子兄弟に類推される上下関係に基づく中華秩序の規範であることにも確かに原因があった．しかし汪にとって「問題は指導の方法」であり，「民衆の自由・独立を愛する精神を，東亜連盟に於ける指導方法によつて採りあげて貰ひたい」というように（汪1941a: 30-31），指導の必要を認めながら諸民族の対等な関係を説く東亜連盟の王道主義は，日本人による「内面指導」を修正する論理としてその有効性を認められた．とりわけ東亜連盟論が孫文思想に触れていたことは，新政権の確立を目指す汪にとって決定的に重要な意味をもった．孫文の思想は汪が生きた中国革命の原点であり，民国30年にしてすでに国家権力の正統性を保障する権威の源泉となっていた．

もちろん汪は1941年6月18日訪日の際の記者会見で，「中国の民族主義は帝国主義よりの解放を目的として唱へられたものである」とし，日中がこの

「解放の目的に向つて邁進するといふことが大亜細亜主義になるのである」とし，東亜連盟運動がそうした解放思想に基づいていることを日本に訴えていた（汪1941c: 329-330）．同月24日近衛首相とともにJOAKで放送された汪の演説では，「東亜新秩序建設と孫文先生の大亜細亜主義とは，同じものであり一致したものであること……換言すれば中国において若し独立自由を獲得することが出来なければ，東亜新秩序建設の責任を分担する能力を持つことが出来ない」こと，そして「中国人の今まで民族主義に基いて湧き出でて来た愛国心と，大亜細亜主義から発生する東亜の観念とは融合して一つになすべきであ」り，それが「東亜連盟の根本精神」であると述べられた（汪1941c: 339-340）．近衛声明が中国に対して「東亜新秩序建設」の責任を分担するよう申し入れたのに対し，その前提条件として中国の独立自由が主張される点には変わりがなかった．それは逆にいえば，日中関係を定める基準としてこれ以上の理想をもってくることは日本側には不可能であったことを意味していた．しかしまた近衛声明との一致を説く東亜連盟論は，大アジア主義の根底にある中国の民族主義，換言すれば帝国主義からの解放要求をとり入れ，中国の革命精神によって日本のアジア主義をアジアのアジア主義に変えていく可能性をもち，またそうした方向に東亜新秩序の実現を導こうとした．そうした修正をもたらしたものこそ汪の東亜連盟運動であり，東亜連盟論は事実上汪との合作となったのであった．

7. おわりに

1941年1月14日，「興亜諸団体ノ指導理念統一要領」における「肇国ノ精神ニ反シ皇国ノ国家主権ヲ晦冥ナラシムル虞アルカ如キ国家連合理論ノ展開乃至之ニ基ク国際形態ノ樹立ヲ促進セントスル運動ハ之ヲ撲滅スル如ク指導ス」（傍点―筆者）といった興亜団体統合の方針が閣議設定された（防衛庁防衛研修所戦史室1968: 415）．それは，もともと文化団体として設立された東亜連盟協会の政治化を阻止する意味をもち，これ以降東亜連盟への圧迫は強まっていった．1941年7月には松井石根の大亜細亜協会を中心に大日本興亜同盟が結成され，協会は1942年3月に「興亜運動」部分を興亜同盟に統合することに決定して東亜連盟同志会と改称した．その運動は戦時統制が強化されていくと

「食糧増産」運動にのっとり，酵素肥料と木村農法の普及を介した農村の半ば実利的で半ば宗教的な自己革新運動に様変わりしていった．他方で中国での東亜連盟運動が容認されたのは，日本の国内政治に害がないのと傀儡政権を強化することで日本の支配を容易にするためであった．しかしまた中国には変革を行うだけの自由があり，さらにそれを日本に逆流させる拠点があったことが，日本のアジア主義の存在条件だったのである．

　昭和研究会は1940年11月に自主解散し大政翼賛会に合流したが，設立当初「革新」派が占めた大政翼賛会は間もなく官僚主導の上意下達機関に変質した．昭和研究会に集まった革新的知識人の多くは，1939年から1941年にかけての「企画院事件」，1941年の「ゾルゲ事件」，同年の「合作社事件」を契機とした1942年から1943年にかけての「満鉄調査部事件」等，共産主義の嫌疑による一斉検挙を通じて次々と弾圧を受けていった．

　ソ連のスパイ・ゾルゲの諜報活動に関わった容疑で逮捕された尾崎は，これまでの意図について，「東亜協同体論や東亜連盟論は論自体としてはインチキだが，唯是等の理論は支那事変の解決を帝国主義的方向ではなく，東亜民族の解放に役立つ方向に向つているので，その限りに於ては自分の見解と合致するので之に便乗して来た」と供述した（小尾1962: 528）．そうした意図において尾崎は，多くの理論家が参加するが政治的には無力な協同体論と政治的力をもつ連盟論の「両論者の対立を解消してうまく纏めればよいと思つて多少その間に斡旋を試みた」のだという（小尾1962: 529）．他方で尾崎は，汪工作による「事変解決」は不可能で日中戦争が世界戦争に拡大するのは必然と見ていた．むしろ尾崎は戦争の拡大が帝国諸国の自己崩壊と社会変革を促すとともにアジアの自己解放を実現するという相互作用が生まれることを期待していたのであった（小尾1962: 202）．尾崎の預言は半ば的中した．確かに戦争を通じ日本帝国は崩壊してアジア諸国は独立を果たし，中国では共産党が勝利した．しかし「中国共産党が完全なヘゲモニーを握つた上での支那と，資本主義機構を脱却した日本とソ連との三者」の提携を中核としアジアの諸民族共同体が参加する，「東亜新秩序」構想の方は挫折した（小尾1962: 203-204）．戦後日本が日米同盟を中核として自由主義陣営に参加し，一国の経済成長と物質的な豊かさを追求する過程において，もはやアジア解放のイデオロギーが力をもつ地盤は失わ

れていた.

「新秩序」政策は，友好的傀儡政権の樹立とともに，植民地の独立と近代化のための開発援助という戦後世界の方向を示唆していた．治外法権の撤廃と関税自主権の承認は，半ば独裁的権力による国内諸制度の統一・治安維持と交換条件にあり，ヘゲモニー国家と「第三国の利益」に基づく従属的発展が「経済提携」の実態であった．とはいえ戦後「解放」思想をリードしたのは新興諸国を支援するだけの力と近代化モデルをもつ超大国であった．日本はその利益にあずかる「第三国」であろうとし，「大東亜共栄圏」を想起させるイデオロギーの使用を慎重に避けてきた.

しかしイデオロギーそれ自体が間違っていたのだろうか．少なくとも尾崎は，理想としては申し分ない東亜協同体論が「客観的基礎」をもたない限り，つまりは「民族問題の解決」と発話者日本の自己変革をともなわない限り，「現代の神話」たるに終わるだろうと忠告したのだった（尾崎 1977: 314）．本章は地域主義と呼びうるイデオロギーの歴史的性格を再考したが，アジアにおける経済的利害関係の深化が非経済的効果を拡大させ始めている今日，それが「さらに一段高い東亜再建のための必要」を考える一助となれば幸いである.

注

1) ここで石原は東亜連盟の団結原理を王道とし，「支那事変解決」を条件として理想の一致，国防・経済の共通，政治の独立を掲げている.
2) 「事変処理座談会」において稲村隆一は，満州ばかりでなく中国全体を範疇として「もう少し基礎的な理論を築き上げるには，当時の孫文などがやつた大亜細亜主義といふやうなものに遡つてやる必要があ」り，それを「現代的な意味に於て正しく再発展させることが必要ぢやないか」と提起している（木村ほか 1939: 147）．『東亜連盟建設要綱』にも，この孫文の講演が触れられている（東亜連盟協会 1940: 2）.
3) 矢部貞治による東亜連盟協会と昭和研究会の仲介工作に関しては，照沼（1983: 306-307）を参照.
4) 米谷匡史は，加田や蠟山をはじめとする東亜協同体論の主張を「新植民地主義的言説」と評している（米谷 2006: 132-139）.

参考文献

五百旗頭眞（1975），「東亜連盟論の基本的性格」『アジア研究』22，1，pp. 22-58.
石井知章ほか（2010），「『アジア社会論』の系譜における1930年代」石井知章・小林英夫・米谷匡史編『1930年代のアジア社会論』社会評論社，pp. 11-26.
石原莞爾（1941），「新体制と東亜連盟」『東亜連盟』3，10，pp. 11-24.
臼井勝美（1963），「日中戦争の政治的展開」日本国際政治学会太平洋戦争原因研究部編『日中戦争〈下〉太平洋戦争への道』朝日新聞社，pp. 111-256.
臼井勝美・稲葉正夫編（1964），『現代史資料9 日中戦争2』みすず書房.
汪兆銘（1939），「日本に寄す」『中央公論』1939年10月号，pp. 476-480.
汪兆銘（1940），「日本に答ふ」『中央公論』1940年1月号，pp. 228-231.
汪兆銘（1941a），「大亜洲主義即東亜聯盟」『東亜連盟』3，3，pp. 28-32.
汪兆銘（1941b），「日本国民に告ぐ」『東亜連盟』3，8，pp. 54-59.
汪精衛（汪兆銘）著，安藤徳器編（1941c），『汪精衛自叙伝』大日本雄弁会講談社.
大久保達正ほか編（1984），『昭和社会経済史料集成』7，大東文化大学東洋研究所.
岡義武（1961），「国民的独立と国家理性」『近代日本思想史講座』8，筑摩書房，pp. 9-79.
尾崎秀実（1977），『尾崎秀実著作集』2，勁草書房.
小尾俊人編（1962），『現代史資料2 ゾルゲ事件2』みすず書房.
外務省編（1966），『日本外交年表竝主要文書』下，原書房.
桂川光正（1980），「東亜連盟論の成立と展開」『史林』63，5，pp. 127-146.
桂川光正（1984），「東亜連盟運動史小論」古屋哲夫編『日中戦争史研究』吉川弘文館，pp. 363-439.
木村武雄ほか（1939），「事変処理座談会」『東亜連盟』1，2，pp. 131-157.
小林英夫（1998），「東亜連盟運動―その展開と東アジアのナショナリズム―」ピータードウス・小林英夫編『帝国という幻想』青木書店，pp. 203-250.
西園寺公一（1939），「汪精衛先生に寄す」『中央公論』1939年12月号，pp. 168-174.
周仏海（1939），「わが和平闘争」『中央公論』1939年10月号，pp. 490-499.
昭和同人会編（1968），『昭和研究会』経済往来社.
角田順編（1971），『石原莞爾資料 国防論策』原書房.
橘樸（1931），「王道の実践としての自治」『満洲評論』1，15，pp. 2-7.
橘樸（1932），「王道理論の開展」『満洲評論』3，7，pp. 2-19.
照沼康孝（1983），「東亜連盟協会」近代日本研究会編『年報近代日本研究5　昭和

期の社会変動』, pp. 297-328.
東亜研究所 (1941), 『抗日政権の東亜新秩序批判』東亜研究所.
東亜連盟協会 (1939), 「東亜連盟論と近衛声明」『東亜連盟』1, 1.
東亜連盟協会編 (1940), 『東亜連盟建設要綱』東亜連盟協会.
東亜連盟同志会編 (1944), 『昭和維新の指導原理』彰考書院.
利谷信義 (1970), 「『東亜新秩序』と『大アジア主義』の交錯―汪政権の成立とその思想的背景―」仁井田陞博士追悼論文集編集委員会編『仁井田陞博士追悼論文集 第3巻 日本法とアジア』勁草書房, pp. 99-132.
内務省警保局 (1972), 『社会運動の状況 14』三一書房.
中山優 (1939), 「新秩序の東洋的性格」『東亜連盟』1, 1, pp. 29-42.
橋川文三 (1970), 「東亜新秩序の神話」橋川文三・松本三之助編『近代日本政治思想史Ⅱ』有斐閣, pp. 352-367.
橋川文三 (1977), 「『大東亜共栄圏』の理念と実態」『岩波講座日本歴史 21 近代 8』岩波書店, pp. 265-320.
防衛庁防衛研修所戦史室 (1968), 『北支の治安戦〈1〉』朝雲新聞社.
堀場一雄 (1962), 『支那事変戦争指導史』時事通信社.
松沢哲成 (1974), 「東亜連盟運動論―政治運動から社会運動へ」東京女子大学読史会編『史論』28, pp. 1-15.
松田利彦 (1996), 「東亜連盟論における朝鮮問題認識―東亜連盟運動と朝鮮・朝鮮人 (一)」『世界人権問題センター研究紀要』1, pp. 67-88.
三木清 (1939), 「汪兆銘氏に寄す」『中央公論』1939 年 12 月号, pp. 162-167.
三木清述・昭和研究会事務局筆記 (1998), 「支那事変の世界史的意義」『批評空間』2, 19, pp. 32-36.
宮崎正義 (1938), 『東亜連盟論』改造社, 1938 年.
三輪公忠 (1981), 「『東亜新秩序』宣言と『大東亜共栄圏』構想の断層」三輪公忠編『再考・太平洋戦争前夜―日本の一九三〇年代論として』創世記, pp. 195-231.
矢部貞治編 (1951), 『近衛文麿』上, 近衛文麿伝記編纂刊行会.
山口重次 (1973), 『満州建国の歴史―満州国協和会史―』栄光出版社.
米谷匡史 (1997), 「戦時期日本の社会思想―現代化と戦時変革―」『思想』882, pp. 69-120.
米谷匡史 (2006), 『アジア/日本』岩波書店.

第 8 章

近代日本とアジア連帯
——閉ざされた契機,閉ざした契機——

三牧 聖子

1. はじめに

　1924 年 2 月 28 日,中国国民党の指導者孫文が,広東から北京に赴く途中で神戸に立ち寄り,「大アジア主義」と題した講演を行ったことは広く知られている.この演説で孫文は,非ヨーロッパ世界の有色人国家でありながら,急速な近代化を遂げ,欧米列強と肩を並べた日本に対し,アジア諸国が大きな期待を寄せたこと,その期待が,その後の日本の「欧米化」によって,失望と幻滅に変わっていったことを印象的に描き出した.

　　アジアは衰退し,30 年前になって,ふたたび復興したが,そのかなめとなったのは,いったいどこだったのか.それは日本だったのです.30 年前に,日本は,外国と締結したいくつかの不平等条約を廃棄しました.日本が不平等条約を廃棄したその日こそ,わがアジア民族復興の日だったのです.……日本が東亜で独立してからは,アジアのすべての国と民族に,大きな希望があらたに生まれました.……それから 10 年ののち,日露戦争が勃発し,日本はロシアに勝ちました.日本人がロシア人に勝ったのは,この数百年間に,アジア民族が,ヨーロッパ人に,初めて勝利したことであります.この戦争の影響は,ただちに全アジアに伝わり,アジアのすべての民族は,有頂天になり,大きな希望が生まれました.(孫文 1989:

363-364)

　もっとも孫文はこの言葉に続き，次のように留保する．日露戦争に鼓舞され，ヨーロッパに対する団結を強めているのは，主に西アジアの諸民族であり，東アジアの諸民族間の提携は進んでいない．その最大の原因は，「東アジア最大の民族」であり，東アジアの独立運動の「原動力」となるべき日中の提携が進んでいないことにある（孫文 1989: 366-367）．

　さらに孫文は，同講演が中国メディアに掲載される際，末尾に次のような訴えを書き加えた．それは，帝国主義化する日本に幻滅を深めつつも，中国革命実現に向けた日中提携という往年の夢を捨てきれない，孫文の微妙な心情を表していた（嵯峨 2007）．「あなたがた，日本民族は，欧米の覇道の文化を取り入れているのと同時に，アジアの王道文化の本質ももっています．日本がこれからのち，世界の文化の前途に対して，いったい西洋覇道の番犬となるのか，東洋王道の干城となるのか，あなたがた日本国民がよく考え，慎重に選ぶことにかかっているのです．」（孫文 1989: 375）

　しかし，その後の日本が辿ることになった道は，孫文が提示した2つの選択肢のどちらでもなかった．1930年代の日本は，「西洋覇道の番犬」として過去に遂行してきた帝国主義よりも，さらに攻撃的な侵略政策によって，アジア諸国のみならず，欧米諸国からも孤立していくのである．

　孫文の演説は，近代日本とアジア連帯をめぐるアイロニーを象徴的に示している．アジア諸国が日本との連帯に希望を寄せていた明治・大正期において，日本は欧米列強との帝国主義的協調を唯一の「現実主義」とみなし，「脱亜入欧」を旗印にその期待に背を向け続けた．彼らは，欧米諸国に警戒心を抱かせることへの危惧から，アジア諸国との団結について語ることを慎重に回避し，「無思想」に，対内的には自国の近代化，対外的には帝国主義的協調の枠内での国益とパワーの拡張に努めたのである（入江 1966）．

　もっとも，アジア諸国と団結して，欧米帝国主義に対抗しようとする「アジア主義」は政策の場からこそ排除されたものの，民間の大陸浪人や軍部に支持者をもつ，傍流イデオロギーとして命脈を保ち続けた．欧米協調を至上命題とする立場から，過度の拡張政策を慎む傾向にあった日本政府に対し，これらの

「アジア主義」者には欧米諸国に対する配慮はなかった．彼らはアジアに対する「使命」を放棄した政府に代わり，自分たちがその担い手にならねばならないという使命感に基づき，膨張的な「アジア主義」を鼓吹していくのである．

　傍流にとどまっていた「アジア主義」は，満州事変（1931年）以降，日本が欧米から孤立を深めていくなかで国民の支持を集めていく．そして，1937年の日中戦争勃発以降，「アジア主義」は，長期化する日中戦争を早期打開に導くためのイデオロギーとして，政策にとり入れられるようになる．1938年11月3日，近衛文麿内閣は日本の戦争目的として，日本・満州・中国による「東亜新秩序建設」を掲げた（外務省2011: 405-406）．近衛は続く12月22日の声明で，日本は決して中国に対し，「区々たる領土」や「戦費の賠償」を求めてはおらず，中国の主権を尊重することはもちろん，治外法権の撤廃や租界の返還についても「積極的な考慮を払う」と強調した．このように，「東亜新秩序」は帝国主義や狭隘なナショナリズムを乗り越えた道義的秩序として提示されたが，その反帝国主義は徹底されてはいなかった．近衛声明は，上記の譲歩の対価として，中国に対し，満州国の承認，中国内地における日本国民の居住・営業の自由の容認，北支・および内蒙古の資源開発に関する便宜の供与を求めていた（外務省2011: 450-451）．結局「東亜新秩序」は，日本国内では，過度に理想主義的で，対中譲歩的な構想と批判され，欧米や中国からは，日本の侵略的意図を隠蔽するための偽善的なイデオロギーにすぎないと批判され，頓挫した（庄司2005: 44-51）．

　以上のような日本外交におけるアジア連帯の失敗の歴史を鑑みたとき，次のような疑問が生まれる．すなわち，「現実主義」の名のもとに，アジア連帯という課題から目を背け続けた明治・大正期の日本外交は，本当に「現実主義」の名に値するものだったのだろうか，という問いである．本章は，明治・大正政府の「現実主義」外交が，短期的・長期的にどのような帰結をもたらしたのかという観点から，この問いを考察するものである．

　20世紀転換期に大国として台頭した日本は，アジアの声，有色人種の声を国際的な場で代弁できる貴重な存在であった．日露戦争（1904〜1905年）に勝利し，第一次世界大戦後のパリ講和会議（1919年）で国際連盟規約に人種差別撤廃条項を盛り込むことを求めた日本に対しては，アジア諸国のみならず，白

人列強の人種差別主義に苦しむ有色人種たちから大きな期待が寄せられた．しかし日本政府の認識においては，日露戦争の勝利も，人種差別撤廃条項の提出も，決して欧米の支配的地位に挑戦しようとするものではなかった．日本政府がこれらに託した期待は，欧米諸国から「文明」国としての承認を勝ち取り，そのクラブに参入することにすぎなかった．日本政府が，日露戦争の勝利を通じて証明しようとしたのは，地理的には「停滞」のアジアに属する日本が，近代化の努力を通じ，欧米列強と同等の「文明」を達成したという事実であった．人種差別撤廃条項もまた，白人と有色人種一般の平等を求めて提出されたわけではなく，有色人国家でありながら，欧米並みの文明化を実現させた「例外的な有色人国家」日本と欧米との対等性を求めるものにすぎなかった．

　こうして明治・大正期の日本外交において，アジア連帯は「理想主義」として排斥され続けた．このような政策的判断は，いかに評価されるべきだろうか．19世紀，「西洋の衝撃」に見舞われた東アジアにおいて，日本が完全な独立を保ちえた事実に照らして，少なくとも短期的には成功を収めたといえるだろう．しかしまさにその成功体験ゆえに，日本政府は弱体なアジア諸国との連帯などは一遍の「理想主義」にすぎないという固定観念から抜け出せなくなっていく．このことが，第一次世界大戦を契機に「新外交」への転換がうたわれていくなかで，日本外交が次第に行き詰まりを迎えていく根本要因となったのではないだろうか．

　確かに開国当時の日本を取り巻いていた国際環境は，パワーの面はもちろん，国際法や規範の面でも，明白な欧米中心主義的な構造をもっていた．そこではアジア連帯という選択肢は，道義的な選択肢としては浮上しても，現実的な選択肢としてはなかなか浮上しなかった．しかし第一次世界大戦を契機に「民族自決」が国際政治の原則として提起され，世界にはまず，規範の面で変化の兆しが現れる．もちろんこのような規範の変化が，すぐに国際政治の現実に反映されたわけではない．しかし規範の変化は，非ヨーロッパ世界の従属地域の人々を鼓舞し，彼らを独立・解放運動へと駆り立てていく．このような動きは総体となって，欧米中心の国際政治の構造に対し，長期的かつ根本的な挑戦を突きつけていくのである．このことは，欧米中心の国際政治にひたすら順応しようとしてきた日本の「現実主義」外交の前提が揺らいでいくことを意味した．

日本が開国した19世紀にあっては，アジア連帯という可能性は「閉ざされた」ものであったかもしれない．しかし第一次世界大戦以降，アジアを単なる支配・侵略の客体とみなす「旧外交」から，アジアを自立した主体として組み込んだ「新外交」への転換がうたわれるなかにあってもなお，日本は従来どおりの「現実主義」外交を展開し，アジア連帯の可能性を「閉ざし」続けた．その外交は，変わり行く国際政治の中で，次第に現実から遊離した「理想主義」に陥っていったのである．

2. 開国：欧米中心主義の世界との出会い

1853年に浦賀に来航したアメリカのペリー（Perry, M. C.）との交渉の末，日本は開国を余儀なくされた．日本の眼前に広がる19世紀の世界では，欧米が物質・観念両次元で圧倒的な覇権を握っていた．欧米は，軍事力・経済力・技術力において非欧米世界を圧倒しただけではなかった．そこでは，国際法の完全な適用を受けられるのは欧米諸国のみとされていた．

今日の私たちが享受する国際法は，ヨーロッパに起源をもち，それが漸次世界に拡張していったものである（田畑 1966: 66-77）．18世紀まで国際法は，ヨーロッパのキリスト教国のみに適用できるものとされていた．こうした国際法の性格は，19世紀に大きな転機を迎える．19世紀に入り，ヨーロッパ列強は植民地獲得・市場拡大のためにヨーロッパの外へと進出し，そこでアジアという，ヨーロッパと異なる文化・宗教を奉ずる諸国家と出会い，条約関係を結ぶことになる．まず1842年，アヘン戦争でイギリスに敗北した中国が南京条約によって広州・福州・厦門・寧波・上海の5港を開港した．続いて日本がペリーとの交渉の末，1854年に日米和親条約を締結し，イギリス・ロシア・オランダとも同様の和親条約を締結した．1856年には，トルコが，クリミヤ戦争後に締結されたパリ条約によって「ヨーロッパ公法およびヨーロッパ協調」への参加を許された．

ヨーロッパ諸国とアジア諸国との条約関係の進展を受けて，ヨーロッパの国際法学者の間では，国際法はヨーロッパ特有のものであるのか，それともその外にある諸国家にも適用されるのか，適用されるとすればどのように適用され

るのかが議論されるようになっていった．そこで，非西洋世界における国際法の適用基準として強調されたのが，「文明」の程度であった．すなわち，非西洋世界の非キリスト教国であっても，ヨーロッパのキリスト教国と同等の「文明」を実現すれば国際社会のメンバーになれるとされたのである（広瀬 1977，藤田 1987）．

しかし非西洋世界の諸国家であっても，ヨーロッパ諸国と同等の「文明」を身につければ，同等の国際法主体として認められるというのは，あくまで原理上の話であった．当時の国際法秩序を現実に特徴づけたのは，欧米「文明」国を頂点とする厳然たる階層性であった．このことを最も端的に表現したのは，エディンバラ大学国際法教授，ロリマー（Lorimer, J.）であろう．ロリマーは人類を，(1)完全な政治的承認が与えられる文明化された（civilized）人類，(2)部分的な政治的承認が与えられる半開の（barbarous）人類，(3)単なる人間としての承認が与えられる未開の（savage）人類の3つに区分し，(1)を西洋諸国，(2)をトルコ，中国，シャム，ペルシア，日本といったヨーロッパによる植民地化を免れたアジア諸国，(3)をその他すべての人類に対応させた．そして国際法の完全な主体となりうるのは，基本的に(1)のヨーロッパ諸国のみであるとした（Lorimer 1883: 101）．

開国後の日本は，ロリマーによる分類(2)の「半開国」として，西洋諸国を頂点とする階層的な国際法秩序に組み込まれた．1858 年，日本は和親条約を締結した4ヵ国にフランスを加えた5ヵ国と修好通商条約を結ぶが，これらの条約は領事裁判権，関税自主権の放棄を含む不平等条約であった．

3. 明治政府の「現実主義」外交：短期的成功

開国した日本がまず直面しなければならなかったのは，極東の弱小国である日本は，パワーの次元でも，観念の次元でも，欧米中心主義が浸透している世界でどのように生きていくべきかという問いであった．そこでは大きく分けて，2つの可能性が検討された．一つは，欧米＝「文明」／非欧米＝「非文明」という欧米の世界把握を受け入れたうえで，日本を「半開」の地位から「文明」の地位へと押し上げ，欧米の「文明」国とともに生きることを追求する路線，

すなわち「脱亜入欧」であった．そしてもう一つは，恣意的な基準で世界を「文明」／「非文明」に二分し，非西洋世界に侵略の手を広げる欧米に，アジアの隣国と連帯して対抗しようとする，アジア連帯論であった．

　明治日本が国家として選択したのは，アジア諸国との連帯ではなく，「脱亜入欧」の道であった．明治政府は，国内では西洋の文物や制度をとり入れた近代化にまい進し，国外では欧米流の外交ルールを忠実に遵守することにより，欧米諸国から「文明」国としての承認を勝ち取ることに全力を注いだ．もちろんこのような「脱亜入欧」路線は，何ら葛藤もなく選び取られたわけではない．当初は政府の内部からも，日本が行こうとしている路線は，アジアをあまりに軽視するものであるという批判の声があがった．その代表が西郷隆盛である．西郷は，大久保利通ら開明派官僚が西洋を模範とする近代化にまい進していることに反発し，日本は現実的な打算から西洋諸国に追随するのではなく，アジアに向けて独自の外交を展開すべきだと主張した．しかしその西郷も征韓論問題をめぐって下野し，「アジア主義」は政府内の有力な支持者を失う．以降「アジア主義」は，大陸浪人や一部の軍人に標榜され，彼らの中国大陸における活動のイデオロギーとされていった（松浦 2010: 94-103）．

　もっとも「脱亜入欧」を支持した人々も，欧米の「野蛮」さに無自覚であったわけではない．明治の代表的な啓蒙知識人，福沢諭吉は，『文明論之概略』（1875年）において，欧米諸国が「野蛮」な側面をもつことを十分に理解したうえでなお，欧米にならった「文明」化を支持した．同書で福沢はまず，「今，世界の文明を論ずるに，欧羅巴諸国並に亜米利加の合衆国を以て最上の文明国と為し，土耳古，支那，日本等，亜細亜等の諸国を以て半開の国と称し，阿弗利加及び濠太利亜等を目して野蛮の国といい，この名称を以て世界の通論となし，西洋諸国の人民，独り自から文明を誇るのみならず，彼の半開野蛮の人民も，自からこの名称の誣いざるに服し，自から半開野蛮の名に安んじて，敢て自国の有様を誇り西洋諸国の右に出ると思う者なし」と，「文明」―「半開」―「野蛮」という欧米諸国の世界把握を全面的に受け入れる．そのうえで福沢は，「西洋諸国を文明というといえども，正しく今の世界にありてこの名を下だすべきのみ．細にこれを論ずれば足らざるもの甚だ多し．戦争は世界無上の禍なれども，西洋諸国，常に戦争を事とせり．……その外国交際の法の如

きは，権謀術数至らざる所なしというも可なり」，「文明には限なきものにて，今の西洋諸国を以て満足すべきにあらざるなり」と，欧米諸国も「野蛮」さを完全には克服できておらず，究極的に世界は，現在の欧米が実現させている「文明」より，さらに高次の「文明」を目指していかなければならないとする．このように福沢は，西洋文明があくまで「半開」の日本にとっての相対的な目標であることを確認したうえで，「今より数千百年の後を期して彼の太平安楽の極度を待たんとするも，ただこれ人の想像のみ」という現実的な判断から，西洋を模範とする「文明」化の必要を訴えたのである（福沢 1995 [1875]: 25-29）．

　明治政府も欧米の「野蛮」さには十分自覚的であった．しかし，彼らは究極的な理想として，欧米の「野蛮さ」が克服された，道義的な国際秩序を展望することはなかった．彼らは眼前にある弱肉強食の国際政治を生き抜くために，その「野蛮」さも含め，欧米を忠実に模倣する道を選んだのである．1871 年から 1873 年にかけて，岩倉具視を全権大使として，木戸孝允や大久保利通，伊藤博文ら，明治政府の中核を占めた人物たちによって岩倉使節団が組織され，欧米視察に派遣された．同使節団の報告書では，晩餐会におけるドイツ宰相ビスマルク（Bismark, O.）の次の発言が「意義深い」ものとして紹介されている．「大国が利益を追求するに際して，自分に利益があれば国際法をきちんと守るものの，もし国際法を守ることが自国にとって不利だとなれば，たちまち軍事力にものを言わせるのであって，国際法を常に守ることなどはあり得ない．小国は一生懸命国際法に書かれていることと理念を大切にし，それを無視しないことで自主権を守ろうと努力するが，弱者を翻弄する力任せの政略に逢っては，ほとんど自分の立場を守れないことは，よくあることである」（久米 2005 [1878]: 368-370）．岩倉は帰国後の 1875 年に提出した意見書で，「邦国の相交るや和好を護し平安を保つには公法あり，公法とは公理公道なり，其理精微其道広大不偏不当蕩々乎たり．然らば国貧にして兵弱く政治整わざるも恃んで以て憂うるに足らずと為すか，曰く決して然らず，公法に云わずや，国の上権は自主自護より大なるは莫し」（多田 1995: 233）と，ビスマルクの主張を忠実に裏書きしたのだった．

　もっとも明治政府は，だからといって国際法を軽視することはなかった．そ

れどころか，その慎重な遵守に努めた．彼らは国際法に「規範」としての価値よりも「脱亜入欧」という国是を実現するための「道具」としての価値を見出したのである．20世紀転換期，日本は日清戦争（1894〜1895年）と日露戦争（1904〜1905年）という2つの戦争を経験したが，これらの戦争には有賀長雄や高橋作衛ら一流の国際法学者が従軍し，海外に向かって，日本がいかに国際法を遵守した「文明的」な戦いを遂行しているか，日本が国際法を遵守できる能力を備えた「文明」国であるかを宣伝した（野澤 2000: 62-64，松下 2004）．

陸軍大学校で講義を担当していた有賀は，『万国戦時公法』を著し，ヨーロッパの立憲政治をとり入れた日本が行う戦争は，キリスト教に端を発する「仁愛主義」に基づき，過度の残虐行為を慎んだ「開明戦争」でなければならないと主張した（有賀 1894）．さらに日清戦争に従軍した有賀は，フランス語で『日清戦役国際法論』を著し，「日清戦役において敵［清］は戦律を無視したるに拘らず，我軍は文明交戦の条規に準拠したる詳細の事実を欧州国際法学者に伝え」ることに尽力した（有賀 1896: 1）．有賀は日露戦争についても同様に，『日露陸戦国際法論』をフランスで発表し，日本が従事している戦争の「文明戦争たるの性質」を「全世界に向て公証」することに努めた（有賀 1911: 1）．高橋作衛もまた日清戦争に際し，『日清戦争中の国際法事例』を著し，清の「野蛮」な戦い方と対比させる形で，日本がいかに「啓蒙された」戦争を遂行しているかを強調した（Takahashi 1899: 1-5）．

確かにこれらの国際法学者によってうたわれた「文明」的な戦争は単なる詭弁というわけでもなかった．日露戦争において日本は，ハーグ陸戦規則で定められた捕虜に関する規定を具体化させるため，国内法を制定するなど，ロシアに対する「人道的」な戦争の遂行に努めた（喜多 2004）．しかし日本が国際法の遵守を心がけたのは，あくまで欧米列強に対してであり，中国や朝鮮との関係にまで，国際法にのっとった「文明的」「人道的」な振る舞いが貫かれることはなかった．日本が国際法の適用において，欧米とアジアに対照的な顔を見せた事実は，国際法を「規範」として尊重するのではなく，単に政策の「道具」と見るその国際法観を端的に示していた（田中 1987）．

このように明治日本は，国際法とは弱者に保護を与えるものではなく，強者

の国益に沿って「利用」される「道具」であるという冷徹な国際法観に立脚し，対内的には富国強兵，対外的には国益とパワーの拡張にまい進した．このような「現実主義」外交は，少なくとも短期的には成功を収めたといえる．当時の世界において，完全な政治的承認が与えられるべき「文明」国は欧米諸国のみであると豪語した国際法学者ロリマーですら，日本については，「現在の進歩の速さがあと20年続く場合」完全な政治的承認を付与する可能性を考慮しなければならないと留保していたが（Lorimer 1883: 102-103），その言葉どおり，日本は，日清戦争の直前に治外法権を撤廃し，日露戦争の勝利によって国際的地位を高めた結果，1911年に関税自主権を回復した．

4.「現実主義」外交の揺らぎ:「人種」の壁

しかし19世紀の日本と欧米とを隔てていたのは，「文明」の差異のみではなかった．そこにはより根源的な差異として，白人と黄色人という，「人種」の差異が存在した．近代化・強国化した日本に対して，欧米諸国から与えられたのは「文明」国としての賛辞ばかりではなかった．「脱亜入欧」に一心不乱に取り組む日本に対し，欧米社会からは，高度な「文明」を実現させた日本をリーダーとして，白人に虐げられてきた黄色人種が覚醒し，団結して白人支配の打破を図るのではないかという「黄禍」という論難が寄せられたのである．日本が日清戦争の結果，遼東半島を獲得すると，1895年，ロシア・フランス・ドイツはこれを不服として，共同干渉によって同半島を清に返還させた．この結果に感銘を受けたドイツ皇帝ヴィルヘルム2世（Wilhelm II）は，ロシア皇帝ニコライ2世（Nicholai II）に手紙を送り，今後ともヨーロッパ諸国は共同で「黄禍」に対抗しなければならないと訴えたのだった（平川1971）．

「黄禍」論の背景となったのは，当時の欧米社会に急速に浸透し始めていた人種差別主義であった．日本が国際社会に組み込まれた19世紀後半は，欧米において人種主義のバイブル的著作が次々と刊行され，白人を頂点に，人種間にヒエラルキーが存在することが，欧米社会における「常識」となっていった時代であった．日本にペリーの黒船が来航した1853年には，人種理論の古典と評されるフランス人ゴビノー（Gobineau, J. A. C.）の『人種不平等論』が

著され，1899年にはナチスにも影響を与えたとされるイギリス人チェンバレン（Chamberlain, H. S.）の『19世紀の基礎』が著された．19世紀後半から20世紀にかけて急速に欧米社会に根づいていった人種論的発想は，基本的に白人の優越を確認するものであったものの，白人の優越的地位を潜在的に脅かしうる存在として，黄色人種に対する警戒心がささやかれるようになっていった（ゴルヴィツァー 1999，橋川 2000）．当時急速な近代化・大国化を遂げていた日本は，次第に欧米諸国の「黄禍」論の矢面に立たされていった．

　欧米社会における「黄禍」論の高まりは，日本の「脱亜入欧」路線に新たな課題を突きつけた．すなわち，日本は欧米諸国に対し，日本の「文明」化の努力は，西欧列強の帝国主義クラブに加入するための努力であり，決して西欧列強の支配に挑戦する意図をもったものではないことを訴えなければならなくなったのである．さらに「黄禍」とは，アジアのある有能な一国を核として，現在は連帯が不足しているために弱体なアジアが団結を強め，白人諸国に対抗することへの危機感を表明したものであったから，日本とその他のアジア諸国との間には，肌の色以外にいかなる利害や理念の一致もなく，いかなる連帯の可能性もないことを強調する必要も生まれた．

　そのような日本の悲哀は，日露戦争に集約的に表出した．日露戦争に際し，日本政府は，同戦争が「欧米人の思想中に今尚伏在」している「恐黄熱」を刺激することを恐れ，ヨーロッパへ末松謙澄を，アメリカに金子堅太郎を派遣して広報外交にあたらせた（外務省 1960: 668-670, 672-674）．末松と金子はあらゆる機会を利用して，日本が戦争目的においても，戦い方においてもいかに「文明」的であるか，日本を「黄禍」とみなす議論がいかに荒唐無稽なものであるかを懸命に宣伝した（松村 1980, 1987）．

　アメリカの地に降り立った金子は，日露戦争を，黄色人国家と白人国家の闘争，非キリスト教国家とキリスト教国家の戦いと見る見方を否定し，日露戦争は，開国以来，欧米文化の輸入に努めてきた日本と，旧態依然とした政治・社会構造を温存させているロシアとの「文明と野蛮との戦」であると訴えた．1904年4月，ハーバード大学で「極東の情勢」と題した講演を行った金子は，「私たち日本人は，欧米諸国を『黄禍』によって脅かそうなどという意図は，一切もっていません．日本は人種や宗教を理由に戦っているのではありません．

日本の目的はただ，国家を防衛することにあり……日本が望んでいるのは，アジアの平和，そして同地にアングロ・サクソンの文化を移植することのみなのです」と，日本の戦争目的に対する適切な理解を求めた（Kaneko 1904: 23）．

　ヨーロッパに派遣された末松も，精力的な講演・執筆活動によって「黄禍」の否定に努めた．末松は1904年5月ロンドンで行われた「日英の極東問題観」と題した講演で，人種の差異は，その他の同化作用が十分に行われている限り，友好関係の維持を不可能にすることはないと訴え（Suematsu 1905b: 8），1905年1月，ロンドンの中央アジア協会で行った講演「中国の膨張を歴史的に再検討する」では，強国となった日本が「汎アジア連合」を組織し，欧米の地位に挑戦する可能性を強く否定した．末松によれば，「日本人と中国人は，特質，考え，感情，どれをとってもことごとく異なっており，共通大義の下に団結する素地は一切ない」のであり，「ましてや日本とその他のアジアとの間にはもっと共通点も団結の可能性もない」のであった．講演の締めくくりに末松は，聴衆に向かって次のように哀願した．「日本はすでにその運命を西洋諸国とともにすることを選んだのです．多くのアジア人にとって，日本人は，西洋人と同様に，自分たちとは異質の悪魔のように映じていることでしょう……昔から，そして今でも日本に対しては『汎アジア連合』を組織するのではないかという非難が寄せられています．しかしこのような非難は，世界の文明国に対するものとしてはあまりに不当なものではないでしょうか」（Suematsu 1905a: 29, 31）．

　日露戦争において，金子と末松が精力的な広報外交を展開し，日本が欧米に順応する「文明」国であり，「野蛮」「未開」のアジア諸国と連帯する可能性は皆無であることを宣伝しなければならなかった事実は，「人種不平等」が「常識」であった世界において，白人列強と同等の地位を獲得しようとした日本の困難を象徴していた．末松と金子の欧米派遣を後押しした伊藤博文は，1907年，厳島で後藤新平と会談し，「所謂大亜細亜主義とは抑々何ぞや，凡そ此の種の論法を口にするものは，深く国際間の情偽を察せず，動もすれば軽率なる立言を為すが故に，忽ち西人の為めに誤解せられ，彼等をして黄禍論を叫ばしむるに至る」と語ったといわれる（鶴見1965: 961）．伊藤の発言は，欧米諸国への順応を至上命題としていた当時の政策決定者にとって，アジア主義がいか

にタブーであったかを示していた.

アジアに属する有色人国家の日本がロシアと戦い,勝利を収めたことは,ヨーロッパの白人列強に虐げられてきた従属地域の人々を鼓舞し,その独立運動を刺激したといわれている[1].しかし欧米列強から「黄禍」としてつまはじきにあうことを恐れ,「野蛮」「未開」の有色人国家と日本の間には何ら利害や価値の一致も存在しないことを必死で宣伝してきた日本にとって,アジア諸国の歓喜は忌まわしいものですらあった.非ヨーロッパ世界に広く,日本の勝利を有色人の勝利と見なして称賛する向きが生まれ,中国では列強の利権を回収しようとする運動が活発化していることについて,山県有朋は1907年の意見書において次のような苦言を呈した.

> 我国が露国と戦ふて大捷を獲たることは,実に清国の人心を覚醒して白人に対して敢て下らざるの感念を生ぜしめ,従て益々此利権回収熱を煽動したるに似たり.蓋し日本が欧洲の強国と戦ふて勝利を得たるは,決して有色人の白色人より強きことを証明するものに非ず.寧ろ欧洲文明の勢力偉大にして善く之れを学び得たる有色人が,文明の潮流に後れたる白色人に打勝ち得ることを証明するものに外ならずと雖ども,思慮なく智識なき有色人の多数は未だ之れを悟了するに及ばず,唯以為(おもえ)らく,日本人も有色人なり我等も有色人なり,日本人が世界の最強国たる白色人と戦ふて空前の大捷利(しょうり)を獲たるを見れば,我等も亦必ずしも白色人の跋扈跳梁(ばっこちょうりょう)を黙忍せざる可からざるの理なしと.此思想は今や亜細亜,亜弗利加に通じて行はれつつあり.而して此思想を抱く所の有色人は大抵我国を崇拝して偉なりとなし,我れを仰ぎて盟主とせんとする…….(山県 1966: 304-305)

日露戦争後,日本政府は「有色人の盟主」というアジア諸国から寄せられた賞賛を打ち消すかのように,欧米列強との帝国主義的協調を強化し,アジア諸国の独立運動を抑圧していく.日本政府はイギリスの要請に従い,国内におけるインド人独立運動の取り締まりを強化し,アメリカとは桂・タフト協定(1905年)を締結し,アメリカのフィリピン支配と日本の韓国支配を相互に承認した.さらに1907年には日仏協約を締結し,フランスのインドシナ支配を

承認する見返りとして，日本の韓国支配と満州の特殊権益への承認を確認するとともに，日本国内におけるベトナム独立運動の取り締まり強化を約束した．こうした一連の日本の行動は，日露戦争における日本の勝利に有色人の勝利を見出し，歓喜した独立運動の指導者たちを幻滅させていった（山室2005: 202-204）．

しかし肌の色は消し去れない属性である．日露戦争以降，アメリカやオーストラリアなどのイギリス自治領では，日本人移民の排斥運動が活発化し，日本は恒常的に欧米の人種差別主義を実感させられることになる（Daniels 1962）．アメリカにおいて，高まる排日気運は1906年10月，サンフランシスコ日本人学童隔離事件に発展し，両国間の外交案件にまで発展した．日本政府は移民問題が日米協調を脅かすことを恐れ，日本側が移民を自主規制する形での穏便な解決を模索した．さらに日本政府は，排斥の対象は日本人全般ではなく，日本国民の代表として相応しくない「下級移民」に限定されているとして，欧米社会から排斥されている「非文明な移民」と欧米社会に受け入れられつつある「文明国日本」を切り離そうとした．1908年当時の日本政府の観測によれば，「下級移民」の渡米を制限し，日米両国民の接触を「上流社会より施して漸次一般に及ぼ」していくならば，「所謂移民問題は此間に於て自然に根本的解決を見る」はずなのであった（外務省1972: 241）．

しかし日本政府が移民を自主規制した後も，排日運動はやむどころか，いっそう熾烈なものとなり，1913年にはカリフォルニア州で日本人移民の土地所有を禁ずる排日土地法が成立した．あからさまに人種差別的な同法の成立は，欧米と同程度の「文明」さえ実現すれば，欧米に対等な存在と認められるという日本外交の前提を深刻に揺るがすものであった．

しかし多くの日本人にとって，日本がいかに「文明」を実現させようと，肌の色という変えることができない属性によって欧米から差別を受け続けるという事実は，受け入れがたいものであった．次に見るのは，雑誌『太陽』の主幹浮田和民が日米移民問題について論じたものであるが，そこには欧米人種主義の存在を直視できない日本国民の心理がよく表れている．

……人種民族相異なると雖ども，人は文化の程度同様なれば，互いに理解

し，同情し，同化する．……日本は，過去五十年間，欧米の文明と同化した故に，能く今日の成功をなしたのである．……日米両国の人民，漸次生活状態に於(おい)て一致し，国体異なりと雖ども立憲政体に於て一致し，宗教異なるも，其の根柢は宇宙の大霊を崇拝するに於て一致し，両国民の文明同一程度に達するに従い，問題は自然に消滅するであらう．(『太陽』1913年6月1日)

　このように浮田は，日本人移民排斥問題は決して人種差別に起因する問題ではなく，日本政府および日本人移民が態度を改善し，さらなる「文明化」を遂げていけば，「自然」に「消滅」するだろうと期待をつないだ．しかしこのような浮田の期待は完全に裏切られる．1924年，アメリカで排日移民法が成立し，日本からの移民は全面禁止された．同法が施行された7月1日には，日本各地で反米抗議集会が開かれ，将来の人種戦争を予見する著作や論説が次々と出版された．さらに「白人に締め出された」という閉塞感は，アジアに向けた膨張的な連帯論を生み出していった．『国民新聞』の徳富蘇峰は，同日の紙面で「七月一日，日本の外交政策が東より西へ大弧線を書く日，米国と手を切ってアジアの兄弟と手を握る日」と高唱した(『国民新聞』1924年7月1日)．1924年10月5日の『日本及日本人』は「大亜細亜主義」を特集する臨時増刊号を刊行した．
　しかし，反白人感情以外に根拠をもたないアジア連帯論は，「アジアの兄弟」とされた国々に受け入れられるものではなくなっていた．孫文は，1924年1月27日に発表した「三民主義講演」の「民族主義」第1講において，将来の人種間戦争の可能性を否定して，次のように述べた．「こんにちドイツは，ヨーロッパでの被圧迫国であり，アジアでは，日本をのぞいたすべての弱小民族が，強暴な圧制のもとでさまざまな苦しみをなめています．かれらはたがいに同病相憐れみ，将来，かならず連合して強暴な国家に抵抗するだろう．……将来かならず，公理を主張する白人と公理を主張する黄色人種とが連合し，強権を主張する白人と強権を主張する黄色人種も，また，連合することになろう．この二大連合が成ったときには，どうしても一大戦争は避けがたい．これこそ世界における将来の戦争の趨勢であります」(孫文 1985: 31)．孫文も第一次世

界大戦前までは，白人と黄色人との人種対立を想定し，黄色人種連合を鼓吹していた．しかしその後孫文は，硬直した人種対立論を克服し，虐げられている白人と有色人が人種の差異を超えて手を携え，抑圧からの自由という「公理」のために共闘する将来を展望し始めた（関 2000: 49-50）．しかしそれと反比例するように，同時期の日本ではいよいよ多くの人々が，白人国家による日本人移民排斥に憤慨し，狭隘な人種対立論を奉ずるようになっていった．

5.「現実主義」外交の行き詰まり：第一次世界大戦後

開国以来，日本政府は，欧米中心主義的な国際社会の構造を道義的視点から非難することを慎重に回避し，力と国益の伸長に埋没する「現実主義」外交を遂行し，「脱亜入欧」に努めた．明治政府はアジア諸国との連帯を，政策的妥当性をもちえない「理想主義」とみなしたばかりか，欧米諸国に「黄禍」という危惧を抱かせないために積極的に否定した．こうした日本政府の選択は，軍事力や経済力といった物質面はもちろん，国際法や規範の面でも絶対的な欧米優位が確立されていた 19 世紀の現実においては，道義的に非難される面をもつものであれ，一定の政策的合理性を備えていたといえよう．

しかし第一次世界大戦を契機に「新外交」が打ち出されていくなかで，欧米との帝国主義的協調＝「現実主義」／アジア連帯＝「理想主義」という前提は，従来の自明性を失っていく．アメリカ大統領ウッドロー・ウィルソン（Wilson, W.）が「新外交」の原則に「民族自決」を盛り込み，連合国も同原則にコミットしたことにより，帝国主義・植民地主義が，まずは原則面で否定されていく．もちろんこのような規範の変化が即，国際政治の現実に反映されたわけではない．パリ講和会議の結果，「民族自決」が適用されることになった地域はヨーロッパの敗戦国領土に限定されていた．戦勝国の植民地は「自治領」や「委任統治」のような，より「リベラル」な名称に改められ，実態としては残存した（ドウス 1992）．しかしその一方で，国際規範の変化は，非ヨーロッパの従属地域の人々を独立・解放運動へと駆り立て，長期的かつ根本的な国際政治の変動を萌芽させていく（Manela 2007）．

このような国際政治の転換期において，日本の政策決定者たちは，新しい国

第8章　近代日本とアジア連帯

際規範の登場，それに促された従属地域における独立・解放運動の高まり，そしてこれらの出来事が指し示す国際社会の長期的変動の可能性に総じて鈍感であった．1918～21年にわたって首相を務めた原敬は，「支那を統一ある国となし，文明に導き富国強兵の国となすべしなどと云ふ事は，実は表面国際的の言ひ分なり．……而して又富国強兵になるものとするも此数十年間に到底成功すべき事実とも思はれざれば，支那に対しては国際辞令は依然たるべきも，我に於ては大概見切を立て置くこと肝要なり」（原1951: 240-241）と，当面中国は分裂し，弱体であり続けるという展望を抱いていた．原の予測によれば，大戦後の世界には「英米勢力の支配」が現出するはずであり，東アジアの国際政治は，これに日本を加えた日英米3国が中核となって展開されていくはずであった．原は，「日本が英に傾くと米に傾くとは，彼等に取りても重大なる事件なれば，云はば引張凧となるの感あり，而して我国は毎々云ふ通り日英米の協調を必要とするに因り此の傾向に乗じて相当の措置を要す」と，大戦後の日本外交の基軸を，依然として日英米3国の大国協調に求めていた（原1950: 250）.

　指導者の守旧的な世界観を反映して，パリ・ワシントン両会議における日本外交は，「新外交」の潮流に完全に乗り遅れたものとなった．パリ講和会議における日本外交は，5大国の一つでありながら，自国の具体的権益のみに関心を埋没させ，新たな戦後世界をいかに構築するかという創造的な課題には関心をもたない「サイレント・パートナー」と揶揄される有様であった．確かにワシントン会議（1921～22年）において日本は，パリ講和会議における守旧的な外交が各国の不評を招いたことへの反省から，「新外交」をより意識した外交を展開した（三谷1967，麻田1984）．しかし日本外交の「転換」はあくまで表層的なものにとどまった．日本政府は，中国に保有する核心的な権益については現状維持を貫く方針であり，大々的に中国の領土保全・門戸開放をうたった九カ国条約に同意したのも，同条約が，条約的根拠が明確な既得権を対象としないことが確認されたからであった．日本の「勢力圏外交」は基本的に「連続」していたのである（服部2001）.

　もっともパリ・ワシントン両会議のほとんどの案件で帝国主義的な「旧外交」に終始した日本外交であったが，その例外が，パリ講和会議における人種差別撤廃条項の提出であった．国際連盟の詳細を議論するために設置された連

盟規約委員会において，日本は連盟規約に，「各国民均等の主義は国際連盟の基本的綱領なるに依り，締約国はなるべく速かに，連盟員たる国家における一切の外国人に対し，いかなる点についても均等公正の待遇を与え，人種あるいは国籍いかんにより，法律上あるいは事実上何ら差別を設けざることを約す」という条文を加えることを提起した（外務省 1971: 446）．

日本による人種差別撤廃条項の提出は，白人支配に苦しむ有色人たちに共感を生み出していった．パリ講和会議において日中の代表は，日本が継承した山東半島の旧ドイツ権益をめぐって激しく対立したが，それでも中国全権団のもとには，アメリカやオーストラリアで差別に苦しむ中国人移民を筆頭に，世界中の中国人から人種差別撤廃条項への賛同の声が寄せられた（Lake and Reynolds 2008: 305）．恒常的に白人による人種差別にさらされていたアメリカの黒人には，日本を有色人種の希望とみなす向きすら生まれていった（Kearney 1994: 118-121, Onishi 2007: 194-202）．

しかし，人種差別撤廃条項に対して有色人たちが寄せた期待と，日本が同条約に託した意図とは完全にすれ違っていた．日本政府が全権団に与えた訓令が「人種的偏見より生ずることあるべき帝国の不利を除去せんがため，事情の許す限り適当なる保障の方法を講ずるに努むべし」と述べていたように（外務省 1969: 677-678），人種差別撤廃条項は，5 大国の仲間入りを果たした日本が，他 4 大国から人種を理由に差別されることを未然に防ぐ「適当なる保障」として提起されたものであった．すなわち，日本は同条約を通し，白人を頂点とする人種的ヒエラルキーに挑戦していたのではなく，人種的ヒエラルキーの存在を容認したうえで，「文明」化に成功し，世界大戦を経て 5 大国の一つにのぼりつめた日本の例外的な扱いを求めていたにすぎなかったのである．同条約は，一見，欧米中心主義的な国際社会への異議申し立てに見えながら，その実態は，開国以来の「脱亜入欧」路線の延長上にあって，それを完遂させようとする試み以上のものではなかった．

人種差別撤廃条項は，最終的に白人国家，とくに白豪主義をとるオーストラリアの強硬な反対により挫折させられる．しかしそもそも同条項は，人種平等に対する普遍的な問題提起に裏づけられたものではなかった．欧米の人種差別主義に憤る日本人の視界には，日本以外の人種差別の被害者は入っていなかっ

た．彼らには，中国や朝鮮の人々から見れば，日本人は差別の被害者ではなく加害者であるという内省も欠如していた．当時の代表的なリベラリストであった石橋湛山や吉野作造のように，国際社会に向かって人種平等を提起する前にまず，日本人自身が中国や朝鮮の人々に強いているさまざまな差別待遇を改めねばならないと主張する者もいたが（石橋 1971 [1919]: 68-70，吉野 1996 [1919]: 26-31），このような内省的な主張は圧倒的に少数派であった．

　同条項を最も熱狂的に支持したのは，相対的に日本が「遠い」存在であるアメリカの黒人であり，日本による抑圧に苦しむ中国や朝鮮の反応は冷ややかであった[2]．大沼（1989）が指摘するように，同条項は，欧米白人国家の根深い人種差別意識のみならず，他ならぬ提唱者の日本が抱えた内的な限界によって，二重に「遥かなる理想」とされたのだった．

6. おわりに：アジア連帯は「理想主義」でしかなかったか

　「あるべき」（what ought to be）国際政治を追求することを放棄し，現に「ある」（what is）国際政治へのひたすらな順応に努めた近代日本の「現実主義」外交は，日本が欧米中心の国際社会に順応していく過程で，効果的に作用した．しかしその外交は多くの不安要素を抱えていた．20世紀転換期に，「黄禍」論や日本人移民の排斥という形で顕在化した欧米の人種差別主義は，アジア主義的な政策や主張を排し，「無思想」に力と利害の調整を図っていけば，白人列強と平和裏に共存できるという，政府の「現実主義」外交の前提を揺るがすものであった．「脱亜入欧」を選んだ近代日本は，その帝国主義的政策によって近隣アジア諸国との溝を深め，「脱亜」路線を後戻りのできないものとしていく一方で，本当に日本は欧米諸国に対等な存在として認められ，「入欧」できているのかを確信することができず，アジアと欧米，どちらにも完全に所属できていない不安感を抱え続けたのである．

　このような日本の「現実主義」外交は，第一次世界大戦後，次第に，しかし着実に行き詰まっていく．確かに大戦後も，隣国の中国はいまだ分裂しており，アジア諸国は弱体であった．ワシントン会議においてフランス全権ブリアン（Briand, A.）は嘲笑的に「中国とは何か」と問うたが（外務省 1976: 56），中

国はいまだ独立国家としての体裁を整えておらず，近い将来に統一を果たす見込みもないという諦観は，日本のみならずワシントン会議に参加した欧米諸国にも共有されていた．同会議で締結された九ヵ国条約は，中国の門戸開放と領土保全を漠然とうたうのみで，列強の在華権益の返還プロセスの詳細に立ち入るものではなかった．

しかしその後の中国は，ワシントン会議参加国の予想を超えた急激な政治変動に見舞われていく．1925年，蒋介石の指導のもと，広東に国民政府が成立し，翌年，軍閥勢力の打破と中国統一を目指す北伐が開始された．以降，国民政府は不平等条約撤廃・国権回収要求を急進化させていく．こうした事態を前に，アメリカのみならず，中国の反帝国主義運動の第1の標的となってきたイギリスまでもが，ワシントン会議における決定に必ずしもとらわれない，新しい対中政策の必要性を察し，独自に中国の要求に応じていく．これに対し，日本は最後までワシントン体制に固執し，英米と協調して中国の国権回収要求を抑え込む道を模索し続けた．

1920年代に2度にわたって外相を務めた幣原喜重郎の外交は，「国際協調外交」として知られている．しかし幣原にとって「国際協調」が意味するところは，英米日を中心にワシントン会議で決定された枠組みを守り抜くことであった．幣原は，中国の統一はワシントン会議のプログラムに沿って進められねばならないという固い信念のもと，国権回収要求を急進化させていく中国と，中国の要求になし崩し的に譲歩する英米の態度を批判し，ワシントン会議における決定事項に固執し続けた．確かにこうした幣原の行動は，一つには，ワシントン会議で決定された枠組みこそが，中国の長期的安定と統一を実現させる最良のプログラムであるという信念に由来するものだった（西田2002）．しかし同時にそれは，ワシントン会議以降に生まれた新たな政治状況に対応し，新しい対中政策を講ずる想像力が欠如していたことの帰結でもあった．

ワシントン会議の枠組みに最後まで固執したのが日本ならば，それに回復不可能な打撃を与え，最終的な破綻に導いたのも日本であった．1931年9月，中国の国権回収運動が満州に及ぶことを危惧した関東軍は，有力な打開策を打ち出せない政府に苛立ちを強めて満州事変を起こし，中国の領土保全を公然と侵犯した．

第 8 章　近代日本とアジア連帯　　　　　　　213

　以上のような顛末から，アジア連帯に背を向け続けた明治・大正期の日本外交にどのような評価を下すべきだろうか．欧米が支配的地位を占めた明治・大正期の国際社会にあって，アジア連帯という選択肢は，眼前のありのままの現状を観察し，そこでの短期的な合理性を追求する「現実主義」から導き出されるものではなかった．日本が国際社会に半ば強引に投げ込まれ，自らの独立にすら不安を抱えていた 19 世紀にあって，アジア諸国は連帯の相手としてはあまりに脆弱であった．第一次世界大戦を契機に，中国のように，漸進的ながらも国際社会で力をつけていった国家も存在したが，その中国もあまりに分裂しており，容易に将来の統一を予測できる存在ではなかった．

　このような時代にアジア連帯を追求するには，将来のアジアに対する豊かな想像力が必要であった．孫文は最後の来日となった 1924 年 11 月，長崎の新聞記者に向けて，「日本の明治維新は中国革命の第一歩です．中国革命は，明治維新の第二歩です．中国革命と日本の明治維新とは，実は同じ意義をもつものです」と，眼前の中国の混沌を，かつて日本も経験した統一への苦しみという文脈から理解し，その将来の可能性にかけてほしいと訴えた（孫文 1989: 360）．しかし「現実主義」外交の呪縛に囚われ，あるべき国際秩序への想像力を失った日本は，以降も孫文の訴えに背を向け，アジア連帯の可能性を自らの手で閉ざしていったのであった．

注

1) 実際に日露戦争が，世界の各地域にどのような影響を与えたのかという問題には検討の余地がある．長らく日露戦争の「世界史的意義」として，日本という有色人国家の勝利が，非ヨーロッパ世界の人民を広く鼓舞し，植民地解放運動を促したことが強調されてきた．しかし日露戦争 100 周年を記念して，2004 年から 2005 年に生み出された最新の研究では，このような記述の実証性の乏しさが指摘されている．川島 (2006) は，日露戦争の「世界史的意義」は，日本が「大東亜共栄圏」を肯定するために事後的に強調した面もあり，実証的に検討されるべき多くの課題を残していると注意を促している．

2) アフリカの黒人解放運動のリーダーたちも，国際的な場で人種差別問題を提起できる存在として日本に期待を寄せつつも，アジアで日本が遂行する帝国主義に無自覚であったわけではない．しばしば彼らは，欧米に対して差別の是正を求めながら，ア

ジアの隣国を抑圧する日本の二重性を厳しく糾弾し，日本による人種差別の訴えが心底のものであるかに懐疑を提示した（Onishi 2007: 201-202）．

参考文献

麻田貞雄（1984），「ワシントン会議と日本の対応―『旧外交』と『新外交』のはざま」入江昭・有賀貞編『戦間期の日本外交』東京大学出版会，pp. 21-63.
有賀長雄（1894），『万国戦時公法』陸軍大学校．
有賀長雄（1896），『日清戦役国際法論』陸軍大学校．
有賀長雄（1911），『日露陸戦国際法論』東京偕行社．
石橋湛山（1971［1919］），「人種的差別撤廃要求の前に」石橋湛山全集編纂委員会『石橋湛山全集』3，東洋経済新報社，pp. 68-70.
入江昭（1966），『日本の外交』中央公論新社．
大沼保昭（1989），「遥かなる人種平等の理想―国際連盟規約への人種平等条項提案と日本の国際法観」大沼編『国際法，国際連合と日本』弘文堂，pp. 427-480.
外務省編（1960），『日本外交文書・日露戦争』第5巻．
外務省編（1969），『日本外交文書・大正7年』第3冊．
外務省編（1971），『日本外交文書・大正8年』第3冊上巻．
外務省編（1972），『日本外交文書・大正期追補1・対米移民問題経過概要』．
外務省編（1976），『日本外交文書・大正期追補5・ワシントン会議極東問題』．
外務省編（2011），『日本外交文書・日中戦争』第1冊，六一書房．
川島真（2006），「日露戦争とアジアの国々―『日露戦争と中国』をめぐる議論の変容」日露戦争研究会編『日露戦争研究の新視点』成文社，pp. 260-277.
関偉（1999），「孫文の『大アジア主義』と日本の大アジア主義」『人間文化学研究集録』9，pp. 41-55.
喜多義人（2004），「日露戦争の捕虜問題と国際法」『軍事史学』40，2・3，pp. 211-227.
久米邦武編著（2005［1878］），『特命全権大使米欧回覧実記 現代語訳』3（ヨーロッパ大陸編 上），慶應義塾大学出版会．
ゴルヴィツァー，ハインツ（瀬野文教訳）（1999），『黄禍論とは何か』草思社．
嵯峨隆（2007），「孫文の訪日と『大アジア主義』講演について―長崎と神戸での言説を中心に」『静岡県立大学国際関係・比較文化研究』6，1，pp. 103-117.
庄司潤一郎（2005），「新秩序の模索と国際正義・アジア主義―近衛文麿を中心とし

て」石津朋之・ウィリアムソン・マーレー編『日米戦略思想史：日米関係の新しい視点』彩流社, pp. 34-53.
孫文著, 伊地智善継・山口一郎監修 (1985),『孫文選集』1, 社会思想社.
孫文著, 伊地智善継・山口一郎監修 (1989),『孫文選集』3, 社会思想社.
多田好問編 (1995),『岩倉公実記』(下), 書肆沢井.
田中忠 (1987),「我が国における戦争法の受容と実践―幕末, 明治期を中心に―」大沼保昭編『国際法, 国際連合と日本』弘文堂, pp. 385-426.
田畑茂二郎 (1966),『国際法 (第二版)』岩波書店.
鶴見祐輔 (1965),『後藤新平』2, 勁草書房.
ドウス, ピーター (藤原帰一訳) (1992),「植民地なき帝国主義―「大東亜共栄圏」の構想」『思想』814, pp. 105-121.
西田敏弘 (2002),「ワシントン体制と幣原外交」川田稔・伊藤之雄編著『20世紀日米関係と東アジア』風媒社, pp. 66-77.
野澤基恭 (2000),「日本における近代国際法の受容と適用―高橋作衛と近代国際法」『東アジア近代史』3, pp. 56-66.
橋川文三 (2000),『黄禍物語』岩波書店.
服部龍二 (2001),『東アジアの国際環境の変動と日本外交 1918－1931』有斐閣.
原敬著, 原奎一郎編 (1950),『原敬日記』8, 乾元社.
原敬著, 原奎一郎編 (1951),『原敬日記』7, 乾元社.
平川祐弘 (1971),「ロシヤにこだました『黄禍論』―独帝ウィリーから露帝ニッキーへあてた書簡について―」『東京大学教養学科紀要』4, pp. 29-49.
広瀬和子 (1977),「国際社会の変動と国際法の一般化―19世紀後半における東洋諸国の国際社会への加入過程の法社会学的分析」寺沢一『国際法学の再構築―高野雄一先生還暦記念』東京大学出版会, pp. 107-160.
福沢諭吉 (1995 [1875]),『文明論之概略』岩波書店.
藤田久一 (1987),「東洋諸国への国際法の適用」関西大学法学部編『法と政治の理論と現実』(上) 有斐閣, pp. 135-173.
松浦正孝 (2010),『大東亜戦争はなぜ起きたのか―汎アジア主義の政治経済史』, 名古屋大学出版会.
松下佐知子 (2004),「日露戦争における国際法の発信―有賀長雄を起点として」『軍事史学』40, 2・3, pp. 195-210.
松村正義 (1980),『日露戦争と金子堅太郎―広報外交の研究』新有堂.
松村正義 (1987),『ポーツマスへの道―黄禍論とヨーロッパの末松謙澄―』原書房.
三谷太一郎 (1967),『日本政党政治の形成―原敬の政治指導の展開』東京大学出版

会.
山県有朋著,大山梓編(1966),『山県有朋意見書』原書房.
山室信一(2005),『日露戦争の世紀―連鎖視点から見る日本と世界』岩波書店.
吉野作造(1996[1919]),「人種的差別撤廃運動者に与ふ」松尾尊允・三谷太一郎・飯田泰三編『吉野作造選集』6,岩波書店,pp. 26-31.
Daniels, R. (1962), *The Politics of Prejudice: The Anti-Japanese Movement in California and the Struggle for Japanese Exclusion*, Berkeley: University of California Press.
Kaneko, K. (1904), *The Situation in the Far East*, Cambridge: The Japan Club of Harvard University.
Kearney, R. (1994), "Japan-Ally in the Struggle against Racism, 1919-1927," *Contributions in Black Studies*, 12, 14, pp. 117-128.
Lake, M. and H. Reynolds (2008), *Drawing the Global Colour Line-White Men's Countries and the International Challenge of Racial Equality*, Cambridge: Cambridge University Press.
Lorimer, J. (1883), *The Institutes of the Law of Nations* (2 vols), Edinburgh and London: W. Blackwood and Sons, vol. 1.
Manela, E. (2007), *The Wilsonian Moment-Self-Determination and the International Origins of Anticolonial Nationalism*, Oxford: Oxford University Press.
Onishi, Y. (2007), "The Negro of the Pacific-How African Americans Forged Cross-Racial Solidarity with Japan, 1917-1922," *Journal of African American History*, 92, 2, pp. 191-213.
Suematsu, K. (1905a), *Chinese Expansion Historically Reviewed*, London: Central Asian Society.
Suematsu, K. (1905b), *The Risen Sun*, London: Archibald Constable.
Takahashi, S. (1899), *Cases on International Law During the Chino-Japanese War*, Cambridge: Cambridge University Press.

新聞
『国民新聞』
『太陽』
『日本及日本人』

第3部　アジアの同床異夢

第9章　裏声で歌え'共和国讃歌'
　　　　──トランス・パシフィック・サンディカリストという運動系譜──

第10章　安重根の東アジア認識と地域協力構想

第11章　インドによる想像のアジア
　　　　──植民地主義の諸カテゴリーへの抵抗──

第12章　文明と反文明のあいだ
　　　　──初期アジア主義者の思想と行動──

第9章

裏声で歌え'共和国讃歌'
――トランス・パシフィック・サンディカリストという運動系譜――

篠田　徹

1. はじめに：太平洋統合史，太平洋左翼，
　　トランス・パシフィック・サンディカリスト

　本章は，多様な域内共同体模索の営為を集積するアジア太平洋統合史（以下，とくに注記する場合以外，アジア太平洋と太平洋という用語を互換的に用いる）において特異をなす1950年代の太平洋関係の形成，とくにアジア太平洋史の歴史的命題である平等的かつ連帯的な想像的共同体形成とそれにともなう構成各国・人種・民族・階級・ジェンダーを横断する水平的太平洋意識発展の可能性に関する認識形成に，トランス・パシフィック・サンディカリスト（以下TPS）たちが果たした役割を，書誌，読書，音楽，ジャーナリズム，文化史ならびに知識社会学，民俗学，博物学の交点で叙述する．この叙述を通じて本章は，太平洋統合史における1950年代の特異性とそこに現出した太平洋左翼の存在の有り様とその歴史的系譜への注意を喚起し，太平洋統合史における運動思想あるいは思想運動史的視点の重要性を再確認する．

　欧州連合（EU）に結実した欧州統合史はまた，欧州社会主義運動の歴史だ．それはEUの構成原理たる「社会的ヨーロッパ（Social Europe）」に結晶化した，思想・政策・組織共有に基づく平等的かつ連帯的な想像的共同体の形成史とそれにともなう構成各国・人種・民族・階級・ジェンダーを横断する水平的ヨーロッパ意識の発展史を意味する（Sassoon 1996）．この社会的ヨーロッパ

史は19世紀末来社会政治（social politics）を牽引した東海岸中心のアメリカ進歩主義（Progressivism）との交流史を包含し，近年は社会的大西洋史（Atlantic History）にまで広がる（Rogers 1998）．

　では太平洋統合史はどうか．大西洋と違いそこに顕著なのは左翼史の脱落だ．大西洋と逆に太平洋統合で左翼はその外在的要因とされ，分断解体分子という権力および対抗勢力の烙印が幅を利かす．また域内左翼自身，共産クレムリンを含むヨーロッパ崇拝に苛まれ，大西洋左翼も米州を含め太平洋を運動不毛地帯と見た．ここに起因する左翼内の人種主義，帝国主義，植民地主義も太平洋左翼の発見を遅らす．結局域内左翼は長くヨーロッパを基準に発育不全，異端，土着異文化の化身視された．左翼偏西風は依然なぎぬが太平洋左翼史の樹樹も近年立ちあがる．紙幅の制約ゆえ，その毅然な風景は丹念に書き込めないが，以下でその大略を素描する．

　太平洋左翼は，日常生活における政治的，経済的，宗教的，文化的権威権力ないし脅威から自由な幸福の追求が，社会的同胞愛によってすべての人々の間で公正，公平に実現される社会変革を目指した．大西洋左翼と異なり，太平洋左翼は階級とともに人種を重視し，場合によっては前者の連帯を成就する前提として後者をより重んじた．そのため両者の間には植民地主義，帝国主義に対する態度とその支配人種・民族集団と被支配のそれらとの関係で相違が生じた．こうした太平洋左翼は宗教団体から協同組合，急進的労組から新左翼党派まで広範に存在したが，大西洋左翼，とくにヨーロッパ左翼と異なり太平洋各国の政治において常に少数派ないし傍流であった．だが人々の生き方暮し方すなわち日常の価値観，社会観，行動様式，人間社会関係を包括する文化変容に対する影響は大きく，それは結果として時に大きな政治変化をもたらした（Kazin 2011）．特定の社会形成を主導した社会政治勢力連合を歴史的ブロックと呼ぶ（Denning 1996）．太平洋各国の民主政治の批判的支持者として，太平洋左翼はたとえば日本の革新勢力，アメリカのニューディール連合等の歴史的ブロックの文化形成に大きく貢献した．

　TPSはあらゆる文化手段を用い自由と愛の多様な共感経験を企画する太平洋最左翼だ．その組織的共感空間の多くは小さく脆いが，それらが多様な媒介手段でつながった想像の共同体は広大だ．またTPSは理想社会を徹底して語

り，人々に社会変革の可能性を確信させ，それを文化的記憶で再生産させた．こうした活動家は有機的知識人（organic intellectual），戦闘的少数派（militant minority），アナキスト（自主管理社会主義者）等多様な呼称をもつ．だが既存研究書の言及で多いのはサンディカリズム（労働自主管理社会主義者）のそれだ．従来サンディカリズムを，第一次大戦前後を最盛期とする4半世紀ほどの歴史的存在に限定する見解がある（Van der Linden and Thorpe 1990）．他方サンディカリズムを近似類似を含め，近現代史に再三現出する運動ないし活動類型とみなす研究もある（Holton 1976）．本章は後者の立場だ．TPS は多様な自己認識をもち矛盾ないし対立する組織にまたがる．現住所は異なるが同一の本籍集団の機能名称である．

アンダーソンは想像の共同体がナショナリズムのみならずインターナショナリズムのそれでもあり，一見矛盾する両者は時に一個人ないし集団組織において重なり，それがむしろ肯定的な表象であるという（Anderson 2005）．アンダーソンはまた，想像の共同体形成におけるメディアとくに出版物の決定的な役割を指摘した（Anderson 1983）．これを敷衍し，カナダ西部の地域主義に関し優れた業績を積むフリーセンは，出版資本主義の時期を20世紀後半の1970年代までとり，第二次大戦前後の地域的共同体意識形成への左翼メディアの貢献を強調する（Friesen 1996, 2000）．本章は加えてメディア自体が想像の共同体の場になりうるという見解に立ち，1950年代における太平洋意識と TPS の関係を語る．

本章は筆者がすでに発表した「太平洋を越えた運動史」（篠田 2004, 2005, 2008）という連作の一環をなす．太平洋を越えた運動史は，太平洋とそれを囲む南北東アジア，南北アメリカ，オセアニアの地域を有機的に連環する一つの歴史的時空間ととらえ，そこを舞台に平等的かつ連帯的な想像的共同体の形成とそれにともなう構成各国・人種・民族・階級・ジェンダーを横断する水平的意識の発展に向けた，域内間の直接および間接の多様な連環運動を描写する．この運動史は，先行発展した「大西洋を越えた運動史」を包含する大西洋史同様（ベイリン 2007），今後太平洋史（Pacific History）への発展が望まれる．

以下の叙述は，特定書籍および楽曲ないし特定範疇のそれらの主に作製過程を研究する書誌学と，特定書籍ないし特定範疇のそれの読者形成と社会関係を

分析する読書史，さらに運動機関紙誌を含む新聞，雑誌，放送等を包括的に扱うジャーナリズムおよびメディア，総じて文化史が重複する領域に位置し，またフーコーがいう言説と読み手の対話性という点で知識社会学の領域にも及ぶ（Foucault 1972）．さらにこの叙述はTPSの活動探索録として太平洋左翼の民俗学ないし博物学を構成する．本章に顕著な混濁文体の特異性は以上に起因する．

2. 太平洋1950年代の奇跡

2.1 はじまりはごんべさんから

デジャ・ビュ

　それは今から15年ほど前，アメリカ・ボストンで起こった．当地のハーバード大学では毎年明けから3ヵ月，全米の労組役員2～30名程が集まって労働組合講座（Harvard Trade Union Program）が開かれていた．留学先の誼を通じて潜った講義の一つに，1960年代の公民権運動の指導者で，その後産業空洞化で疲弊する中西部を拠点に闘う労働運動を率いてきた伝説的人物ストートン・リンド（Lynd, Staughton）による公開講演会があった．相変わらず語学力の欠如に臍を噛んだ1時間ほどの講演の最後に，それでも彼が「それでは一緒に歌いましょう」という意味の言葉を発したのが聞こえた瞬間，部屋中の老若男女が一斉に起立．肩を組むと左右に波打ちながら，段上の氏とともに朗々と何やら威勢のいい曲を唱和する．サビらしい部分に差し掛かって，"Solidarity Forever"といういかにもな歌詞が聞こえ，それが繰り返された3回目．何と自分の唇が節と一緒に勝手に動き出すではないか．「この曲知ってる！」．その瞬間の驚愕と歓喜の入り混じったおののきの感覚は，その時の部屋の風景とともに今でも脳裏に刻み込まれている．

　歌詞は違うがお馴染みのメロディの出元はすぐにわかった．子供の頃YMCAのキャンプで散々歌った「ごんべさんの赤ちゃん」である．全篇の振り付けを覚えたら，1節ずつ歌唱なしで繰り返す可笑しさと空中に手を上下左右するその異様さで皆興奮して繰り返し遊んだ．だがその後もう一つこのメロディを体に叩き込んだ音楽体験を思い出していささか呆れた．ヨドバシカメラのコ

第9章 裏声で歌え'共和国讃歌'

マーシャルである．この会社をはじめとする今日の家電量販店の隆盛は，4半世紀以上前からの画面露出に始まる．小学生から中学生の頃，日本テレビは平日夕方4時からを当時同局看板の青春ドラマの再放送枠にし，他にやることのなかった子供は夕餉支度前のひと時をテレビに釘付けにされた．そこに来る日も来る日も4,5回流れるコマーシャルで，ヨドバシカメラは社名とこの軽快なメロディを，日本の首都の子供たちに覚え込ませた．それにしてもなぜ僕たちはアメリカの労働歌を童謡や広告音楽で知っているのか，いやあえて言おう，でしか知らないのか．

共和国賛歌

　ハーバードで聞いた労働歌はその名も「連帯よ永遠なれ」(Solidarity Forever) という．作詞は20世紀初頭のアメリカを席巻した急進的なサンディカリスト組合，世界産業労働者同盟 (Industrial Workers of the World, IWW, 通称ウォブリーズ) の活動家，ラルフ・チャプリン (Chaplin, Ralph)．この組合は入会と同時に会員証と歌集を渡し，人里離れた酷寒の森林や酷暑の穀物畑，果ては時化に翻弄される船倉で，共に絶唱しながら自分たちを鼓舞したことで有名 (レンショウ 1973)．だがこの歌は革命的労働運動の独占歌ではない．試しに検索してみた Wikipedia (http://en.wikipedia.org/wiki/Solidarity/Forever) によると，オーストラリアの労働党 (現政権党) やカナダの新民主党 (現筆頭野党) の大会歌，果てはアメリカの協同組合運動歌であるともいう．出典が不明なため，確かなことはいえぬが，IWW がカナダ，オーストラリア，イギリスでも組織されていたことは事実で (レンショウ 1973, Burgmann 1995)，上記の社民主義政党や協同組合組織の左派にウォブリーズの薫陶を継ぐ者が決していないことは考えにくく，あながち鼻から疑う必要もなかろう．日本ではロシア革命以来共産主義運動の独占歌の観もある「インターナショナル」が労働歌の定番だ．がそれがゆえか，ベルリンの壁崩壊後その歌は歴史化しつつある．一方「連帯よ」は，英語圏ではアナーキストから現実的社民主義者や協同組合主義者まで，協同社会 (cooperative commonwealth) を目指す運動の共通歌であり，現代のフォークやロックシンガー，ヒップホッパーも歌い継ぐ．

　この「連帯よ」の人気と長命の秘訣はこの歌の淵源に由来する．実はこの歌

の原曲は，1850年代半ばにキリスト教会の集会等で広まった黒人霊歌「ジョン・ブラウンの屍（John Brown's Body）」だ．ブラウンは白人キリスト教徒の急進的な奴隷廃止論者で，1859年に仲間とバージニア州にある連邦武器庫を襲撃したところ，失敗し死刑に処せられた．この歌はブラウンの信望者たちがつくり，黒人教会などの間で広まり，南北戦争中は行進中の北軍兵士が歌った．この行進歌に感動した一人に，ボストンの著名な奴隷廃止論者で社会活動家のジュリア・ウォード・ハウ（Howe, Julia Ward）がいた．彼女はその歌詞を北軍兵士を讃える内容に変え，「共和国讃歌（The Battle Hymn of the Republic）」として当時の人気雑誌に発表すると，たちまち北軍の代表的行進曲となった（ハウはその後女性解放運動に尽力する）．そしてこの歌がさらに歌詞を替え「連帯よ」になる．他方「讃歌」も，9.11以降は愛国歌「神はアメリカを祝聖す（God Bless America）」が圧倒的とはいえ，今日までアメリカ国民の間で愛唱され，政府や軍の式典等でも吹奏される．つまり「連帯よ」は，奴隷廃止運動に端を発する近代の世界協同社会運動史の主題歌の変奏だった．

義勇軍行進曲

「共和国讃歌」は早くから日本に来ていた（石原1988）．1900年にクリスマスの子供賛美歌として紹介された後，2年後には日本軍の軍歌集に収録．さらに1907年には野球応援歌として『早稲田歌集』に載った．いずれも日本人の訳詞による．大正期には恋愛歌詞が付され，演歌士が歌った「薔薇の唄」は女学生に流行った．昭和期は「お玉じゃくしは蛙の子」「ごんべさんの赤ちゃん」「ともだち讃歌」等もっぱら童謡として子供の人口に膾炙した．だが明治の初期社会主義から戦後の労働運動まで，それぞれに協同社会を目指した日本のさまざまな政治社会運動は，決してこの曲に己が思いを託さなかった．なぜ日本の活動家たちはこの協同社会運動の主題歌を正調で歌わなかったか．なぜこの国では童謡や軍歌や歌謡でしか，その曲を聞けなかったか．本当に日本人は皆その精神を共有せず，「共和国讃歌」を歌い続けたのか．あるいは誰かは多くが聞き落とす歌い方をしていたのか．心に浮かぶ疑問は隣国の国歌を聞きその由来を知ってさらに膨む．

「起て，奴隷になるのを望まぬ人々よ．我等の血肉で新たな長城を築くのだ」

で始まる中華人民共和国の国歌，その名も「義勇軍行進曲」だ．作詞田漢，作曲聶耳．もともと1935年上海で作られた抗日映画「風雲児女」の主題歌だ．田漢は第一次大戦中東京高等師範学校に学んだ劇作家で，1932年にはすでに中国共産党員だった．早くから左翼系映画演劇に楽曲を提供した聶耳も1933年に入党．「義勇軍」は獄中の田漢が密かに聶耳に歌詞を送り，逮捕を逃れ渡日，曲を書き終え鵠沼海岸で水死した．この曲を聞くと，前述冒頭句が「ジョン・ブラウン」「共和国讃歌」「連帯よ永遠なれ」の精神に重なる．また「義勇軍」の最終節「前進前進進」は前2者最終節が「marching on」だったことを思い出す．かくして先の疑問は太平洋を挟む日米アジアの三角関係という不幸の歴史に行き着く．

2.2 左翼シェルターとしての日本
第三の道
　周知の如く，日本の近代は明治の脱亜入欧（米）に始まり，大正から昭和にかけてアジア主義が台頭，結局それは無残な破局を迎える．戦後はその脱亜入欧とアジア主義への充分な再吟味がなされぬまま，親米と反米という脱亜と入亜の二項対立の更新を続ける．事は左翼を含む協同社会運動総体でも同じでなかったか．この2つの通奏低音の対立は，太平洋を取り巻くとりわけ日本とアジア（主に中国と朝鮮韓国）と北米（主にアメリカ）の間に不協和音，それも日本のそれを際立たす．では日本では，この太平洋を取り巻く不協和音を協和音に近づける試みがなされなかったのか．たとえば政治的関係等現実の不和を，思想や文化による架空的連帯すなわち想像の共同体という裏声（井上・山崎1982）を使っても，「共和国讃歌」を3部唱させようとした人々がいなかったのか．脱亜入亜，新米反米の二項対立を止揚する第三の道を模索した人々がいなかったのか．

中国の歌ごえ
　それがいたのだ，1950年代に．しかもそれは日本がアメリカ太平洋左翼の文化シェルターになる形でだ．まずは歌の話から始めよう．話は1930年代後半から40年代前半に遡る．当時アメリカには中国の抗日報道，とくに中国共

産党の解放区報告で有名となった一群の戦争ジャーナリストたちがいた．それまでその社会の有様を絶望視されていた中国に，それらの解放区ルポルタージュはアメリカ同様の民主主義が育っていることを伝え，米中の絆を強めた．その中にアグネス・スメドレー（Smedley, Agnes）がいる．彼女の著作は戦後多く邦訳されたが，その嚆矢に *Battle Hymn of China* がある．1943年にアメリカの大手出版社から出されたこの本は，真珠湾攻撃直前の国共合作下の抗日風景を描き出し好評を博した．そして邦訳の『中国の歌ごえ』が発刊されたのが1957年，訳者あとがきの冒頭はこう綴られる．

> この本は，1943年にニューヨークのアルフレッド・ノップ書店から出版された *Battle Hymn of China* の全訳である．題名は，文字通りに訳せば「中国の戦闘聖歌」で，著者の頭のなかには，おそらく，田漢が作詞し聶耳が作曲した「義勇軍行進曲」があったであろう．「起て！奴隷となるな，民衆！われらの血肉で築こう，万里の長城！」という言葉ではじまるこの歌は，はじめ東北抗日義勇軍にうたわれていたが，抗日戦中に全中国の民衆のあいだにひろがり，民族統一戦線の大きな力となった．この本のなかでも，いたるところでうたわれている．この「義勇軍行進曲」は，1949年の9月に，「中華人民共和国国歌」に制定された．この題名をつけたときの著者の頭のなかには，同時に，「共和国の戦闘聖歌（Battle Hymn of the Republic）」のことがうかんだにちがいない．それは第4章末尾の文章からあきらかである．この歌は，1861年から1865年までつづいた南北戦争の2年目に，J・W・ハウという婦人がつくった愛国歌で，北軍の兵士たちによってさかんにうたわれた．それは，「神，われらを聖ならしめんとて死にたまいたれば，われら解放のために死なん」というような歌詞のある歌で，文字通りの聖歌であった．アグネス・スメドレーは，中国の「義勇軍行進曲」のなかに，アメリカの祖父たちを自由のために戦いに駆りたてた歌とおなじ意味を汲みとったのであろう．そのようなニュアンスを日本語でどう表現するか，さんざんに迷ったが，結局「中国の歌ごえ」にきめた．日本語としての呼びやすさと全体的な印象をとって，原題への忠実をやや犠牲にしたわけである．（スメドレー 1957: 421）

義勇軍行進曲と共和国讃歌のオーバーラップ．ここにもう一つの解放区ルポの古典エドガー・スノー『中国の赤い星』(1937) の訳者松岡洋子が，アメリカ民主主義の再生を目指したニューディーラーたちが「同志」として中国を再発見した瞬間がある（スノウ1995）．だからこそ彼らは民主抗日である中国の工業合作社運動を支援した．

うたごえ運動

ではこの本のどこに日本はあるか．それは「戦闘聖歌」の訳語替え，すなわち当時日本を席捲した「うたごえ運動」である．「うたごえ運動」は，組織的には戦前に左翼運動に身を投じ，セツルメント等で子供の歌唱指導をした声楽家関鑑子が1948年に中央合唱団を結成したことに始まるが（知性増刊1956，関鑑子追想集編集員会1996），当初は共産党系の文化工作活動の一環の色彩が濃かった（国民文化調査会1956）．これが1955年に総評と正式に連携することで，それまでに知識人と労働者が協力して戦後各地に広げた草の根のサークル運動と，これを基盤に革新政党と労組が展開した憲法擁護や全面講和を掲げた中央のカンパニア組織と結びつく．かくしてうたごえ運動は「平和と民主主義」を時代の感覚構造（Williams 1992）の鋳型にした国民文化運動の晴舞台に躍り出る．そこで日本の幾百万の老若男女は，「平和と民主主義」の戦闘聖歌すなわち讃歌を唱和した．彼ら彼女らが手にした歌集は，黒人霊歌も収める（乾・渋谷1960）．その「平和と民主主義」の運動はこの後，南北戦争や抗日戦争同様，1960年の安保闘争と三池争議で，樺美智子と久保清という運動の殉難者を出す．「共和国讃歌」と「義勇軍行進曲」を裏声で「うたごえ運動」でつなぐ．エロシェンコの訳業等エスペランティストとして有名な訳者高杉一郎らしい詩（詞）的連帯を目指した瞬間だ．

上を向いて歩こう

「うたごえ運動」は，日本の非知識人の老若男女が共に歌う伝統を再生した．この集合的な自己回復の営みである運動文化（Goodwyn 1976）として歌を民主化したのが「うたごえ運動」ならば，その歌を人々の日常すなわち生活の時空間を作るポピュラー・カルチャーとしてさらに徹底したのが永六輔だ．永六

輔・中村八大コンビによる坂本九の「上を向いて歩こう」は安保と三池の挽歌であり，永が歌を皆のものにすることで「平和と民主主義」の運動文化の継続に一縷の望みを託した1曲だ．それが2年後「スキヤキソング」としてブラック・ミュージックをはじめ次第に非白人化するアメリカのヒットチャートの頂点を極めるのは日米運動文化関係を考えるうえで示唆的だ．

　永は1960年代半ばから「上を向いて歩こう」と同じ想いを託した「見上げてごらん」の作曲者いずみたくとシリーズ「にほんのうた」をつくる．ここでいずみたくが歌ごえ運動出身であることは偶然ではない．彼らは「うたごえ」が目指した新しい人々の歌すなわち日本の「新しい民謡」づくりを目指した．そして「いい湯だな」「女一人」等のヒット曲を生んだ「にほんのうた」を4年ほど続けた1968年，新たなうたごえ運動世代フォークシンガーが登場したことで，自らが継いだバトンを渡すように永は作詞家を止める（永・矢崎2006）．

ピート・シーガー

　日本のフォークシンガーの草分けである岡林信康や高石ともやが，アメリカのフォークシンガーのコピーからそのキャリアを始め，彼らが最初にコピーしたフォーク・ミュージシャンにピート・シーガー（Seeger, Pete）がいたことはよく知られる（なぎら1999）．だが今やフォークの神様としてピート・シーガーを伝説人扱いする日本は，1960年代の後半に，満員の聴衆を魅了したニューヨークのマジソンスクエアガーデンはじめ名だたる場所でのフォークコンサートや，自らも運動参加者として仲間の士気を鼓舞した公民権運動やベトナム反戦集会で，シーガーがバンジョーを掻き鳴らし，うたごえ運動の人気作「原爆を許すまじ」を歌っていたのを知っているか（Shinoda 1999a）．

　シーガーのフォークシンガーとしてのキャリアは1930年代に遡る．当時ニューディールの追い風に乗って労働運動は猛然と組織化に取り組み，幅広い文化活動を含め労働者が集う場面を積極的につくり出した．中でもIWW以来労働歌が中心のフォークソングは，この統一の文化形成に大きく貢献した．シーガーは同僚のウッディ・ガスリー（Guthrie, W. Woody）等と職場や争議現場に駆け付け，歌で労働者を鼓舞する「歌う労働運動（Singing Labor Movement)」の指導者となり，その影響は独自のレコード販売を含むポピュラー・カルチャーにも及んだ．だが戦争が終わってその状況は一変する．大戦終了後空前のゼネスト攻勢の反動と冷戦の接近はシーガーらの活動を難しくし，彼らが積極的に関わった，F. ルーズベルト政権で農務，商務，副大統領を歴任し自他共に彼の後継者と見られていた進歩党ヘンリー・ウォレス (Wallace, Henry A.) 候補が，1948年の大統領選で頼みの労組からも見放され空前の惨敗を喫した後は，いよいよ彼は事実上の活動停止状態に追い込まれる．落胆と失意の中にいた彼が再び元気を貰ったのは，仲間が伝えた日本のうたごえ運動の隆盛と「原爆を許すまじ」だった．かくて東西の雪解けムードが出てくる1950年代後半以降，アメリカの音楽シーンにも段々自由が戻るなか，黒人の公民権運動の高まりとともに彼は復活し，その活躍はWe Shall Overcome などの運動歌とともに日本にも伝わる（Shinoda 1999b）．この話は1950年代中頃の日本が，シーガーらアメリカ太平洋左翼難民に安らぎの場と栄気を養う機会を与えたことを伝える．この左翼シェルターに避難してきたのはシーガーだけでなく，また道案内さえいた．

2.3　アメリカ太平洋左翼難民とバンドン日本
石垣綾子とスメドレー

先ほどの『中国の歌ごえ』にはこんな訳者あとがきがある．

> 1冊の本ができあがるまでには，どんなにたくさんのひとたちの援助が必要であるかということがわかった．まず，翻訳権について好意のある同意をして下さったエドガー・スノー氏と，ミルフレッド・コイ女史に感謝しなければならない．コイ女史を紹介して下さったのは，石垣綾子氏であった．巻頭にかかげた原著者と「小鬼」の写真は，故尾崎秀実氏の弟さんである尾崎秀樹氏の好意によった．中国の風俗習慣，俗言，罵言，古い詩，その他については，次の方々に教えて頂いた．——東京都立大学中国文学研究室の松枝茂夫，竹内好，今村与志雄，伊藤敬一の諸氏，東京大学の小野忍氏，神戸大学の山口一郎氏．静岡県「郷土をよくする会」の前島貞男氏．インド関係の固有名詞や風俗などについては，駐日インド大使館のヴ

ェル夫人に教えて頂いた．（スメドレー 1957: 423）

ここに出てくる名前や顔ぶれだけでも，この訳業が1955年のバンドン会議が象徴した時代精神を体現したものであると同時に，それが戦前からの引き継ぎだったことがうかがえるが，注目は石垣綾子の存在である．石垣は戦前裕福な名門家族に生れながら，早くから社会と政治に目覚め，このままでは日本で先が危ういと家族が判断，アメリカ大使館勤めの姉夫婦を頼って1920年代後半に渡米した．だがニューヨークで左翼画家の石垣栄太郎と出会って一緒になると，ラディカルのメッカ，グリニッジ・ビレッジを根城に産児制限運動のマーガレット・サンガー（Sanger, Margaret H.）をはじめ，女性運動やさまざまな進歩的グループと接しながら，日本の中国侵略に批判を強める左翼やリベラルの運動にも関わっていく．綾子がスメドレーと知己を得るのは1940年代の始めだが，そもそも栄太郎とスメドレーはまだ彼女がインド独立運動に関わっていた第一次大戦後からの知り合いだった．

その後綾子は，第二次大戦後中国共産党シンパとして次第に風当たりが強まるスメドレーを必死に支えていく．そして1949年，訪米した旧知のインド首相ネルーと再開し，黒人とインド人の苦悩の共通性を確認した後，執筆中だった中国人民解放軍司令官の朱徳の伝記『偉大なる道（The Great Road: The Life and Times of Chu Teh）』（1956）の原稿を携えロンドンへ去り，その翌年マッカーシズムの攻撃が名だたる中国専門家に及ぶなか，心労重なり病死．石垣夫妻もアメリカ政府から追われるように1951年，日本に帰国する．

スメドレーの『偉大なる道』が雑誌『世界』で阿部知二訳で連載され始めるのが，1954年1月．紹介したのはアメリカのリベラル雑誌『ネーション（The Nation）』のロンドン特派員のアンドリュー・ロス（Ross, A. Andrew）らしい．この頃から『世界』に世界情勢，とくにアジア，アフリカのそれをどしどし送り始める記者だ．連載は13回におよび，回を重ねるごとに好評を博し，翌年岩波書店から単行本として公刊される．ちなみに連載第1回目にはスメドレーとの思い出を綴って綾子の文章が併載された．『偉大なる道』が日の目を見たのは日本が初めてで，アメリカは無論イギリスでもスメドレーに対するレッテルが出版の邪魔をした．つまり『偉大なる道』はやはり日本に避難したの

第9章　裏声で歌え'共和国讃歌'　　　　　　231

であり，それもまるで先回りしたように綾子が帰国し，スメドレーの遺作が逃げてくるのを待ち構えた．それは綾子にとっても，今は亡き愛おしい「私のアメリカ」すなわち太平洋左翼のそれであり，その「アメリカ」が見た愛すべき「中国」であった（石垣1951, 1967, 1972, 1988, 1996）

もう一つの『世界』

　それにしても1950年代の『世界』の頁を50年代中頃までめくると，深まる米ソの東西冷戦の中で苦悩しながら，次第にアジア，アフリカの勇気に促されバンドン時代の機関誌となっていく姿がうかがえて興味深い．たとえば1951年1月号は南原繁の「民族の危機と将来」が巻頭にあり，その全面講和と人類の理想をうたう高邁な抽象さがかえって現実選択の苦悩を裏書きする．さりとて同年3月号掲載の太平洋問題調査会に提出されたオーストラリアのマクマホン・ボール（Ball, W. Macmahon）による「アジアにおける民族主義と共産主義」は，日本がアジアに生きることにも用心を与える．これが変わるのはヨシフ・スターリン（Stalin, Joseph）が死去する1953年中頃．まずは4月号の小特集「アフリカは動く」とアジア社会党会議報告，続いてインド首相ジャワハルラール・ネルー（Nehru, Jawaharlal）の「平和をも索めるインド外交」は6月号だ．

　『偉大なる道』連載開始の1954年1月号には再びネルーが「アジアの運命とともに」を寄稿．1954年5月号には「一インド人」の筆名で「米ソの中間地帯」を掲載．1955年1月号は事実上の新中国特集．「周恩来会見記をよんで」の各界著名人のコメント集，中国訪問団報告公演会の「中国の新しい姿」，さらに中国土産話3題．続いて2月号は「アジアと平和五原則」特集に「ハノイ解放の日」のグラビヤが加わる．3月号は，グラビヤ「アフリカは動く」と共に「次はアフリカの番である」特集．4月号は周恩来と会った村田省三を囲む座談会．6月号は巻頭特集で「新しき歴史ここに始まる」，スカルノの「新しいアジア・アフリカを誕生させよ」と周恩来の「われわれの運命をわれわれの手で」，グラビヤのアジア・アフリカ会議が眩しい．そして10月号は特集「冷戦の終結へ—アジアの発言」でネルーが「体制の相違を越えて」と訴えれば，「諸国民の相互信頼のうえに」と周恩来が返す．この『世界』に現れた日本の

翻身，すなわち東西両陣営と異なる「もう一つの世界」への跳躍と寄り添うように，この間『世界』で連載が再開された野上弥生子の『迷路』が，ちょうど悩める主人公省三が最後に八路軍に向ってひた走り，この戦禍の後に新しい時代の到来を予期させる所で物語が終わる．前述の如くこの開き直る日本は太平洋左翼の避難所となるが，それは同時に太平洋左翼が用意したのであり，またさらに飛翔させられていく．

マンスリー・レビュー

　スメドレーの『偉大なる道』が世界に先駆け日本で出版された翌年，アメリカでようやく出版の日の目を見るが，それはマンスリー・レビュー（Monthly Review）社によった．この出版社の看板雑誌『マンスリー・レビュー』はハーバード大学教授でマルクス主義経済学者のポール・スウィージー（Sweezy, Paul M.）と左派組合のベテラン活動家のレオ・ヒューバーマン（Huberman, Leo）が1949年にニューヨークで創刊した．ファシズムのヨーロッパ席捲後，人民戦線で第2期ルーズベルト政権以降欧米最大の勢力と影響力を築いたアメリカ共産党が第二次大戦後大きく後退するなか，左翼の活路を開くべく船出した『マンスリー・レビュー』だったが，その矢先から1950年代前半を通じて赤狩り旋風に翻弄された．そんななか彼らの出版物は日本で大好評を博す．とくに岩波書店はヒューバーマンの『資本主義経済の歩み（上下）』(1953)，『社会主義入門（上下）』(1953-1954)，『アメリカ人民の歴史（上下）』(1954)を岩波新書として続々発刊，とくに『資本主義経済の歩み』は相当期間ベストセラーを続け，また『アメリカ人民の歴史』はその類稀に堪能な書法で読者を魅了した．確かに資本主義，社会主義，人民史観の左翼本は戦後すぐに共産党系の出版社を中心に広く版を重ねた．だがそのほとんどはインテリ，党員，組合員の読物であり，新あるいは別世界への知識欲と好奇心は旺盛だが「組織」に素人で政治アマな読者には距離があったろう．思うにこれらの新書は，普通の日本人に左翼の福音を簡便に説き広く受け入れられた戦後本の走りではなかったか．つまりこの時期革命中国とダブらせながら，日本人の多くは左翼の物の見方考え方をアメリカから学び，さらにアメリカ人が左翼的だと知るのだ．ただしそれは太平洋左翼のそれだが．かくして1950年代中頃，日本がアジア，ア

フリカに左から開き直ったその時，ヒューバーマンをはじめ，なおアメリカで居心地の悪い左翼人が，自分たちの声に耳を傾ける日本に続々とやって来る．

2.4 部落とブラック
雪山慶正の太平洋を越えた階級的人種交叉連合

　ヒューバーマンたち「避難」左翼は日本に来ると，『世界』等で本国では聞いてもらえぬ思いの丈を述べただけではない．彼らはまた日本の太平洋左翼の同伴で国内各地を案内され，母国では彼らを避ける大学人に歓待された．その同伴に専修大学教授でマルクス経済学者の雪山慶正がいる．雪山はヒューバーマンの著書の多くを訳し，彼らの友情は労働運動を中心に草の根で太平洋左翼の絆を強めた．1956年，スコット＆ヘレン・ニアリング（Nearing, Scott & Helen）の『今日のアメリカ』が雪山訳で岩波書店から出る．スコット・ニアリングは戦前日本でも知られたアメリカ左翼知識人で，その妻ヘレンと片田舎の生活を送った後，戦後変貌するアメリカを歩き綴ったのが本書だ．訳書の出版後ほどなく夫妻は日本各地を訪れるなか，京都で隆盛する「平和と民主主義」文化の知識人組織だった平和問題懇話会の大学人と歓談し，さらに夫妻は希望して懇話会に集う部落問題研究所員の案内で京都駅近くの未解放部落を訪ねる．この時東京から随行し，欧米のユダヤ人や黒人差別以上の部落民の悲惨な境遇への深い心痛を夫妻と共有した雪山は，直後研究所所員となり部落問題を猛然と学ぶ一方，黒人問題と対比した論文を研究所月刊誌に精力的に寄稿する．

　戦前から部落運動を主導した水平社は戦後部落解放同盟となり，その実質的な機関誌として1949年に創刊された月刊誌『部落』は当時，アメリカ黒人運動の指導的知識人デュボイス（DuBois, W. E. B.）や黒人詩人ラングストン・ヒューズ（Hughes, Langston）の紹介，および南部の人種差別教育を違憲とした最高裁判決の解説等数本を掲載した．だが表9.1のごとく，京都体験後始まる雪山のアメリカ黒人運動関連寄稿群は1963年頃まで連綿と続く．

　雪山が動かさんとした山は大きい．アメリカ公民権運動を部落解放運動と連動させ，両者と労働運動の連帯を強調し，それを国民主義的な一国平和主義に傾斜する戦後民主主義文化が背を向け始めた反帝反植民地主義と自律的非白人

表 9.1 『部落』掲載 雪山慶正寄稿および関連論文一覧

著者名（著者名なしは雪山）	掲載年月日
松本治一郎「世界は大きく動いている」	1956 年 5 月
S.V. シャー・西村関一「インドにおける賎民の解放」	1956 年 6 月
「エメットティル少年のリンチ」	1957 年 4 月
「アメリカの人種差別法」	1957 年 5 月
ハーバート・アプティーカー（雪山訳）「アメリカ帝国主義と白色排外主義」	1957 年 6 月
「ニグロ解放運動の新段階」	1957 年 7 月
「アメリカにおけるニグロ労働者の発展」	1957 年 9 月
「差別待遇とたたかうアメリカ労働者」	1957 年 10 月
「暴力に抗して民主主義をまもりぬけ」	1957 年 11 月
大沢基「ヒューバーマンのみた部落」	1957 年 12 月
「平等な機会をもとめて」	1958 年 1 月
「ニグロ人民に対するアメリカ政府の犯罪（上）」	1958 年 2 月
「ニグロ人民に対するアメリカ政府の犯罪（中）」	1958 年 3 月
南清彦「書評 H・ヘィウド『黒人解放』」	1958 年 4 月
レオ・ヒューバーマン（雪山慶正訳）「二つの国民・白人と黒人」	1958 年 6 月
竹内好「沖縄から部落へ」	1959 年 1 月
李東準「在日朝鮮人の帰国問題をめぐって」	1959 年 4 月
「特集・婦人の問題」	1959 年 5 月
北川鉄夫「黒人混血児とアイヌ」	1959 年 5 月
「特集・沖縄と差別」	1959 年 7 月
今掘誠二「原水爆時代の部落問題」	1959 年 8 月
「人種的偏見の代償—ニグロ問題に関する沖仲士倉庫労働組合の意見」	1959 年 8 月
ルイス・E・バーナム（雪山抄訳）「ミシシッピー州のリンチをめぐって」	1959 年 10 月
「アメリカのニグロ問題」	1959 年 11 月
「特集・在日朝鮮人」	1959 年 12 月
アン・ブラーデン（雪山訳）「アメリカにおける人種関係」	1960 年 3 月
アール・コンラッド（山田択男訳）「ハリエット・タブマンの半生—南北戦争時代におけるニグロ戦士とその協力者たちのものがたり—」	1960 年 4〜6 月
エリザベス・ローソン（山田拓男訳）「サディウス・ステイブンス—戦闘的民主主義者にしてニグロ解放の闘士」	1960 年 7〜9 月
田中織之進部落解放同盟書記長・雪山対談「解放運動の新しい方向」	1960 年 10 月
サミュエル・シレン（山田択男訳）「ドレイ制度とたたかった婦人たち」	1960 年 11 月〜61 年 8 月
≪本棚≫ヒューバーマン・スウィージー「キューバー一つの革命の解剖」フィデル・カストロ「わがキューバ革命」クワメ・エンクルマ「わが祖国への自伝」	1961 年 1 月
「黒人問題研究の一年間」	1961 年 3 月
「特集・水平社創立四十年記念」	1961 年 4 月
「部落解放同盟訪中団の便り」	1961 年 4 月
井上清「部落問題と労働者階級」	1961 年 6 月
松本治一郎「全国民とともに—請願運動への支援と共闘の要請」	1961 年 8 月
高橋徹「人間性復活の叫び—黒人文学全集の発刊」	1961 年 8 月
「特集・請願大行進の総括」	1961 年 12 月
池上日出男「黒人解放と文学」	1962 年 7 月
「アメリカの暁闇—アメリカのニグロ解放運動の動向」	1962 年 11〜12 月
レオ・ヒューバーマン（雪山訳）「ミシシッピー事件の背景」	1963 年 1 月
大沢基「アフリカーA・A 諸国連帯会議から帰って」	1963 年 8 月
アイラ・リード・奈良本辰也「対談 黒人差別と部落問題」	1963 年 8 月
山本幹雄「黒人と人権」	1964 年 1 月

連帯というバンドン精神へ結びつけ,そこに集う多様な主体を国内外に開かれた階級的人種交叉連合という太平洋左翼の花道へと追り上げる．

だが彼は一人の愚公ではなかった．水平社以来の指導者松本治一郎は同じ頃「全世界水平運動の旅」に出,各国の人種差別反対運動との交わりを綴った．解放同盟はアメリカの労黒連帯から学びながら,勤務評定反対闘争を皮切りに三池闘争まで労働運動との共闘を深める．ヒューバーマンの黒人差別に関する『マンスリー・レビュー』の論文が『部落』の巻頭を飾る 1958 年には,この階級的差別反対共闘の環は沖縄,在日韓国朝鮮人,被爆者へと拡がる．1960 年には雪山は,綱領改正の歴史的な大会開催中,同盟書記長と対談し,差別を助長する資本主義との対決を内包した全人民的解放運動の一翼を担う決意が確認される．同時にこの頃からアジア・アフリカ・ラテンアメリカの階級的民族解放運動の動向が意識される．かくして世界につながった国民運動を目指す部落解放運動は,アメリカで人種差別撤廃を謳う公民権法が発布された翌 1965 年,部落問題は人類普遍の原理たる人間の自由と平等の問題であり,日本国憲法が保障する基本的人権の課題であり,その解決は国の責務と同時に国民的課題だという同和対策審議会答申を引き出す．

もっとも雪山が綴ったアメリカ公民権運動報告の力は必ずしも現地のそれではない．彼の報告した労黒連帯は少数左翼で,労働,黒人双方の主流的運動ではない．また,黒人運動のバンドン意識も一般的でない．労黒共に人種差別的資本主義下での改革の限界を自覚し,双方の連帯への挑戦が進むのは 1960 年代だ．キング牧師(King, Martin Luther)が清掃スト支援のメンフィスで凶弾に倒れるのが 1968 年(Boyle 1995, Honey 2007)．ブラックパンサー等黒人のアフリカ連帯や毛沢東シンパが目立つのも 1960 年代．では雪山はどこで太平洋を越えた階級的人種交叉連合の霊感を得たか．

高野総評と太平洋左翼

　　その運動は一方では,再軍備反対,基地反対・MSA 反対の運動となり,他方では平和や全面講和への要望となり,労働組合員の闘争というよりも再軍備の皺寄せのかかる民衆全体の闘争という形で展開され,さらに,他

方では，中小企業労組の結成や，零細農民，小商人漁民と組合との結びつき，そしてまた，闘争の仕方としても，ゼネスト方式から「地域ぐるみ」，「町ぐるみ」の闘争や「家族ぐるみ」の闘争による組合闘争力の補強の試み，そうした新しい戦術を用いながら，或いは地域共闘の形で横断的に，或いは家族組合の形で背後から，個々の企業別組合の支柱をつくってゆこうとする．（中略）日本の労働組合，とりわけ総評のような連合体は，アメリカ流の「労働組合」（labor union）でもなく，さりとてイギリス風の「労働組合」（trade union）でもなく，「企業別組合」を中心とする一種の民衆組合的なモノだという点を認識することである

　これは1955年『世界』9月号に載った大河内一男の「総評論」の一節だ．大河内は日本の代表的な労働経済学者で，欧米労使関係モデルから逸脱する当時の総評に批判的であったが，その時代適合的な機能実態はちゃんと認めた．この総評を1950年代前半を通じて率い，「企業別組合を中心とする民衆組合」に育てたのが事務局長高野実だ．彼は連帯の福音を唱える預言者であり伝道者だった．人民服に身を包む求道者然とした風貌で，失業せし者を汝自身と想い，海の彼方で日々の糧のために額に汗する者を隣人と思い，それらと深く語らい，共に闘い支え合い，この地上の津々浦々に働く民の王国を築けと語り，労働運動に平和を願う民族の苦悩を背負わす．その伝道は海を越える．中国総工会と組んだアジア・アフリカ労組懇談会はバンドン会議の前年だ．高野は人々をつなぐ文脈を幾重にも築いた．大連帯こそ明日を開くという時代の雰囲気を創った．雪山に部落とブラックをつなげて読ませたのはこの空気ではなかったか．だが次の高野学校同窓の回想は，これも迂回した太平洋左翼の仕業だと教える．

　　私はつくづく感じるんですが，猪俣さんの教えを受けたと同じように，アメリカ共産主義だと，私は言うんです．アメリカ共産主義というのは，アメリカにおけるサンディカリズムの台頭におけるその精神を引きついでいるんですね．それがあればこそ，総評を軸とする産業別統一というあの人の理屈がでてくるわけです．同時にそれがあればこそ，やはりあの人の「ぐるみ闘争」というのもでてくるわけです．（高野実没後二〇年の集い

1995)

3. おわりに：トランス・パシフィック・
サンディカリストは何処から来て何処へ行ったか

　冷戦下の太平洋地域の政治的気圧配置は基本的には東西の高気圧が大きく張り出したなか，1950年代にはそれに押し出される形で太平洋左翼の低気圧が，なお東西高気圧が充分張り出せぬ不安定な等圧線下にあったアジアで発達し，そこに東西の勢力安定を脅かす政治的暴風雨をもたらし，日本は台風の目となった．すなわち東西両者に与しない自己の存在証明を求めていた日本はこの不安定状況を創出し，その不安定状況に誘導し，また誘導されたのが，1930年代後半以降根拠地となっていたアメリカと中国で運動難民となり新たな根拠地を探していた太平洋左翼だ．この太平洋左翼の蛇行をもたらしたジェット気流の役割を果たしたのが TPS だった．
　これは国際政治経済学の資源動員論と政治的機会構造論ないし経路依存性論さらに国際政治論の国際権利擁護網論（Keck and Sikkink 1998）で説明することもできよう．今筆者にその用意はないが本章事例の理論的貢献の可能性だけは主張する．もちろんそれにはなお，事例集積が要り，ゆえにここでまとめも兼ね TPS の時期区分を示す．
　TPS の発生時期はいつか．その開墾播種期としてインドでセポイの反乱，中国で太平天国の乱等，反植民地主義反帝国主義運動が顕在化し，他方アメリカがペリー来航等一旦太平洋進出を図りながらジョン・ブラウンの反乱，南北戦争，ダコタ戦争，再建期（Reconstruction）等でアメリカ外交史で唯一逆コースを辿り，その間で日本が幕末明治維新を通じ脱亜入亜の史的二律背反に陥る 1850〜70 年代は見逃せない．
　次に太平洋の白人帝国主義の拡大とそれへの代替案等各地の対応選択肢が構造化される 1880〜90 年代は，清西と米日の新旧帝国交代という太平洋の権力構造移行を背景に，孫文，宮崎滔天等が絡むアナキストとナショナリストの国際革命志士網が形成され，民国革命，自由民権，人民主義（Populism）等組織的運動も日米中等で発展し，そこで政治新聞や小説を始め運動メディアも群生

することから，太平洋左翼の運動インフラが整い始める．ここまでがTPSの助走期だろう．

　1900〜20年代にはTPSが自覚的に始動する．平民社の反戦運動と第2インターでの片山潜とゲオルギー・プレハーノフ（Plekhanov, Georgij）の日露反戦表明も大事だが，日中はじめアジア系北米移民コミュニティでのTPSの海外根拠地形成も見逃せない．幸徳秋水等の西海岸IWWとの日米アナキスト交流，当時世界のラディカルメッカ，ニューヨークのグリニッジ・ビレッジで片山が始めた在米日本人社会主義団，本章の石垣ガイドや猪俣都南雄を経たTPS集団高野総評形成はここからだ．この国際交流網を前期以来の太平洋左翼の識字教育進展と国際左翼メディアの太平洋市場形成が支えた．

　1930〜40年代には前期後半に登場する共産党組織網を加え前期国際交流網が多元化し，太平洋TPSの間接運動共有が広がり，抗日での米中や反戦での日中・日米等一部で直接運動共有も進む．この時期は人民戦線もあり，TPSの属性と活動は多様化する．とくに後述する太平洋TPSの文化活動は飛躍的に進む．

　20世紀前半は本章第2節で言及した太平洋の三角関係と付随する太平洋左翼の発展力学の形成期だ．たとえば同時期でも場所によって左翼の社会的有様が異なる，すなわち空間移動にともなう意味変容という位相を利用し運動言説を融通する．これに長けたのがTPSで，本章事例はその一つだ．他にも1930年代のアメリカ左翼の人種言説が1950年代の日本左翼の民族言説に転用されバンドン受容につながる．

　1950年代のさらなる特徴に，左翼シェルター等太平洋左翼の水平的な直接運動共有がある．また同時進行した既成左翼の溶解も太平洋左翼の自立，とくにTPSの遊撃行動を促した．これが1960〜70年代太平洋左翼を独自形成する．日米既成左翼が福祉国家推進で脱亜入欧する一方，近代化，植民地，帝国主義，人種差別への対抗を旗印にベトナム反戦と文革支持がTPSの太平洋統合事業となる．

　確かに1980年代以降これ等太平洋左翼とTPSの動きは鈍化したかのようだ．だが1990年代以降今日までの社会運動的労働組合主義（social movement unionism），反グローバリズム運動，派遣村，ウォール街占拠運動等の運動事

象は，TPS を含む太平洋左翼史の終焉を疑わせる．

　最後に論点を一つ．中国の太平洋左翼は誰なのか．共産党が太平洋左翼かは一先ず措く．たとえば第二次国共合作を促し抗日統一戦線を演出した所謂民主派知識人だ．それ以上に彼らは太平洋文化オルグとして堂々の TPS だ．茅盾，鄒韜奮，陶行知，章乃器らが1936年に編んだ『中国の一日』には民衆が抗日生活を活写した3,000のルポが集まった．茅は文学の生活化で魯迅以上だ．陶は生活を教育の根幹にした．鄒は人気雑誌で生活民主主義を鼓舞し，主宰するその名も生活書店で茅や陶を後押した．この中国の民主的生活文化運動は，同時期ニューディールで雇用促進局が石垣夫妻を含む失業文化オルグを動員したアメリカの労働文化運動と相似する．実際両者は本章解放区報道を含め抗日でつながった．

　この民主的生活労働文化運動が，米中で中頓挫する1950年代，民主的生活文化運動の中国共産党版である大衆路線を信奉実践した高野総評下に居を移す．第2節で言及したうたごえ運動と並び全国に浸透した生活綴り方運動の指導者国分一太郎は戦時中陶から大いに学んだ（篠田1998）．高野総評後この読み書きを生活に根付かせすべての権威権力から自由な精神を受け継ぐのが，俊輔，良行等鶴見一家が象徴する1960〜70年代の筑摩文化だ．たとえば1960年代の名企画『日本の百年』は生活綴り方の精神を引く．1960年代末の企画『現代革命の思想』はTPS活動の見本だ．自身日米で運動に関与した武藤一羊編8巻『学生運動』では中国，アメリカは無論世界中の運動文献の間に日大東大全共闘の文書が昂然と並ぶ．ベ平連でアメリカ活動家と肩を組む小田実編4巻『第三世界の革命』では，ゲバラ（Guevara, E. C.），ファノン（Fanon, F.），マルコムX（Malcom, X.），カブラル（Cabral, A.）ら現代TPSを「アリランの歌（金山）」，「三十三年の夢（宮崎滔天）」，「われらのアメリカ（ホセ・マルティ）」らレジェンドが囲む．鶴見俊輔編5巻『アメリカの革命』は自身アメリカTPS代表ハワード・ジン（Zinn, H.）の太平洋左翼的アメリカ史の決定版 *People's History of the United States*（1980）の構想を10年早く先取りした．後に鶴見良行は「われらの」アメリカを日本を愛するがゆえに「かれらの」両者に抗うTPS魂を「日本人ばなれ」と考えアジアを歩く．

　この『現代革命の思想』3巻『中国革命』の編者は当時秀逸な文革評論を書

く科学史家の山田慶児だ．なぜ科学史家が中国革命それも文化大革命なのか．1940年代に科学文明の源を中国に見た異端イギリス化学者ジョセフィ・ニーダム（Needham, Joseph T. M.）の巨著『中国の科学と文明』はパラダイム転換する1960年代世界を揺すった．山田もその一人だ．山田がTPSなら彼の背後に山がある．当時世界の中国革命研究の最高峰はアジア経済研究所によった中国農業学匠だ．彼らは中国革命を近代産業の礎たる2000年にわたる世界農業文明への挑戦と見た．西山武一・熊代幸雄の『斉民要術』，天野元之助の『中国農業史研究』は，戦前中国農業史研究者と共同で始め1960年代前後に日本で完成する農書研究で，文革以降中国研究者が再発見する．1960年代日本は高度成長で棄農した．アジア経済研究所の中国関連研究会はそれを憂えた農政関係者の熱気が溢れた．だがそれは戦後的現象ではない．アジア経済研究所農業族の一人で当時農林省農業総合研究所中国室の山本秀夫は戦前の満州協同重農主義者橘樸を蘇らす（山本 1977）．アジア主義者で片づけられない彼の論考を魯迅ら抗日知識人は困惑しながら貪り読んだ．ソ連の農業集団化を横目で見ながら協同組合教育のため賀川豊彦をアメリカ南部へ招いたニューディーラー，長征や抗日遷都で奥地での一時凌ぎではない中国文明の再鋳造を夢見る毛沢東や民主派知識人，帝国主義に抗する非白人の自立的経済を目指したマハトマ・ガンジー（Gandhi, Mahatma）と賀川とともに希望の星を見たアメリカ黒人運動の巨匠デュボイス．橘もこの1930年代農村ユートピアに生きた．結局19世紀半ば以来，都市中心の近代工業が背景の白人帝国主義に抗した太平洋左翼が夢見た太平洋統合の原風景がこの辺にないか．国連救済復興機関のトラクター技師だったW．ヒントン（Hinton, W.）の異色の解放区ルポ『翻身』を1972年にアジア経済研究所農業族の若手，東京大学東洋史学科卒の中公編集者，鶴見良行も務めた国際文化会館企画部長，そしてベ平連事務局長が共訳したのは偶然ではない．

参考文献

井上ひさし・山崎正和（1982），「《対談》国家への二重感情ー『裏声で歌へ君が代』の魅力ー」丸谷才一『裏声で歌へ君が代』新潮社，巻末付録．

乾孝・渋谷修編 (1960),『一九六一年版 にっぽんの歌』淡路書房新社.
石垣綾子 (1951),『二十五年目の日本』筑摩書房.
石垣綾子 (1967),『回想のスメドレー』みすず書房.
石垣綾子 (1972),『さらばわがアメリカ』三省堂.
石垣綾子 (1988),『海を渡った愛の画家―石垣栄太郎の生涯』御茶の水書房.
石垣綾子 (1996),『石垣綾子日記』上下,岩波書店.
石原恵子 (1988),「日本における賛美歌の果たした役割―『リパブリック讃歌』の変遷を追って」国立音楽大学大学院『創立二十周年記念論文集』pp. 7-36.
永六輔・矢崎泰久 (2006),『上を向いて歩こう―昭和歌謡の自分史』飛鳥新社.
国民文化調査会 (1956),『左翼文化戦線―その組織と活動』星光社.
篠田徹 (1998),「東方に相似あり―普遍としての日米中『三〇年代文学』」蘆田孝昭教授退休紀念論文集編集委員会編『蘆田孝昭教授退休紀念論文集 二三十年代中国と東西文芸』東方書店, pp. 325-336.
篠田徹 (2004),「グローバル・レーバー―連帯の可能性を求めて(1)～(11)」『生活経済政策』87-89 号.
篠田徹 (2005),「"企業別組合を中心とした民衆組合"とは―社会運動的労働組合としての高野総評に関する文献研究」上下『大原社会問題研究所雑誌』564, pp. 1-16, 同 565, pp. 13-31.
篠田徹 (2008),「なぜ日本社会主義同盟は大事か―太平洋を越えた運動史への想い」『早稲田社会科学総合研究』8, 3, pp. 1-17.
スノウ,エドガー (松岡洋子訳) (1995),『中国の赤い星』上下,筑摩書房.
スメドレー,アグネス (高杉一郎訳) (1957),『中国の歌ごえ』みすず書房 (Smedley, Agnes (1943), *Battle Hymn of China*, New York: Alfred A. Knopf).
関鑑子追想集編集委員会 (1996),『大きな紅ばら―関鑑子追想集』大空社.
高野実没後二〇年の集い (1995),「高野時代の労働運動を偲ぶ」『労働経済旬報』1528, pp. 8-22.
知性増刊 (1956),『日本のうたごえ:愛唱歌集』河出書房.
なぎら健壱 (1999),『日本フォーク私的大全』筑摩書房.
ベイリン,バーナード (和田光弘・森丈夫訳) (2007)『アトランティック・ヒストリー』名古屋大学出版会.
山本秀夫 (1977),『橘樸』中央公論社.
レンショウ,パトリック (雪山慶正訳) (1973),『ウォブリーズ―アメリカ・革命的労働運動の源流』社会評論社.

Anderson, B. (1983), *Imagined Communities: Reflections on the Origin and Spread of Nationalism*, London: Verso.

Anderson, B. (2005), *Under Three Flags: Anarchism and Anti-colonial Imagination*, London and New York: Verso.

Boyle, K. (1995), *The UAW and the Heyday of American Liberalism, 1945-1968*, Ithaca and London: Cornell University Press.

Burgmann, V. (1995), *Revolutionary Industrial Unionism: The Industrial Workers of the World in Australia*, Cambridge: Cambridge University Press.

Denning, M. (1996), *Cultural Front: The Laboring of American Culture in the Twentieth Century*, London and New York: Verso.

Foucault, M. (1972), *The Archaeology of Knowledge (Translated from the French by A. M. Sheridan Smith)*, London: Routledge.

Friesen, G. (1996), *River Road: Essays on Manitoba and Prairie History*, Winnipeg: University of Manitoba Press.

Friesen, G. (2000), *Citizens and Nation: An Essay on History, Communication, and Canada*, Toronto: University of Toronto Press.

Goodwyn, L. (1976), *Democratic Promise: The Populist Moment in America*, Oxford and New York: Oxford University Press.

Holton, B. (1976), *British Syndicalism, 1900-1914: Myths and Realities*, London: Pluto Press.

Honey, M. K. (2007), *Going Down Jericho Road: The Memphis Strikes, Martin Luther King's Last Campaign*, New York and London: W. W. Norton & Company.

Kazin, M. (2011), *American Dreamers: How The Left Changed A Nation*, New York: Alfred A. Knopf.

Keck, M. E. and K. Sikkink (1998), *Activists Beyond Borders: Advocacy Network in International Politics*, Cornel University Press, Ithaca and London.

Rogers, D. T. (1998), *Atlantic Crossings: Social Politics in a Progressive Age*, Cambridge and London: The Belknap Press of Harvard University Press.

Sassoon, D. (1996), *One Hundred Years of Socialism: The West European Left in the Twentieth Century*, London and New York: I. B. Tauris Publishers.

Shinoda, T. (1999a), "The Reincarnation of 'Trans-Pacific Radicalism'?: Singing Labor Movement in Japan and the United States," a paper presented in the 21st Annual North American Labor History Conference, October 21-23, 1999, Wayne State University, Detroit.

Shinoda, T. (1999b), "We Will Overcome: Peter Seeger's 'Singing Labor Movement,'" an unpublished paper.

Van der Linden, M. and W. Thorpe eds. (1990), *Revolutionary Syndicalism: An International Perspective*, Aldershot: Scholar Press.

Williams, R. (1992), *The Long Revolution*, London: The Hogath Press.

第10章

安重根の東アジア認識と地域協力構想

李　鎔哲

1. はじめに

　近代以前の朝鮮は特定の地理的空間を一つの独自的な「地域」と認識していなかった．中華思想により中国中心の国際秩序認識があったが，それ自体が一つの「世界」であり，グローバルな世界と個別的な国家の間に位置する「地域」の概念とは異なるものであった．しかも17世紀に満州族による清朝が樹立して以降，朝鮮は朝貢を続けていたが，いわゆる「朝鮮中華主義」が形成され，あくまで自民族を中心に国際秩序をとらえようという傾向が次第に強まっていた．

　こうした国際認識は19世紀に入り，西欧の近代文明と帝国主義の到来という外部的な契機により変化し始めた．朝鮮は自らの位相を近代的な国際秩序の中で新たに規定せざるをえなくなり，こうした過程で自らを含む東アジアを一つの同質的な地域としてとらえる認識が生まれた．そして自らの地域に関する意識が形成され始めると，それは外部的な要因による受動的で他律的な発見の水準を超え，より能動的で積極的な概念へと自己発展していった．地域の範囲，地域のアイデンティティ，地域協力の方法などについて独自の内容を模索することになったのである．その結果，19世紀の後半に至ると，朝鮮（韓国）では「東洋」および「東亜」の概念を使用した東アジア地域に関する認識と秩序形成の構想が多く現れるようになる[1]．本章ではこの中でとくに安重根の「東

洋平和論」に注目し，それに含まれた東アジア地域主義の特徴を考察することにしたい．

安重根は，韓国では主に「独立運動の象徴」と知られている．確かに31年という彼の短い生涯 (1879〜1910年) は韓国の自主独立のための運動と深く関わっていた．1905年に「第2次日韓協約」が締結されてからは国債報償運動や愛国啓蒙運動に積極的に参加し，1907年に「第3次日韓協約」が締結されてからは抗日義兵運動を展開した[2]．彼は1909年10月に中国のハルビンで伊藤博文を射殺し逮捕され，1910年3月に死刑が執行される直前に残した文章で，韓国が「自由独立を恢復せば死者は憾みなし」と述べている（趙1989: 28)[3]．このような点で彼の政治的信念と行動を一貫して支えたのは，近代的な自主独立国家を形成しようとするナショナリズムであったといえよう[4]．

しかし一方，安重根のナショナリズムはより根本的に，「東洋」という地域の平和を実現しようとする信念に支えられていた．言い換えるならば，東アジア地域の各国の独立と地域の平和は不可分の関係にあるものとしてとらえられていた．彼は裁判の過程で，「一つの国でも自主独立しないと東洋平和とは言えない」と述べ，伊藤を狙撃した自らの行動が単に韓国の独立のみならず「東洋の平和」のためのものであるということを一貫して主張した（市川1979: 335)．たとえ未完に終わったとしても，彼が獄中で著述した「東洋平和論」とその他の遺稿は彼の思考が排他的なナショナリズムを超え，東アジア地域の協力と連帯を求めていたということを明白に示している．

安重根の東洋平和論は最も根本的に，東洋という地域に関する認識から出発している．彼の地域認識はまず西洋の文明と帝国主義の到来という外部的な要因により触発され，その後，固有の内容をもつ，より積極的な概念へと発展した．こうした地域認識の確立過程は，20世紀前後の韓国の多くの知識人とそれほど異なるものではなかった．しかし，安重根の東アジア認識は次の2つの点で注目すべき特徴を有する．一つは，西洋文明の到来に対し一貫して複眼的に認識したことである．つまり，改革のモデルおよび安全保障上の脅威という2つの側面をともに重視し，それに基づき日中韓3国の地域協力の根拠と方向を模索した．もう一つは，東アジアの地域アイデンティティの根拠として人種的同質性以上に，地政学的依存性を絶対的な要因として強調したことである．

彼はとくにこの観点から日中韓の緊密な連帯を主張した.

さらに安重根は東アジア地域協力のための具体的な政策を提示した. その構想が当時の帝国主義的な国際政治の現実においてどれほど実現可能性があったのか, また現在においてどれほど政策的な意味をもつのかについてはさまざまな意見がありうる. しかしながら, 地域協力の原理という見地からそれは少なくとも次の3つの特徴を有するものであった. 第1に, 地域協力を単に域外だけでなく, 域内の覇権主義の脅威を抑制するために要求したことである. 第2に, 地域協力を域内各国の独立および発展と連結させながら要求したことである. 第3に, 地域協力の主体として市民階層または民衆を重視したことである. このような点で安重根の構想は, 近代的な民主国家の独立と平等, 自律に基づいた地域協力を, 規範主義的な立場から模索したものとして注目に値する.

安重根の思想と行動についての研究は今までさまざまな側面から行われている[5]. とくに近年は東アジア地域主義に関する政策的, 知的関心が高まり, 韓国だけでなく日本においても, 彼の東アジア認識が検討されている[6]. 本章ではこうした先行研究の成果を踏まえつつ彼の地域主義の特徴を考察する. 以下, 第2節では, まず安重根の地域協力構想を支えた知的基礎を探る. 第3節では, 西洋文明と帝国主義を中心に彼の地域認識の契機を考察する. 第4節では, 東アジア地域のアイデンティティに関する彼の主張を人種的同質性と地政学的依存性という2つの側面から検討する. 最後に第5節では, 彼が提示した具体的な構想に現れる地域協力の原理に注目し, その今日的な意義を考察することにしたい.

2. 東アジア地域認識の知的基礎

安重根の思想は, 獄中で短期間に提示されたがゆえに体系性に欠けている. しかしそれは, 生涯を通じて長期間にわたり形成されたものであった. その過程で彼の東アジア地域主義に直接的な影響を及ぼした主な要因として次の4つをあげることができる. 開化儒学者の家庭環境, 開化儒学系列の印刷メディア (主に新聞), カトリックの信仰, そして東アジア地域の民衆との対話である.

第1に, 安重根の思考は, 彼が黄海道海州の開化派両班の家に長男として生

まれたことにより形成され始めた．当時，海州は朝鮮半島の中でもとくにキリスト教をはじめ西洋の文化が広まった地域であった．彼の父親は裕福な資産家で，かつ儒学者であったが，開化派の知識人たちとも深く交流し，西欧の近代文明を積極的に受け入れ朝鮮の政治を漸進的に改革すべきであるという立場を堅持していた．こうした家庭環境の中で安重根は幼い頃から自然に正統儒学と西欧の開化思想に接することができた．彼は幼年時，勉強よりは狩猟を好んだと述懐しているが，儒学の基本的な経典は習得していた（市川 1979: 506）．儒学に関する深い理解と教養は彼の著述や数多くの遺墨が証明している．一方，開化思想から受けた影響は後日，自由民権に対する彼の信念と行動として現れることになる．東アジア地域主義との関連でいえば，開化儒学者の家庭環境は，後に彼が西欧文明を複眼的に認識する知的な基礎となった．

第2に，安重根は1904年の日露戦争の前後からさまざまな印刷メディア，とくに新聞を通して政治認識の基本的な枠組みを形成した．裁判過程での彼の陳述によると，「韓国において発行する大韓毎日新聞，皇城新聞，帝国新聞，米国において発行する共立新聞また浦潮において発行する大東共報等の論説」を主に読み，これらの中でも「もっとも多々読んだのは大韓毎日新聞，皇城新聞」であった（市川 1979: 214-215）．『皇城新聞』は開化儒学の系列に属するものとして1898年から1910年まで，『大韓毎日新報』はより急進的な文明開化の立場に立つものとして1904年から1910年まで発行された．これらの新聞はとくに日露戦争以降，日本が韓国に対し侵略的な政策を強化するにつれ，次第に韓国の民族的なアイデンティティを強調する論調を強めていた．また日本のアジア連帯論の主張と現実政治とのギャップを暴き，日中韓3国の自律的な連帯を主張した．安重根の国際認識と東洋平和の構想はこれらの新聞の影響を大きく受けていた．

第3に，安重根は18歳の時に両親とともにカトリックに入信，生をまっとうするまで篤実な信仰を保持していた．彼の信仰の深さは自伝での教理解説，積極的な布教活動，長男を神父にしたいという遺言の内容などによく表れている[7]．彼は宗教の政治的保守性，とくに韓国駐在のフランス人神父たちが布教のために西欧や日本の膨張主義的な対外政策に妥協的であったことに対しては極めて批判的であった．にもかかわらず，彼は宗教の組織と教理とを区別した．

カトリックの教えとそれへの信仰を通して，彼は天賦人権の意識とともに四海同胞の倫理観を体得した．

最後に，安重根の信念は東アジア地域の民衆との交流を通じて形成された．彼は朝鮮半島と中国，ロシアとの国境を行き来しながら抗日義兵運動を行ったが，この過程で韓国だけでなく，とくに日本の兵士や農夫，宗教人と数多くの対話を交わした（市川 1979: 486-487, 536-537）．このような対話を通じて彼は，日本の民衆が戦争よりは平和を望んでおり，ひいては戦争の主たる原因として日本政府の対外政策を批判していると確信した．こうした体験は，彼に伊藤狙撃の正当性を与えただけでなく，東アジア地域協力の構想において民衆主体の可能性を模索する契機となった．

3. 東アジア地域認識の契機

3.1 西洋文明の両面性

安重根が東アジアを一つの特定の地域と認識することになる契機は，西洋文明の到来により外から与えられたものであった．19世紀の朝鮮において西欧文明は当初は「夷狄」と認識されたが，次第にその圧倒的な力に対する危機意識が広まった．さらに西欧文明の優越性が確認されるにしたがい，それは脅威および恐怖の対象でありながら，同時にその脅威を克服するための改革のモデルとなった．程度の差はあるにせよ，それは愛憎の対象ととらえられたのである．

当時において西欧文明に対する朝鮮の対応は，大きく2つに分けることができる[8]．一つは正統儒学派の立場で，華夷論に基づき，朱子学を正学として守り，西学（とくにキリスト教）を邪学として排斥すべきであるという「衛正斥邪」論を主張した．外交政策においては清国との伝統的な紐帯関係を重視し，とくに明治維新以降の日本に対しては斥和を主張した．李恒老，崔益鉉，李最應，李晩孫などが代表的な人物で，抗日義兵運動は彼らを中心に展開され始めた．もう一つは文明開化派の立場で，西欧文物を積極的に受け入れ朝鮮を近代的に改革しようとした．はじめは清国の洋務運動を，のちには日本の明治維新を改革のモデルとし，外交的には日本との連帯を重視した．朴珪壽，金玉均，

朴泳孝, 兪吉濬, 池錫永などが代表的な人物で, 1884年の甲申政変は彼らが中心となり上からの政治的改革を試みたが, いわゆる「三日天下」で失敗した.

このような時代背景の中で, 安重根は西欧文明の本質について一貫して複眼的に認識した. つまり, 開化派の立場から朝鮮王朝の封建秩序を改革する理念としてとらえる一方, その非道徳性および侵略性については極めて批判的であった. そしてこの二重的な文明認識は, 日露戦争以降, 日本の従属化政策により朝鮮の独立がますます危うくなるにつれ, その力点を前者から後者へと移していった.

安重根の文明開化運動は近代産業の振興と自由民権意識の啓蒙という2つの側面から行われた. 彼は米や石炭を扱う商店を経営し, 時には大規模な鉱山の経営に直接携わることもあった. また, 国権を回復するために日本に対して展開された国債報償運動に積極的に参加した. さらに私財で三興学校と敦義学校を設立し, 自ら教壇に立ち青少年を教育した. これらの運動を支えたのは何よりも自由民権の理念であった. 彼は自伝で, 「国家はわずかな高官たちの国家ではなく, 堂々たる二千万の民族の国家である. 然るに, もし国民が国民としての義務を行わなければ, どうして自由民権の権利を得ることができるだろうか」と強調している (市川 1979: 528). また, 当時の韓国政府の腐敗について「各地方の官吏はみだりに虐政を行い, 住民の膏血をしぼり, 官吏と住民の間の関係は仇敵のようなもので, これに対すること賊のごときものであった」と批判し, 「いつになったら極悪な政府を一挙に打破してこれを改革し, 乱立逆賊たちを一掃し, 立派な文明独立国を作り上げ, 快く自由民権を得ることができるだろうかと, このように思いをいたすと, 血が湧き出て, 本当に歩き出すことができかねた」と述べている (市川 1979: 522-524). このような文明開化の理念は死ぬまで保持されていた. 彼は死刑執行の直前, 自身の唯一の罪は「仁弱の韓国人民の罪」であるとし, 韓国国民に対し「わが二千万兄弟姉妹は各自奮発して学問に勉励し実業を振興し, 私の遺志を継いで自由独立を恢復せば死者は憾みなし」という遺言を残している (趙 1989: 28-30).

しかし一方, 文明認識の力点は1905年以降, とくに1907年から抗日義兵運動に本格的に参加するなかで, 次第にその非道徳性に対する批判へと急激に変化していった. その内容は, 彼が伊藤狙撃の直後に日本の検察に提示した「韓

国人安應七所懷」という文章で明らかに示されている.

> 天は蒸民を生み四海の内皆兄弟となす.おのおのの自由を守りて生を好むは人の皆常情なり.今日世人おおむね文明時代と称す.然るに我ひとり長嘆して然らずとす.それ文明とは東西洋の賢愚・男女・老少を論ずるなく,おのおの天賦の性を守り道徳を崇尚し相競うなきの心もて安土楽業し共に泰平を享す,これ文明というべきなり.現今時代は然らず.所謂上等社会の高等人物の論ずる所は競争の説にして,究むる所は殺人機械なり.故に東西洋の六大州に砲煙弾雨日に絶えず.豈慨嘆せざらんや.今に至りて東洋の大勢をこれ言えば,即ち慙状尤も甚し.真に記し難きとすべきなり[9].

　ここで安重根は西欧文明の本質を「競争の説」,つまり社会進化論としてとらえている.社会進化論は,ダーウィンの生物進化論を政治社会に適用し,弱肉強食,適者生存の原理により人間社会も進歩していくと考える.とくに国際関係においては力の論理に基づいた政治的現実主義を強調し,覇権競争の現実を理論的に正当化する役割を果たした(趙1989: 23).こうした観点から,彼は近代西欧文明のもう一つの本質を「殺人機械」ととらえ,東アジア戦乱の「慙状」をもたらした,最も根本的な要因と批判している.そして真の文明のあり方として「天賦の性」,すなわち,天賦人権と道徳に基づいた「四海の内皆兄弟」の「相競うなきの心」を力説している.

　以上のように,安重根にとって西欧の近代文明は改革の模範でありながら,一方で非道徳的な脅威の対象であった.こうした2つの認識は彼の地域協力の構想にそれぞれ重要な影響を及ぼした.まず,脅威としての認識は「東洋」を一つの同質的な地域ととらえさせる根本的な要因として働いた.彼は「東洋平和論」の中で,「昔から東洋民族は学芸に力をつくし,自国を大切にして守り,欧州の寸土をも奪うことはしなかった」とし(安2009: 103),西欧とは異なる地域の同質性を浮き彫りにした.一方で,模範としての認識は,東アジア各国が地域協力を通じて西欧のような文明化を果たすべきであるという意識を形成した.彼が日本の対外的な膨張主義に激しく抵抗しつつ,一方で日本が主導する平和的な地域協力体制を強調したことは,両面的な文明認識がもたらした結

果である.

3.2 西欧帝国主義とロシア

　西欧文明に対する否定的な認識は，その帝国主義的侵略に対する東アジアの共同対応という観念へと発展していった．言い換えるなら，東洋という地域認識は，西欧が東アジアの安全保障に与える脅威への危機意識から獲得されたのである．19世紀において安全保障の意識と地域認識の連係は日中韓3国に共通した現象であった．安重根の場合も安全保障上の要因は地域認識の形成において中心的な役割を果たした．彼は「現今の西欧勢力の東洋勢力への浸透の禍いは，東洋人種が一致団結して極力これを防ぐのが上策であることは三尺の児童にもはっきりわかることだ」と述べている（安2009: 104）．

　ところで，彼は西欧の帝国主義の中でもとくにロシアを最も警戒した．つまり，ロシアを非道徳的な西洋勢力の代表と認識し，韓国だけでなく東アジア地域の共同の敵国と考えた．彼は「この数百年来，欧州各国はにわかに道徳を忘れ，連日武力を弄び，はばかることなく競争心を養成しており，とりわけロシアがもっとも甚だしく，この国の暴行は西洋東亜いずれの地も及ばぬ所がない」と強調した（安2009: 103）．このような「恐俄論」（または恐露論）はとくに日露戦争の理解によく表れている．彼は日本天皇の宣戦勅書を想起させながら，それがロシアの脅威に対し「東洋平和の維持と韓国の独立」のためのものであり，それゆえに日本の勝利は「天に順じて地の施しを受けることであり，人の情に応える道理」であったと評価した（安2009: 103）．ロシアはあくまでも韓国の独立と東洋の平和を脅かす非道徳的な帝国主義国家と規定されている．

　それでは安重根は，なぜロシアの脅威をとくに強調したのであろうか．「恐俄論」は当時の韓国国内において一般的に共有されていた認識であった．それが本格的に議論され始めたのは，19世紀末に韓国に『朝鮮策略』が伝えられてからである[10]．この本は日本に駐在していた清国外交官の黄遵憲が1880年に書いたもので，当時の朝鮮政府に対しロシアの脅威を防ぐために「親中国，結日本，聯米国」の外交政策を勧告した．この本の冒頭でロシアは次のように叙述されている.

地球の上莫大の国あり焉俄羅斯と曰ふ期幅員の廣き三州に跨り陸軍は精兵一百餘萬海軍は巨艦二百餘隻其國を立るや北方に在り天寒く地瘠す故に狡然其封疆を啓き以て社禝を利せんと思ひ先世彼得王より以来新に疆土を拓き既に十倍に蹟ゆ……朝鮮の一土は実に亜細亜の要衝に居り形勝の必ず争ふ所と為る朝鮮危ければ則ち中東の勢日に逼る矣俄にして地を略せんと欲せは必ず朝鮮より始る嗟々夫れ俄は虎狼に等しく力征を事とし経営三百有余年其始めは欧羅巴に在り継て中亜細亜に在り今日に於ては更に東亜細亜に在り而して朝鮮適ま其弊を承く然らば則ち朝鮮を策るに今日の急務は俄を防ぐより急なるはなし俄を防ぐの策如何ん曰く中国に親しみ日本に結び美国に聯なり以て自強を圖るに在る[11].

ここでロシアは，軍事的に大国であり，朝鮮に対して絶えず侵略を試みている帝国主義国家と規定されている．このようなロシア認識は当時において日本と清国が共有していた対外戦略の産物であった．しかしそれが朝鮮の国際認識としてどれだけ有効であったのかについては議論の余地がある．実際に『朝鮮策略』が伝えられると，朝鮮の朝廷では外交政策をめぐり大きな論争が行われるようになる（朴 2001: 379-388）．この議論は20世紀に入っても持続され，朝鮮半島にロシア脅威論を拡散させる結果をもたらした．

さらに当時の開化系列の新聞も日露戦争以前は恐俄論を繰り返し伝えていた．安重根が愛読していた『大韓毎日新報』と『皇城新聞』もたびたびロシアの脅威を強調した（チョン 2006: 44-45）．こうした知識および情報の流通過程は彼のロシア認識に大きな影響を及ぼしたと考えられる．彼は，後述するように日露戦争以降，ロシア以上に日本の膨張主義の脅威と非道徳性を批判することになる．しかしそれにもかかわらず，彼は最後まで日本を含む地域協力の構想を諦めなかった．その背景には，朝鮮半島をはじめとした東アジア地域における戦乱の惨状が，より根本的にはロシアをはじめとした西欧帝国主義の渡来によるものだという認識があったからであろう．

4. 東アジアの地域アイデンティティ

4.1 人種的同質性

　安重根は「東洋」という地域の範囲を主に日中韓3国と設定し，将来にそれがタイ，ミャンマーなどの東南アジア諸国へと広がることを期待した（市川 1979: 335）．彼が日中韓3国を一つの特定の地域ととらえた理由，すなわち地域アイデンティティの根拠として提示したものは次の2つであった．一つは，人種的に同質性をもっているということであり，もう一つは，地政学的に互いに依存しているということである．地域協力の理念はこの2つの根拠から導かれるものである．

　まず，同種という人種的要因が地域アイデンティティの根拠となっていることは「東洋平和論」の序文によく表れている．ここで彼は，「およそ合わされば成功し，分かれれば敗れるのは，昔から定まっている道理である．現代の世界は東西に分かれ，人種がそれぞれ異なり，日常茶飯事のようにたがいに競争をくりかえしている」と述べ（安2009: 102），彼の国際認識が人種的な区別によって規定されていることを示している．

　人種論はとくに日露戦争の理解において顕著に現れる．彼によると，日露戦争は「黄・白人種の競争ともいえる」ものであり，ロシアという「数百年来悪事を働いてきた白人種の先鋒」に対抗し，黄色人種である日本が勝利したものである（安2009: 103）．彼は，当時韓国と清国が日本を支援したことを「一大の愛種党」の意識によるものであったと評価する一方，日本がアメリカのポーツマスで戦争の講和会談を行ったこと，講和条約の締結に韓国条項を入れたことについては「人種愛の義理」に反するものととらえ，「同種隣邦を迫害する者は，ついには孤独な暴君の憂いから免れられないだろう」と批判した（安 2009: 108）．

　それでは，安重根はなぜ人種の同質性から地域のアイデンティティを求めたのであろうか．人種論もロシア脅威論のように当時の韓国で一般的に共有されていた認識であった．人種論が本格的に朝鮮半島で議論され始めたのは，日清戦争以降，日露間の対立が深まる時期からであった．日清戦争以前，東アジア

地域の同質性は主に文化的要因に求められていた．つまり，西洋文明の浸潤に対する危機意識から東洋の文化的同質性と優秀性が強調された．しかし，西洋文明を改革の模範と考える文明開化論が広がるにつれ，地域のアイデンティティを「同文」から求める議論は次第にその説得力を失っていった．

しかも日本が日清戦争を「西欧的新文明と東亜的旧文明との衝突」と位置づけ，勝利することにより，中国を中心とした東洋の伝統文化から地域の同質性を求める論理はさらに効力を失わざるをえなかった（山室 2001: 35-53）．こうした状況下で，とくに日本が地域連帯の根拠として強調したものが人種的同質性であった．人種論はそもそもヨーロッパで生み出されたものだが，日本に受け入れられ，西洋の白色人種に対抗して黄色人種は日本を中心に団結すべきであるという論理へと転化した（山室 2001: 54-77）．こうした観点から見ると，人種主義は，もとの人種から自然に生まれたというより，政治的な目的で意識的につくり出されたといえよう[12]．人種論はさまざまな印刷メディアを通して朝鮮半島に伝えられ，当時の開化論者だけでなく正統儒学者にも多大な影響を及ぼした．安重根の愛読した『皇城新聞』も時折国際的な対立の本質を人種間の競争ととらえ，黄色人種の代表として日本の役割を強調していた（カン 2004: 180-187）．人種を前提とした彼の地域認識は，主に日本から発信される当時の知識および情報のネットワークから多大な影響を受けたものであった．

4.2 地政学的依存性

安重根にとって人種的同質性が地域認識の重要な根拠となったことは事実であるが，絶対的なものではなかった．たとえば，彼は西洋の宗教であるカトリックに敬虔な信仰をもち，近代西欧の国際法や国際機構の存在意義を認めていた．また，とくに日露戦争以降，日本が韓国と中国への膨張主義的政策を強めていたことに対し，「日本の偉大な名声や絶大なる勲功は一朝にして失われ，蛮行を事とするロシアよりも甚だしい国と思われた」と批判し（安 2009: 103），韓国と中国がアメリカやロシアなどの西洋諸国と連帯し，日本に対抗することもありうると強調した（市川 1979: 336）．これらの主張は，彼が偏狭な人種主義者でないこと，そして彼の人種論が東アジア地域の協力という目的を達成するために限定的に要請されたものであるということを示している．

安重根は人種的要因以上に，地政学的要因を最も重要な地域協力の根拠として提示した．地政学的依存性は根本的には地理的な近接性という条件から由来するものである．地理的に近いがゆえに安全保障において運命をともにするしかないということである．地理的近接性がただちに地域連帯の必須条件になるものではない．たとえば，冷戦期において韓国と北朝鮮，中国とは地理的には隣接していても互いに敵対し，地域連帯の根拠は地理よりは政治理念から求められた．しかし近代初期における日中韓3国は，各国の戦略的な目標は相違していたが，地理的要因に基づいた運命共同体の性格を強調し，それは「唇亡歯寒」や「輔車唇歯」などの用語で表現された．3国の安全保障および独立が互いに深く関わっており，したがってある一国の情勢は他の国に深刻な影響を及ぼすと考えられたのである．こうした地政学的な認識から東洋という地域意識は強められ，より実践的な意味をもつようになった．

　地政学的依存性についての安重根の認識は，各国の独立が地域の平和と直結するという主張に明白に表れている．彼は公判の過程で，「其方ノ言フ東洋平和ト言フノハ如何ナル意味カ」という検察官の尋問に対し，「夫レハ皆自主独立シテ行ク事ガ出来ルノガ平和」と答えた．さらに「然ラバ其中ノ国ガ一ヶ国デモ自主独立ガ出来ネバ東洋平和ト言フ事ガ出来ヌト思フガ左様カ」という質問に対し，そうであると確言した（市川 1979: 335）．こうした認識は当然ながら，日中韓3国が各国の安全保障と独立を互いに助けるべきであるという主張へと発展していくことになる．

　安重根が日清戦争や日露戦争を評価する際，その判断の基準となったのは人種論以上に，各国独立の相互扶助の論理であった．日清戦争における日本の勝利については「明治維新後の一大記念といえる」と評価し，中華世界の秩序から朝鮮の独立を助けたものと理解した（安 2009: 104）．彼は清国については「昔から清国人はみずから中華大［帝］国と自称し，外国を夷狄と呼び，その驕慢さはひどいものであった」と批判した（安 2009: 104）．一方，日露戦争についてはロシアからの脅威に対し，東アジア3国が協力し各国の独立を保全しようとしたものと高く評価した．彼は日本天皇の宣戦勅書を喚起し，「戦争によって東洋の平和を維持し，大韓国の独立を強固にする」という大義のゆえに，「韓・清両国の人々は智愚を問わず，みな一致団結して［日本に］協力した」

と指摘した（安 2009: 103）．

さらに同じ論理で，安重根は日露戦争以降の日本の対外政策，その中でもとくに伊藤の韓国政策を批判した．つまり，韓国の独立という天皇の勅書を履行しようとせず，むしろ従属化政策を重ね，韓国の滅亡を企ててきたと主張した．彼が伊藤を狙撃した理由として提示した，いわゆる「伊藤博文の十五個の罪状」の中で 13 個の条項は韓国独立の侵害に関わるものであった[13]．

ここで注目すべきは，彼が地政学的依存性の論理により，韓国の滅亡と東洋のそれを同時進行形で考えていたことである．東洋の滅亡の中には，当然ながら日本のそれも含まれることになる．彼は日本の侵略的な東アジア政策が続くならば，韓国は結局滅亡し，中国も大きな打撃を受けると考えた．そして韓国と中国の民衆がロシア，アメリカなどの西欧諸国と連帯して日本に対抗し，日本も亡びるだろうと予見した（市川 1979: 214）．このような将来について，彼は「東洋全体がすっかり滅びる惨害」と表現し，こうした観点から自分の伊藤狙撃の行為が単に韓国の独立だけでなく，「東洋の平和のための義戦」であると主張した（安 2009: 104）．彼にとって日中韓 3 国の共滅を防ぎえる唯一の方法は，各国の安全保障と独立を互いに助け合うことにあった．

安重根の主張は，当時における日本のそれと真正面から対立することになる．日本も東アジア地域の地政学的依存性を重視し，一国の情勢が互いに甚大な影響を及ぼすと認識していた．しかしながら日本はその対韓政策については，その目的が韓国の強制併合にあるのではなく，「保護」政策による韓国の自主独立化にあると主張した．この論理は当時，安重根を尋問した溝淵検察官の次のような言葉によく示されている．

> 支那露国ガ朝鮮半島ニ勢力ヲ及ホスハ日本ニ蒙ル影響ハ非常ニ危険トナリ韓国ニ面スル日本帝国ノ海上権ハ全ク虚無トナルニ至ルヨリ韓国ハ何レノ国ノ勢力ノ下ニモ置ク訳ニハ行セヌ必ラズ韓国ヲ独立国トシテ置ネハナラヌト言フ日本ノ国是デ其結果多数ノ財産生命ヲ賭シテ日露戦争ニ至タ訳デアル（市川 1979: 378）

さらに溝淵検察官は伊藤の一連の演説を引用しながら，日本の統監政治の目

第 10 章 安重根の東アジア認識と地域協力構想

的について,「韓国従来ノ段勢ヲ一変シテ民ヲ知識ニ導キ産業ニ導ク日本ト同様ノ恩沢ニ浴セシメ之ト力ヲ併セハ東洋ヲ護ルニ一層強サヲ加フルニ論ヲ俟タス」と強調し,その成果として「韓国ガ日本ノ保護ヲ受ケルコト,然リテ以来,農産工業ノ発達,衛生,交通其他内政ハ漸次完備」してきたと主張した(市川 1979: 377, 337).

このように安重根と溝淵検察官は,韓国と日本の地政学的依存性を前提とし,東アジアにおける韓国の独立の意味について意見を共にしていた.しかしながら実際に行われていた統監政治の目的と成果については評価を異にしていた.現実政治においては,安重根が伊藤を狙撃する 3 ヵ月前,1909 年 7 月 6 日にすでに日本の桂太郎内閣は「適当な時期に韓国併合を断行すること」を決議し,同日天皇が承認した(日本外務省 1961: 179,日本外務省 1965: 315-316).伊藤は同年 4 月に行われた立案の段階で韓国併合に積極的に賛同した(伊藤 2009: 5, 方 2009: 35, 春畝公追頌会 1970[1940]: 836-838). 韓国の強制併合以降,1931 年の満州事変,1937 年の日中戦争,1941 年の太平洋戦争,そして 1945 年の日本の敗戦に至る過程を見ると,日中韓 3 国の共滅を防ぐため,各国の独立の相互扶助を力説した安重根の予見は的を得ていたと思われる[14].

5. 東アジア地域協力の原理

5.1 地域主義とナショナリズムの結合による反覇権主義

安重根の「東洋平和論」は序論と導入部のみ記述されている未完の書物である.それは,死刑の執行が裁判長と取り交わされた日よりも前に急遽行われたからである.したがって彼が具体的にどのような東洋平和の構想をもっていたのかは知られていなかった.しかし死刑宣告の 3 日後に彼が旅順高等法院長の平石氏人と面談した記録が「聴取書」という題目で,1995 年,日本外務省の外交史料館で見つかった[15].そこで安重根が述べた地域協力の構想は大きく 2 つに分けることができる.

一つは,域内の共同発展のための提案である.ここで彼が最も強調したのは,当時,最大の紛争地であった旅順を域内平和の拠点へと転換することであった.つまり,日本が旅順を中国に返還し,そこに日本のイニシアチブで日中韓 3 国

が同等に参加する平和会議を設置することであった．この組織には単に政府の代表だけでなく，一般民衆も一定の会費を出し，加入できるものとした．そして共同の銀行を設立し，共通の貨幣を発行することにより，互いに金融協力と経済発展が可能になると考えた．日本が旅順を中国に返還するということは，彼も当時の国際情勢からして難しいということを熟知していた．しかしながら日中韓3国の共滅を避け，共栄を成し遂げるためにはそれは不可避なことであり，日本が平和体制の形成においてイニシアチブを行使するがゆえに，日本により大きな利益をもたらすと主張した．

　もう一つは，安全保障に対する域外からの脅威に対応するための構想である．そのために彼は旅順に合同軍団を設けることを提案した．そしてそこに派遣された3国の青年たちに他の2国の言葉を習得させ，相互の理解と連帯意識を向上させようとした．彼はこのような措置が韓国と中国だけでなく日本の安全保障にも，より根本的に寄与することができると強調した．さらに3国の皇帝がカトリック法王の承認を得ることを勧め，これにより世界宗教の3分の2を占めるカトリックの信者たちの道徳的信頼を得ることができると主張した．

　このような安重根の構想が，当時の国際政治の現実においてどれほど実現可能性があったのかについてはさまざまな意見がありうる．しかしながら，その構想は地域協力の原理という観点から少なくとも次の2つの点において注目に値する．

　第1に，地域連帯を単に域外だけでなく，域内の覇権主義の脅威を抑制するために要求していることである．当時，安重根にとって域外とはロシアをはじめとする西欧の帝国主義を意味した．地域協力はまずこの脅威から地域の安全を共同で守るために設定された．しかし同時に，それは域内における覇権主義の発現を抑止するためのものでもあった．彼のこうした構想は，日本の覇権主義が地域協力の枠組みのない状況で追求されたことへの反省から出発したものともいえる．彼は自らが構想した協力体制において日本の主導的な役割を期待していたが，その過程で武力や戦争による覇権追求は次第に消えていき，「覇権」という言葉の意味自体がなくなるだろうと考えた．

　第2に，地域協力を域内各国の独立や発展との連関において要求していることである．こうした側面から，彼にとってはナショナリズムが目的であり，地

域主義は単に手段であるように見える．しかし一方で，彼は真の地域協力が各国の独立と自律によってのみ達成できると主張した．両者の関係は手段と目的の前後関係にあるのではなく，互いに補完関係にあるものである．言い換えるならば，ナショナリズムと地域主義は相対立するものではなく，むしろ個別国家の安全保障と発展を追求することが地域協力の土台を強固にする方法になると考えたのである．

このような2つの側面から，安重根の地域協力構想は「地域主義とナショナリズムの結合による反覇権主義」と特徴づけることができよう[16]．彼にとって地域主義と対立するのは，ナショナリズムではなく，膨張主義または覇権主義であった．彼はこの観点からとくに伊藤の「東洋平和論」を批判的にとらえた．伊藤は日清戦争直後の1885年から1901年に至るまで4回にわたり明治政府の首相を務め，1906年から1909年まで韓国に設置された日本統監府の最高責任者として韓国政策を指揮した．この期間に彼は東アジア地域の平和のためには韓国の独立が必須不可欠であると一貫して主張した．たとえば日清戦争の講和に際しては「清国ニ於テ朝鮮ヲ完全無欠ナル独立国タルコトヲ確認スル事」を貫徹し，こうした立場は日露戦争でも主張されつづけた（春畝公追頌会1970 [1940]: 173, 石田2003: 144-145）．また伊藤は，統監就任以降も韓国国民に対し，自身の目的が韓国の独立を助けるための「保護」にあり，「併合」や「滅亡」にあるものではないということを力説した（春畝公追頌会1970[1940]: 800-825）．こうした伊藤の主張は，一つの地域協力の構想として原理的に安重根のそれと大きく違わないといえよう[17]．

しかし一方で，伊藤は現実主義的な政治家であった．彼は近代文明の本質を社会進化論の観点から「弱肉強食，興廃無常」の過程ととらえた（山室2001: 256）．したがって日清・日露戦争で日本の力の優位が確認されて以後，彼は「韓国独立」と「東洋平和」についての主張の力点を変えていった．韓国独立については，韓国国民に行った演説とはうらはらに，実際の政策では日本への従属化政策を強化していった．そして東洋平和については，日本が自国の安全保障の水準を超え，東アジア地域の新秩序をつくり出す主導権を握るべきであると主張し，ますます膨張的な対外政策を進めた（石田2003: 146）．

伊藤がいつ頃からどのような理由で韓国の強制併合を考えたのかについては，

研究者の間でさまざまな見解がある[18]．しかしながら山県有朋などの急進的な併合論者に比べ漸進的な立場にあったとしても，彼が力の論理に基づいた現実主義的な政治家として併合の可能性をつねに念頭に置きながら統監府の「保護」政治に臨み，その結果，1909年の桂内閣の併合方針に積極的に同調したことは否定できない．この過程について，石田雄は「優勝劣敗，弱肉強食の思考枠組みにしたがって考えるならば，日本の国力がなお比較的に弱い段階では『朝鮮独立』の維持を課題とし，強者となれば『強者の権利』として『東洋平和』の名の下に隣国を併合しようと考えるに至ったのは自然の傾向であった」と指摘している（石田 2003: 147）．安重根にとって，伊藤の韓国政策は一種の地域協力の理念を強調しているものの，実際には西洋諸国の力による膨張主義と変わらないものであった．すなわち伊藤の政策を地域協力を装った膨張主義，または地域主義と覇権主義との結合ととらえ，これに対し安重根は，地域主義とナショナリズムの結合を主張したのである．

5.2 民衆主体の地域協力

安重根の地域協力構想において注目すべき第3の原理は，「人民」または「民衆」を地域連帯の主体として重視したことである．彼は人民や民衆の概念について具体的に定義していない．しかしこれらの用語は，主に自由民権論と国権論の結合を主張する文脈で用いられている．たとえば彼は「人民が存在しないと国家は何をどのように存立することができるだろうか」と述べる一方，「国民が国民としての義務を行わなければどのように自由民権の原理を得ることができようか」と強調している（市川 1979: 528）．ここでいう人民とは，近代的な国民国家形成の主体として，政府に対しては自由に自分の意志を主張する権利をもちつつ，一方で国権を守るべき義務および責務を負う階層を意味する．つまり，当時において新たに形成されつつあった「商工人，職業人，知識人，学生，労働者などの初期的な市民勢力」を指すものであった（金 2010: 247）．

新しい歴史形成の主体として，市民階層または民衆に対する安重根の信頼は絶対的なものであった．反面，各国の君主に対しては敬畏心を有していたが，現実の支配権力に対する批判意識および抵抗は極めて強かった．そして，こう

した立場は単に当時の韓国だけでなく，日本と西欧に対しても貫かれた．

　まず韓国の支配権力および為政者に対しては，「極悪な政府」「乱臣逆賊」「こそどろごとき輩」といった激しい表現でその「虐政」の過酷さを批判した（安 2009: 104）．反面，新しい市民階層の成長と役割には大きく期待し，とくに韓国の一般民衆が1907年から全国的に展開した国債報償運動を高く評価した．これは韓国の政府が日本から借りた借款1,300万ウォンを国民の募金で償還しようという運動であった．日本の朝鮮統監府は無理な借款を供与し，その担保を口実に韓国の財政を掌握，さまざまな経済的利権を剥奪した．この状況で韓国の商工人，知識人，学生，言論機関などが主導し，国債を償還するための募金運動を行い，全国で約4万人が参加，約230万ウォンを報償した．安重根は自ら財産を寄付する一方で，運動団体の地方支部を組織し，積極的に参加した．彼はこの経験を通して，新しい歴史の主導階層として市民または民衆の可能性をより深く信頼することになる．彼の地域協力構想における各国の市民代表の参加，一般民衆の会費による運営という案は，国債報償運動の経験により得られたものであった（金 2010: 248）．

　また日本についても，安重根は執権勢力と一般民衆とを区分し，前者の膨張主義的な対外政策に対しては極めて批判的で激しく抵抗したが，後者についてはつねに協力と連帯の相手と考えた．日本の民衆に対する彼の信頼と期待は抗日義兵運動の経験から生まれたものであった．彼は自伝で1908年に中国国境付近の戦闘で捕まえた日本軍捕虜たちとの対話の内容を記述している．彼らは日本の侵略戦争を詰問する安重根に次のように訴えた．

　　こうした事態は他に理由があるわけではなく，これはすべて伊藤博文の過まちである．皇上の聖旨を受けず，ほしいままにみずから権勢を弄し，日韓両国の間に貴重な生霊を殺戮すること数知れず．彼らは安心して就寝し，恩賞に浴している．我々は憤慨してみてもどうすることもできず，やむなくこうした状況に立ち至ったのである．いわんや農商民の渡韓する者は，はなはだ難渋している．このように国も疲れ，民も疲れているのに，ほとんど顧みることをせず，東洋の平和は日本国勢の安寧となるということを，どうしてそれを望むことができようか．（市川 1979: 536-537）

安重根はこの訴えを聞き,「君等のいうところを聞いて,君たちは忠義の士というべきである.君等をただちに釈放する.帰ってこのような賊臣を掃滅せよ,もしまた,このような奸党が出てきて,端なくも戦争を起こし,同族隣邦の侵害の言論を提出する者がある場合には,すべてこれを取り除け,十名足らずの人数でも東洋の平和を図ることができる」といい,捕虜たちを釈放した(市川 1979: 537).そしてこの措置に抗議する義兵将校たちに向けて安重根は,「賊兵がこのような暴行を働くことは神も人もともに許さぬところのものである.ところが,いま我等も同じように野蛮な行動を行ってもよいのであろうか.いわんや日本四千万の人口をことごとく滅ぼして,しかるのち国権を回復するという計をはかろうとするのか」とたしなめた(市川 1979: 537).彼は日本の民衆が実際に政府の膨張的な対外政策を嫌悪しており,それゆえ韓国や中国の民衆とともに東アジア地域協力を担うことができると考えたのである.

　さらに西洋諸国についても,安重根は人種的な違いを強調した側面もあるが,一方で支配権力と民衆とを分離し,後者については東アジア地域協力への支援勢力と考えた.西欧の民衆に対する信頼と期待はカトリック信仰と深く関わっている.そもそも彼のもつ万民平等の人権意識は,カトリックの教えから形成されたものであった.彼は自らの教理解説で,「天命の本源は,至尊の天主であって,これは永遠無窮,不死不滅のものである」とし,天賦人権の普遍性および西欧民衆への同胞意識を強調した(市川 1979: 512).彼は日中韓3国の地域協力体制がローマ法王の承認を受けることを勧めたが,その主な理由は,カトリック信者である数多くの西欧民衆の道徳的支持を得られると思ったからであった.このように人種や国籍にとらわれない民衆重視の側面から,彼の地域協力構想は,金泳鎬が指摘したように,「黄色人種によるアジアを超えた,市民アジア(Civil Asia)としての枠組み」の中で提示されたものであるといえる(金 2010: 248).

6. おわりに

　安重根が生きた時代,すなわち 20 世紀の初期において韓国の知識人は,日本のアジア連帯論と現実政治とのギャップに直面し,主に2つの方式で対応し

た．一つは，その主張の欺瞞性を暴き，現実の従属化政策に徹底的に抵抗するナショナリズムの立場で，申采浩が代表的であった．彼は当時の「東洋主義」の主張に対し，帝国主義的侵略を正当化する論理と拒否し，それに対抗するために韓国固有のナショナル・アイデンティティの強化を主張した．そしてもう一つは，日本の従属化政策に投降する立場として，李容九などの一進会が代表的であった．彼らは東アジア地域主義を重視したが，韓国の自主的な近代化の可能性を否定し，日本の強制的な韓国併合に協力した．この相反する2つの思想的潮流の中で，安重根は二者択一を拒否し，反帝国主義という立場から近代民主国家を前提とした地域協力の可能性を積極的に模索した．この点で，彼の東洋平和論は近代韓国思想史において独自の位置を占めており，理論的に示唆するところが多い．本章では，こうした観点から彼の東アジア認識と地域協力構想の特徴を浮き彫りにすることを試みた．

　安重根は「東洋」という概念でもって日中韓3国を中心とし，東アジアを一つの特定の「地域」ととらえた．それは西欧の近代文明と国際秩序の到来により触発されたものであった．彼にとって，西欧文明は改革のモデルでありながら，同時に東アジア地域の各国の安全保障に対する脅威および恐怖の対象であった．脅威としての認識は東アジアが安全保障上の運命共同体であるという意識を確立させ，モデルとしての認識は協力による地域各国の近代化の意識を形成した．このような両面的な文明認識により，彼は日本の西欧的な膨張主義に抵抗する一方で，日本が平和的に主導する地域協力を一貫して主張した．

　西欧文明と帝国主義という外部的な契機により触発された地域意識は，より能動的で積極的な概念へと発展した．安重根は東アジア地域のアイデンティティの根拠として人種的同質性と地政学的依存性という2つの要素を強調した．このうち前者は日中韓3国の連帯という目的のため限定的に主張された．後者は3国が各国の安全保障と独立を確保するために互いに助け合わなければならないという絶対的な条件として提示された．彼は伊藤の膨張主義的な韓国政策が地政学的依存性に基づく相互扶助の要求に逆らうものととらえ，自身の狙撃行為は韓国のみならず，日本を含む東アジア各国の独立と安全保障のためになるものと確信した．

　さらに安重根は地域協力の具体的な構想を提示した．それは約1世紀前の政

治状況と思想材料から生まれたものであるが，現在でも注目すべき3つの地域主義の原理を含んでいた．第1に，地域協力により域外からの脅威に共同で対応するだけでなく，域内における覇権追求と覇権争いの激化を抑制しようとした．第2に，地域協力により域内各国の安全と独立を保障し，発展を成し遂げようとした．そして第3に，地域協力を推進する主体として，域内各国の市民階層または民衆を重視した．つまり，域内各国の民衆が主導的に参加する地域協力体制を構成し，域内外の支配権力による覇権主義の脅威を抑え，域内各国の安全を保障することによってそれぞれの発展を成し遂げようとしたのである．こうした構想は，近代民主国家の独立と平等，自律を前提とし，それに基づいた地域協力を規範主義的な立場から模索したものとして評価することができよう．

　一方で，安重根の思想は解決すべき課題をも含んでいる．一つは，東アジア地域のアイデンティティに関わる問題である．たとえ限定的に強調されたとしても，彼は人種的同質性を地域協力の根拠と提示している．この主張はさまざまな地域の多様な人種を本質的に排除し，他者化するという点で克服されるべきであろう．もう一つは，地域主義とナショナリズムをどのように結びつけるかという問題である．両者の同時追求は地域的アイデンティティとナショナル・アイデンティティ，地域全体の目的と域内各国の利益との両立および調和を要求するものである．しかしながら，域内各国のナショナリズムの排他性および自己目的化の傾向を実際にどのように抑えるかという問題は至難な課題であるといえる．

　安重根は東アジアの市民階層または民衆を地域協力の主体として信頼し，西洋諸国のそれを支援勢力と信じた．このことは，すでに彼の思考の中に国家主導のナショナリズムや人種論の危険性を克服しうる思想的な要素が含まれていたことを示唆する．カトリックへの信仰，西欧の国際法および国際機構への信頼も普遍的な文化に対する志向を表すものと解釈できる．これらの思想的契機を深めることにより，安重根の東洋平和論は，東アジア地域に開かれた市民ナショナリズム，さらに世界の他地域に開かれた東アジア地域主義へと発展していくであろう．

第 10 章 安重根の東アジア認識と地域協力構想　　　265

注

1) 韓国の国号について本章は韓国での通例に従い，1897 年に「大韓帝国」が成立する以前は「朝鮮」，それ以降は「韓国」と呼ぶことにする．
2) 「第 2 次日韓協約」と「第 3 次日韓協約」の内容については，日本外務省（1965：252, 276）を参照されたい．韓国では前者を「乙巳条約」または「乙巳勒約」，後者を「丁未七条約」と呼ぶ．
3) 以下，安重根の著述の日本語訳引用において，自伝の「安應七歴史」は市川（1979）と趙（1989），「東洋平和論」は安（2009），裁判記録は市川（1979）を使用する．
4) ナショナリズムは極めて多義的な概念である．丸山真男はその一般的な意味を「あるネーションの統一，独立，発展を志向し推し進めるイデオロギーおよび運動」と定義し，「近代ナショナリズム」の指標として「人民主権の原理との結合」を強調した．丸山（1964：274-275）を参照．本章の第 3 節第 1 項および第 5 節第 2 項で後述するが，安重根は自由民権に基づく近代国家の形成を目指していた．こうした側面から彼のナショナリズムは近代性を帯びていたといえる．
5) 安重根研究の歴史および最近の動向については，チョグァン（2000），安重根義士記念事業会（2009a, 2009b）を参照されたい．なお，日本の研究史についてはカンソンウン（2009）に詳しく検討されている．
6) 最近の注目すべき研究成果としては，韓国語文献ではカンドングック（2009），ヒョングァンホ（2009），日本語文献では石田（2003），牧野（2009），金（2010），笹川（2010），勝村（2010）などをあげることができる．
7) 安重根は「安應七歴史」で自ら教理解説を行っている．市川（1979：511-516）を参照されたい．なお，彼のキリスト教信仰および信者としての生涯については，井田（1984）が詳しく考察している．
8) 西洋近代文明の受容をめぐる正統儒学派と文明開化派との論争については，姜（1996：76-85），朴（2001：364-388）を参照されたい．
9) 「韓国人安應七所懷」は漢文で提示された．原文は日本外務省（1961：208）に掲載されている．読み下しは，趙（1989：22）によるものである．韓国語訳は，安（1995：312-313）を参照されたい．
10) 20 世紀前後の韓国においてロシア脅威論が広まる過程については，カンドングック（2004）に詳しく分析されている．
11) 『朝鮮策略』の原本は漢文である．読み下しは増子（1895：150-151）によるものである．韓国語訳は，黄（1977：9-10）を参照されたい．なお，『朝鮮策略』の異本の問題については，平野（2002）が検討している．
12) チャンインソンは，「人種は人種主義を生み出すのではなく，人種主義を合理化するために生み出されたものである」と指摘し，人種論を一つの「神話」ととらえてい

13) 「伊藤博文の十五個の罪状」の内容については，日本外務省 (1961: 208-209)，市川 (1979: 213)，中野 (1984: 8-14)，安 (2009: 99) を参照されたい．とくに中野は，孝明天皇暗弑殺の疑惑を除いた14個の条項と伊藤との関連を論じている．
14) 韓国併合とその後の歴史との関係について，中野は「1910年8月22日の日韓併合は，1931年9月18日の満州事変への道の端緒であり，翌年の満州国の建設は，日韓併合の手口の延長にほかならず，1937年7月7日の日中戦争の開始は，中国全土の満州国化を狙うものとなったことによって，まさしく，日韓併合の三番煎じに過ぎなかった」と指摘している (中野1984: 223)．なお，金も「その後の歴史は，安重根が展望したとおりとなった」と言及している (金2010: 250)．
15) 「聴取書」は，日本外交史料館の文書「伊藤公爵の満州視察一件」に含まれており，記録者は「関東都督府高等法院書記竹内静衛」となっている．韓国語訳は日本語原文とともに，国家報勲處 (1996: 51-71) に掲載されている．
16) カンドングック (2009) は，近代東アジア思想史における安重根の東洋平和論の意義について，「ナショナリズムと連携する反帝国主義的な地域主義」と位置づけている．
17) 安重根の公判過程においても，日本の検察官は伊藤の一連の演説を引用し，「韓国ニ対シテ行フ日本帝国政策ハ韓国ヲ自主独立セシメネハナラヌト言フ友義的ノ年来ノ国是」によるものであると強調している (市川1979: 376-379)．
18) 伊藤が韓国併合を決意した時期をめぐる多様な見解については，伊藤 (2009)，方 (2009) に詳しく検討されている．

参考文献

安重根（伊東昭雄訳）(2009),「東洋平和論」『世界』796, pp. 98-108.
石田雄 (2003),「伊藤博文の「東洋平和論」―安重根のそれと対比して―」『翰林日本学研究』8, pp. 143-152
井田泉 (1984),「安重根とキリスト教」『キリスト教学』26, pp. 129-151.
市川正明 (1979),『安重根と日韓関係史』原書房.
伊藤之雄 (2009),「伊藤博文の韓国統治―ハーグ密使事件以前―」伊藤之雄・李盛煥編著『伊藤博文と韓国統治』ミネルヴァ書房, pp. 3-22.
勝村誠 (2010),「安重根の東洋平和論―その現代的意義を中心に」『歴史地理教育』754, pp. 64-69.
姜在彦 (1996),『朝鮮近代の変革思想』明石書店.
金泳鎬 (2010),「安重根「東洋平和論」の再照明」『世界』803, pp. 243-251.

笹川紀勝（2010），「安重根の抵抗の精神と平和論」『世界』801，pp. 224-231.
春畝公追頌会（1970［1940］），『伊藤博文伝下巻』原書房.
趙景達（1989），「安重根―その思想と行動―」『歴史評論』469，pp. 22-31.
中野泰雄（1984），『安重根：日韓関係の原像』亜紀書房.
日本外務省編（1961），『日本外交文書』第42巻第1冊，日本国際連合協会.
日本外務省編（1965），『日本外交年表並主要文書1840-1945』（上），原書房.
朴忠錫（2001），「朝鮮朱子学―その規範性と歴史性―」朴忠錫・渡辺浩編『日韓共同研究叢書3：国家理念と対外認識17-19世紀』慶應義塾大学出版会，pp. 331-400.
方光錫（2009），「明治政府の韓国支配政策と伊藤博文」伊藤之雄・李盛煥編著『伊藤博文と韓国統治』ミネルヴァ書房，pp. 23-42.
平野健一郎（2002），「黄遵憲『朝鮮策略』異本校合―近代初頭アジア国際政治における3つの文化の交錯について―」『国際政治』129，pp. 11-28.
牧野英二（2009），「安重根の東洋平和論とカントの永遠平和論」安重根義士記念館編『安重根義挙100周年記念国際学術大会資料集』，pp. 135-154.
増子喜一郎（1895），『対清新政策』哲学書院.
丸山真男（1964），『現代政治の思想と行動（増補版）』未来社.
山室信一（2001），『思想課題としてのアジア』岩波書店.
安重根著，シンヨンハ編（1995），『安重根遺稿集』ヨックミン社（안중근 지음，신용하 엮음『안중근 유고집』역민사）.
安重根義士記念事業会編（2009a），『安重根とその時代』キョンイン文化社（안중근의사 기념사업회편『안중근과 그 시대』경인문화사）.
安重根義士記念事業会編（2009b），『安重根研究の基礎』キョンイン文化社（안중근의사 기념사업회편『안중근연구의 기초』경인문화사）.
カンソンウン（2009），「日本における安重根研究の現況と課題」延辺大学民族問題研究所編『安重根義挙100周年記念国際学術大会』（강성은「일본에서의 안중근 연구의 현황과 과제」연변대학민족문제연구소편『안중근의거 100주년 기념 국제학술회의』），pp. 17-36.
カンドングック（2004），「朝鮮をめぐる日露の角逐と朝鮮人の国際政治認識：『恐俄論』と『人種中心の国際政治論』の思想連鎖」『日本研究論叢』（강동국「조선을 둘러싼 러・일의 각축과 조선인의 국제정치인식：'恐俄論'과 '인종중심의 국제정치론'의 사상연쇄」『일본연구논총』），pp. 163-196.
カンドングック（2009），「東アジア観点から見た安重根の東洋平和論」『安重根とその時代』キョンイン文化社（강동국「동아시아의 관점에서 본 안중근의 동

洋平和論」『安重根と その 時代』), pp. 399-439.
黄遵憲 (チョイルムン訳) (1977),『朝鮮策略』建国大学出版部 (황준헌 저, 조일문 역주『조선책략』) 건국대학교출판부).
国家報勲處編 (1996),『21世紀と東洋平和論』国家報勲處 (국가보훈처 편『21세기와 동양평화론』국가보훈처).
チャンインソン (2000)「『人種』と『民族』の間：東アジア連帯論の地域的アイデンティティと『人種』」『国際政治論叢』40-4 (장인성「'인종'과 '민족'의 사이 : 동아시아 연대론의 지역적 정체성과 '인종'」『국제정치논총』), pp. 111-138.
チョグァン (2000)「安重根研究の現況と課題」『韓国近現代史研究』12 (조광「안중근연구의 현황과 과제」『한국근현대사연구』), pp. 180-222.
チョンヨンハ (2006)「韓国の地域認識と構想(1)：東洋平和構想」ソンヨル編『東アジアと地域主義』知識マダン (정용화「한국의 지역인식과 구상(1) : 동양평화구상」손열 엮음『동아시아와 지역주의』지식마당), pp. 37-73.
ヒョングァンホ (2009)『韓国近代思想家の東アジア認識』ソンイン (현광호『한국근대사상가의 동아시아인식』선인).

第11章

インドによる想像のアジア
――植民地主義の諸カテゴリーへの抵抗――

ブリジ・タンカ

1. はじめに

　インドは歴史的にさまざまなかたちで世界と関係を結んできたが，その関係の歴史は長期にわたる植民地時代に，概して不明瞭で周縁的なものにされてしまった．歴史研究者たちが，インドとその外部との関係に大きな関心を向けるようになったのは比較的最近のことであり，それまではインド内部あるいはインドの特定の地域の変化に視野を限定することが多かった．インドとアジアの問題は，こうした文脈の中で理解されねばならない．当然ながら，「インド」や「アジア」といった概念は，不変の地理的指標ではなく，それ自体が複雑で変化に富んだ歴史を背負っている．そのため，しばしば相対立する見解を表明するために，これらの概念が利用されたことにも注意を払っておかねばならない．さて，それでは「インド」や「アジア」という名は，どのような知を背負ってきたのだろうか．

　インドという名称自体は古来より存在したものの，国家としてのインドは長期にわたる民族主義の運動を通じて形成されたものである．今日まで続く，宗教やアイデンティティやカーストの問題をめぐる論争は，この国民形成の過程が近代という時代に生じたことを示すものである．バネルジー（Banerjee, S.）の著書『形成される民族(ネイション)（*A Nation in Making*）』（1925年）の表題はこのことを端的に言い表している．同時に，地域と国家を超えた関係もまた形成

されており，植民地期のインドを考察するうえでこれを看過することはできない．中央アジアや西アジアとのつながりは非常に重要とされ，一方で東南アジアと東アフリカにおける商業コミュニティは思想の伝達，そして亡命革命家とその組織の維持に大きな役割を果たした．

インド文明を自己完結的なものとする神話は，植民地主義によって構築されたインド観を支えたのみならず，民族主義の思想にも大きな影響を与えた．民族主義の主張では，「知の宝庫」たるインドから，文明が文化的植民地化を通じてアジアに広められたのだとされる．これは，野蛮で暴力的な帝国主義に立脚するヨーロッパ文明だけでなく，他のアジア諸国に対してもインドが優越することを示す指標とされるにいたった．インドで生み出された宗教的・哲学的体系は恩恵として教え広められ，アジア諸国の文化は一方的にそれを享受する側として位置づけられたのである．

この自己完結的文明という神話は，交易や通信，そして人びとの移動からなる巨大なネットワークを，忘却の彼方に追いやるものであった．しかし実のところ，このネットワークこそが，インドを外部世界と結びつけたのであり，インドの歴史と文化の形成に影響を与えたのである．

インドを文化帝国と呼んだサンスクリット語研究者マクドネル（Macdonell, A., 1854〜1930年）は次のように記している．「幾度もの侵略と征服の波にさらされながらも，……インド・アーリア人種の生活と文学の民族的発展が，外部から抑制されたり歪められたりすることは，実質上イギリスによる占領時代にいたるまでなかった．このように孤立した進化を遂げた例は，インド・アーリア種族の他の分派には見られない」(Inden 1900: 55)[1]．

インドを「永久に停滞した民族」あるいは「文化帝国」と位置づける議論では，幾多の侵略を受けてもインド社会の構成は変化しないものとされ，したがってインドは歴史をもたないのだとされた（たとえば，J. S. ミルの諸著作）．それに対して，インドの過去を回復するという営為は，回復される過去がいかに理想化されたものであれ，一つの抵抗の所作となったのである．

ここで筆者は，こうした歴史を回復することを通じて，インドがアジアおよび世界と取り結んだ関係のパターンを解明しうると主張する．そしてその関係のパターンは，近代インドというものが形成された過程の不可分の一部だった

のだと論じたい．インドは近隣諸国と長期にわたって複雑な歴史を紡いできた．貿易と文化面でのつながりはインドを東南アジアと結びつけ，季節風は西アジアとアフリカ東海岸との緊密なつながりの形成に寄与した．さらに，宗教や家族の紐帯は中央アジアとのつながりを強化し，植民地帝国は遠い世界の隅々とインドを結びつけた．たとえばボンベイの発展は，アヘン貿易を通じた香港と上海とのつながりによるところが大きかった．また，インド系のコミュニティはアジアのさまざまな地に姿を現した．言語，家族，宗教などのつながりによって，幾層にも重なった密度の高い関係が，インドと「アジア」とのあいだに生まれたのである．

近代アジアの形成において，大きな変化をもたらした契機は3つあったといえる．1905年の日露戦争における日本の勝利，1917年のロシア革命，そしてマハトマ・ガンジー (Gandhi, M. K.) による非暴力抵抗つまりサティヤーグラハーの観念の表出である．これらは，国力を強め「西洋」と闘うための方途を指し示すものであり，それぞれが体現する戦略はアジアの形成過程において大きな役割を果たした．たとえばガンジー自身は，アジアに関して実際的なことは事実上何も語らなかったものの，彼の思想は当時醸成されつつあったアジアという感覚の形成に多大な影響を与えたのである．わたしたちは，インドとアジアの関係を考察するにあたって，アジアに関するインド人の思考やその役割を検討するだけでなく，アジアのあり方を規定した議論や政策にインド人の思想が与えた影響についても考察する必要があるだろう．

本章では，知識人たちの著作の中で，アジアがいかに扱われたかを概観する．とりわけ，オーロビンド・ゴーシュ (Ghose, A.)，ビノイ・クマール・サルカール (Sarkar, B. K.)，およびグレーター・インディア協会の論者たち，ジャワーハルラール・ネルー (Nehru, J.)，そして歴史家パニッカル (Panikkar, K. M.) などに注目し，彼らの関心・目的とその性格を明らかにする．さらに，彼らがインドが世界において決定的役割を果たし，アジアを先導するに十分な知的資源を有すると想定していたことを論じる．

2. オーロビンド・ゴーシュ：アジアの民主主義の礎

オーロビンド・ゴーシュ（1872～1950年）は，急進的民族主義者で後に宗教的思想家に転じた人物である．オーロビンドの父は，幼少時の彼と兄たちに，インド的なものすべてから自由な世俗教育を受けさせようとした．オーロビンドは父の期待に応え，ケンブリッジで文学を修めた後，難関のインド高等文官試験にも合格した．しかし彼は，高等文官となる選択肢を放棄し，1893年にインドに帰還した．フランス語と詩作を教えるかたわら，彼はインド的なあらゆるものに没頭するようになった．1905年までには民族主義者たちとつながりができ，『バンデー・マタラム』紙の編集者となった彼は，徐々に急進的政治に関与するようになっていった．彼は，インド国民会議の穏健的な活動に批判的となり，完全な政治的独立を主張するようになる．1908年には，爆破事件への関与を疑われ逮捕されたが，最終的には釈放された．しかしこれを機に，主要な関心を精神的・哲学的な問題に移し，フランスの植民地であったポンディシェリに隠棲所をつくりベンガルとその政治から距離を置いた．

オーロビンドはその政治的な著作において，将来について構想するための方法を提供するのは近代西洋だけだというような考えを否定している．彼は，現地の土着思想を重視したほか，広範な旅行での見聞を通じて，自らの知的探究を深めた．これによって彼は，支配的なヨーロッパ的諸概念を批判することができるようになったのである．一方で彼は，インドの慣習についての批判的検討をも行った．彼は，世界はマーヤー（幻影）であり現世的な欲望を放棄して精神の解放に専念すべきであるといった考え方を否定するとともに，人間の限界を克服して世界を変革することは可能なのだと論じた．

ここでは，オーロビンドのアジアに関する思索に焦点を当て，彼がインドに期待した役割を明らかにしたい．初期のオーロビンドの政治的文書における考察は，アジアを広範に見渡す視座を基礎にもっていた．彼が「アジア的民主主義（Asiatic Democracy）」（1908年3月16日）と題した論稿で提示した見解によると，諸文明はそれぞれ長期の歴史的性質なるものを醸成してきた．日本が自らを変容させることに成功し，中国もまた変化のただ中にある一方で，イン

ドが同じように前進できないでいたのは，隷属状態に置かれていたがゆえだとされる．そしてアジアの諸民族はヨーロッパの諸民族よりも巨大な力の源泉をもっており，したがってその抵抗と変化の能力もまた巨大なのであった．その力の源泉を理解するために重要なのは，西洋の政治理念が東洋の政治運動の原動力にはならないと認識することなのだというのが，彼の主張であった (Ghose 1972a: 757-760)．

オーロビンドは，アジアについて考察するための新たな基礎として，諸文明における崇高な理念を融合するようなアジア観を模索した．彼によれば，アジアの真の強みは，イスラームの平等の理念や，ヴェーダーンタにおける人と精神の神的統一の観念に求めることができるという．ヨーロッパで民主主義が失敗したのは，「その動機が人類のダルマではなく人の権利に求められ，それは上層階級の高慢に対して下層階級の利己性に訴えるものであったため，キリスト教の理念には常に憎悪と内紛がともなうこととなり，近代ヨーロッパの病弊として解決困難な混乱がもたらされた」からなのだとされる（Ghose 1972a: 758)[2]．ここでオーロビンドは，インドとその他の国が直面していた中心的問題を指摘する．つまり，いかにして旧いヒエラルキーを破壊する一方で，公的なるものと私的なるものの統一を維持するかという問題である．彼は，近代西洋社会の問題の核心は，近代的な合理的人間から「精神的なもの」を取り除いてしまったことにあると見る．そのためオーロビンドは，インドや日本やその他のアジアにおける，宗教的な慣行と制度を「合理化」しようという支配的潮流に対抗する論陣を張ったのであった．彼は，重要だと見られる既存の慣行を基礎として自らの思想体系を組み立てたが，同時に党派的な境界を超えようともした．イスラームやヒンドゥー教などを接合することで，新たな民主主義を実現するための基礎を築こうとしたのである．彼によると，過去を忘れてヨーロッパに追従すべきだという考えは誤りであり，アジアの民主主義運動が成功するためにはこうした錯誤を捨て去らなければならない．重要なのは，「すべての人のダルマが精神において自由になる」ことだからである．「アジアの精神とヨーロッパの精神」が異なるのは，まさにこの理念においてなのだと彼は論じた（Ghose 1972a: 759-760)．新たな民主主義の理念は近代的であるべきだが，ヨーロッパの派生物であってはならないというわけである．

オーロビンドが論説「インドとモンゴル系民族 (India and the Mongolian)」(1908年4月1日) で提示したアジア認識には，日本をはじめとして，中国，ペルシャ，トルコなど，広範な地域が視野におさめられていた．日本人に関しては彼以前の論客たちと同様に「愛国精神と模倣能力」をもち合わせていることを評価し，中国についても「壮大な思慮，忍耐強さと徹底性，そして圧倒的な制度機構」に支えられたその強靭性を評価した (Ghose 1972a: 814)．しかしながら，最も大きな称賛に値するのはインドの特質なのであった．論説「アジアの役割 (Asiatic Role)」(1908年4月9日) において，彼はその特質を「包括的な知性，透徹した直感，揺るぎない創造性」に見出し，「日本の特質が模倣と改善にあるとすれば，インドのそれは創造にある」とする (Ghose 1972a: 844)．また，ペルシャとトルコの立憲運動などを検討したうえで，「生存をかけた闘争のための近代的な武装を身につけつつ，国としての独立性と存在を維持」する点にその強靭性を見ている (Ghose 1972b: 118)．オーロビンドは，トルコや日本などに見られるように，国の置かれた環境によっては，変化の初期段階において軍隊や少数の実力者が内部の安定を保証するだろうと論じた．

　1909年の論説におけるオーロビンドの洞察によると，アジア文明として個々の民族を結びつけるような特性が共有されていたとしても，その各々は独自の文明的特質を有していた．また，植民地支配から独立へと向かう困難な移行を実現するには，少数の開明的な人々による先導が必要であるとも主張している．独立後の新政府が直面するであろう，植民地主義勢力からの脅威に対して，大衆はそれを理解できるような文明水準にはいまだ到達していないというのがその理由であった (Ghose 1972b: 230-231, 247-248)．

　しかし，植民地支配からの独立を支持しながらも，彼は朝鮮の問題については両義的な態度を示した．朝鮮人による伊藤博文の暗殺に関して，1909年10月の論説でオーロビンドはこの偉人の死を悼み，「朝鮮はこの性急で時宜に合わない行為から何も得ることはないだろう」と書いている．日本は「朝鮮が日本と区別がつかなくなるところまでその精神を粉々にしてしまうだろう」と．彼によると，従属的国民は共感を獲得せねばならないのだが，朝鮮人は「自由を獲得するための精神的強靭さをもち合わせていない」というのである (Ghose 1972b: 256-257)．

第11章　インドによる想像のアジア

　オーロビンドの見解では，インドはイギリス帝国にとって決定的に重要であり，ヨーロッパとアジアとの関係における要であった．インドは仲介者の役割を担うことが可能だというのが彼の主張である．ヨーロッパには選択肢がふたつ与えられているという．ひとつは，興隆しつつある「中国－日本同盟」と自らの間をとりもつ仲介者としてインドを受け入れるというもの．いまひとつの選択肢は，インドが中国や日本と手を組んでヨーロッパを打倒することを許容し，逆に支配される側に転落してしまうというものである．ヨーロッパに対する最初の一撃はロシアに加えられたが，次なる一撃はインドを支配するイギリスに加えられるだろうという．彼が「中国－日本同盟」と呼ぶものは，まずイギリスをインドから追い出し，さらに「アジア，アフリカ，オーストラリアからヨーロッパを追い出す」ための同盟を形成するとされた（Ghose 1972a: 815）．

　オーロビンドは，「アジアの役割」と題した1908年の論説で次のように書いている．「かつてインドは思想と平和の一種の隠棲所のようなもので，世界から切り離されていた．……その思想はアジアに光り輝き諸文明を生み出した」．「無益な思弁や無駄な実験，そして自分自身の失敗の結果から逃れるための，いかんともしがたい苦闘の中でヨーロッパが道を失い停滞に至るとき，人類を進化させる仕事を担うのはアジアの役目だ．世界の歴史において，その時代が今まさに到来したのである」（Ghose 1972a: 843）．

　オーロビンドは，インドを壮大な宗教的・哲学的システムの創造者であるとし，それはアジアの他の部分が形成される際に多大な影響を与えたと論じた．植民地主義的思考を批判した彼ではあったが，その発想の基礎をなした言説には文明を本質化してとらえる傾向が見られ，インドを宗教的システムの生みの親と位置づけたのであった．オーロビンドは，インドがかつて育んだ理念とアジアの各地の理念とを統合することによって，昔日の大文明の復興を模索したのである．彼にとって，こうした総合を実現する役割は，かつてと同様にインドが担うべきものであった．インドの役割についてのこうした考え方は，アジアの再構築においてインドが中心的位置を占めるべきだという，後続する世代の思考に影響を与えることとなった．

3. インドとアジア連帯

　民族主義者たちは，植民地支配と戦うために，民族の枠組みを超えて思考する必要にせまられた．「多民族」植民地帝国という枠組みは，民族主義的な思考・実践の具現化を促した一方で，民族の理念を超える思考の基盤をも提供したのである．植民地支配下にある多様な民族の連合体という発想は，そうした企図の一つであった．

　民族主義政治家であり，法律家や文学誌編集者としても著名なチットロンジョン・ダス（Das, C., 1870～1925 年）は，インドが世界的な運動において積極的な役割を引き受けるべきだと主張した．彼は，ラビンドラナート・タゴール（Tagore, R.）の普遍的な人間性についての漠然とした思弁については強く批判していた．1922 年に彼は国民会議派の議長として次のように発言している．「われわれは世界のさまざまな運動と接触し，自由を希求する世界中の人びとと常に連絡をとり合わなければならない．さらに重要なのは，現在形成されつつある広範なアジア連帯の動きにインドもまた加わることである．いくぶん小さな基盤から始まった汎イスラーム運動が，アジアの人びとの大連合体にとって代わられたこと，あるいは間もなくとって代わられるであろうことは，私にとって疑念の余地はない．これはアジアの抑圧された諸民族の連合である．……インドとその他のアジアの間の，否，インドと自由を希求する世界中すべての人びととの間の，友情と愛の絆，共感と協調の絆は，世界平和をもたらすべく運命づけられているのだ．」(Hay 1970: 254)

　タゴールは，中国と日本への旅行からインドに帰還すると，アジアは自らの声を発見しなければならないと宣言した．ダスは自分の雑誌上でこの発言に対する支持を表明したが，次のように論じてもいる．確かにアジア人は文化的紐帯を共有しており，インドは世界に冠たる宗教的指導者を送り出してきた．しかし，こうした古代文化の紐帯よりも重要なのは，西洋による支配と人種主義という「すべての者を脅かす脅威」なのだという．「折に触れて，アジアの黒色・褐色・黄色の人びとを一堂に会させよう．そうして互いの願望と苦難を共有させようではないか．アジアがすでに失なってしまった声を追い求めるため

に彼らを団結させよう．アジアは自らの声を発見しなければならないのだ.」(Hay 1970: 254)

　同じような主張は，主要新聞紙『アムリタ・バザール・パトリカ』にも見ることができる．同紙の論説は，「アジアは世界のすべての偉大な預言者たちの生誕の地，すべての偉大な宗教システムの揺籃の地である」とし，「かつてインドは，中国や日本に宗教と文明を与えた．そして現在でさえ文明世界の驚嘆と賞賛を呼び起こすような人物を生み出している．その一人が，ラビンドラナート・タゴール博士である．中国と日本に向けられた彼のメッセージは，その過去の栄光の記憶を喚起した」．記事は次のように続く．「アジア連合の夢を実現するためにまず必要なのは，アジア諸国家の中で最も偉大な国であるインドが，スワラージ〔自治〕あるいは責任政府を手にすることである．中国や日本に仏教伝道者たちを送り出したのは〔植民地支配を受ける以前の〕インドの独立した主権であった．アジアの人びととの連合体という理想を現実のものとし，普遍的な人間性という壮大な構想の実現に寄与できるのは，やはり独立インド以外にはないのである」(Hay 1970: 255)．同様の論説は他紙にも見られた．たとえば『ベンガリー』紙は，中国の知識人たちにタゴールが招かれたのは，「東洋の偉大な諸国民すべてに文化を与えたインドの理想を伝えるため」であったとしている (Hay 1970: 257)．また，『ニュー・サーバント』紙は次のような，より華やかな賛辞を贈っている．「彼は栄光の雲をたなびかせて姿を現す．彼が中国に目をやると，かつてないほどの生命力が満ち溢れた．彼が日本について非難を口にすると，日本は更生を誓い行いを正すことになろう」(Hay 1970: 257)．近代化を主張した著名な歴史家ジャドゥナート・サルカール卿 (Sarkar, J.) は，アーリア人のインドによる固有の遺産なるものを重要視し続けるべきではなく，むしろ進歩の精神を受け入れるべきだと論じた人物である．しかし同時に彼は，グレーター・インディア協会の会長も務めた．同協会は，東南アジアへのインドの影響についての研究と，その復興を促進するために 1926 年に設立されたものであった．インドを文明の源泉とする考え方は，当時の批評的想像力の中によく見られるものだったのである (Hay 1970: 258-259)．

4. インドとアジアと民衆

　他方で，こうしたアジア連帯の理念を受け入れようとはしない声も存在した．11年のあいだに3つの大陸を旅してまわった社会学者ビノイ・サルカールは，「歴史的にも哲学的にもアジアの精神は欧米のものと異なったことはない」とし，「前世紀の産業革命後に人類のごく小さな部分が達成した華々しい成功以後，2つの精神の差異なるものが初めて語られ，大げさに誇張されるようになったにすぎない」と主張した（Hay 1970: 259）．しかし，著書『若きアジアの未来主義（The Futurism of Young Asia）』においては，インドと中国と日本における宗教の類似性に注目し，中国人と日本人は実はヒンドゥーだったのだと論じている．「ヒンドゥスターンは，アジアの学舎と呼ぶにふさわしいものとなった初めての地であった．ヒンドゥー民族主義を体現するカーリダーサは，したがってアジアの精神なのである」．これは，「民族的・言語的な多様性にもかかわらず，アジアの統一を精神的必要物とするような精神的基礎」（Hay 1970: 259-260）を与えるものだと彼は主張した．

　初期の民族主義の指導者たちは，日本の愛国的自尊心の感覚と社会規律について好意的にとらえていた．工業技術や鉛筆・ガラス・時計など単純な商品の製法といった，近代工業に関する知識を習得させるため，日本への留学生派遣を目的とした資金調達が試みられることもあった．こうした，近代的産業国家への志向は，インドを文明の源泉とする見解にもかかわらず，ほとんどの知識人の基本的立場であった．その有名な例外は，もちろんガンジーである．彼は，『インドの自治（Hind Swaraj）』（1909年）をはじめとした著作において，近代文明の理念そのものに対して批判を加えている．ガンジーは，東洋と西洋が合流できるのは，西洋が近代文明を放棄するときだと主張したのである．しかし，彼もまた時として東洋のレトリックともいうべきものを用いた．南アフリカからインドに戻ったとき，彼は次のように記している．「私たちは東洋の者として，西洋のやり方ではなく，東洋のやり方で目的を達するでしょう．私たちは，美しいやり方でインドのならわしに従って前に進み，インドの精神に忠実に，さまざまな理念をもった他の諸民族と友情を結ぶでしょう．まさにその

東洋的文化をつうじて，インドは東洋・西洋の世界と友好的な関係を築くことでしょう」(Hay 1970: 282). ここに，オーロビンドがかつて主張した，仲介者としてのインドという発想が表れている．

しかし，1927年までにガンジーは，インドとアジアの文化・商業面における団結という発想に対して否定的になっていた．彼は，インドを雑多に混ぜ合わされた文化と文明の苗床であり，搾取された諸国民の希望であるとみなすようになっていたのである．1947年のアジア関係会議 (Asian Relations Conference) の演説で，彼は次のように述べている．「東洋のメッセージ，アジアのメッセージを，ヨーロッパの色眼鏡をかけて学び取ろうとするべきではありません．弾薬や原子爆弾といった，西洋の悪徳を模倣することでそれを達成しようとしてはなりません．西洋に対して重要なメッセージを送りたいのであれば，それは愛のメッセージでなければならず，真実のメッセージでなければならないのです」(Hay 1970: 287-288). 一方で，サーヴァルカル (Savarkar, V. D.) に代表される，全インド・ヒンドゥー・マハーサバーの政治的右派は，汎アジア的運動が，国家建設という主要な課題からヒンドゥーの注意を逸らしているとし，自らの理念をアジア連合の構想の内に位置づけることはなかった．

5. ジャワーハルラール・ネルー：中心軸としてのインド

学者肌の政治家であったネルーは，独立運動期のインドの政治的・文化的生活が形成される際に中心的な役割を果たし，今日でもなおインドの枠組みとなっているアジェンダを設定するという貢献を行った．彼をアジアという枠組みに押し込んで理解することは難しい．国家独立のために闘った反植民地運動の指導者としての彼は，社会主義的伝統の継承者であった．そうした彼の思想は，ロシア革命およびシドニー・ウェッブ (Webb, S.) とビアトリス・ウェッブ (Webb, B.) の著作を通じて理想化されたソビエト連邦の姿に強い影響を受けたものであった．しかしネルーは，インドの文化的強靱性を，過去からの複雑な知的遺産と高度な芸術作品に見出した．また，彼は世界各地の反植民地運動へ関心を寄せてつながりを保ち，これらの運動を支持することとなる．

ネルーは，中国をはじめとしたアジア諸民族との紐帯を強化しようと苦心し

た．彼が中国の政治指導者たちと初めて顔を合わせたのは，1927年にブリュッセルで開かれたコミンテルン主催の反帝国主義国際会議においてであった．彼は日本ではなく中国を支持し，1938年には抗日戦下の中国を支援すべく，医療部隊の派遣に尽力した．ネルーは，アジア諸民族との関係樹立に力を注いだ一方で，日本に対しては否定的な態度をとった．彼の世界史の理解においては，日本は周縁に位置する国家であり，その歴史が重要性をもったのは近代に入ってからにすぎないのであった．日本のロシアに対する勝利はアジアの自尊心を喚起したが，それは西洋勢力が敗北したからというだけでなく，新しい知識を吸収する必要性が示されたからでもあった．日本の勝利は，西洋の科学と技術を成功裏に導入したことがその要因となっていたからである．

　独立後，ネルーはデリーにおける1947年のアジア関係会議の開催に力を注ぎ，そこで次のような演説を行っている．「インド自体が自由と独立を獲得したという事実は別として，アジアで活動している幾多の勢力にとって，インドは自然な中心地でありフォーカル・ポイントなのです．地理というものは重要な要素ですが，インドは西・北・東・東南アジアの合流地点に位置しています．……さまざまな文化が東西からインドに流れ着き，インドの内に取り込まれてきました．……そして同時に，そうした文化の諸々の支流は，インドから遠隔のアジアの地に流れ出ていきました．もしインドについて知りたければ，アフガニスタンと西アジアへ，さらに中央アジア，中国，日本へ，そして東南アジア諸国へと足を伸ばさなければなりません．あなたはそこで，インド文化の生命力がおびただしい数の人びととのあいだに広まり影響を与えたことについて，壮大な証拠を目にすることでしょう」(Hay 1970: 294)．

　ここでもまた，アジアの他の地域にかたちを与えたのはインド文明であったとされ，インドにはアジアの自然な中心という地位が与えられている．こうした理解においては，インドへの旅路の途中で，さまざまな信念や理念がいかに変化をとげたかという視点は存在しない．また，インドに到達したものは，インドを成り立たせる本質的要素に何ら影響を与えることなく吸収されたものとされている．流れ込んでくるものが南アジア地域をいかに再編成したかという問いや，あるいは南アジアから発した思想が世界の他の地の人びとに取り上げられたときにどのように作り変えられたかといった問いは発せられないのであ

る．ネルーが行ったのは，ロシア革命に象徴される公正と社会正義の理念を，インドこそアジアの文化と知性の中心であるというオーロビンドたちの思考に接ぎ木することであった．問題は，彼がこの中心なるものを非帝国主義的なものととらえたにもかかわらず，それでもそれが一つの中心であったには違いないという点にある．このことは，バンドン会議以後の時期にインドがアジア諸国と関係を結ぶ際に，さまざまな問題を引き起こすことになった．インドと中国が新しいアジアを創り出すために共に取り組むことが目指されていたにもかかわらず，思想的な違いもあり，独立後の会談では両者の間で深刻な差異が表面化することになる．

6. アジアの支柱としてのインド

　パニッカルの『西洋の支配とアジア (Asia and Western Dominance)』は，こうした近代的・民族主義的な構想が表現されたものの一例である．この作品は，100年ほど前の出版当時，ほとんど注目を浴びることはなかったが，新しい路線を切り開いた著作であった．

　多くの分野で才能を発揮したパニッカルは，学者であり，官僚であり，外交官であっただけでなく，母語のマラヤーラム語と英語2つの言語で筆をふるう多作な作家でもあった．彼の著作は，歴史，文学，社会評論などに加えて，文学作品の翻訳にまで及んだ．彼は広く旅行をし，アジアとその他の国々の指導者たちと多く出会い共に仕事をした．1925年のパリでは，安南の仏教徒ズォン・ヴァン・ザオ (Duong Van Giao) らとともに，東洋協会と名づけた組織を設立し副会長を務めた．この会の目的は，アジア諸民族についての誤ったプロパガンダを訂正し，ヨーロッパで開催されるさまざまな会議にそれぞれの民族の代表が参加することであった．パニッカルは，1926年にパリ郊外で開催された世界平和会議で，アジアの解放を左右するのはイギリスのインド支配であり，イギリスがインドを占領しているかぎり世界平和は危険にさらされつづけるであろうと主張した．彼にいわせれば，他国の解放はインドが解放されるかどうかにかかっていたのであった (Panikkar 1977: 63-64)．

　彼は，ヨーロッパではアジアの革命家たちと連携し，さらにインドの独立運

動に関わることを通じて，インドの経験だけではなくより広い背景を前提として，植民地支配の原因を理解しようとした．『西洋の支配とアジア』では，彼がヴァスコ・ダ・ガマ（Vasco da Gama）時代と呼ぶ期間を検討している．これは，西洋支配の開始を，1498年にヴァスコ・ダ・ガマがカリカットに到着した時点とし，その終結を1947年のイギリス勢力のインドからの撤退の時点までとするものである．当時のインドは西洋支配の支柱であるとされ，ここに文明の発祥の地インドというオーロビンドなどが唱えた見解が上乗せされた．つまり，脱植民地期のインドは，アジアのフォーカル・ポイントとみなされたのである（Panikkar 1953）．

　パニッカルの著述における近代主義の枠組みを示す非常に重要な要素は，フランス革命がヨーロッパとアジアの関係を変えたとする見解である．「ハイチの黒人たち，マイソールのティプー，インドネシアのオランダ人急進主義者たちは，すべてこの運動の余波を感じ取っていた」．フランスの革命勢力への怖れは，イギリスが自らの勢力を拡大するための動機を与えたが，革命のより重要な影響は世界に自由主義の一派が誕生したことであったと彼は主張する．このために，オランダ人たちでさえ，植民地支配を行いながらも，インドネシア人の企業家たちにリップサービスを弄する必要があったという（Panikkar 1953: 483-484，邦訳445-446）．かくして，パニッカルによれば，ヨーロッパの思想が，アジアの人びとにその初発の政治イデオロギーを与えたのである．たとえば，ラージャー・ラームモーハン・ロイ（Roy, R.）は，インドの状況に合致するよう調整されたルソーの観点で思索を行っていたとされる（Panikkar 1953: 484，邦訳446）．しかし，こうした関係は一方通行のものではなかったとパニッカルは指摘する．ヨーロッパ資本主義の成長は，アジアからの収奪によって可能となったというのがその論拠であった．

　ヨーロッパによる支配構造の最終形態を特徴づけるのは，高度技術と近代的な技能の導入であり，それはインドで最も早く実現され他地域にモデルを提供したのだという．しかし，こうした近代的な諸要素は，中国で鉄道建設が伝統を破壊したように，古い社会構造を解体するプロセスをも始動させた．植民地期以前のアジアの統治システムは，基本的に官僚制的なものであったため，その性格は「行政的」であって政治的なものではなかった．植民地行政は，「ア

ジア人の精神に近代国家の概念を初めて」与え,「それをやがては実現するメカニズムを装備させた」(Panikkar 1953: 488, 邦訳 450). 同時に, 宣教師の活動に典型的に見られるような,「道徳上の福利」の概念が与えられた. さらに, ヨーロッパとアジアの接触の規模も変化した. 帝国主義期以前では, 人びとの接触は上層階級に限られていたが, 今やそれは広範囲にわたり, 若いアジア人がヨーロッパに渡航するようになりはじめた. ロンドンやパリやライデンに, 日本人, 中国人, インド人, インドシナ人などが赴くようになったのである (Panikkar 1953: 488-489, 邦訳 450-452). アクトン卿 (Dalberg-Acton, J.) が 1860 年代に新しい民族主義の現象について指摘したように,「故郷喪失はナショナリティを養い育てる」のである (Anderson 1998: 59, 邦訳 100).

　変化と革命を渇望する諸勢力を先導したのは, 海外に渡り西洋で教育を受けたこの集団であった. パニッカルは, ヨーロッパで民族主義がつくられたと見るよりも, それがヨーロッパにおいてさえ新しい信条であったととらえた方が歴史的に正確だと論じている. もしそのように考えられるなら, 民族主義がアジアでも同様の軌跡を描いて展開したことを見て取れるであろうと. ヨーロッパにおいては, 民族主義という「この信条は主としてナポレオンの勢力拡大に対する抵抗として展開した」が, アジアにおいても同様に抵抗のイデオロギーとして発展したのだという (Panikkar 1953: 490-491, 邦訳 452-453). 民族主義の神話によれば, どの民族も共有された歴史をもっていなければならない. しかし, インドとアジアの多くの国々においては, 民族の意志を体現するような歴史はどこにも見当たらなかった. インドには, ヒンドゥー教が紐帯となった文化的・地理的な一体性があったものの, その政治の歴史は共有されていなかった. このことは, 他の植民地においても同様であったという. 新たなインドの歴史を書くために必要な材料は, ヨーロッパの学者たちによって用意されたのであった. 同様に, スマトラとジャワの諸帝国の歴史を再構築したのはオランダ人であり, それがインドネシアの民族主義の基盤となった (Panikkar 1953: 492, 邦訳 454)[3]. パニッカルは, インドの概念とその位置づけを帝国の構造内に見定め次のように主張した.「民族主義が直接には抵抗によって, 間接的には西洋との接触の結果としての歴史観と文化的業績への誇りの回復によって展開されたとするならば, アジア主義の観念というものは, 専らヨーロ

ッパの連帯感と対になるものと言える.」(Panikkar 1953: 493, 邦訳 455)

7. おわりに

　インドを知の「隠棲所」やアジアの支点などと位置づけるさまざまな発想が撚り合わさったものは，1947 年にイギリスから独立を勝ち取って以後のインドにおいて，アジアに関する見解が構成される際に決定的な役割を担った．ネルーは独立以前にすでにアジア関係会議を呼びかけていたが，国際的なつながりを確立しようとするグループは他にも存在した．ヴィレンドラナート・チョットパッディヤイ（Chattopadhyay, V.），M. N. ロイ（Roy, M. N.），あるいはスバース・チャンドラ・ボース（Bose, S. C.）などに代表される，国外で活動した革命家たちについては本章では論じなかったが，世界についての観点を形づくりそれに実質的内容を与えることにおいて，彼らが果たした役割は非常に大きなものであった．

　こうした国際性への志向と植民地支配を経たアジアの道なるものを重視する傾向は，独立後の社会主義者たちのあいだにすら見ることができる．インドとアジア諸国の社会主義者たちのグループは，社会主義インターナショナルで活動しながらも，新たに独立した諸国が直面する問題はヨーロッパにとっての問題とは異なるため，別個の組織が必要だと主張した．1952 年 3 月には，インド，インドネシア，日本，ビルマの社会主義者たちがラングーンで非公式会合を開き，そこでアジア社会党会議の開催が決定された．同会議の決議草案によれば，この組織の性格がどのようなものであるべきかについては相異なる意見があったが，世界平和が 3 つの主要因によって脅かされているという見解については合意が存在した．その 3 つの要因とは，植民地主義，経済的不均衡，そして勢力圏の政治である．これらの社会主義者たちは，社会主義実現のためのアジア的方法なるものを模索した．もちろんその枠組みにおいては，朝鮮やインドシナにおける問題が東西両陣営の敵対関係を反映しているとされた一方で，分離独立後のインドとパキスタンの緊張関係やパレスチナとイスラエルの問題などは概して「局地的紛争」とみなされた．これは確かに非常に重要な点であるが，しかしそれでも社会主義者たちの見解には次のような合意が存在した．

「アジアの人びとを東西陣営に引き裂こうとする緊張関係は日本に象徴的に見られる．全アジアは，両陣営とは独立に，日本が自らの将来を決定する自由を保証せねばならず，両陣営あるいはその一方によるこの国の搾取を阻止するため積極的な手段を講じるべきである」[4]．日本が敗北を喫した旧植民地支配勢力であったことを念頭に置くならば，この言明の意義は非常に大きい．またこれは，アメリカ合衆国が占領終了を前にして日本を軍事同盟に組み込み，インドをはじめとする多くのアジア諸国とのつながりを効果的に切り詰めたことを指摘するものでもあった．日本はいわば「脱亜させられた」というわけである．

アジアに注意をそそいでいたのは社会主義者たちばかりではない．1960年10月1日，アーロ・テイタム（Tatum, A.）がカルカッタにおいて，戦争抵抗者インターナショナル（War Resisters International）を代表して声明を発表した．戦争抵抗者インターナショナルは3年ごとに会議を開催していたが，ヨーロッパ外で初となるその第10回会議をマドラス州のガンディーグラムで開催した．この会議はサルヴォーダヤ運動（インド社会のあらゆる層の自己決定と平等を唱えた社会運動の一つ）の指導者ジャヤプラカーシュ・ナラセン（Narayan, J.）などインドの指導的社会主義者たちによって開催され，シチリアのガンジーとも呼ばれたダニーロ・ドルチ（Dolci, D.）をはじめとして30ヵ国の代表の出席をみた．

新興の国々はいずれも国際的な志向性を示し，地域的，宗教的，あるいは思想的な基盤に基づく超国家的な同盟関係を築こうとした．それによって，いまだ強力な欧米諸国に対抗せんとしたのである．これらの国々は，より公正な国際秩序の樹立，経済発展の保証，貧困と不平等の解消といった目標も共有していた．一方で，宗教もまた，国家の枠組みを超えた結束を生み出した．インドネシアでは，首相であったムハンマド・ナッシール（Mohammad Natsir）が，社会正義と平等のためにイスラームの原理が必要だと力説した．アラブ世界に目を転じると，ガマール・アブデル・ナセル（Gamal Abdel Nasser）が汎アラブ主義の構想を掲げていた．彼は，発展と平等へのエジプトの要望を代表しつつ，国連についてはパレスチナ人を追い出すことに加担していると非難した．ガーナのクワメ・エンクルマ（Kwame Nkrumah）は，汎アフリカ運動のもとに「有色の人民」が結集することを呼びかけた．国際環境はこれら新たな民族

主義にとって不可欠の要素だったのである．

　アジアを結節点としたこうしたつながりは，ハード・パワーの政治においてのみ見られたわけではない．ソフト・パワーの重要性は明確に理解されていた．1951 年のデリーでは，初のアジア競技大会が開催された．この大会が実現したのは，多分にネルーの主導によるところが大きかった．彼はこのアジアのオリンピックとでもいうべきものを通じて，甦りつつあるアジアのリーダーとしてのインド，という印象を与えようとしたのである．スポーツ史家マジュムダール（Majumdar, B.）は次のように述べている．「オリンピック推進運動に想像力を強くとらわれたインドのスポーツ関係者たちは，アジア競技大会の推進運動の発足に先導的な役割を果たした．この運動は，アジアの主要勢力というインドの自画像と，新たな全地球的秩序においてインドが中心的役割を果たすべきだというネルー主義の考えに，根本的に結びついていた」（Majumdar 2010）．こうしたつながりは，国民運動において国際主義が不可欠の役割を担ったことを明確に示している．アジアとは，植民地支配の軛から自由な新しい未来の表象であった．インドについてのネルーの構想は，全地球的な理念の内に位置づけられていたのである．

　しかしながら，バンドン会議の精神は，新興の民族主義とさまざまなイデオロギーとの間に見られた緊張のために，間もなく疲弊して希薄化していき，1962 年の中印国境紛争によって致命的な打撃を受けることになった．バンドン会議開催が発表された，1954 年のコロンボの会議で初めて明確なかたちをとった非同盟運動は，世界を 2 つに分割しようとする東西両陣営の罠を脱して代替的な発展経路を模索するものであった．しかし冷戦の政治は，地域横断的な結束を弱体化させ，国民どうしの差異を増幅させた．その後，地域的な同盟の新たな可能性が再び見え始めるのは，ベルリンの壁崩壊に続く冷戦体制崩壊後のことであった．

　ソビエト連邦と東欧共産圏の崩壊は，中国と，多少遅れたもののインドの改革の背景となり，これらの地域における貿易その他の交流を活性化した．独立直後に見られたような，強力な地域的結束を志向する動きにとって，ふたたび好条件が整えられたのである．もちろん，知の貯蔵庫，アジア文化の源泉といった役割をインドに割り当てる発想は，過去のものとして捨て去られなければ

ならない．しかし，そうした発想をもっていた思想家たちは，オーロビンドにせよビノイ・サルカールにせよ，代替案の必要性を感じてもいた．彼らは，アジアの歴史的経験を基礎としてヨーロッパのモデルを改善し，社会や政治制度の本質についての新たな思考法を提唱しようとしたのである．

　本論で論じたように，インドはさまざまなかたちでアジアと関係を結んだが，植民地主義によって構築されたアジア像には抵抗してきた．インドがアジアと結んだ関係の第1の特徴は，思想というものが非常に重視されたことである．このことは，たとえばインドを「知の隠棲所」と位置づけたオーロビンドのとらえ方に表れている．こうした発想には，インドを中心に据える一方で他地域を周縁的なものとして位置づけてしまう危険がともなった．第2に，それにもかかわらず，当時の文脈では，抑圧されているアジア人は自分自身の未来を創り出すことができるし，それは普遍的意義をもちうるのだという主張につなげられた．また，それぞれの国は独自の「経路」をもつのであり，ヨーロッパが文明の基準なのではないという考え方も表明されていた．オーロビンドの言葉を借りれば，それぞれの国にはそれぞれのダルマがあるということである．非同盟運動とバンドン会議の精神は，この種の思考から生まれ出たのであった．第3の特徴は，国民的発展とは公正な社会を生みだし貧困層の生活を向上させることを意味するが，これは単一の国家だけでは実現できないという考え方である．弱小な国々を結集させるような地域秩序が必要だという立場が示されたのである．インドは古来よりアフリカ，西アジア，東南アジア，東アジアなどとつながりをもっていたが，イギリス植民地期にインド人が世界中に移動したことでこうしたつながりはさらに拡がった．これこそが，国家の枠組みを超えた連帯を育み，インドそれ自体に新たなかたちを与えたのである．他方で日本に目を転じてみると，インドにおけるのと同様に西洋への抵抗はその汎アジア主義の構成要素であったが，人種的・文化的に偏ったアジェンダが設定されていたがために，「普遍性を持たないものと化して」しまったのであった．本章で見たような過去の探究によって，勃興しつつあるアジアを考えるにあたって，人びとを主体とした多様なアジェンダについて考察する途が開かれるのである．

（宮本隆史訳）

注

1) インデンは，ネルーの『インドの発見』（第3版，1951年）に引用されたマクドネルの文章を参照している（Nehru 1951 [1946]: 71）．
2) ダルマとは，責務や義務と同義のものと理解されたい．その意味は，西洋的な意味における宗教よりは，「武士道」における「道」に近いものである．
3) いかにしてインドの歴史が，ジェイムズ・ミルのいう「イギリス史の非常に興味深い一部分」になったかを検討した，説得ある議論としてGuha（2002）を参照．
4) "Draft Resolution on Common Asian Problems," Rangoon: January 1953, Committee C to be moved 15.01.1953, in Prem Bhasisn Papers File No. 6, p. 153, Manuscript Section, Nehru Memorial Library.

参考文献

Anderson, B. (2001 [1998]), *The Spectre of Comparisons: Nationalism, Southeast Asia and the World*, London, New York: Verso（糟谷啓介・高地薫ほか訳（2005），『比較の亡霊―ナショナリズム・東南アジア・世界』作品社）．

Ghose, A. (1972 a), *Bande Mataram: Early Political Writings* (edited by Sri Aurobindo Birth Centenary Library), vol. 1, Pondicherry: Sri Aurobindo Ashram Trust.

Ghose, A. (1972b), *Karmayogin: Early Political Writings* (edited by Sri Aurobindo Birth Centenary Library), vol. 2, Pondicherry: Sri Aurobindo Ashram Trust.

Guha, R. (2002), *History at the Limit of World History*, New Delhi: Oxford University Press.

Hay, S. N. (1970), *Asian Ideas of East and West Tagore and His Critics in Japan, China and India*, Cambridge, Mass.: Harvard University Press.

Inden, R. (1990), *Imagining India*, London: Basil Blackwell.

Majumdar, B. (2010), "How India Gave Asia its Games," *The Times of India* (November 12, 2010), http://m.timesofindia.com/PDATOI/articleshow/6910288.cms（最終アクセス2011年10月11日）．

Nehru, J. (1951 [1946]), *The Discovery of India*, London: Meridian Books.

Panikkar, K. M. (1953), *Asia and Western Dominance: A Survey of the Vasco Da Gama Epoch of Asian History, 1498-1945*, London: George Allen &

Unwin Ltd(左久梓訳(2000),『西洋の支配とアジア―1498-1945』藤原書店〔原著1959年版の翻訳〕).
Panikkar, K. M. (1977), *An Autobiography* (translated from the Malayalam by K. Krishnamurthy), New Delhi: Oxford University Press.
Prem Bhasisn Papers, Nehru Memorial Library.

第 12 章

文明と反文明のあいだ
──初期アジア主義者の思想と行動──

梅森　直之

1. はじめに：「アジア主義」の意味変容

　戦後日本において，アジア主義研究の先鞭をつけた竹内好は，1963年の記念碑的論文「アジア主義の展望」の冒頭において，アジア主義を定義することの困難に言及し，「私の考えるアジア主義は，ある実質内容をそなえた，客観的に限定できる思想ではなくて，一つの傾向性」であると述べた（竹内1963: 12）．その「傾向性」の最大公約数を，竹内は，『アジア歴史事典』の「大アジア主義」の項目によりつつ，「欧米列強のアジア侵略に抵抗するために，アジア諸民族は日本を盟主として団結せよ，という主張」であると表現する．「アジア主義は，……それぞれ個性をもった『思想』に傾向性として付着するものであるから，独立して存在するものではないが，しかし，どんなに割引しても，アジア諸国の連帯（侵略を手段とすると否とを問わず）の指向を内在している点だけには共通性を認めないわけにはいかない．これが最小限に規定したアジア主義の属性である」（竹内1963: 14）．
　アジア主義の定義をめぐる困難さは，2010年の大著『「大東亜戦争」はなぜ起きたか』によって，アジア主義研究の新局面を開いた松浦正孝によっても，依然として強調されている．松浦は，同書で，アジア主義が，ある種の「気分」や「空気」といった漠然とした共同心性としてしか析出しえないものであることを承認しつつも，そのメルクマールとして，次の3点をあげている．

「(1) 英国に代表される西洋帝国主義（露帝国を含む）の,「アジアの豊かな海とその後背地」に対する政治的・経済的侵略を排除し，これを駆逐すること．(2) 中国・朝鮮との連携を，アジアの経済と諸民族との結集の中心とすること．(3) アジア諸国の平等性を建前としつつも，実際には天皇を頂く日本を盟主とし，西洋諸国に対する優位を確保すること」（松浦 2010: 33）．以上，2者のアジア主義の思想内容に関する規定を比較するならば，松浦が，自らのアジア主義論を彫琢するにあたり，盛んに竹内の定義を援用していることもあり，50年弱の期間を隔てたこの両者の間に，アジア主義に関する基本的な理解についての根本的な差異は存在しないかのようである．

　しかしながら，両者の分析の内実により踏み込んで検討するならば，両者のアジア主義に対する理解の差異もまた浮かび上がってくる．まず両者が，アジア主義を分析するにあたって設定した時期が大きく異なっている．竹内が，『アジア主義』と題されたアンソロジーを編纂する際に，具体的に取り上げた対象は，岡倉天心，樽井藤吉，宮崎滔天，山田良政，頭山満，相馬黒光，内田良平，大川周明，尾崎秀実，飯塚浩二，石母田正，堀田善衛らであった．こうした選択は，一見したところ，明治期から戦後までをまんべんなくカバーしているように見えるが，その内容に踏み込んで検討するならば，竹内の関心は，もっぱら明治期におかれていることが明らかとなる[1]．

　さらに竹内は，同書の解説において，玄洋社が民権論から国権論へ転向し，大井憲太郎が大阪事件を画策し，樽井藤吉が『大東合邦論』，福沢諭吉が「脱亜論」，中江兆民が『三酔人経綸問答』を世に問うた 1880 年代の時代状況の解明に多くの紙数を費やしている．明治期の事件，テクスト，思想家に対する関心の厚さに比べ，昭和期の「大東亜共栄圏」に関する竹内の評価は極めて厳しい．竹内は述べる．「『大東亜共栄圏』は，アジア主義をふくめて一切の「思想」を圧殺した上に成り立った疑似思想だともいうことができる．思想は生産的でなくては思想とはいえぬが，この共栄圏思想は何ものをも生み出さなかった」（竹内 1963: 14）．すなわち竹内の問題意識は，アジア主義の「思想」としての生産性を解明することに向けられており，そしてその解明のための重要な局面を，日本が国民国家としての自律性を確立し始めた 1880 年代に設定したのである．

竹内がアジア主義のその発生論的プロセスにおいて解明しようとするのに対し，松浦が焦点を合わせるのは，幕末維新から続く「伝統的アジア主義」から，1930年代になって生じたとされる「汎アジア主義」への変容のプロセスである．松浦は，戦前日本のアジア主義を，以下の3類型として位置づけている．その第1は，石橋湛山に見られるリベラリズムに基づいた理想主義的なアジア主義である．その第2は，蒋介石による中国統一という国民国家の枠組みを前提としたうえで，アジア間の提携をはかろうとする財界の藤山愛一郎らに代表される立場である．そしてその第3は，大亜細亜協会に代表される汎アジア主義の道である（松浦 2010: 846-849）．松浦は，この第3の立場を，「天皇を頂く日本を盟主とし，その帝国内にアイヌ民族・台湾・朝鮮といった内国植民地や植民地を抱え，傀儡国家である『満州国』を作り，中国に多くの権益を持つものであった」と要約する（松浦 2010: 848-849）．そして，1930年代の国際環境の変化の中で汎アジア主義がヘゲモニーを獲得していくそのプロセスを，華僑，印僑，台湾人，朝鮮人などの離散民や被支配者を含む日本帝国を支えた政治経済主体による資本・通商・資源・労務といった「モノとヒト」の移動を媒介とする，イデオロギー・ネットワークの急速な増殖・発達の帰結として描き出した．

　一見したところ相互補完的な松浦の政治経済的アジア主義への関心と竹内の思想的アジア主義への関心のあいだには，しかしながら架橋しがたい一つの緊張が存在する．それは端的にいえば，資本主義に対する批判をアジア主義の重要なメルクマールとして用いるかどうかの差である．竹内がアジア主義者として取り上げた人物の思想は，そのすべてが濃厚な資本主義批判の様相を帯びている．たしかに竹内は，アジア主義と資本主義批判との関連を，それ自体として明示的に議論してはいない．しかし西洋文明に対する批判を，アジア主義の重要な構成要素として意味づけていた竹内にとって，西洋文明の駆動力である資本主義に対する批判もまたそこに含まれうることは，なかば自明のことであったように思われる．これに対し，松浦は，資本主義の発展こそが，アジア主義の発展と変容を促した重要な前提であるとの立場をとる．これは松浦の著作において，藤山愛一郎ら財界人や石橋湛山のようなリベラリストが，重要なアジア主義者として位置づけられていることのうちに明瞭に現れている．すなわ

ち，竹内から松浦に至る50年にも及ぶ戦後アジア主義研究の変遷が象徴的に示しているのは，アジア主義を問題化する視座が，資本主義の批判から，資本主義を前提としたそれへと移行していくプロセスにほかならない．

2. アジア主義の連続と断絶

現在注目を集めているアジア地域統合と，戦前期日本のアジア主義との関係に関して，その連続面と断絶面のどちらを重視すべきかについては，専門家のあいだで議論が続いている．たとえば，2009年の白石隆とカロライン・ハウ (Hau, C.) の論文「『アジア主義』の呪縛を超えて」は，その断絶論を代表するものである．この論説において，著者たちは，「かつてのアジア主義と現在の東アジア共同体のプロジェクト」の差異を浮き彫りにすることで，この両者を依然として結びつけ，それを批判しようとする試みを「的外れ」であると批判する（白石・ハウ 2009: 168-169）．著者たちの議論に従えば，現在の東アジア共同体構想と戦前の大東亜共栄圏構想を区別するポイントは，以下の2点に求められる．

その第1は，プロジェクトを推進する主体の差異である．著者たちは，現在の東アジア共同体が，1999年の金大中の提言を受けて合意されたものであり，加えてASEANが，その発展において重要なハブの役割を演じ続けてきたことを強調し，そうした現在のプロジェクトを，戦前の大東亜共栄圏に見られるような日本発のアジア主義と等置するのはあまりに「日本主義的な見方である」と警鐘を鳴らしている（白石・ハウ 2009: 169）．その第2は，2つの思想運動を取り巻くコンテクストの差異である．著者たちは，かつてのアジア主義が，基本的には，アジアとヨーロッパの二項対立に基礎をおくものであることを明らかにしたのち，「アジア主義の批判の対象となったヨーロッパ中心の世界秩序は2度の大戦で終焉した」と断ずる（白石・ハウ 2009: 174）．それに対し，現在の東アジアの地域システムは，第二次世界大戦後，アメリカのヘゲモニーのもとでつくり上げられたものであり，それが1997～98年のアジア経済危機を経て，市場の失敗に対処する地域的な制度の構築という政治的プロジェクトへと発展したものである．

こうした認識に基づき，著者たちは，次のように結論する．「アジアは，かつてのアジアとは違う．……竹内が『日本のアジア主義』を書いた頃（1963）まで，アジアとは『屈辱のアジア』，経済的『貧困』と政治的『専制（独裁）』のアジアだった．しかし，いまわれわれの知るアジアは経済的『豊かさ』，政治的『民主化』，『発展のアジア』である」（白石・ハウ 2009: 174-175）．

白石とハウは，こうしたアジアをめぐる歴史変動の重要な帰結の一つとして，アジアという概念そのものの意味変容を問題化する．「『ヨーロッパ近代』と『アジア』の二項対立が成立しなければ，ヨーロッパを他者として，……そこになんらかのまとまりを想定するアジアも成立しない」（白石・ハウ 2009: 175）．ではその場合，「『アジア』はどのような意味をもつのか」．この問いに対する著者たちの解答は，次のようなものである．「アジアを，ヨーロッパ，中東，ラテン・アメリカなどと並ぶ1つの地域システムと捉え，それが歴史的に生成，発展，成熟，消滅する過程として地域を考えればよい」（白石・ハウ 2009: 175）．この解答が反映しているのは，アジアもまた，他の地域と同じく，すでにグローバルな資本主義システムの一部に組み入れられてしまったことの歴史的確認である．この結果，アジアは，資本主義との関連において，もはやその批判のための特権的な主体位置を喪失し，その内部のノーマルな一地域としてのみ分析に値する一つの研究対象へとその性格を変容させたのである．著者たちが問題化するアジアという概念の意味変容は，かつて資本主義システムの「外部」もしくは「周辺」に位置づけられていたアジアが，いまやその内部へと実質的に包摂され，かつその中心の一つを形成するに至ったことの歴史的確認にほかならない．

私は，白石・ハウと同じく，現在のアジアが経験している根源的な変化の重大な意義を承認する．しかしながら，同時に私は，こうした変化の認識が，かならずしもかつてのアジア主義が有していた思想的意義を無意味化するものではないことをも主張する．たしかに，いまやグローバルな資本主義システムの中心の一つとなった現在のアジアに，依然として，かつてのアジア主義の影を読み込もうとするアナクロニズムに対する白石とハウの苛立ちには，十分な根拠がある．しかしながら，同じく重要なのは，かつてアジアが象徴していた「貧困」や「専制」（独裁）といった問題が，けっしてグローバルな資本主義に

よって解決を見たわけではなく，むしろアジアを含む世界諸地域を横断するかたちで，現在もまた，再生産され続けている現実に目をとめることであろう．「貧困」や「専制」が再生産され続ける限り，かつてのアジア主義の亡霊も繰り返し蘇る．アジア主義の亡霊は，けっしてアナクロな研究者の脳髄に取り憑いた幻影などではなく，グローバルな資本主義システムの内部に，その存在の根拠をもっているのである．

　資本主義の発展が，アジアを含むさまざまな地理空間に与えるインパクトの分析として，アントニオ・ネグリ（Negri, A.）とマイケル・ハート（Hart, M.）の『〈帝国〉』は，興味深い論点を提示する．この著作において著者たちは，現在のグローバルな資本主義秩序の特質を，「差異化と均質化，脱領土化と再領土化が複合的に絡まり合った，新たな体制」として問題化している（ネグリ・ハート 2003: 5）．かれらによれば，経済のグローバル化が進展し，地球上のすべての表面が資本主義によって覆われることにより，かつての「第一世界」と「第三世界」という地理的区分は，もはやその有効性を失ったとされる．しかしながらそれは，けっして「第一世界」と「第三世界」そのものの喪失を意味するものではない．なぜなら，そこに現出したものは，「第三世界のなかに第一世界が，第一世界のなかに第三世界が頻繁に見いだされる」光景にほかならなかったからである（ネグリ・ハート 2003: 5）．こうしたネグリとハートの洞察は，白石とハウのアジア主義批判において，いまだ検討し残されている一つの理論的可能性を浮き彫りにする．それは，実体としてのアジアではなく，むしろかつてのアジアが象徴していた経済的「貧困」や政治的「専制」（独裁）といった問題に定位しつつ，その行方を，現在の変容するグローバルな資本主義システムのただ中に見定めようとする視座である．

3. 「方法」としてのアジア再論

　このような視座から，日本のアジア主義論の遺産目録を再検討するとき，アジア地域に生じている巨大な変動を予兆しつつ，アジア主義そのもののラディカルな脱構築を企てた一人の思想家の姿が浮かび上がる．その思想家とは，竹内好であり，われわれは，その論考，「方法としてのアジア」を，そうした新

しい研究の地平を創出する方法論的宣言として読み直すことができる．「方法としてのアジア」は，竹内が，1960年，国際基督教大学で行った講演の記録である．竹内は，ここにおいて，アジアを「方法」として把握する意義を，次のように説明していた．「西欧的な優れた文化価値を，より大規模に実現するために，西洋をもう一度東洋によって包み直す，逆に西洋自身をこちらから変革する，この文化的な巻返し，あるいは価値の上の巻返しによって普遍性をつくり出す．東洋の力が西洋の生み出した普遍的な価値をより高めるために西洋を変革する．……その巻き返す時に，自分の中に独自なものがなければならない．それは何かというと，おそらくそういうものが実体としてあるとは思わない．しかし方法としては，つまり主体形成の過程としては，ありうるのではないかと思ったので，『方法としてのアジア』という題をつけた」（竹内 1993：469-470）．ここで竹内は，「西洋」や「東洋」という概念を，実体的な地理概念の次元とは異なる「文化」や「価値」の次元で問題化している．別言すれば，「方法としてのアジア」は，アジアという地理的空間の中に，「西洋」と対立するなんらかの文化的統一性をあらかじめ設定するような，あらゆる二元論に対する決別の宣言であった．

　竹内が，「ヨーロッパ」を，一種の自己膨張するシステムとして把握していたことはよく知られている．「ヨーロッパがヨーロッパであるために，かれは東洋へ侵入しなければならなかった．それはヨーロッパの自己解放に伴う必然の運命であった」（竹内 1993：14）．今日の視座からふりかえるならば，ここで問題化されているヨーロッパのアジアへの侵入とは，帝国主義の形をとって現れた，グローバルな資本主義へのアジアの包摂のプロセスとして読むことができる[2]．この歴史的プロセスに対する竹内の理解に関して重要なのは，かれがその包摂を，歴史的に一度限りの現象としてではなく，むしろ永遠に繰り返されるプロセスとして問題化していたことである．「ヨーロッパは，本来に非ヨーロッパ的なものをふくんでいる．ヨーロッパの成立は，非ヨーロッパ的なものの排除によって可能になるので，その過程は一回的ではなく，たえざる繰り返しである」（竹内 1981：177）．周知のようにマルクスは，資本主義システムへの包摂によって生ずるプロレタリアート創出のプロセスを，本源的蓄積の名で呼んだ．別言すれば，竹内がここで試みたのは，本源的蓄積を，もっぱら歴

第12章 文明と反文明のあいだ

史発展の一段階として把握していた同時代のマルクス主義者や近代化論者とは対照的に，それを，グローバルな資本主義との関連における空間的視座から問題化することであった．その結果竹内は，「ヨーロッパ」の拡張のメカニズムを，「ヨーロッパ」による「アジア」の横領と排除の無限運動として発見することになったのであり，それはまた，資本主義の拡張を，「差異化」（＝脱領土化）と「再領土化」をともなう本源的蓄積の繰り返しとみなしたネグリとハートの認識とも共通する側面を有していた．

　ここで重要なのは，竹内の「ヨーロッパ」が，資本のメタファーとして，膨張という動態性において把握されていたのに対応し，「非ヨーロッパの総和」としての「アジア」もまた，抵抗という動態性において意味づけられていたことである．「これを逆にいって，アジアが成立するためには，アジアすなわち非ヨーロッパからヨーロッパ的なものが排除されなくてはならない．これは当然に，侵略というヨーロッパ拡大の運動に対する反動，すなわち抵抗の過程からでないと出てこない」（竹内 1981: 177）．すなわち「方法としてのアジア」に込められた竹内の洞察とは，ヨーロッパ帝国主義の侵略とそれに対するアジアの抵抗という歴史的経験を，永続的に繰り返される資本主義への包摂とそれに対する永続的な抵抗として理論的に読みかえることであった．この読みかえを通じて竹内は，アジア主義の思想的意味を，グローバル化する世界経済の変容のただ中にあらためて位置づけようと試みたのである．

　こうした竹内のアジア主義論は，先述した白石とハウのアジア主義論の意義と限界を照らし出すものである．白石たちは，現在の東アジア共同体の「思想性」が，もはやかつてのような帝国主義（＝資本主義）への「抵抗」にではなく，むしろ資本主義そのものの高度化をめざす「生産性の政治」に求められるべきであることを主張する．「東アジアにおいて，日本では1950年代から，韓国，台湾，シンガポール，タイ，マレーシア，インドネシアなどでは1960－70年代から，そして中国では1980年代から，資源再配分をめぐる階級・地域・民族・宗教対立の問題を経済成長への国民的合意に転換する『生産性の政治』あるいは『経済成長の政治』が政治の要諦となった」（白石・ハウ 2009: 177）．たしかに，「生産性の政治」が，日本を含むアジア諸国に，高度経済成長という共通経験をもたらしたことに疑いはない．しかしながら，それは同時

に，それら各国が，高度経済成長によって生み出されるひずみをも，共通に経験した可能性を示唆するものである．「生産性の政治」が一般化する地域では，「生産性の政治」に対する抵抗もまた一般化せざるをえない．東アジア共同体の「思想性」を，「生産性の政治」そのものの共通性ではなく，むしろそれに対する「抵抗」の共通性に求める可能性は，今日の東アジアにおいても，依然として開かれているといわなければならない．

アジアと資本主義システムとの歴史的関係を，「包摂」として意味づけるか「抵抗」として意味づけるかを決定するのは，それを問題化する主体自身の「思想性」にほかならない．東アジア共同体の「思想性」を「生産性の政治」に求める白石とハウの主張が，「アジア」地域の世界資本主義システムへの形式的包摂を追認する結果にしかならないのに対し，竹内の「方法としてのアジア」は，こうした資本主義システムそのものの変革を，その内部から試みる志によって貫かれている．たしかにかつてヨーロッパとアジアの差異を象徴していた，「豊かさ」と「貧困」，「発展」と「停滞」の不均等の境界は，曖昧になった．しかし，アジアの内部に，新しい「ヨーロッパ」を生み出すにいたった資本主義のメカニズムは，アジアとヨーロッパをともに含んだ空間の内部に，「豊かさ」と「貧困」，「発展」と「停滞」の境界を，繰り返し引き直し続けている．竹内がアジアの歴史的使命として問題化した資本主義への抵抗は，アジアの資本主義システムへの包摂によって消失したわけではなく，むしろアジアを含む世界各地へと拡散し，こんにち新たな普遍的意義を獲得したということができよう．

4. アジア主義と帝国主義

アジアを資本主義への抵抗において問題化することは，現存した日本のアジア主義者たちの思想と行動を，グローバルな資本主義に対する抵抗の先駆者として言祝ぐことではない．むしろ重要なのは，かれらの思想と行動が，いかなる意味で資本主義に対する抵抗たりえていたのかを検討し，かつその資本主義に対する抵抗が，当該社会にもたらした帰結を，批判的に吟味することであろう．こうした視座から，帝国主義とアジア主義との錯綜する関係を考察するう

えで，アメリカの比較政治学者，デイビッド・アバナティ（Abernethy, D. B.）による帝国主義の動態的分析は，きわめて興味深い一つの論点を提起する．アバナティは，2000年の著作，*The Dynamics of Global Dominance* において，1415年から1980年にいたるヨーロッパ帝国主義の歴史を振り返り，その特徴的な権力の動態を，その「多極的（multisectoral）性格」に見出している．ここでいう多極的性格とは，ヨーロッパ帝国主義の拡張が，政府と企業と宣教師団という独立したエージェントによる協同作業として推進された歴史的経緯を意味している．「政府と利潤を追求する企業と宣教師団は，海外へ乗り出すそれぞれ独自の理由を有しており，そしてそのそれぞれは，独力でそれを行う能力をも有していた」（Abernethy 2000: 225）．国家と企業と宣教師という3つのエージェントの活動は，かれらのあいだに意識的な協力が存在しない場合にすら，当該社会の変容に甚大な影響をもたらす要因となった．それは当該社会の植民地的征服が，たとえば，商人と宣教師たちが現地人の社会に新たな対立の種をもち込み，その抵抗力をある程度弱めたのち，兵士と行政官が本格的に進出し，その統治を開始するといった累積的な影響として現れうるからである．商人と宣教師たちは，いまだ植民地政府の管轄の外部にある，さらなるフロンティアをめざして進んでいく．そして兵士と行政官は，そのあとを追いかけるように進出し，帝国の影響圏と統治を強化していく．アバナティは，政府と商人と宣教師によって行われるこうした半ば無意識的な協力関係に，ヨーロッパ帝国主義の膨張性を特徴づける権力の特質を見出し，その特質を「三重の攻撃」（triple assault）という用語で表現した（Abernethy 2000: 225）．

こうしたアバナティの分析は，近代日本の帝国主義に関心をもつ歴史家に，きわめて興味深い一つのパズルを提供する．1894年の日清戦争を契機として本格化する日本の帝国主義が，ヨーロッパのそれに劣らない攻撃的な膨張性を有したことは事実であろう．しかしながら，その攻撃性の内実を，アバナティのフレームワークを用いて理解しようとする場合，そこに重要な一つの欠落が存在することが明らかとなる．それはすなわち，「宣教師」というアクターの不在である．西洋列強や韓国とは異なり，キリスト教の影響が一貫して低かった近代日本において，帝国主義の問題を，キリスト教を基軸として考えることは，そもそも不可能である．かりに宣教師というアクターを，広く，宗教的布

教活動一般と帝国主義的膨張との連関において問題化してみても，その影響は，やはり限定的である．たとえば，戦前期の日本において，擬似宗教的イデオロギーとして機能した国家神道は，天皇を頂点とする擬似的血縁集団としての「民族性」をその本質としてもち，それゆえ，普遍的な拡張の論理を欠いていた．たしかに日本の国家神道が，1930年代後半の皇民化政策を通じて，植民地であった台湾および朝鮮社会に，大きな影響を与えたことは周知のとおりである．しかしながら，国家神道の帝国主義における役割は，もっぱらすでに決定されていた境界線の内部の人口を「同化」することに存在したのであり，境界線そのものを外部に向けて「膨張」させていく思想的エネルギーは，決してこのイデオロギーそのものからは導き出されることがなかった（昆野 2008）．

こうした事情は，国家神道以外の諸宗教教団の場合も，基本的に同様である．日本の帝国主義的な膨張とともに，日本の宗教教団が，植民地や外地において，積極的な海外布教活動を繰り広げたことは事実である．しかしながら，すでに多くの研究が明らかにしているように，仏教のような既成宗教の場合でも，天理教や大本教のような新宗教の場合においても，その布教活動は，政府による厳格なコントロールにより制約されていた（徐 2006）．すなわち，近代日本の場合，宗教者たちは，宣教師のあとを兵士と官僚が追いかける西洋帝国主義の膨張パターンとは異なり，あくまでも兵士と官僚によって準備された影響圏の内部をその本質的な活動領域としていた．この意味において，宗教的活動それ自体が，近代日本の帝国主義的膨張に与えた影響は，きわめて限定的であったといえる．

それでは，日本の帝国主義は，西洋の帝国主義とは異なり，国家と企業という「二重の攻撃」によってのみ，その膨張を実現したのであろうか．西洋帝国主義の「宣教師」に比肩しうるような，政治とも経済とも独立した論理に従って膨張する第3のエージェントを日本の帝国主義はもちえなかったのであろうか．このように問題を立てるとき，そこに立ち現れてくるのは，「大陸浪人」と呼ばれた一群の人びとであり，また彼らが奉じた「アジア主義」というイデオロギーである．かれらは，政府や財閥とは独立に，むしろそれに先行するかたちで，積極的に韓国や中国などのアジア諸地域で活動した．かれらの活動範囲は，しばしばその時々の日本帝国の公式な影響圏を越えて，当該社会の奥深

くへと及んでいた．かれらが，かれら自身の思想を有し，それに基づいて活動していたことは，かれらが時に，政府や財閥の政策に対し，呪詛にも似た激しい批判の言葉を残していることからも明らかである．しかしながら，かれらの思想と行動は，多くの場合，当該社会に大きな混乱をもたらし，結局のところ，兵士や官僚といった政府アクターの介入を容易にするという帰結をもたらした．アバナティの枠組みを利用し，日本帝国主義を特徴づけるとするならば，大陸浪人こそが，その第3のエージェントであり，アジア主義こそが，彼らを思想的に駆り立てたその「教義」であった．

　従来の研究においては，竹内の見解に典型的に現れているように，アジア主義の「思想性」は，その「在野」性においてはかられる傾向が強くあった．それは別言すれば，個々のアジア主義の思想の高さを，政府アクターとの距離に応じて評価する方法である．すなわち従来の研究においては，個々のアジア主義者は，政府アクターとの距離が遠ければ遠いほど，現実の帝国主義的侵略に対する関与が低いと評価される傾向が強かったといえる．しかしながら，アバナティの研究から提起されるのは，そうしたアジア主義の「在野」性こそが，現存した日本帝国主義の膨張的侵略を，より柔軟かつ強力なものとする要素として機能してきたのではないかという仮説である．資本主義への抵抗が，資本主義の拡張と深化を促す要因へと転化するアジア主義の逆説の歴史的解明は，今日のアジアを特徴づける「生産性の政治」に対する抵抗を評価し，またその新しいかたちを構想するための重要な予備作業となりうるものである．

5．アジア主義の歴史的・空間的位相

　こんにちアジア主義者と目されている多くの人々は，みずからの思想的基盤が形成される歴史的契機を，明治維新から自由民権運動にかけての日本の国内的な政治状況に求めてきた．代表的アジア主義者の一人と目されている杉山茂丸（1864〜1935年）の次のような言明は，その典型的な具体例のひとつである．杉山によれば，かれらアジア主義者は，明治維新の混乱をめぐる第三世代として歴史の舞台に登場した．ここで杉山のいう第一世代とは，明治維新の実現をめざし積極的に活動したものの，維新の実現をみることなくこの世を去った幕

末の志士たちを意味しており，同じくその第二世代とは，維新実現後の日本社会の現状に批判を強めた西郷隆盛と志を同じくし，維新のやり直しを画した蜂起（西南戦争）に参画し鎮圧された不平士族たちを指している．杉山は，こうした歴史認識のもと，みずからの世代を，「彼等第二号の子弟たる，第三号の憤慨的孫である」と定義した（頭山ほか 2008: 179-180）．

かれら明治維新の第三世代としてのアジア主義者の政治的指向を特徴づけるのは，すでに既成の権力となっていた藩閥政府と文明開化に対する強い嫌悪感である．たとえば，黒竜会主幹として，韓国併合に重要な役割を演じた内田良平（1874～1937年）は，それを次のような言葉で表現している．「維新以前，草莽より起った幾多の先輩志士が，われを地獄のドン底に身を投げ込んで，生まれかわり死にかわり苦労したお蔭で，やっと達成した大政奉還の大業を受け取った明治政府の連中は，早速徳川政府に代わって天下の政道を私し，人材登用の道を塞いで自己の地位の安全を計り，財閥と結託して政道を誤り，欧米の文物に心酔して腐敗堕落の模範を天下に示し，黄金万能の利己主義教育を施して無意味に世の中を世智辛くし，民心を今日のように険悪ならしめ，理屈一点張りの非国民まで生み出しながら，恬として恥じず，日本人は素質が悪い，困った奴だとか何とか云うてヌクヌクと納まり返っているのは，彼等，藩閥者流のいわゆる官僚根性では無いか」（頭山ほか 2008: 245）．ここに見られるような，藩閥と財閥によって推進される「黄金万能の利己主義」に対する激しい嫌悪感こそが，かれらアジア主義者の思想・運動を醸成する母胎となった．

内田の言明に現れているように，アジア主義が，官僚主義と資本主義の発展に対する反発によってネガティヴに規定されることに疑いはない．では，かれらの理想とする社会は，より積極的には，どのようにその内実をイメージすることが可能であろうか．西郷隆盛や北一輝，宮崎滔天などの思想について，多くのすぐれた論文を発表してきた渡辺京二は，こうしたアジア主義者たちに共通に見られる思想的特質を，「日本コミューン主義」という独特の用語で表現している（渡辺 1985: 139）．渡辺によれば，日本コミューン主義とは，社会なるものを，ばらばらな個人の「集合せる或る関係，若しくは状態」としてではなく，むしろある種の「倫理的共同体」，すなわち生命をともにする有機体として把握するような思想・態度をその特質とする（渡辺 1985: 144）．渡辺によ

れば，日本コミューン主義の原点は，明治維新によって解放された下級士族と農民の幻想のユートピアに求められる．その根強い伝統的な共同性への愛着は，個人主義ならびに功利主義を基盤とする近代的なブルジョワ・デモクラシーとはげしく対立し，ときに復古主義的な，ときに社会主義的な革命への指向性を秘めたコミュニタリアニズムとして現出するのである（渡辺1985: 137-144）．

　渡辺の主張するごとく，アジア主義の原点が，封建社会における一般下層民の生活様式の中で育まれた理想社会の幻想のうちに求められるにせよ，それが，アジアという特定の空間を指向する運動として発現するのはなぜであろうか．中江兆民の『三酔人経綸問答』（1885年）は，創成期のアジア主義の膨張的性格の批判的解明を同時代的に試みたテクストとして，きわめて興味深い論点を含む．周知のようにこのテクストは，兆民の分身ともいうべき3人の登場人物，洋学紳士，豪傑君，南海先生によって展開される政治問答の記録である．3者の問答は，洋学紳士の軍備廃絶論を豪傑君がアジア侵略を是とする立場から論駁し，それを南海先生が折衷するかたちで進行していく．

　このテクストで印象的なのは，アジア主義者たる豪傑君のきわめて屈折した自己規定である．まず，豪傑君は，日本のような後発型国家において，文明開化を肯定する思想と否定する思想が，同時並行的に登場せざるをえない理由を，次のように説明する．「そもそも，他国よりおくれて，文明の道にのぼるものは，これまでの文物，格式，風習，感情，いっさいをすっかり変えなければなりません．そうなると国民のなかにきっと，昔なつかしの思いと新しずきの思いとの2つが生まれて，対立状態を示すようになるのは，自然の勢いです」（中江1965: 73）．さらに豪傑君は，当時の日本にとって，この2つの要素のうち，どちらが必要であるかという問いを提起した後，みずからが属する「恋旧派」こそ不要であるという韜晦した回答を，次のように提示するのである．「新しずき元素は，いわば生き身の肉で，昔なつかしの元素は，ガンだ．……ぼくは2, 30万のガン患者とともに，その国に出かけ，事が成功すれば，土地を奪って，そこにかっしり根拠をかまえ，ガン社会とでも言うべきものを新たにうち出したい」（中江1965: 84-85）．豪傑君は，みずからのような恋旧派が，文明開化の日本にとって，無用な，むしろときに有害な存在であることに対して十分に自覚的であった．この時代に遅れた存在という自己規定が，文明の外

部もしくは周縁に存在するとみなされたアジアという空間に，みずからの存在の根拠を探らせる契機となっているのである．

　官僚主義と資本主義によって特徴づけられる文明開化の世の中に対する反発の意識がアジア主義者の原点であったとすれば，日本本国が，近代国家としての形式を整えるにつれて，国内におけるかれらの自身の活動空間もまた，必然的に狭まっていくことになる．時代に遅れた者というかれらの自己規定は，日本本国の文明開化が進展すればするほど，その願望の投影先を，より強くその外部へ，すなわち，いまだ文明の害毒に汚染されざる空間とみなされたアジアへと転移させていかざるをえない．かれらアジア主義者は，藩閥政府とも財閥とも激しく対立しつつ，アジアという資本主義の外部空間へと流出し，結果として，そこへ国家アクターと経済アクターが帝国主義的統治を確立するための地ならしを演ずる結果となったのである．

6. 文明論的アジア主義の帰結

　ヨーロッパ帝国主義の発展と大日本帝国の発展をうながした歴史的な文脈との差異は，これまで，帝国と植民地の比較研究に関心をもつ多くの研究者の注目を集めてきた．たとえば，マーク・ピーティー（Peattie, M. R.）は，日本の帝国主義と植民地主義を，「特殊例」として位置づけ，その特質について，「近代植民地帝国の中で，これほどはっきりと戦略的な思考に導かれ，また当局者の間にこれほど慎重な考察と広範な見解の一致が見られた例はない」と述べている（ピーティー 1996: 26）．そしてそうした特質を生み出した要因として，鎖国の歴史とならんで，東アジアにおける西洋列強の侵略の中で，かろうじて植民地支配を免れたという「脆弱性の自覚」をあげている．

　しかしながら，近代日本と東アジアとの関係を，ピーティーが問題化する「当局者」という狭い視座から離れ，複数のエージェントを含むより広いコンテクストに置き直してみるならば，アバナティがヨーロッパ帝国の膨張に関して問題化した権力の「多極的」構造を，大日本帝国の植民地主義的拡大のプロセスにおいても確認することができる．ただし，アバナティが分析の対象とした1415年から1980年まで，5世紀以上にもわたるヨーロッパ帝国の歴史に比

べて，大日本帝国は，1868年から1945年にいたる90年たらずの歴史をもつにすぎない．こうした歴史の縮約の一つの帰結は，ヨーロッパの帝国の場合，帝国主義的膨張が，すでに明確な制度として確立していた政府と企業と宣教師団のインタープレイとして推進されたのに対し，日本の場合，膨張そのものの経験のなかから，次第に各エージェントの特質と役割が具体的な形態をとっていったことである．

竹内好が，日本の膨張主義の起源を，近代国家の形成そのものに求めたことはよく知られている．「雄飛の思想が国家形成によって膨張主義に転ずるのか，それとも膨張主義が国家形成の一要素なのか，その辺のところはむずかしくて私には何ともいえない．しかしともかく，近代国家の形成と膨張主義とは不可分であって，そのこと自体には是非の別はないだろう」(竹内1963: 21)．近代国家の形成が膨張主義と不可分である理由の一つは，国民国家形成の基盤をなすブルジョア民主主義思想の普遍的性格に求められる．身分制秩序に立脚した徳川幕藩体制下において人々は，福沢諭吉の卓抜な比喩を借りるならば，「日本国中幾千万の人類は各幾千万個の箱の中に閉され，また幾千万個の障壁に隔てらるるが如くにして，寸分も動くを得ず」という状況におかれていた（福沢1959 [1875]: 171)．明治維新とそれに引き続く諸改革は，一面で，こうした身分的もしくは地理的「障壁」を破砕し，近代国家形成と維持の責任を担いうる平等な主体的国民の創出をめざす試みであった．そしてそのプロセスにおいて，「天賦人権」や「自由平等」といったブルジョア民主主義の理念が一定の役割を演じたことは承認されなければならない．

こうした諸理念は，時間と場所を問わず，普遍的に妥当する真理として観念されることにより，徳川体制下で，特定の人的・地理的関係に繋縛されていた個々の具体的人格を，より広い国家というフィールドへ解放し，国民という平等な抽象的個人を創出するうえで重要な役割を演じた．しかし同時にそうした諸理念は，その妥当する範囲を，一国の国境の内部に限定する内在的論理をも欠いていた．ここにおいて，「文明」の名において励起された国民国家建設のエネルギーは，国境を越えて外部へと流出し，隣国の政治へも干渉する膨張主義へと姿を変える．西郷隆盛の征韓論の主張（1873年）から韓国併合（1910年）にいたる歴史を，兆民のプロットを借りつつ顧みるならば，大日本帝国の

アジアへの膨張は，豪傑君たち「恋旧家」の保守主義ではなく，むしろ洋学紳士たち「好新家」の特質である普遍主義によって，その先鞭がつけられたのである．

　1885年の大井憲太郎を首謀者とする大阪事件は，いわば洋学紳士によって試みられたアジア進出の典型的事例として解釈することができる．この事件では，当時自由党左派の指導者として知られていた大井憲太郎（1843〜1922年）を中心に，韓国でのクーデターが計画されたものの，事前に情報が漏洩したため発覚し，結果として139人が逮捕されるにいたった．そこでは，未遂に終わったものの，旧自由党の急進派や壮士からなる一団が，朝鮮半島に渡り，そこで金玉均ら改革派の独立党を支援することにより，立憲体制を樹立することがめざされていた．現在のところ，大阪事件を惹起するにいたったかれら首謀者の動機に関しては，朝鮮に政変を起こすことで，当時行き詰まりに直面していた日本国内の改革運動の進展を図ろうとしたという説明が広く行われている．また，その歴史的意義に関しても，韓国併合からアジア侵略へと向かう日本軍国主義の露払いの役割を演じたという批判的評価が下されている（平野1965: 154-155）．

　この事件に関して，きわめて興味深いのは，その首謀者である大井憲太郎が，フランス思想に精通した法律家であり，かつ洗礼を受けたクリスチャンであった点である．そして大井自身が裁判の過程で行った大阪事件の弁明からは，文明の普遍性に対する深い信頼と，その実現に向けた宗教的献身が，膨張主義として国境の外部へと流出する論理が，きわめて明瞭に現れている．「朝鮮に事を挙ぐるは内治改良の餌に使ひしものにあらず」（平野1968: 162）．大井自身は，朝鮮における政変を，日本の内政の変革のための道具として利用するという戦略的思考を，このように繰り返し否定した．むしろそこで強調されていたのは，およそ宗教的確信にまで高められた「自由平等」の普遍的価値であった．「東洋の宗教は自由平等の社会と両立並行す可らざるものにして，又到底我々が執る自由平等の主義と相対抗し能はざるものなれば，我々は今此社会を以て自由平等の社会に改良せんには亦此宗教をも改革せざるべからず」（平野1968: 154）．ここで注目すべきは，みずからもクリスチャンであった大井が，みずからの韓国への政治的介入を，西洋の宣教師団の活動になぞらえて説明している

ことである.「我々は四海兄弟の主義にて,彼の耶蘇教徒が来りて邪教に迷ふの我国民を憐み,真の宗教を知らしめんとして尽力するに異ならず」(平野 1968: 169).興味深いのは,ここにおいて,大井が,日本社会に対する厳しい批判とその日本による朝鮮への介入を両立させていることである.「我日本の社会は明治元年の改革はありしも,猶社会改革の半途に達せざるものなれば,此改革を以て満足するが如きは大いなる間違と云ふべし」(平野 1968: 156).「元来,我々の目的は独り政治の改良のみならず.我邦今日の宗教も我々に於ては極めて気に入らざるものにて,我主張する所の自由平等の主義とは相容れざるものあり」(平野 1968: 152).「自由平等」という普遍的なブルジョア民主主義の理念は,「同一人類中に於て猥りに臣別を立て,無暗に貴賤上下の別を立てて人心を卑屈に陥らしむ」るような封建道徳を破砕し(平野 1968: 154),平等な国民的主体を創出する上で不可欠な役割を演じた.しかし同時にその普遍性の認識は,日本と朝鮮という国境をも無化し,隣国への直接的な政治介入を促す原動力ともなっていたのである.「独立党は我自由党とその主義を同じうするものなれば,之に政権を帰すれば朝鮮人民の為め利益なるべしとの考に出でたるものにて,彼の一時の災厄に罹りたる者を救ふが如き慈善主義に出でたるものに非ず」(平野 1968: 152).

　大井の文明論が,自由平等という政治理念の普遍性に焦点を合わせたものであるのに対し,福沢諭吉の文明論は,「世界交通」というより物質的な次元に定位することで,その普遍的理念の基盤の解明を試みたものとして注目される.たとえば福沢は,1885 年の論説「脱亜論」の冒頭において,世界を席巻する「西洋文明」の現状とその力の源を,次のように説明していた.「世界交通の道,便にして,西洋文明の風,東に漸し,到る処,草も木も此風に靡かざるはなし.蓋し西洋の人物,古今に大に異るに非ずと雖ども,其挙動の古に遅鈍にして今に活発なるは,唯交通の利器を利用して勢に乗ずるが故のみ.故に方今東洋に国するものの為に謀るに,此文明の東漸の勢に激して之を防ぎ了る可きの覚悟あれば則ち可なりと雖ども,苟も世界中の現状を視察して事実に不可なるを知らん者は,世と推し移りて共に文明の海に浮沈し,共に文明の波を掲げて共に文明の苦楽を与にするの外ある可らざるなり.文明は猶麻疹の流行の如し」(福沢 1960 [1885]: 238).福沢は「文明」を,「麻疹」のように,感染と拡張を

その本質とする人間そのものを変容させるシステムとして把握していたのである．福沢が，その主著『文明論之概略』において，「文明の要は唯この天然に稟け得たる身心の働を用ひ尽して遺す所なきに在るのみ」というきわめて特徴的な理解を提示していたことは重要である（福沢1959［1875］: 22）．この「文明」に感染した人間は，その多様な文化的背景や価値意識にかかわらず，「天然の心身の働きを用ひ尽」くすという形式性において，共通の人間となる．こうした人間は，「世界交通」によって開かれた新しい空間において，出会った他者を次々と感染させ，そうした人間によって構成される新しいシステムを膨張させていくことになる．

　福沢は，「脱亜論」の後半において，同時代の中国と韓国の情況を次のように説明する．「麻疹に等しき文明開化の流行に遭ひながら，支韓両国は其伝染の天然に背き，無理に之を避けんとして一室内に閉居し，空気の流通を絶て窒塞するものなればなり」（福沢1960［1885］: 239-240）．福沢が，この論説の結論において，次のように述べたことはよく知られている．「今日の謀を為すに，我国は隣国の開明を待て共に亜細亜を興すの猶予ある可らず，寧ろその伍を脱して西洋の文明国と進退を共にし，其支那朝鮮に接するの法も隣国なるが故にとて特別の会釈に及ばず，正に西洋人が之に接するの風に従て処分す可きのみ」（福沢1960［1885］: 240）．こうした中国と韓国の懸命の努力を横目に見ながら，なお福沢がそれを「亜細亜東方の悪友」と呼び，かれらとの「謝絶」を主張するとき，福沢の見る「亜細亜」は，すでに単なる地理的な概念を超えている．それはある意味で，資本主義によって特徴づけられる文明の境界を名指すメタファーであり，「脱亜論」とは，その資本主義システムへの包摂に対する諦念をともなった主体的決断の宣言であった．

7. おわりに

　これまで福沢の「脱亜論」は，日本型オリエンタリズムの典型的表現として，アジアと日本の連帯に共感をよせる人々からは厳しい批判にさらされてきた（子安2003）．しかしながら一方で，この福沢の決断を，当時の国際情勢を反映したリアリズムとして，高く評価する論調も存在する（竹内1963）．しかしな

第12章 文明と反文明のあいだ　　　309

がら，今日的な視座からふりかえるとき，この論説の真のリアリズムは，日本や「支韓両国」の西洋文明への「感染」，すなわちアジア地域の資本主義システムへの包摂を不可避とみなすその冷徹な認識にこそ求められなければならない．

　アジア地域の資本主義システムへの包摂は，この地域に生きるすべての人々に，「共に文明の海に浮沈し，共に文明の波を掲げて共に文明の苦楽を与にする」新しい経験の可能性を開いた．そしてまた，この経験の共有性の認識こそが，その後陸続として登場するアジア主義者の思想的母胎ともなった．しかしながら，近代日本において，主観的には，アジアの人々と「文明の苦楽を与にする」ことを希求した多くのアジア主義者が，深い挫折感をもって，みずからの思想と行動をふりかえらなければならなかったことは重要である[3]．1939年に書かれた尾崎秀実の論文「『東亜協同体』の理念とその成立の客観的基礎」は，この戦前日本のアジア主義の可能性の限界を，明瞭に照らし出すものであった．

　ここにおいて尾崎は，「東亜協同体論」の存在意義を，「東亜における生産力の増大が，半植民地的状態から自らを脱却せんと試みつつある民族の解放と福祉にいかに多く貢献すべきか」という点に求めている（尾崎 1977［1939］: 315）．しかしながら同時に尾崎は，「東亜大陸」を依然としてその帝国主義的進出の対象と見つつある列強から防衛するという任務に直面しつつも，内部には欧米列強と「客観的には選ぶなき主張と要求とを残存」せしめている当時の日本によって，そうしたアジアとの連帯が実現される「客観的基礎」が極めて乏しいことを，はっきりと批判せずにはいられなかったのである（尾崎 1977［1939］: 316）．

　アジア地域の資本主義システムへの包摂が，この地域に生きるすべての人々の共通の経験となりえなかったのはなぜか．それはもっぱらその包摂のプロセスが，現実にはアジア諸地域の日本帝国主義への包摂というかたちで進展したからである．川勝平太が主張するように，アジア地域の資本主義システムへの包摂の帰結は，「欧米の押しつけた通商条約によってアジア間貿易を活発にし，それまで顕在化しないまま進行していた〈アジア間競争〉が顕在化」するかたちで現れた（川勝 1994: 28-29）．日本帝国主義は，この顕在化した〈アジア間

競争〉において日本が覇権的立場を確立するプロセスと並行して進展する．すなわち，かつてヨーロッパとアジアとのあいだに明確な境界をもうけていた世界資本主義システムは，日本本国とその隣接諸地域とのあいだに新たな境界をひきなおすことにより，この地域全体をそのシステムの内部へと包摂していったのである．

西洋列強との競争と，アジア間競争という二重の競争が，アジアの資本主義への包摂のプロセスを特徴づける「客観的基礎」であった．そして西洋帝国主義への抵抗を，日本帝国主義への包摂を通じて実現しようとするアジア主義の論理は，この資本主義への包摂のプロセスを忠実になぞるものである限り，その「抵抗」の論理とはなりえなかった．そしてその帰結が，アジア諸地域の連帯ではなく，日本帝国主義と，それに反対する朝鮮・中国の民族運動との対立を激化させるかたちで現れるほかなかったのである．

注

1) すなわち，戦前に書かれた論説のうち，岡倉，樽井，宮崎，山田，頭山，内田の（またはそれに関する）論説が，主として明治期を対象とするものであるのに対し，それ以後の時代のものは，1914年のボースの亡命問題を論じた相馬の著述と，第一世界大戦後の世界情勢の激変を論じた大川の『復興亜細亜の諸問題』，さらに1930年代後半のアジア主義の批判的検討である尾崎の「『東亜協同体』の理念とその成立の客観的基礎」が取り上げられているにとどまる．また，戦後の論説に関しても，バンドン会議を論じた飯塚のものを除き，石母田の論説も堀田の論説も，それぞれ幸徳秋水と中江兆民を主題にしたものであるから，ここにおいても明治期の偏重が際立つ結果となっている．

2) ネグリとハートによれば，「資本はそもそもの初めから，あるひとつの世界権力へと，というよりも現実には，ただひとつしかない世界権力へと向かう」現実的な運動であった（ネグリ・ハート 2003: 294）．なぜなら，ローザ・ルクセンブルグが明らかにしたように，「資本がその剰余価値を実現するためには，非資本主義的な外部の消費者が現実に不可欠」であったからであり，それは歴史的にいえば，資本主義的な帝国主義により，非資本主義的な環境の各区域が，変容させられ，そして資本の拡大する身体の中へと有機的に統合されていくことを通じて，「追加的な可変資本の獲得」，すなわち「新たな労働力の雇用とプロレタリアートの創出」が実現するプロセスにほかならなかったからである（ネグリ・ハート 2003: 295-296）．資本が，自己の領域

の外部に起原をもつ労働の諸実践をみずからの生産諸関係のもとに組み込んでいくこうしたプロセスを，ネグリたちは，マルクスの用語にならい「形式的包摂」と表現した（ネグリ・ハート 2003: 296）．

3）それは，たとえば，内田良平が，ともに日韓合邦運動を推進した一進会の旧友，李容九と交わした問答の中に劇的に露呈している．内田は，当時韓国併合後の政治状況に絶望し，日本において死の床についていたかつての同志を見舞ったときの記憶を次のように記している．「その時に李容九は涙を流して自分の手を握った．『吾々は馬鹿でしたね，欺されましたよ』そう云ふ痩せ衰えた病友の言葉を聞いて，自分は感極まって返事が出来なかった．しかし強いて彼を慰めるために呵々大笑した．『欺されるのは欺したのより増しじゃ無いか』」（頭山ほか 2008: 255）．また，こうした挫折感は，孫文の後援者として，こんにちに至るまで，中国革命への協力を高く評価されている宮崎滔天によっても共有されていた．かれは，1920 年 1 月から 1921 年 1 月にかけて，『上海日日新聞』に連載した日記風の論説の中で，日本とアジアとの矛盾に満ちた関係を，次のように回顧している．「我は我が国民の総てが，侵略を喜ぶ国民でない事を承認すると同時に，我国の従来の遣方が所謂章魚の糞で，侵略的方向を取って来たことを承認する．則ち軍国主義者が平和主義者に打勝って，それらの手で行はれた侵略主義の発露である事を承認する．それと同時に，欧米各国が侵略主義に於て我国より百日の長である事を確認するものである．……勿論支那，朝鮮の排日は，被害国と云ふ直接関係の上より見て欧米のそれと同日に論ずる訳には行かぬ，彼等は力さへあれば日本を討ちたいであろうし，日本の軍国主義者は列国の目さへ無ければ支那も取りたいであらう．そして列国は亜細亜の一角に斯る万歳の起らんことを祈って居るだらう」（宮崎 1972 [1920]: 488-489）．

参考文献

尾崎秀実（1977 [1939]），「『東亜協同体』の理念とその成立の客観的基礎」『尾崎秀実著作集』2，勁草書房，pp. 309-318.

川勝平太（1994），「東アジア経済圏の成立と展開」溝口雄三・浜下武志・平石直昭・宮嶋博史編『アジアから考える 6 長期社会変動』東京大学出版会，pp. 13-65.

子安宣邦（2003），『「アジア」はどう語られてきたか：近代日本のオリエンタリズム』藤原書店．

昆野伸幸（2008），『近代日本の国体論：〈皇国史観〉再考』ぺりかん社．

白石隆・C. ハウ（2006），「『アジア主義』の呪縛を超えて：東アジア共同体再考」『中央公論』3 月号，pp. 168-179.

徐鐘珍（2006），「植民地朝鮮における総督府の宗教政策：抑圧と懐柔による統治」学位論文（早稲田大学）．
竹内好（1963），「アジア主義の展望」竹内好編・解説『アジア主義』筑摩書房，pp. 7-63.
竹内好（1981），「アジアの中の日本」『竹内好全集』5，筑摩書房，pp. 168-181.
竹内好（1993）『日本とアジア』筑摩書房．
頭山満・犬養毅・杉山茂丸・内田良平（2008），『アジア主義者たちの声』上，書肆心水．
中江兆民（1965），『三酔人経綸問答』岩波書店．
ネグリ，A.・M. ハート（水嶋一憲他訳）（2003），『帝国：グローバル化の世界秩序とマルチチュードの可能性』以文社．
平野義太郎（1965），『大井憲太郎』吉川弘文館．
平野義太郎編（1968），『馬城大井憲太郎伝』風媒社．
ピーティー，M.（浅野豊美訳）（1996），『植民地：帝国50年の興亡』読売新聞社．
福沢諭吉（1959［1875］），『文明論之概略』『福沢諭吉全集』4，岩波書店，pp. 1-212.
福沢諭吉（1960［1885］），「脱亜論」『福沢諭吉全集』10，岩波書店，pp. 238-240.
松浦正孝（2010），『「大東亜戦争」はなぜ起きたか：汎アジア主義の政治経済史』名古屋大学出版会．
宮崎滔天（1972［1920］），「出鱈目日記」宮崎龍介・小野川秀実編『宮崎滔天全集』3，平凡社，pp. 259-557.
渡辺京二（1985），『北一輝』朝日新聞社．
Abernethy, D. B. (2000), *The Dynamics of Global Dominance: European Overseas Empires, 1415-1980*, New Haven and London: Yale University Press.

索　引

アルファベット

ADB（アジア開発銀行）　21,47
AMF（アジア通貨基金）　32
APEC（アジア太平洋経済協力）　13,17,19,
　20,23,25,29,30,35,44,54
ASA（東南アジア連合）　92,109-111,114
ASEAN（東南アジア諸国連合）　20,27,32,35,
　43,91,111,112,114,120,139,140,293
ASEAN＋3　14,20,32,33
ASPAC（アジア太平洋協議会）　47,66
ARF（ASEAN地域フォーラム）　58
EAEC（東アジア経済協議体）　29,30,33,56,
　63
EAEG（東アジア経済グループ）　5,29,56,63
EAS（東アジアサミット）　14,33
EU（欧州連合）　7,11,219
FTA（自由貿易協定）　20,25,26,35
FTAAP（太平洋自由貿易協定）　21,25,34
GATT（関税および貿易に関する一般協定）
　44
GMS（大メコン川流域）　59
IBRD（国際復興開発銀行）　44
IMF（国際通貨基金）　44
PAFTAD（太平洋貿易開発会議）　12,13,17,
　22
PBEC（太平洋経済委員会）　12,13,17,22,28,
　44
PECC（太平洋経済協力会議）　12,13,17-19,
　28,35
SEAFET（東南アジア友好経済条約）　107,
　109
SEATO（東南アジア条約機構）　78,101,106,
　109
TPP（環太平洋経済連携協定）　25,34,36

UNDP（国連開発計画）　48

ア　行

アウン・サン（Aung San）　94,96,129
アジア関係会議　92,103,105,111,129-131,279,
　280,284
アジア経済危機（アジア通貨危機）　30,293
アジア社会党会議　92,101,105,231,284
アジア太洋圏構想　17
アトリー（Attlee, C.）　100
アナキスト　221,237,238
安倍晋三　34
有賀長雄　201
安重根（アンジュングン）　245,257
アンダーソン（Anderson, B.）　221
石垣綾子　229,230
石橋湛山　211,292
石原莞爾　172,173,175,176,178-180
李東元（イドンウォン）　81
伊藤博文　200,204,245,256,266,274
李容九（イヨング）　263,311
岩倉使節団　200
インドシナ共産党　124,125,141
インドネシアに関する諸国間会議　91,96
ウィチット・ワータカーン（Wichit, W.）
　122
ウィルソン（Wilson, W.）　208
ウォレス（Wallace, H.）　229
うたごえ運動　227,229,239
内田良平　291,302,310,311
ウ・ヌー（U Nu）　96,99,102,103,114
衛正斥邪　248
エンクルマ（Nkrumah, K.）　105,285
汪精衛（汪兆銘）　172,173,176,183-189

索　引

大井憲太郎　291,306,307
大川周明　291,310
大来佐武郎　22,28
大河内一男　236
大平正芳　17,18,28
岡倉天心　104,291,310
尾崎秀実　172,176,180,181,189,229,291,309,310
オバマ（Obama, B.）　34
オーロビンド（Ghose, A.）　271,272

カ　行

賀川豊彦　240
華僑社会　146,147,149,150,153,155,163,164
金子堅太郎　203,204
ガルシア（Garcia, C.）　107
宦郷　51
韓国併合　302,305,306,311
環太平洋連帯構想　17,49
ガンジー（Mahatma Gandhi）　240,271,278,279
金大中　293
キング牧師（King, Martin Luther）　235
クメール・イサラク　128,129,140
ケネディー（Kennedy, J. F.）　74
小泉純一郎　16,24,33
黄禍　202-205,208,211
皇城新聞　247,252,254
抗日義兵運動　245,248,249
公民権運動　228,229,233,235
国際共産主義　45
国民会議派　276
小島清　12,22
コテラワラ（Kotelawala, J.）　102,103
近衛文麿　174,175,186,188,195
コロンボ・グループ　102

サ　行

西郷隆盛　199,302,305
サストロアミジョヨ（Sastroamidjojo, A.）　102

佐藤栄作　78
サルカール（Sarkar, B. K.）　271,278
失地回復運動（タイ）　119,120,121,124
幣原喜重郎　212
社会主義インターナショナル　98,100,284
シャフリル（Sjahrir, S.）　95
周恩来　104,231
自由タイ　120,121,126,127,133,140,142
ジュネーブ会議　45,101,102
蒋介石　173,174,183-185,212
昭和研究会　172,174-176,180,182,189
人種差別撤廃条項　195,196,209,210
申采浩（シンチェホ）　263
末松謙澄　203,204
スカルノ（Soekarno）　94,102,104-106,108,111,114,231
スノー（Snow, E.）　227,229
スパーヌウォン（Souphanouvong）　128,129,131,137,141
スハルト（Soeharto）　111
スメドレー（Smedley, Agnes）　226,230,232
戦争抵抗者インターナショナル　285
総評　227,236
孫文　178,187,188,193,194,207,208,213,237,311

タ　行

大亜細亜協会　188,292
大タイ主義　119-124,137
大東亜会議　125
大東亜共栄圏　5,123,126,130,139,171,190,213,291
太平洋左翼　219,220,232,233,235-240
タイ仏印紛争　122,124
大ラーオ　124
大陸浪人　300,301
高野実　236,238,239
高橋作衛　201
竹内好　7,229,290-292,294-297,301,305
タゴール（Tagore, R.）　276
ダス（Das, C.）　276

索引

橘樸　172,178,240
脱亜論　4,291,307,308
タナット（Thanat, K.）　78,109,111
樽井藤吉　291,310
チトー（Tito, J.）　105
中間地帯論（毛沢東）　46
朝鮮策略　251,252,265,267,268
鶴見良行　239,240
ティアン（Tiang, S.）　125,126,131-135,137,138,141-143
テイタム（Tatum, A.）　285
デュボイス（DuBois, W. E. B.）　233,240
東亜協同体（論）（日本）　171,172,174-176,181-186,189,190,309,310
東亜新秩序　171,172,175,180,183,185,188-190,195
東亜連盟運動（中国）　172,186-189
東亜連盟協会　175,177,180,188
東亜連盟（論）（日本）　171,172,175-181,183,185,187-189
東南アジア開発閣僚会議　81
東北タイ分離反乱　133-135,138
図們江地域開発　60
頭山満　291,310
東洋平和論（安重根）　244,245,257,267
トランス・パシフィック・サンディカリスト（TPS）　219-222,237-240
ドルチ（Dolci, D.）　285

ナ 行

中江兆民　303,310
永野重雄　22,28
中山優　172,177,183
ナセル（Nasser, G. A.）　105,258
ナラヤン（Narayan, J. P.）　100,258
ニアリング（Nearing, S.）　233
日韓協約　245,265
日華基本条約　176,184
日仏協約　205
日米和親条約　197
日露戦争　177,193-196,201-206,213,271

日韓国交正常化　80,81
日清戦争　177,201,202,299
日中戦争（支那事変）　173,176,177,195
ニューディール　228
ネルー（Nehru, J.）　92,94,96,97,102-106,114,230,231,271,279,286

ハ 行

排日移民法　207
朴正煕（パクチョンヒ）　66
パニッカル（Panikkar, K. M.）　271,281
原敬　209
パリ講和会議　195,208-210
ハワード（Howard, J. W.）　33
汎東南アジア連合　129,130,142
バンドン会議（第1回アジア・アフリカ会議）　5,45,92,102-105,108,112-114,171,230,231,235,236,286,310
シーガー（Seeger, P.）　228
東アジア共同体　5,297,298
東アジアの奇跡　4
非同盟運動　106,108,110,113,286
ピブーン（Phibunsongkhram, P.）　119-122,124-126,130,132,137,138
ヒューズ（Hughes, L.）　233
ヒューバーマン（Huberman, L.）　232,233,235
開かれた地域主義　21,27
ヒントン（Hinton, W.）　240
福沢諭吉　4,5,199,200,291,305,307,308
藤山愛一郎　292
部落解放運動　233
プリーディー（Pridi, P.）　119,120,126-128,130,132,133,137,138,141-143
フレーザー（Fraser, M.）　18
プレハーノフ（Plekhanov, G.）　238
文化大革命　238-240
平民社　238
平和五原則　104,112
平和十原則　105
ペサラート（Phetsarath, R.）　124,126,135,141

ベトナム戦争　67,74
ベトミン　124,125,127-132,138,142
ベ平連　239,240
ペリー（Perry, M. C.）　197
ホーク（Hawke, R.）　19
ボース（Bose, S. C.）　284,310
ホー・チ・ミン（Ho Chi Minh）　124,163

マ 行

マカパガル（Macapagal, D.）　110
マッカーシズム　230
松本治一郎　235
マハティール（Mahathir, M.）　5,18,29,30
マフィリンド　92,110,111,114
丸山真男　265,267
満州　175
満州国協和会　177,178,180
満州事変　195,212
マンスリー・レビュー　235
三木清　3,172,174,182,185,186
三木武夫　12,17
宮崎正義　172,178,310
宮崎滔天　237,239,291,302,311
民族協和　177,178

民族自決　171,196,208
ナッシール（Natsir, M.）　285
毛沢東　240

ヤ 行

山県有朋　205,260
山田慶児　240,310
山本秀夫　240
雪山慶正　233,236
吉野作造　211

ラ 行

ラーオ・イサラ　126-129,131,135,137,138,141,142
ラーオニャイ運動　123
ラーマン（Rahman, A.）　106-108,110
立憲革命（タイ）　119,122,125
蠟山政道　171,181
魯迅　239,240
ロリマー（Lorimer, J.）　198,202

ワ 行

ワシントン会議　209,211,212

執筆者紹介 (執筆順, *編者)

寺田　貴（てらだ　たかし）
同志社大学法学部教授．専門は国際政治経済学，アジア太平洋地域主義・統合論．オーストラリア国立大学院で博士号取得．2005 年，ジョン・クロフォード賞受賞．シンガポール国立大学人文社会科学部助教授，早稲田大学アジア研究機構教授を経て，2012 年 4 月より現職．編著に『アジア学のすすめ：政治経済編』（弘文堂，2010 年），共編著に Critical Perspectives in World Economy: Asia Pacific Economic Cooperation (Routledge, 2007)，共著に Routledge Handbook of Asian Regionalism (Routledge, 2011)，『東アジア統合の政治経済・環境協力』（東洋経済新報社，2011 年）など．

青山　瑠妙（あおやま　るみ）
早稲田大学教育・総合科学学術院教授．慶應義塾大学にて博士号取得．専門は，現代中国外交．主な著書に『現代中国の外交』（慶應義塾大学出版会，2008 年度第 24 回大平正芳記念賞受賞），共編著に『中国外交の世界戦略―日・米・アジアとの攻防 30 年』（明石書店，2011 年）．最近の論文に，「中国『アジア一体化』の戦略と実像」（『現代中国』85 号，2011 年），「領土問題と中国の外交」（『中国年鑑 2011　特集：波立つ海洋・動き出す内陸』，2011 年），「中国を説明する―中国のソフトパワーと文化交流」（『外交フォーラム』252 号，2009 年），「インターネット時代の中国―越境する情報と中国政治体制変容の可能性」（現代アジア研究 1『越境』），2008 年）など．

李　鎔哲（い　よんちょる）
早稲田大学政治経済学術院准教授．韓国高麗大学政経学部政治外交学科卒，高麗大学政治学研究科修士課程修了，早稲田大学政治学研究科博士号取得．高麗大学アジア問題研究所研究員，日本大学・早稲田大学非常勤講師を経て，2009 年より現職．専攻は韓国・北朝鮮政治と思想．著書に，『韓国プロテスタントの南北統一の思想と運動―国家と宗教の間で―』（社会評論社，2007 年），最近の論文に，「現代韓国における新国家建設の構想―金九の倫理的文化国家論と自由主義」（『早稲田政治経済学雑誌』381 号，2011 年）など．

平川　幸子*（ひらかわ　さちこ）
早稲田大学大学院アジア太平洋研究科助教．早稲田大学政治経済学部経済学科卒業後，米国タフツ大学フレッチャースクール法律外交大学院で国際関係学修士号取得．2009 年早稲田大学大学院アジア太平洋研究科博士後期課程修了，同年博士（学術）号取得．2011 年 4 月より現職．専門は，東アジア国際関係史，日中関係，中台関係．主な論文に，「台湾経験から考えるアジア地域統合論」（『問題と研究』40 巻 1 号，2011 年），「アジア地域統合と中台関係」（『国際政治』158 号，2009 年）など．

高橋　勝幸（たかはし　かつゆき）
タイ国・ウボンラーチャターニー大学教養学部講師．早稲田大学アジア太平洋研究科博士号取得．早稲田大学政治学研究科助手を経て，2009 年より現職．専攻はタイ政治史．著書に，『冷戦初期の「平和運動」：タイ共産党の統一戦線活動と大衆参加』（早稲田大学出版部，2012 年），共著に『平和運動より半世紀』（メッカーオ社，2002 年）．主な論文に，「タイ共産党の初期地方工作の模索」（『アジア

太平洋討究』15号，2010年），「タイにおけるヴェトナム反戦運動」（『東南アジア―歴史と文化』30号，2001年）など．

鄭　成（てい　せい）
早稲田大学現代中国研究所主任研究員（准教授）．早稲田大学社会科学部非常勤講師，同大学アジア太平洋研究センター・特別センター員．北京外国語大学大学院日本学研究センターで日本文学修士学位取得．早稲田大学アジア太平洋研究科で博士号取得（国際関係学）．対外経済貿易大学（中国北京）専任講師，早稲田大学アジア太平洋研究センター助手を経て，2012年4月より現職．専攻は中国現代史．著書に『国共内戦期の中共・ソ連関係』（御茶の水書房，2012年），共著に『脆弱的同盟：冷戦与中苏关系』（北京：社会科学文献出版社，2010年）などがある．

河路　絹代（かわじ　きぬよ）
早稲田大学政治学研究科博士課程在籍．日本政治思想史専攻．主な論文に，"The History of the "History Problem": Historical Recognition between Japan and Neighboring Asian Countries," *Asian Regional Integration Review*, vol. 3 (March 2011)，「生―権力からファシズムへ賀川豊彦における公共性の問題」(1)-(4)（『早稲田政治公法研究』84・85・87・88号，2007-2008年）など．

三牧　聖子*（みまき　せいこ）
日本学術振興会特別研究員（PD）．東京大学教養学部，東京大学大学院総合文化研究科博士課程，早稲田大学アジア太平洋研究センター助手を経て，2012年4月より現職．専門は日米の外交史および国際関係思想．共著に『アメリカ外交の分析―歴史的展開と現状分析』（大学教育出版，2008年），『模倣型経済の躍進と足ぶみ―戦後の日本経済を振り返る』（ナカニシヤ出版，2010年），主要論文に，「リベラリスト石橋湛山の『リアリズム』―リベラルな政治闘争」（『国際政治』152号，2008年）など．

篠田　徹（しのだ　とおる）
早稲田大学社会科学総合学術院教授．早稲田大学第一文学部中国文学科卒業．早稲田大学政治学研究科博士課程（中退），北九州大学法学部専任講師を経て，1997年より現職．専門は比較労働政治．主要著書に『世紀末の労働運動』（岩波書店，1989年），共著書に，『2025年　日本の構想』（岩波書店，2000年），『ポスト福祉国家とソーシャル・ガヴァナンス』（ミネルヴァ書房，2005年）など．

Brij Tankha（ブリジ　タンカ）
デリー大学東アジア研究科教授．デリー大学セント・スティーヴンズ・コレッジ卒業，同大学修士課程修了，デリー大学中国日本研究科（現東アジア研究科）でPh. D.（博士号）取得．1977年より現職．専攻は日本近代史．主要著書に，*Kita Ikki and the Making of Modern Japan A Vision of Empire* (Global Oriental, 2006) など．

宮本　隆史（みやもと　たかし）
東京大学大学院総合文化研究科博士課程在籍．東京外国語大学外国語学部ウルドゥー語専攻卒，同大学地域文化研究科博士前期課程修了．専攻は南アジア地域研究・制度史．主な論文に「植民地統治と監獄制度―19世紀中葉の海峡植民地における囚人の管理」（『南アジア研究』19号，2007年）など．

梅森　直之*（うめもり　なおゆき）
早稲田大学政治経済学術院教授．早稲田大学政治経済学部政治学科卒業後，同大学院政治学研究科修

士課程修了,シカゴ大学大学院政治学部博士課程修了 (Ph. D). 早稲田大学政治経済学部助手,助教授を経て,現職. 専門は,日本政治思想史. 編著に,『ベネディクト・アンダーソン グローバリゼーションを語る』(光文社,2007年) など.

アジア地域統合講座　総合研究シリーズ第3巻
歴史の中のアジア地域統合

2012年6月20日　第1版第1刷発行

編著者　梅森　直之
　　　　平川　幸子
　　　　三牧　聖子

発行者　井　村　寿　人

発行所　株式会社　勁　草　書　房
112-0005 東京都文京区水道 2-1-1　振替 00150-2-175253
（編集）電話 03-3815-5277／FAX 03-3814-6968
（営業）電話 03-3814-6861／FAX 03-3814-6854
大日本法令印刷・牧製本

© UMEMORI Naoyuki, HIRAKAWA Sachiko,
　MIMAKI Seiko　2012

ISBN978-4-326-54627-5　　Printed in Japan

JCOPY ＜(社)出版者著作権管理機構 委託出版物＞
本書の無断複写は著作権法上での例外を除き禁じられています。
複写される場合は、そのつど事前に、(社)出版者著作権管理機構
（電話 03-3513-6969、FAX 03-3513-6979、e-mail: info@jcopy.or.jp）
の許諾を得てください。

＊落丁本・乱丁本はお取替いたします。

http://www.keisoshobo.co.jp

早稲田大学グローバル COE プログラム
『アジア地域統合講座』
編集代表・天児　慧

　グローバル COE・GIARI（Global Institute for Asian Regional Integration）は，アジア地域統合・地域協力に関する研究を進め，同時にアジア地域統合・地域協力に貢献することのできる高度な人材を育成することを目標としている．GIARI の対象とする領域は歴史，外交，安全保障，貿易，金融，環境，人権，教育等幅広く，また学術的なアプローチも多様である．GIARI は，そのような学際的・総合的・包括的な立場から，アジアの地域統合・地域協力を理論的に理解・分析し，最終的には「アジア地域統合論」として体系化することを目指している．本講座はその5年にわたる研究成果を集大成したものである．

総合研究シリーズ
第1巻　松岡俊二・勝間田弘編著『アジア地域統合の展開』
第2巻　浦田秀次郎・金ゼンマ編著『グローバリゼーションとアジア地域統合』
第3巻　梅森直之・平川幸子・三牧聖子編著『歴史の中のアジア地域統合』
第4巻　天児慧・松岡俊二・平川幸子・堀内賢志編著『アジア地域統合学　総説と資料』

専門研究シリーズ
第1巻　勝間靖編著『アジアの人権ガバナンス』
第2巻　松岡俊二編著『アジアの環境ガバナンス』
第3巻　黒田一雄編著『アジアの高等教育ガバナンス』
第4巻　植木（川勝）千可子・本多美樹編著『北東アジアの「永い平和」』

テキストブック
天児慧編著『アジアの非伝統的安全保障Ⅰ　総合編』
天児慧編著『アジアの非伝統的安全保障Ⅱ　中国編』
鴨川明子編著『アジアを学ぶ　海外調査研究の手法』
浦田秀次郎・栗田匡相編著『アジア地域経済統合』